权威·前沿·原创

皮书系列为
"十二五""十三五"国家重点图书出版规划项目

互联网金融创新蓝皮书

BLUE BOOK OF
INTERNET FINANCIAL INNOVATION

中国互联网金融创新与治理发展报告（2018）

ANNUAL REPORT ON THE DEVELOPMENT OF CHINA'S INTERNET
FINANCIAL INNOVATION AND GOVERNANCE (2018)

主　编／欧阳日辉
副主编／郭大刚　刘　怡　柏　亮

社会科学文献出版社
SOCIAL SCIENCES ACADEMIC PRESS (CHINA)

图书在版编目(CIP)数据

中国互联网金融创新与治理发展报告.2018／欧阳日辉主编.--北京：社会科学文献出版社，2018.12
（互联网金融创新蓝皮书）
ISBN 978-7-5097-7766-4

Ⅰ.①中… Ⅱ.①欧… Ⅲ.①互联网络-应用-金融-研究报告-中国-2018 Ⅳ.①F832.2-39

中国版本图书馆CIP数据核字（2018）第286387号

互联网金融创新蓝皮书
中国互联网金融创新与治理发展报告（2018）

主　　编／欧阳日辉
副 主 编／郭大刚　刘　怡　柏　亮

出 版 人／谢寿光
项目统筹／邓泳红　吴　敏
责任编辑／吴　敏　吴云苓

出　　版／社会科学文献出版社·皮书出版分社（010）59367127
　　　　　地址：北京市北三环中路甲29号院华龙大厦　邮编：100029
　　　　　网址：www.ssap.com.cn

发　　行／市场营销中心（010）59367081　59367083
印　　装／三河市龙林印务有限公司

规　　格／开本：787mm×1092mm　1/16
　　　　　印　张：28　字　数：422千字
版　　次／2018年12月第1版　2018年12月第1次印刷
书　　号／ISBN 978-7-5097-7766-4
定　　价／128.00元

皮书序列号／PSN B-2018-791-1/1

本书如有印装质量问题，请与读者服务中心（010-59367028）联系

▲ 版权所有 翻印必究

互联网金融创新蓝皮书
编 委 会

组编单位 中央财经大学中国互联网经济研究院
　　　　　　北京市互联网金融行业协会
　　　　　　易观集团
　　　　　　零壹财经·零壹智库
　　　　　　野马财经

主　　编 欧阳日辉

副 主 编 郭大刚　刘　怡　柏　亮

编 委 会 柏　亮　柴跃廷　邓建鹏　郭大刚　何　毅
　　　　　　雷群涛　李　全　李　智　李二亮　李利军
　　　　　　李晓晔　刘　怡　刘澜飚　栾　婕　马　韬
　　　　　　欧阳日辉　孙宝文　赵　杨　赵宣凯

工 作 组 刘　健　胡元羲　孟红霞

编撰机构简介

中央财经大学中国互联网经济研究院

中央财经大学中国互联网经济研究院是中央财经大学的实体研究机构，是清华大学电子商务交易技术国家工程实验室成员单位——互联网经济与金融研究中心，北京市哲学社会科学重点研究基地——首都互联网经济发展研究基地。研究院围绕互联网经济理论、互联网金融和电子商务三个研究方向，进行科研管理体制创新，组建了三十余人的专职研究团队。

研究院成立以来获批国家级重大和重点项目11项，国家和省部级一般项目25项。研究院入选中国核心智库，首批中国智库索引（CTTI）来源智库（2017~2018），荣获2015中国电子商务创新发展峰会颁发的"最具影响力研究机构奖"。

北京市互联网金融行业协会

北京市互联网金融行业协会前身是北京市网贷行业协会，于2014年12月由互联网金融行业机构及相关行业机构联合发起成立的专业行业协会，2017年9月更名为北京市互联网金融行业协会，是经北京市社会团体登记管理机关核准登记的非营利性自律社会团体。

协会宗旨为遵守宪法、法律、法规和国家政策，遵守社会道德风尚；团结北京市开展业务的网贷机构以及相关行业机构；坚持以金融创新的思维、协作的文化、开放的平台、有效的服务为指导思想，通过开展机构间持续的相互调研交流、开放数据、参与行业自律沟通等活动，为会员提供服务，为行业发展服务，达到推进行业规范发展的目的。

易观集团

易观集团成立于 2000 年，历经 18 载，打造了以海量数字用户数据及专业大数据算法模型为核心的大数据与分析师服务生态体系。

易观集团坚持始终追求客户成功的经营宗旨。自成立以来，易观集团打造了以海量数字用户资产及算法模型为核心的大数据产品、平台及解决方案，可以帮助企业高效管理数字用户资产、对产品进行精细化运营，通过数据驱动营销闭环，实现收入增长、成本降低及效率提升，显著规避经营风险，实现精益成长。易观集团的数据平台是易观方舟，产品家族包括易观千帆、易观万像以及行业解决方案。截至 2018 年 9 月 30 日，易观集团累计覆盖 23.6 亿智能终端以及 5.93 亿活跃用户。

零壹财经·零壹智库

零壹财经隶属于零壹智库信息科技（北京）有限公司，是独立的新金融知识服务机构，建立了媒体+数据+研究+智库的独立第三方服务架构，拥有新媒体、零壹研究院、零壹数据、零壹智库等服务平台。

零壹智库是零壹财经旗下的内容品牌及研究服务平台，坚持独立、专业、开放、创新的价值观，包含零壹研究院、零壹财经华中新金融研究院、零壹零售金融智库等研究机构，建立了多元化的学术团队，通过持续开展金融创新调研、学术交流、峰会论坛、出版传播等业务，服务新金融机构，探索新金融发展浪潮。

野马财经

野马财经是聚焦关注金融创新的财经新媒体，内容侧重资本市场、互联网金融领域。从财经报道角度切入，提供适合新媒体传播的专业、深度、可读的内容报道；并定期举办财经、金融等领域的行业交流活动，为行业人士及用户提供线下交流机会。野马财经旗下拥有覆盖 38 家新闻客户端和媒体平台、近百家合作转载网站的全媒体渠道。

摘 要

"互联网金融创新蓝皮书"在宏观研究基础上下沉式研究行业创新发展与治理规范，以"金融回归本源、服务实体经济、防范金融风险"为研究目标，以互联网金融创新和监管科技发展为主题，以北京市互联网金融发展为案例，从技术创新、模式创新和治理创新三个层面论述互联网金融的发展和治理，强调和突出理论性、实证性和实践性，区别于已有的相关互联网金融蓝皮书。

本书分为六部分：总报告分析 2017 年互联网金融创新和监管科技发展的总体情况、存在的问题和发展趋势，突出技术创新、模式创新和治理创新；理论篇对互联网金融服务实体经济、互联网金融助推实现"普惠金融"进行理论综述；技术创新篇梳理了 2017 年大数据和人工智能、互联技术（移动互联和物联网）、分布式技术（云计算和区块链）、生物识别技术和加密技术在互联网金融领域的应用；模式创新篇分析了互联网支付模式创新推动数字经济发展，互联网金融下的投融资市场创新与小微企业融资，互联网理财聚集闲散资金服务实体经济，互联网供应链金融助力实体经济转型升级，运用互联网提升资产证券化服务实体经济能力；治理创新篇专门研究互联网金融平台风险自控创新、互联网金融行业协会的自律创新、监管层技术创新和制度创新；案例篇以北京市互联金融创新与治理为案例进行研究，总结了北京市互联网金融行业协会的工作，分析了四个案例；附录总结和梳理了 2017 年互联网金融创新与治理大事记。

目 录

Ⅰ 总报告

B.1 中国互联网金融创新及治理回顾与展望
.... 中央财经大学中国互联网经济研究院课题组 / 001
  一 2017年互联网金融发展总体情况 .... / 002
  二 互联网金融技术创新情况 .... / 007
  三 互联网金融模式创新情况 .... / 014
  四 互联网金融治理创新情况 .... / 021
  五 互联网金融创新与治理面临的挑战 .... / 024
  六 互联网金融创新与治理趋势与政策建议 .... / 027

Ⅱ 理论篇

B.2 2017年互联网金融研究综述 .... 赵 杨 / 029
B.3 2017年互联网金融服务实体经济理论综述 ...... 刘澜飚 李博韬 / 074

Ⅲ 技术创新篇

B.4 2017年大数据和人工智能在互联网金融领域的应用
.... 王细梅 陈毛川 / 098

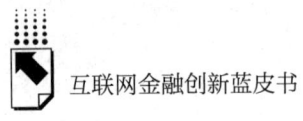

- B.5 2017年互联技术在互联网金融领域的应用 ………………… 王蓬博 / 111
- B.6 2017年分布式技术在互联网金融领域的应用
  ………………………………………………… 王蓬博 陈毛川 / 125
- B.7 2017年生物识别技术和加密技术在互联网金融领域的应用
  …………………………………………………………… 田 杰 / 142

Ⅳ 模式创新篇

- B.8 互联网支付模式创新推动数字经济发展进入新阶段 …… 徐晓梅 / 155
- B.9 互联网金融下的投融资市场创新与小微企业融资 ……… 蒋 慧 / 177
- B.10 互联网理财聚集闲散资金服务实体经济 ………………… 吴 静 / 202
- B.11 互联网供应链金融助力实体经济转型升级 ……………… 王 晶 / 223
- B.12 运用互联网提升资产证券化服务实体经济能力 ………… 吴雪阳 / 256

Ⅴ 治理创新篇

- B.13 2017年互联网金融平台风险自控创新 …………………… 李二亮 / 272
- B.14 2017年互联网金融行业协会的自律创新 ………………… 何 毅 / 287
- B.15 2017年互联网金融监管制度创新 ……………… 马文洁 邓建鹏 / 308
- B.16 2017年互联网金融监管技术创新
  ……………………………… 李 全 陈 扬 熊文博 马 炜 / 327

Ⅵ 案例篇

- B.17 2017年北京市互联网金融行业协会发展简述
  ………………………………………………… 郭大刚 张骧彦 / 341
- B.18 宜人贷：科技驱动金融创新 ……………………………… 谭雅文 / 374

B.19 融360：用科技解决金融信息的不对称 ………… 李万民　贾婧怡 / 385

B.20 人人贷：实体经济服务者 …………………………………… 陈剑锐 / 395

B.21 众安保险：抢占服务实体经济新入口 ………………… 吴华真 / 401

Ⅶ 附　录

B.22 2017年互联网金融创新与治理大事记 ………………………… / 413

皮书数据库阅读使用指南

总 报 告

B.1 中国互联网金融创新及治理回顾与展望

中央财经大学中国互联网经济研究院课题组*

摘　要： 互联网金融已进入数字化、智能化时代，金融市场正在被互联网业务重构和再造。2017年，中国互联网金融市场呈现普惠金融、合作联合、风控监管三大发展特征。本报告分别从互联网金融整体发展情况、互联网金融技术创新、互联网金融模式创新、互联网金融治理创新、互联网金融创新与治理面临的挑战以及相应的政策建议六个方面进行论述，阐述互联网金融创新与治理的发展历程及未来发展前景。

关键词： 互联网金融　技术创新　模式创新　治理创新

---

* 课题组成员：欧阳日辉、赵宣凯、胡元羲、何毅、赵杨、李二亮。

一 2017年互联网金融发展总体情况

（一）行业规模

2017年，中国国内生产总值（GDP）超82万亿元，同比增长6.9%，实现了2011年以来的首次回升。全年社会消费品零售总额达36万亿元，同比增长10.2%，增速回落0.2个百分点；全年全国网上零售额超7万亿元，同比增长32.2%，增速提高6.0个百分点，消费升级，尤其是网上消费增长态势明显。国内年固定资产投资同比增长7.2%，房地产开发投资同比增长7.0%，投资结构处于不断优化进程中。[①]

国民经济稳中向好的发展趋势得益于供给侧结构性改革的稳步推进。作为新兴领域的互联网金融，既得到市场青睐和政策的支持，步入自身发展壮大的快车道，又顺应创新创业氛围，为经济的结构优化、动力转换和质量提升贡献力量。2017年是互联网金融行业在合作、合规的发展基调下持续扩张、深化影响的一年。

在受众基础层面，截至2017年12月，我国网民规模达7.72亿人，全年共计新增网民4074万人，互联网普及率达55.8%，较2016年底提升2.6个百分点；手机网民规模达7.53亿人，较2016年底增加5734万人；农村网民占比为27%，规模为2.09亿人，较2016年底的793万人增长4.0%。[②]

在网民基数不断扩充的同时，互联网金融各业务领域规模也呈现不同程度的扩张之势。

2017年，我国第三方综合支付交易规模达160.35万亿元，预计2018年可突破200万亿元大关，支付宝、腾讯金融及银联商务三家机构占据了第三方综合支付交易市场份额的八成。2017年前三季度，中国网上银行客户

[①] 资料来源：国家统计局。
[②] 中国互联网络信息中心：《第41次中国互联网络发展状况统计报告》。

交易规模达 1524 万亿元，个人网银交易额呈下降趋势，手机银行及第三方综合支付正逐渐形成市场规模和未来趋势。①

截至 2017 年，全国 P2P 网络借贷（P2P 网贷）行业累计交易额突破 6 万亿元。2017 年全年网络借贷行业成交量达到 28048.49 亿元，相比 2016 年增长 35.9%。交易规模增长的同时，正常运营的平台数量不增反减。截至 2017 年 12 月底，网络借贷行业正常运营平台数量 1931 家，相比 2016 年底减少 517 家，良性退出占比居多。2017 年网络借贷行业总体综合收益率为 9.45%，相比 2016 年下降 1 个百分点，延续了 2016 年的整体下行走势，但下降速度有所放缓。②

截至 2017 年年末，正常运营线上众筹服务平台 169 家，同比减少 49.9%。2017 年，产品众筹筹资金额约 53.2 亿元，同比增长 6.2%；支持人次约 2135 万人，同比减少 38.2%；股权众筹和收益权众筹构成发生明显改变，2017 年股权众筹和收益权众筹总额约 64.8 亿元，其中收益权占比超过 60%；而在公益众筹领域，截至 2017 年末，国内垂直型公益众筹筹资规模保守估计在 80 亿元以上，其中 2017 年约占 30 亿元。③

此外，2017 年互联网理财总金额达到 3.15 万亿元，较 2013 年扩张了 10 倍以上。④ 小贷类 ABS 全年发行规模达到 3035.79 亿元，成为互联网资产证券化市场增长最为迅速的产品之一。⑤ 供应链金融领域受监管层限额规定的影响虽规模略有下滑，但依旧稳定在千亿元级别。

行业规模壮大坚实的同时，业内的披露监管工作也在有条不紊地推进。截至 2017 年 11 月，向中国互联网金融协会直接报送数据的行业内机构已近 300 家，报送数据机构的交易规模占所在行业比重超过 80%，互联网金融协会对会员机构及整个行业的统计监测全覆盖工作进程顺利。⑥

---

① 资料来源：易观《中国第三方支付市场运行机制专题分析 2018》。
② 资料来源：网贷之家。
③ 资料来源：零壹数据。
④ 资料来源：《互联网理财指数报告》。
⑤ 资料来源：Wind 和零壹数据。
⑥ 资料来源：中国互联网金融协会。

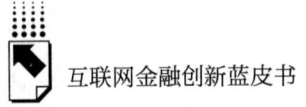
互联网金融创新蓝皮书

（二）发展现状及前景

1. 普惠金融在路上

互联网金融浪潮来临之前，中国金融体系长期遗存的弊病之一是资金供需方的不匹配及由此导致的居民财富水平偏低。受制于传统理财产品门槛要求和股票基金交易等知识经验的专业性，相当一部分消费者对闲置资金的管理仅局限于银行储蓄。根据波士顿咨询公司2013年的全球消费者信心调查，中国内地有31%的消费者选择将收入的20%以上用于储蓄，而其他国家如此选择的消费者比例平均在10%。另外，由于抵押物和信用记录的缺乏，互联网金融浪潮前的融资难现象亦不容乐观。数据表明，中国13亿人口中，仅有约3亿人曾尝试并成功贷款。互联网金融诞生后，依靠其即时、广泛和几乎为零的边际成本优势一举打破了金融服务脱离普通消费者的状况。过去几年，普惠金融这一议题持续酝酿、发酵与升温，并在2017年进一步发展壮大。

2017年5月，国务院常务会议部署推动大中型商业银行设立普惠金融事业部，聚焦小微企业和"三农"等提升服务能力，银监会也发布了《大中型商业银行设立普惠金融事业部实施方案》，要求大中型银行按照商业可持续原则，通过建立"五专"经营机制，筑牢普惠金融业务发展基础。2017年，中国建设银行、中国工商银行、中国农业银行、中国银行四大国有商业银行先后成立了普惠金融事业部，交通银行、光大银行等也宣布成立普惠金融部，全面推动普惠金融业务发展。

过去五年，阿里巴巴、腾讯、百度、京东等互联网公司都在普惠金融领域蓄势发力，余额宝、微信支付、百度钱包、京东白条等一系列产品服务悉数上线，在运作流程上化繁为简，借助平台数据和低成本优势迅速渗入长尾客户市场。而苹果、三星、华为、小米等技术类公司也纷纷建立了自己的金融事业部，其规划布局之中或有进军普惠金融的意向与打算。如今，银行这一传统金融机构也着手成立了普惠金融部门，关注消费金融领域，重视对小微企业和弱势群体的服务，这使普惠金融迎来了广泛响应、快速发展的好时期。

2. 合作联合成趋势

互联网金融的可观收益和巨大潜力吸引了众多企业及资本的参与，P2P平台、众筹平台雨后春笋般地涌现，打车软件、理财产品等补贴式营销手法，都体现了行业的份额争抢和激烈竞争。商场上没有永远的对手，经历了一番硝烟弥漫和问题平台的暴露和退出之后，各互联网金融公司及传统金融机构开始谋求全面紧密的战略合作，以促进自身的创新、转型与成长。

2017年3月，中国建设银行与阿里巴巴、蚂蚁金服集团签署战略合作协议，6月，中国农业银行与百度、中国银行与腾讯均达成战略合作，BAT三巨头成功牵手四大行中的三家银行，昔日的竞争对手成为如今的事业伙伴，而四大行中的中国工商银行也在6月和11月先后同京东和360集团签署了全面业务合作协议。此外，交通银行与苏宁、华夏银行与腾讯、光大银行与京东、中国电信与小米也在2017年达成了战略合作。在双边合作频频宣布的同时，中国银联联合40余家商业银行于2017年5月正式推出银联云闪付二维码产品，以多方合作的模式挖掘市场的机会与需求。

除了营利性企业的强强联合，政府部门也积极投身互联网金融的合作浪潮中。2017年8月，国家开发银行与腾讯签署《"互联网+"开发性金融战略合作协议》，标志着双方在金融方面达成战略合作。阿里巴巴集团及其旗下的蚂蚁金服也于2017年先后同山西省、杭州市、福州市、西安市、雄安新区等政府事业部门签署协议、展开合作。6月，互联网金融协会与卢森堡互联网金融之家签署了《互联网金融领域合作备忘录》，证监会与澳大利亚证券投资委员会也于11月发布了《金融科技信息共享协议》，合作的基调延伸至全球的各行各业。

互联网金融的内部及跨界合作，不仅为传统金融和政府部门带来了互联网思维下的问题解决和创新转型，增强其实时性和普遍性，而且为互联网企业提供了打破核心金融信息壁垒，以较低成本获取交易信息、用户数据、风控模型和技术经验的条件，有助于更好地服务弱势群体及小微企业，共同打造更加平等、普惠、透明、开放的金融环境。

3. 风控监管是主调

初期的互联网金融市场实务走在法规前，部分初创公司在缺乏风险控制

互联网金融创新蓝皮书

和管理经验的情况下冒险操作、随意运行维护,从业人员缺乏系统培训和合规意识,加之消费者和投资者金融常识匮乏、风险观念淡薄,互联网金融领域问题严重、事件频发。以最为典型的P2P网贷为例,根据零壹财经统计,截至2017年12月31日,零壹数据监测到的P2P网贷平台共5503家(仅包括有PC端业务的平台,且不含港台澳地区),其中正常运营的仅有1539家,问题平台达到3964家,占平台总数的72%。在P2P网贷行业乱象丛生的2013~2014年,几乎每天都有一家问题平台被曝光。2015年,银监会宣布机构调整,正式将个体网络借贷纳入其普惠金融工作部的监管范围,结束了监管无主体的真空状态。2016年,《网络借贷信息中介机构业务活动管理暂行办法》和《网络借贷信息中介机构备案登记管理指引》先后颁布,开始从实施细则层面规范网贷行业。

步入2017年,政府部门与行业协会风控监管政策密集落地,专项整治活动持续推进。1月,央行着手对聚合支付平台进行摸底,依据第三方支付专项整治方案《非银行支付机构风险专项整治工作实施方案》中无证经营的处理方式进行严厉打击;2月,银监会出台《网络借贷资金存管业务指引》,进一步对网贷行业进行规范引导;6月,中国人民银行联合十七部委共同印发《关于进一步做好互联网金融专项整治清理整顿工作的通知》文件,对下一步清理整顿工作进行详细安排;7月,保监会发布《信用保证保险业务监管暂行办法》,对包括网贷平台的信保业务予以全面规范;同月,《关于对互联网平台与各类交易场所合作从事违法违规业务开展清理整顿的通知》发布,互联网金融风险专项整治工作领导小组再出整顿重拳;8月,银监会正式发布《网络借贷信息中介机构业务活动信息披露指引》,标志着网贷行业"1+3"(一个办法、三个指引)制度框架基本搭建完成;12月,央行下发《关于规范支付创新业务的通知》,在支付创新业务、收单业务、代收业务、支付业务系统接口等方面明确监管规定。

严格谨慎的风控自律和松紧有度的监督管理是互联网金融健康发展的必要前提。互联网金融领域在经历了无法可依、无规可循的野蛮生长及事件频发后,目前在政策法规引导监督下逐渐走向成熟。当然,互联网金融始终是个时新时变的行业,现有的规范准则满足不了其未来的革新进步需求,在今后相当长的一段时间里,风控监管仍将是互联网金融领域的发展主调。

展望互联网金融的发展前景与趋势,数字普惠金融、开放合作联合及风控合规监管仍将是未来3~5年的主旋律。依托数字化、电子化技术的数字普惠金融,能以更低的成本、更高的效率优化整个金融市场,为贫困人口的减少、贫富差距的缩小、金融需求的满足提供新的机遇与动力。伴随着互联网金融行业愈加多样、专业、精细、包容的发展趋势,跨地域、跨行业、跨机构的合作势必成为未来的主流,以达到互利互信、和谐发展的共赢格局。而为了互联网金融的可持续健康发展,行业的参与者与监管者也必须在合规、风控上达成共识,携手建立一套合理完善且灵活动态的风险治理体系。

二 互联网金融技术创新情况

(一)大数据与人工智能

"互联网+金融"运营模式逐渐发展到"互联网+金融+人工智能+大数据"的全新智能化运营模式。

步入大数据时代后,信息资源价值被提升至与物质和能源同等高度,社会各行业与政府组织均对大数据的应用发展倾注了足够精力。关于大数据的技术创新,主要可以从数据分析、事务处理和数据流通三个方面进行分析。近年来,大数据的数据分析技术不断进步,表现为计算性能的提升、流处理能力的增强、硬件能力的挖掘、SQL语法的兼容、深度学习的支持等。在事务处理技术上,随着智能终端数量的爆炸式增长和数据交易规模的急剧扩张,以单点架构为主的集中式数据库已不能满足性能扩展需要,具备大规模并发事务处理能力的分布式架构应运而生并处于快速演进阶段。而在释放数据价值的数据流通环节,安全多方计算和区块链技术的探索应用也为数据质量、数据安全等问题的解决提供了技术支持。技术的创新与进步促进了大数据技术在农业、制造业、交通运输、通信、电子商务、金融、社会管理和公共服务等领域的应用范围和渗透程度,使大数据市场的规模呈现不断扩张之势(见图1),政府部门以及相关行业也相继有一系列政策推动并规范大数据在各领域的应用发展(见表1)。

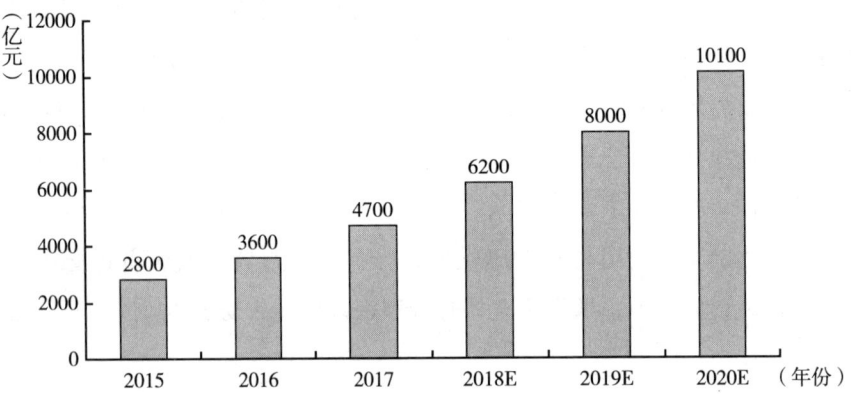

图1 2015~2020年中国大数据市场产值(含预测)

资料来源:中国信息通信研究院:《大数据白皮书(2018)》。

表1 中央政府及部分行业领域的大数据政策

序号	政策名称	发布日期	发文单位
1	关于运用大数据加强对市场主体服务和监管的若干意见	2015年7月	国务院办公厅
2	关于印发促进大数据发展行动纲要	2015年8月	国务院
3	《关于组织实施促进大数据发展重大工程的通知》	2016年1月7日	国家发改委
4	《生态环境大数据建设总体方案》	2016年3月7日	环保部
5	《关于印发促进国土资源大数据应用发展实施意见》	2016年7月4日	国土资源部
6	《关于加快中国林业大数据发展的指导意见》	2016年7月13日	国家林业局
7	《关于推进交通运输行业数据资源开放共享的实施意见》	2016年8月25日	交通运输部
8	《农业农村大数据试点方案》	2016年10月14日	农业部
9	大数据产业发展规划(2016~2020年)	2017年1月17日	工信部
10	中国大数据发展报告(2017)	2017年2月26日	国家信息中心
11	政务信息系统整合共享实施方案	2017年5月	国务院办公厅
12	《关于推进水利大数据发展的指导意见》	2017年5月2日	水利部
13	大数据驱动的管理与决策研究重大研究计划2017年度项目指南	2017年7月25日	国家自然科学
14	智慧城市时空大数据与云平台建设技术大纲(2017版)	2017年9月6日	国家测绘地理信息局办公室
15	关于深入开展"大数据+网上督察"工作的意见	2017年9月8日	公安部

资料来源:中国信息通信研究院:《大数据标准化白皮书(2018)》。

在人工智能领域，技术主要被运用到以下9个领域：信用评估/直接贷款、助理/个人金融、量化和资产管理、保险、市场研究/情绪分析、贷款催收、企业财务和费用报告、通用/预测分析以及监管、合规和欺诈识别领域。① 2014~2016年，我国人工智能产业年均增速超过37%，增速喜人。目前，人工智能市场已初步完成行业基础的构建与布局，随着深度学习算法的日趋成熟以及数据资源的加速增长，人工智能技术有望不断提升，机器视觉和自然语音处理等人工智能技术将迎来发展新机遇。

互联网巨头纷纷制定各自的智能金融战略。百度金融开放了智能消费金融平台、ABS平台及大数据风控平台三大智能服务平台。腾讯发布了基于传统云计算结构之上的腾讯云，提出"AI即服务"战略。蚂蚁金服则推出了"Techfin"，用技术支撑基金公司在蚂蚁聚宝打造属于自己的品牌专区，直接触达和服务用户。

人工智能在银行大规模落地。人工智能的"语言识别""人机对话"等技术被广泛应用于智能客服领域。"人脸识别"被运用在帮助客户进行身份认证上，如中国建设银行和中国农业银行目前已推出"刷脸取款"服务。银行业和金融科技企业在客户资源、技术开发、客户服务等方面达成战略合作。

政府也相继出台金融业人工智能相关的政策法规。2017年1月，国务院出台《关于促进移动互联网健康有序发展意见》。2017年3月，人工智能首次被写入2017年度政府工作报告。2017年7月，国务院印发《新一代人工智能发展规划》，体现了政府对人工智能的鼓励及大力扶持。2017年5月，央行成立金融科技委员会，引导人工智能新技术在金融界的合理运用。

（二）移动金融

截至2017年底，中国移动宣布其接入的物联网终端已经突破2亿个，

---

① 《前瞻产业研究院报告》，https://www.qianzhan.com/analyst/detail/220/170828 - f5f4ffc4.html。

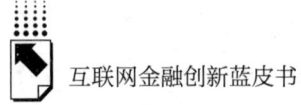

预计2018年会再增加1亿个以上物联网终端。

移动金融是以移动互联网、移动支付为基础，以移动终端、应用为载体的金融服务总称，包含移动银行、移动支付、移动证券、移动理财等方面，即通过大数据、云计算、移动通信等实现移动端产品/服务交互、资金融通的一种金融服务业态；其核心优势是金融科技技术的应用，即用技术帮助行业提高效率，降低成本。

截至2017年12月，我国手机网民达到7.53亿人，较2016年底增加5734万人，手机网民的增长速度快于网民总规模的增速，移动互联网的基础相对较好。纵观移动互联网领域，社交软件、应用商店的活跃度与渗透率最高，分列前两位，支付虽是移动金融中用户活跃度最高的类别，但绝对活跃渗透率仅为38.4%，相对处于低位。在市场发展初期，通信运营商与银行业等支付服务机构是市场投入、用户培育的关键力量，经过十余年的建设，整体金融基础设施发展相对完善；随着移动互联网逐渐普及，通信、支付技术逐步完善，移动社交、消费常态化，金融作为大众经济生活必不可少的基础支撑，金融消费衍生出新的诉求。

我国移动支付正在经历快速发展期。从银行业金融机构及第三方支付机构交易规模看，2016年移动支付规模创新高，银行业金融机构移动支付全年交易金额157.5万亿元，第三方支付交易规模35.3万亿元。这一方面反映了移动支付在整体用户市场中的普及呈高速增长态势，另一方面也暗含了移动金融用户基础逐步成型。移动金融产业链中的服务方包括金融机构、通信运营商、支付公司、互联网企业等，围绕核心用户共同完成资金流、信息流、产品服务流的传递。时至今日，与最初金融机构主导态势不同，产业内形成了多级主导创新的发展局面，其中竞合关系加剧并势必将长期存在。从2G到5G，从WLAN到光纤的应用普及，奠定了通信运营商在通信网络平台的用户规模优势，对于初期撬动银行、商户、终端厂家资源起到重要作用。在支付布局陆续完成后，进一步打造面向个人/商户、家庭、社区的移动金融业务平台，成为通信运营商创新发展的重要趋势。不过值得注意的是，当前阶段仍是以满足自身体系内基本金融需求为主，服务外延待强化。2016

年第三方支付机构虽然在通道业务上回归小额定位，但第三方支付市场交易规模不断扩大，尤其移动支付市场的交易规模增长更为迅速；基于历史交易数据的细分衍生服务（如征信、理财）成为潜力方向，与此同时，移动支付正迅速加大商业场景覆盖面，成为构建线上线下商业一体化商业生态的基础。

其他形态的移动金融创新也正在兴起。中国证券市场信息化起步较高、证券服务行业App使用人数较多，据易观数据显示：2016年12月，互联网证券活跃用户接近1.38亿人。[①] 目前互联网证券厂商分为信息服务商、传统券商两大类，为用户提供行情资讯、投资理财等服务，移动端高价值衍生业务成为发展重点，市场格局待定。商业银行移动金融服务最早以短信息形式实现，移动互联网的快速发展和竞争的日趋深化，促使商业银行加快移动金融生态建设，产品、渠道、服务模式都发生了改变。在发展阶段上，商业银行移动金融已进入全面加速成长期，未来将成为银行主流金融服务模式，是移动金融产业体系中较有竞争力的一方。

（三）分布式技术（区块链）

2017年，第一个区块链系统比特币获得了超过1300%的回报。区块链技术的逐渐成长难以被普罗大众所忽略，企业界也越来越将关注的目光集中在区块链技术上。

区块链在国外获得了极为快速的发展。[②] 2017年，纽约证券交易所向美国证券交易委员会提出两只比特币ETF产品的发行申请，芝加哥期权交易所（CBOE）成为第一家登录比特币期货交易市场的投资机构，一个星期后，芝加哥商业交易所（CME group）也发行了比特币期货。不只是大型交易所热衷于区块链相关活动，其他机构亦对区块链行业中的协同合作产生了浓厚兴趣。在这个合作过程中，它们意识到，区块链技术可使业务更加高效

[①] 易观报告：《中国移动金融市场专题分析2017》。
[②] 网络新闻：http://www.sohu.com/a/215425635_114877。

与经济。2017年围绕区块链技术所产生的关注与兴趣越来越浓厚，美国商品期货委员会（CFTC）甚至发布了一份虚拟货币入门指南，这标志着政府、传统金融机构与更多的跨行业组织开始试图引入区块链技术，通过区块链系统来优化日常运营。

受国际趋势影响，我国的区块链技术发展速度惊人，区块链相关企业数量迅速扩增。截至2017年底，国内以区块链为主营业务的企业已达到434家（见图2），区块链产业生态初步形成。2017年区块链行业变革巨大，在与人们熟知的比特币等数字货币分道扬镳后，区块链作为一种新型而潜力巨大的技术服务于金融。2017年以来，工信部先后发布《区块链技术和发展白皮书（2016）》《区块链参考架构》，以日趋清晰的政策导向加快区块链产业化进程。不仅中国人民银行公开表示要研究区块链技术，国有四大行也走在了区块链尝试的最前沿。其中，2017年8月中国农业银行上线区块链涉农电商融资产品"E链贷"，提出基于区块链技术涉及互联网电商融资相关系统的农信贷供应链解决方案。中国工商银行主要利用区块链创新扶贫金融服务，实现银行资金拨付信息与审计监督的跨链整合。招商银行于2017年2月宣布实现将区块链技术应用于全球现金管理领域的跨境直联清算、全球账户统一视图以及跨境资金归集三大场景，报文传递时间缩至秒级。平安

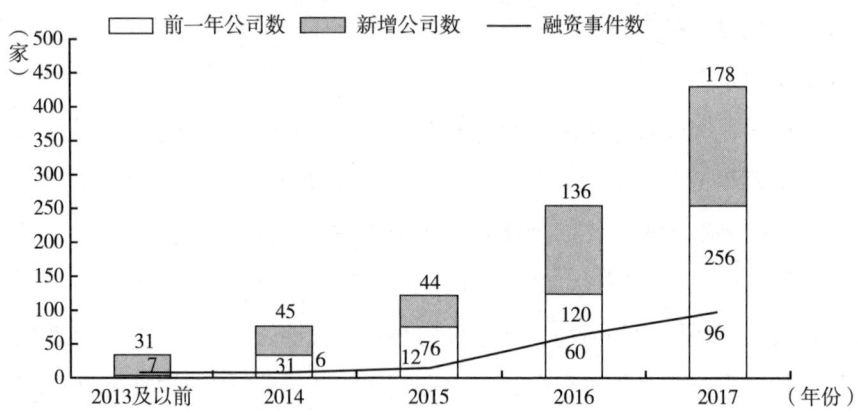

图2　2013~2017年中国区块链产业新成立公司及融资事件

资料来源：根据IT橘子网数据整理。

BaaS 区块链平台主要应用于机构之间的同业资产交易业务、零售业务领域和中小企业贷款等真实场景。

区块链技术发展能够如此迅速，与其技术创新密不可分。[①] 区块链技术能在价值存储、交易流程和支付中得到充分运用，和传统金融机构或中间商相比，区块链系统能在国内或跨境交易中以更低的成本和更快的速度完成资金转账。因为安全性高、成本低和效率高等特点，区块链得到越来越多的推广。区块链系统的基础是分布式分类账本，在密码学基础上通过工作量证明和权益证明来保障安全性。在这个过程中，计算机依据给定算法对每一区块上的交易数据进行加密处理。当一台计算机执行上述操作时，储存着最新的交易信息的区块将会被上载到区块链，同时已上传的分类账本交易信息会被新生的区块以广播的形式告知给其他节点即每台连接到区块链网络上的计算机，节点以这样的方式来更新它们的交易信息。如果分类账本上载的交易信息不能得到链上大部分节点的认同，节点将不会更新这些信息，因为在它看来，这些交易数据并不可信，不能够反映真实情况。

（四）生物识别技术和加密技术

在一个充斥网络黑客和数据泄露的世界里，大多数人都认为当前的文本密码系统已经被打破。最近的调查显示，81%的人使用相同的密码来处理多个账户，对于年轻一代，这个比例甚至达到92%。因为密码系统已不再安全，高级用户用密码管理器来管理密码，但普通人还是希望事情更简单些。生物识别技术的应用可以解决这一难题，用人的生物特征来替代传统密码进行加密。

生物识别技术已经被广泛应用于人们的生活中。2013年Apple iPhone的指纹识别开创了生物识别技术应用的新时代。指纹识别只是一个开始，声音交互系统现已广泛应用于手机。在线投资经纪公司 TD Ameritrade 有自己的语音识别系统，仅用语音就可登录系统，享受电话客户服务。如今 iPhone X

---

① 网络新闻：https://www.leiphone.com/news/201801/5bphfB39sTeDRzhA.html。

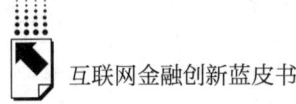

已经实现脸部识别技术，将有很多用户使用脸部识别解锁。脸部识别技术在金融领域的应用只是时间问题。

当前金融领域的生物识别技术应用发展仍处于初级阶段。而虹膜识别在银行业还在测试阶段。2017年夏天美国银行宣布和三星合作进行虹膜扫描技术的开发应用。在英国，英国信托储蓄银行（TSB）将成为第一个使用这项技术的欧洲银行。另一个更有潜力的技术是行为识别技术，这个技术可以测量并记录人的特定行为。每个人都有特定的行为习惯，用这些行为习惯可以进行连续的身份验证。如果一个黑客成功登录你的账户，他很难精确复制你的行为习惯，而软件会识别这一情况，从而对账户进行保护。行为识别技术可以捕捉手眼协调、压力、手震动、击键动力、步态分析、鼠标使用特征、导航、滚动和其他手指动作。许多人认为多模式结合是最好的方法，尤其是结合生物特征和行为特征的生物识别技术。一些公司给客户提供不同的选择，例如USAA在手机App上提供了3种不同的生物识别模式，三星宣布与Biocatch合作将行为识别技术引入其Nexsign生物识别认证平台。

三　互联网金融模式创新情况

（一）互联网支付领域

互联网支付在形式上可分为网银支付、移动支付和第三方支付三类。2017年，国内网银支付市场较为稳定，个人网银交易额稍有下降；移动支付和第三方支付在交易额和业务量上增长明显。

近年来，互联网支付对国内经济的正向影响显著，非银行支付机构的业务扩张之势尤为突出（见图3和图4）。

截至2018年1月，非银行支付机构处理的支付业务笔数已超过银行业金融机构，并有持续扩大之势。与此同时，在移动支付的广泛覆盖和长尾客户充分挖掘的背景下，非银行支付机构的单笔额度呈下降趋势。在所有非银行支付机构中，支付宝与微信两大巨头用户数量庞大，覆盖地域广阔，业务

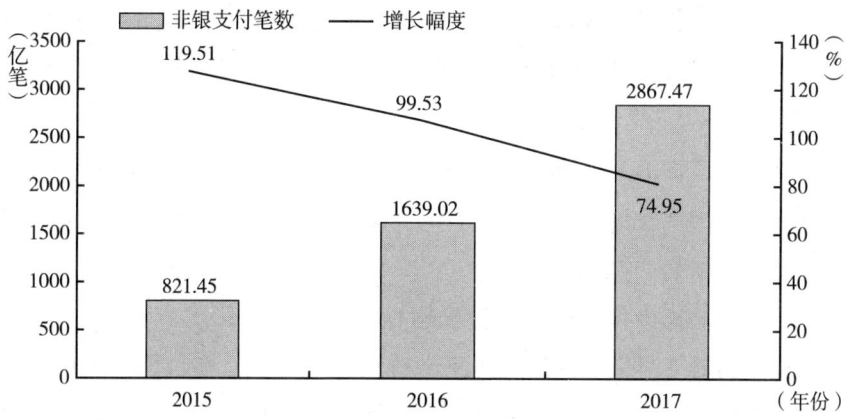

图3　2015～2017年非银行支付机构支付笔数及其增长率

资料来源：数据整理自中国支付清算协会。

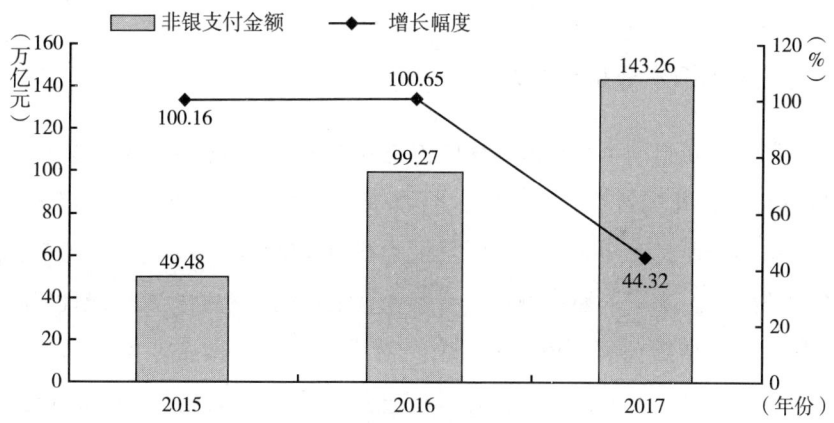

图4　2015～2017年非银行支付机构支付金额及其增长率

资料来源：数据整理自中国支付清算协会。

种类丰富，在数字普惠金融的践行中潜力巨大。除了开发出支付宝与微信的阿里巴巴、腾讯之外，百度、京东、中国银联等互联网企业也不甘落后，纷纷在移动支付领域开疆辟土、巩固市场，相互竞争。在竞争氛围下新开发的支付场景不断涌现，比如目前广受欢迎的支付领域——公共交通。2017年，支付宝、微信、中国银联均在公共交通领域有所布局，通过二维码公交卡等形式，以手机代替现金或城市公交一卡通，简化人们的出行，提高生活的便利性与效率。除了公共交通领域，自助存取款场景也出现创新业务——"刷脸取款"。2017年，中国银行、中国农业银行、中国建设银行等商业银行均以试点形式推出了ATM刷脸取款业务，苏宁、京东等电商则尝试将刷脸支付功能运用到各自的线下体验店中，支付宝也联合肯德基上线刷脸支付功能，一时间掀起"刷脸"热潮。

银行业金融机构和非银行支付机构在移动支付及第三方支付领域的活跃，表现为其对支付生态和数字普惠金融领域的重视。在目前的支付市场，长尾客户有巨大的发展潜力。通过推广支付业务，机构可以形成自身的客户群体，并借助不断丰富的支付场景提高用户黏性，在形成资金闭环的同时利用支付数据描绘出商家与用户的资金流向，从而更好地进行产品研发和营销推广。

（二）小微企业融资领域

小微企业在我国市场经济主体中占重要地位。根据国家统计局数据，截至2016年底，我国各类企业数量达8705.4万，其中小微企业约占77%。不同于大中型企业具有相对完备的信贷记录和规模优势，小微企业一直面临融资方面的困扰。除了内源性融资，银行业金融机构、新三板及区域性股权交易市场、小额贷款公司、PE/VC、民间借贷等都是小微企业常见的融资渠道。近年来，借助互联网、大数据等信息技术手段，小微企业在商业银行、区域性股权交易市场的融资状况已得到一定改善，P2P网络借贷、互联网众筹等模式的兴起，为小微企业融资问题提供了新的解决方案。

P2P网络借贷是一种个人或企业借助第三方互联网平台进行资金借贷匹配的直接信贷模式，具有交易成本低、借贷频次高、单笔金额小、对接匹配快等特征。目前，P2P网络借贷业务模式可分为信用卡模式、类担保债券模式和类资产证券化模式，其中信用卡模式是P2P网贷最早使用的操作模式，而类担保债券模式则在P2P网络借贷发展中逐渐成为主流。从2007年8月国内第一家P2P网络借贷平台成立到今天，P2P网络借贷在中国已经整整走过了10年。十年间P2P网络借贷交易规模逐年增长，与其对应的业务模式、技术应用及监管政策也随之快速翻新。2017年，P2P网络借贷市场最明显的变化当属资产结构的转变。根据零壹数据统计，2017年个人贷款规模在P2P网络借贷行业中占比高达63%，远高于2016年的29%。同时，在合规监管的旋律愈发明显、业内竞争持续激烈的情况下，行业平台出现了分化、洗牌的现象：一方面，运营良好的平台先后在海外寻求上市，截至2017年底，宜人贷、信而富、和信贷、拍拍贷等企业均已登陆美国证券市场；另一方面，问题平台不断暴露，截至2017年底，不完全统计的问题平台数高达3902家，占累计上线平台数量的70.9%，[①] 涉足P2P网络借贷的机构数量总体呈减少趋势。

除了P2P网络借贷，互联网众筹也是近年来出现的新型融资方式。从当前众筹市场看，股权众筹与小微企业融资的契合度较高，凭借投资门槛低、信息流通性好等优势，股权众筹为小微企业直接融资开辟了新道路。2017年，由互联网平台成功促成的股权众筹金额约64.8亿元，[②] 为小微企业创新股权融资方式打下了良好的基础。除股权众筹外，产品众筹也成为小微企业融资进行产品研发、生产新渠道。虽然国内的产品众筹与电子商务界限模糊，但产品众筹运用于融资领域的条件优越、潜力巨大，拥有更低的申领门槛和更为简单的申请流程，其投资体验与回报相比股权众筹更为丰富，即使其对融资用途有明显限制，2017年仍然保持了稳定发展态势。2016年以来，互联网金融的监管力度逐渐加大，股权众筹及产品众筹平台基本保持稳定。与此同时，收益权众筹平台异军突起、迅速增长，占2017年股权/收益权众筹总额的六成以上份额，市场前景可观。

（三）互联网理财领域

在互联网理财崛起之前，银行理财在我国财富管理领域占重要位置。传

---

① 资料来源：零壹数据。
② 资料来源：零壹数据。

统银行理财产品大都为预期收益率型,即与客户约定一个高于存款利率的收益率,以刚性兑付方式保证客户的投资收益。由于银行理财的收益率同经济走势紧密相关,近两年 GDP 增速放缓,银行理财产品的收益率相应下降。2015~2017 年,银行理财产品的年化收益率通常维持在 3.5%~5.0%。在收益率下降的同时,银行理财还面临愈加严格的监管环境。2017 年 11 月,央行等五部门联合发文要求资管产品不可设定预期收益率,须按净值申购、赎回,这使商业银行逐渐停止销售刚性兑付、"保本"型理财产品。当银行理财的收益与风险优势弱化时,以余额宝为代表的"宝类"理财产品、P2P 网络借贷理财、互联网基金理财、互联网保险理财、产品众筹等理财模式悉数登场,为广大投资者带来互联网理财新体验,并在互联网用户普及、产品设计多样、申领购买便捷等情况下迅速推广传播。从 2013 年至今,互联网理财产品的投资人数与规模逐年攀升,即使面对限购、限额等监管政策和问题平台业内乱象,也依旧热度不减。截至 2017 年 12 月,国内购买互联网理财产品的网民已达到 1.29 亿,[①] 互联网理财规模已由 2013 年的 2152.97 亿元增长至 2017 年的 3.15 万亿元,预计 2018 年将达到 5.36 万亿元。[②]

目前,余额宝等"宝类"理财产品年化收益率维持在 4% 左右,P2P 网络借贷理财的年化收益率通常在 7% 左右,其他互联网理财产品的收益率高低不等、风险不一,给予投资人较大的选择空间。此外,自 2015 年下半年,腾讯、阿里巴巴、京东、陆金所、平安等互联网巨头开始提出"一站式理财"的概念,互联网综合理财平台及相应的 App 上线,投资人的多样化投资需求得到更好满足。未来投资理财互联网化与智能化已是大势所趋,现代信息技术深度融入财富管理市场的场景值得期待。

(四)供应链金融领域

互联网供应链金融又称"线上供应链金融",是传统供应链金融与互

---

① 资料来源:中国互联网络信息中心《第 41 次中国互联网络发展状况统计报告》。
② 资料来源:《互联网理财指数报告》。

联网相结合的产物。2014年之后，供应链金融步入互联网化阶段，借助对大数据、云计算、物联网、区块链等新兴技术的运用，供应链金融中的信息不对称问题得到有效缓解，全套业务的生态结构与流程逐渐清晰，跨区域、跨部门、跨条线的产业生态圈开始形成，其在风控模式上的创新更是为服务小微企业、个体工商业者及终端消费者带来新的可能与便利，使供应链金融服务范围不断扩大、用户逐渐下沉，加之2017年金融科技的火热浪潮和政策文件的鼓励支持，互联网供应链金融的发展前景十分广阔。

当前，互联网供应链金融的参与主体有商业银行、电商平台、P2P网络借贷平台及供应链中的核心企业等，其中商业银行在参与主体中的占比与规模最大，是现阶段供应链金融的最主要参与者。由于供应链金融业务的开展对平台主体的要求较高，平台规模的扩张和获得供应链核心企业的认可尚需时间。2017年国内共有10家开展供应链金融业务的平台先后获得了融资并进入市场，[①] 新进平台数量有限且单次融资的金额普遍不高。另一类重要参与者当属P2P网络借贷平台，根据零壹数据不完全统计，截至2017年底，涉及供应链金融且运营正常的P2P网络借贷平台超过80家，其涉足大宗商品、汽车、餐饮、通信等行业。2014~2016年，P2P供应链金融规模扩大了10倍以上，呈逐年递增趋势，而到2017年，受监管领域限额规定影响，P2P网络借贷平台供应链金融业务规模略有下滑，但仍稳定在千亿元级别。此外，阿里巴巴、京东、苏宁等电商平台均以设立小额贷款公司的方式获得了放贷资质，成功进军互联网供应链金融领域，并借助平台丰富的既有数据，通过开展订单贷款业务、应收账款融资业务等满足小微企业的短期资金需求。

未来的供应链金融业务的开展将更多依赖线上平台和信息技术，相关平台机构提供的服务也会更加倾向于垂直化和细分化，通过数据信息的分享和平台机构间的合作，整个供应链金融将会更具体系和效率。

---

① 资料来源：零壹财经。

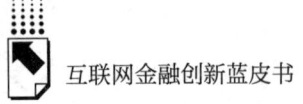

（五）资产证券化领域

互联网资产证券化诞生于2013年，自2015年开始逐渐被市场与政府熟知并接受，近两年发行主体范围逐渐扩大，产品规模大幅扩张，其中小额贷款类ABS市场发展尤为亮眼。根据Wind和零壹数据统计，2015年之前小额贷款类ABS的发行量仅以个位数计，发行总额为76.31亿元，而2017年全年发行规模已达到3035.79亿元，其中阿里巴巴和京东旗下的花呗、借呗、白条产品占比超过90%，成为名副其实的行业领跑者。

在互联网融入ABS以前，定价与风控问题一直是困扰传统资产证券化的两大难题，受制于此，很多中小型企业无法进入ABS市场，消费贷款资产也难以证券化。大数据与区块链技术的引入为破解这些难题提供了新思路。通过全程、透明、可靠且去中心化数据的收集与使用，基础资产的质量得到保障，产品发行效率及公信程度随之提高。2017年，京东金融、百度金融、德邦证券纷纷试水区块链ABS产品。随着金融科技向资产证券化领域的不断渗透，市场开始寻求产业链的延伸，第三方资产证券化服务商概念顺势形成，厦门国金、京东金融率先开创ABS全链条服务，希望利用其在技术和数据上的优势构造产业生态，抢占市场先机。

目前，越来越多互联网平台开始投身ABS业务，互联网资产证券化的参与主体不断扩大，诸如互联网消费金融类的新资产也相继涌现，资产证券化的发展道路愈发通畅，但对金融科技依赖程度的探讨、对互联网ABS企业与平台的风险防控等问题悬而未决，互联网资产证券化创新发展任重道远。

（六）消费金融

2017年，互联网消费金融行业飞速发展，各大持牌消费金融公司大幅盈利，微粒贷规模快速突破1600亿元，趣店等现金贷公司扎堆在美国上市。与此同时，校园贷穷途末路，现金贷、网络小贷、P2P网络借贷遭遇监管政策的三连击。整体来说，2017年互联网消费金融行业在监管不断规范的情况下踽踽前行。

随着消费信贷需求的快速释放,以及金融科技对互联网消费金融业务效率的大大提高,2017年消费金融行业快速发展。当前中国消费金融市场规模近6万亿元,如果按照20%的增速预测,到2020年消费信贷规模超过12万亿元,将成为全球最大的消费金融市场。2017年上半年主流消费金融公司(苏宁消费金融、马上消费金融、招联消费金融、中银消费金融、2345贷款王、中融金等,包括持牌机构与非持牌机构)的营业收入与净利润均出现大幅增长,行业整体处于快速发展阶段。

随着新兴细分场景不断被开拓,未来以生活消费为目的小额、短期借贷服务将继续扩张,教育、家装、旅游等消费场景是各企业抢夺的重点。此外,农村人口、大学生、蓝领以及年轻家庭将成为消费金融的核心客户,新兴消费金融市场将被企业深耕,长期被压抑的消费金融需求将进一步被释放。这对于更多尚未盈利的企业来说,市场机会很大。

四 互联网金融治理创新情况

(一)政府部门

互联网金融市场虽风生水起、日渐壮大,但业内违法乱象时有发生,严重扰乱了市场秩序,损害了投资者权益打击其投资热情。自2015年(互联网金融监管元年)开始,从中央到地方的监管层层加码,节奏紧密,在两年多时间里相继出台了多项对互联网金融领域的整治与风控措施并逐步落地实施,使2017年成为互联网金融合规规范年。[①]

在P2P网络借贷领域,随着2017年8月《网络借贷信息中介机构业务活动信息披露指引》的正式发布,网络借贷行业银行存管、备案、信息披露三大主要合规政策悉数落地,该披露指引也与《网络借贷信息中介机构

---

① 王晓:《2017年互联网金融报告》,《21世纪经济报道》2017年12月7日。

业务活动管理暂行办法》《网络借贷信息中介机构备案登记管理指引》《网络借贷资金存管业务指引》共同构成了网络借贷行业"1+3"监管体系（一个办法，备案、存管、披露三个指引）。在中央"1+3"监管体系的基础上，厦门市、广东省、上海市、深圳市、北京市、广西壮族自治区等地方政府也陆续出台了相应的管理实施办法，网络借贷监管政策日臻完善。

在第三方支付领域，监管力度也明显增大。2017年，央行先后下发《关于实施支付机构客户备付金集中存管有关事项的通知》《关于将非银行支付机构网络支付业务由直连模式迁移至网联平台处理的通知》《关于进一步加强无证经营支付业务整治工作的通知》《关于规范支付创新业务的通知》《关于印发〈条码支付业务规范（试行）〉的通知》和《关于调整支付机构客户备付金集中交存比例的通知》，逐步加强对第三方支付行业的约束与规范，严厉打击无证经营及其他违规行为。

此外，在大数据与信息安全方面，秉持着推动发展与严格管理并行的原则，各项政策措施纷纷面世，为广大市场参与者提供指引和保障。2017年1月，工信部下发《大数据产业发展规划（2016~2020）》，重点提出要打通数据孤岛，推动包括金融行业在内的各行业大数据的互通应用。2017年5月，最高人民法院、最高人民检察院联合发布《关于办理侵犯公民个人信息刑事案件适用法律若干问题的解释》，明确了"公民个人信息"的范围及违法的认定、定罪、量刑标准。此外，深圳、成都、福州等城市相继发布了当地的公共信用信息管理办法，为信息主体的权益维护和信息资源的有序利用保驾护航。

（二）行业协会

在政府部门指明监管方向、订立监管框架的基础上，以中国互联网金融协会为代表的相关行业协会积极践行自律职责，为互联网金融领域内的多项细分业务制定行业标准和经营管理规则，促进互联网金融领域内的信用建设与信息交流，在行业风险的规避与整治、行业规范的引导与维护方面发挥了重要作用，为推动互联网金融的合规、健康、普惠发展贡献了重要力量。

为配合《互联网金融风险专项整治工作实施方案》的实施，2017年中国互联网金融协会先后成立了互联网借贷、互联网金融信用建设、互联网金融网络与信息安全、移动支付金融、互联网股权融资、互联网保险等专业委员会，推动了互联网金融治理领域的基础设施建设。在行业的信用体系、信息披露建设方面，中国互联网金融协会于2017年4月推出了第一期线上互联网金融统计监测系统，与超过200家行业机构建立直报联系，报数机构交易规模占行业比重超过八成。运用相关监管理念与大数据、区块链等新技术，中国互联网金融协会在2017年6月上线了互联网金融登记披露服务平台，并于9月底接入超过100家网络借贷信息中介机构，基本实现相关会员单位的全覆盖。诸如《互联网金融信息披露标准 互联网消费金融》等信用披露标准也应声出炉，以规范行业行为、保障消费者权益。[①] 为借鉴国际互联网金融发展经验，增进与海外国家在互联网金融领域的民间交流与合作，2017年，中国互联网金融协会与卢森堡互联网金融之家签署了《互联网金融领域合作备忘录》，应邀组团赴德国进行互联网金融交流，同世界友人共谋互联网金融的创新发展之路。

除中国互联网金融协会之外，各省市级的互联网金融协会也积极响应国家监管部门的政策号召，贯彻落实互联网金融风险专项整治工作和互联网金融标准化工作的各项具体任务，扎实推进协会的自律管理机制和创新规范发展。此外，国家互联网金融安全技术专家委员会于2017年8月发布了《合规区块链指引》，中国支付清算协会发起成立的非银行支付机构网络支付清算平台于2017年3月上线试运营，互联网金融领域相关各项风控和合规措施正在有条不紊地部署并执行。

（三）企业平台

在政府部门和行业协会紧锣密鼓地推进互联网金融整治合规工作的同时，互联网金融领域参与主体——业内的平台企业也广泛投身互联网金融标

---

① 资料来源：中国互联网金融协会官网。

准化、合规化建设的进程中，与政府部门和行业协会共享信息资源、共谋战略合作，展现了积极的主人姿态、树立了正面的企业形象、承担了良好的社会责任。

2017年1月，京东金融、微信支付等50多家单位共同发布了《保障移动支付安全产业自律宣言》，呼吁行业形成合力，共筑安全防线。7月，苏宁云商集团与国家发改委联合签署了《关于加强信用信息共享的合作备忘录》，联手共建信用体系。8月，腾讯公司与国家开发银行签署了《"互联网+"开发性金融战略合作协议》，在金融方面达成战略合作。9月，南方电网广西公司与央行征信中心签订了《征信系统共享商务信用信息合作协议》，建立了供电企业与金融信用信息共享机制。11月，中国银联与京东金融联合发布《风险信息共享方案》，以分布式区块链技术为依托，致力于提高信息透明性与安全性。

除政企合作、企业间合作的形式外，企业平台发布的行业报告也为洞察市场、发现问题、推进整治合规工作提供了有力支持。零壹财经发布的《2016中国P2P网贷年度报告》、中国平安发布的《2016年度中国金融行业用户体验及NPS白皮书》、京东金融研究院联合清华大学发布的《2017金融科技报告：行业发展与法律前沿》、网贷之家发布的《网络借贷普惠金融实践白皮书（2017）》等，均利用自身的数据优势和整合分析能力，打造出互联网金融领域下不同行业、不同技术、不同关注群体的信息窗口，加深了社会对互联网金融的认知，加快了互联网金融领域治理监管的进程。

五 互联网金融创新与治理面临的挑战

（一）行业自带高风险属性

互联网金融是金融与互联网的叠加融合之物，承袭甚至放大了金融与互联网行业的高风险属性。一方面，互联网层面的网络安全问题不容忽视，病毒攻击、系统瘫痪、虚假网址等现象在给企业带来高昂维护整修成本和数据丢失风险的同时，也造成了网民群众的信息泄露与财产损失。2017年，勒索病毒传播、僵尸网络肆虐、网络攻击、网络诈骗、信息泄露等问题日渐突出。Cerber、Crysis、WannaCry三大勒索软件呈现全球性蔓延态势，攻击手法和病毒变种也进一步多样化，政府部门、医疗机构、科研机构、公共交通等领域深受影响。另一方面，受经验不足和规模的限制，传统金融行业固有的信用风险、流动性风险、系统风险等对新兴互联网金融公司产生的威胁被放大，加之大数据、云计算时代下，海量的数据精准详尽又灵活流动，单体风险的爆发很可能迅速扩散演化至群体风险，最终波及整个行业。如何应对集聚突发性、隐蔽性、复杂性、外部性的互联网金融风险，是政府部门、行业协会和企业平台都必须面对的严峻挑战。

（二）跨界创新的监管困难

互联网金融是创新创业的前沿阵地，新的产品与业务走在法律规范前的情况时有发生。金融脱媒在降低投融资成本、提高投融资效率的同时，改变了商业银行的主导地位，促进了第三方平台的繁荣，而从业平台的混业、跨地乃至跨境经营，也给传统的分业监管体制带来了困难与挑战，使传统金融监管模式无法满足互联网金融的客观监管需求。法外真空之地，行骗欺诈者蠢蠢欲动，是非模糊地带，争执双方定论难判。即使是诚信自律的企业，也可能因缺乏规范引导而决策失误，给市场带来困扰。信息不对称情况下，金融知识缺乏的消费者、投资者，或在盲目轻信中权益受损，或在投机赌博的心态下罔顾风险，间接导致互联网金融领域乱象丛生、事件频发，致使资源浪费与财产损失。仅依靠经营者的自律自控和客户群的理性谨慎，显然不能解决问题，必须有政府机构的引导规范。依据行业特征、顺应发展趋势，尽快建立一套适用性强、灵活性高的监管体系并持续严格地实施完善，以净化市场环境，促进行业发展。

（三）征信披露的数据缺漏

统一完备的征信体系和开放透明的披露制度是控制风险、实行监管的得

互联网金融创新蓝皮书

力工具。金融活动的关键在于了解和信任。信任是交易的基础,了解是信任的前提,征信与披露则是通向了解和信任的重要途径。当前,央行征信中心所掌握的信用数据在数量和质量上均不能满足现有经济活动的需求,民营征信机构依靠用户规模优势建立起来的征信系统尚未形成统一鉴定标准,机构间合作过程中的竞争与利润分配始终是敏感而现实的话题,部分数据的失真造假问题不得不引起关注。不同于个人层面的单向征信,对企业的了解还需要其主动披露。当下的互联网金融领域,不同业务类型的信息披露准则尚在制定与规范过程中,平台公司对披露的理解及配合也需要时间与意识的加强。如何尽快建立起正规统一、权威有效的征信体系,如何保障征信系统下信贷数据符合已有的监管要求,如何化解民间征信机构公开性和营利性之间的矛盾,如何培养企业的主动披露意识、规范企业的披露行为、提升披露信息的使用价值,等等,都是横亘在互联网金融繁荣发展途中亟待解决的问题。

(四)用户权益的安全保障

庞大的用户群体是互联网金融业务最为主要和根本的参与者,对他们的信息安全保障和消费权益维护是互联网金融时代永恒的责任与使命。大数据技术的成熟与推广,既描绘了网络用户的行为与需求画像,又滋生了"定向广告骚扰""精准诈骗"等新的社会问题,敲响了信息安全的警钟。当前,用户信息泄露呈现渠道多、窃取成本低、追查难度大的严峻状况。在即时而开放的平台上,多维详尽的数据一旦被盗窃滥用,会对用户的财产乃至人身安全带来严重威胁。对于掌握大量个人信息的企业平台和机构单位,其信息保护的资质审核与认证程序尚未形成。在保障消费者权益的进程中,事前的教育警示、事中的应对处理、事后的补偿吸训等均未得到妥善解决,权益保障的机制运行还不够成熟,使处于弱势一方的用户群体屡屡成为互联网金融负面事件的最终买单者。如何尽快制定个人信息保护相关法律规范,形成个人信息安全保护标准,提升系统防御攻击和反追踪能力,加大关键信息基础设施保护和网络安全审查力度,是法规制定方、监管审查方、技术改进方、企业运营方共同面对的挑战。

六　互联网金融创新与治理趋势与政策建议

（一）监管治理原则导向，严守底线留足空间

无规矩不成方圆，互联网金融领域的运营发展，始终应在监管治理的节奏下有序进行。目前，中央政府对互联网金融领域的风险防范越来越重视，监管态度也逐渐趋于严格，预计未来的工作重点，将围绕持续开展各类专项整治、严打互联网金融违法犯罪行为、强化金融监管问责、严守不发生系统性风险底线等展开，以防范重点领域的重大风险，维持经济社会稳步发展。在监管的过程中，应坚持实质重于形式和分类监管的原则，以实现"监管－创新－再监管－再创新"的良性循环为目标，以注意、避免"一刀切""因噎废食"的整顿治理态度，根据实际情况进行灵活适当的应对与调整，在坚持治理原则、严守监管底线、保持高度警惕的前提下，做到处罚、鼓励双管齐下，特殊情况特殊对待，以避免执法过严、管死管僵的失活局面，保护市场的创新性与积极性。

（二）积极推动金融改革，部分地区先行先试

互联网时代赋予了金融改革新的契机与要求。党的十八届三中全会对全面深化改革所做出的战略部署中明确要求落实"互联网＋"国家战略，助力大众创业、万众创新。2017年的中央一号文件提出以强化科技创新驱动、引领现代农业加快发展的方式推进农业供给侧结构性改革。互联网金融的发展，肩负着助力双创、扶贫脱贫等改革重任，伴随着改革尤其是金融改革的深化同步进行。互联网金融领域的创新与治理应始终同构建并完善金融监管体系、安全体系和共享体系联系起来，同引领创新创业、带动转型就业联系起来，同帮扶困难群众、促进农村发展联系起来。对于走在改革前沿的地区，要鼓励其先行先试，在技术、法律、管理等领域取得突破，做好示范、带头工作；对于尚处贫困落后的地区，亦要鼓励其先行先试，调配资源与人才进行支援与帮助，带动贫困地区和贫困人口增收脱贫。

（三）企事政府信息共享，相互制约通力协作

互联网是开放、平等、交流、融合的平台，互联网金融的发展也应承袭互联网的特征，以共享协作的姿态谋求多方共赢的局面。近两年来，越来越多的互联网金融公司由对抗竞争转为合作共享，通过开放渠道、整合数据、合力开发、交叉营销、共享版权等合作形态，打通了多种应用和产品，提供了更为的丰富增值服务。在企业间开展全面合作的同时，中央与地方的各部门、机构也积极投身合作浪潮，同混业、跨地、跨境的合作伙伴签署协议、共享信息。在征信层面，纷繁复杂的经营与交易方式和数目庞大的参与者使跨部门协作、联合多方共同征信成为大势所趋。在监管层面，传统金融行业的"一行三会"需要明确其在互联网金融监管中的分工，避免监管混乱、重复监管或监管真空问题。此外，应加强中央监管部门与地方政府、行业协会之间的协调与合作，及时听取行业平台和利益相关者的意见反馈和建议，建立双向渠道以形成权力的制约。

（四）持续营造创新氛围，建立人才培养机制

互联网金融是技术创新、模式创新下的产物，其持续健康的发展自然离不开创新氛围。为营造良好的创新氛围，政府可适当向创新创业人员及企业倾斜资源、发放补贴、设置奖励、给予最低保障，监管层应报宽容态度，为创新背后的风险与损失留出容错空间，媒体窗口也应对优秀事迹进行宣传肯定，鼓励创新精神，引导支持舆论。创新的根本动力来自人，挖掘与培养互联网金融领域的人才，是驱动技术、模式和治理创新的关键。当前的互联网金融行业因存续尚短且扩张迅速，出现了明显的人才缺口，现有从业人员资质不足也出现了人岗不匹配、职位难胜任的现象。为化解当前的人才短缺困境，应尽快建立一套高效、全面的人才培养招募机制，通过开设专业课程、组织员工培训、促进人才流动、国外人才招募等多种方式，打造一支高素质的互联网金融人才队伍，以更好地适应互联网金融领域的壮大与发展。

理 论 篇

B.2
2017年互联网金融研究综述

赵 杨*

摘　要： 互联网金融兼具互联网属性和金融属性，因此对于互联网金融的研究既有金融学者，也有互联网学者以及法律学者。基于此，本报告分别从金融视角、法律视角、技术视角回顾了2017年互联网金融的研究进展，并提出了现有研究的不足以及未来的研究方向。

关键词： 互联网金融　文献综述　研究展望

互联网金融是借助互联网和移动通信技术实现资金融通、支付和信息中

---

* 赵杨，管理学博士，中央财经大学中国互联网经济研究院助理研究员，研究方向为互联网金融、互联网经济。

介功能的新兴金融模式。① 互联网金融的内涵有广义和狭义之分：广义的互联网金融既包括金融企业借助互联网开展的金融业务，也包括互联网企业类非金融机构从事的金融业务；而狭义的互联网金融仅指互联网企业基于互联网技术开展的金融业务。

互联网金融的概念是由国内学者首创，国外的相关研究主要散落于网络借贷、网络众筹等具体的互联网金融模式上。按照研究者的知识背景和分析视角，有关互联网金融的研究大致可分为三类：第一类是从金融视角研究互联网金融，研究主体是传统上从事金融学研究的学者，主要的研究内容是互联网金融的内涵与模式、风险与监管以及互联网金融的微观行为机理和宏观经济后果；② 第二类是从法律视角研究互联网金融，研究主体是传统上从事法学研究的学者，主要的研究内容是结合互联网金融发展中遇到的问题探讨其法律规制；③ 第三类是从技术视角研究互联网金融，研究主体是传统上从事互联网研究的学者，主要的研究内容是探讨技术变革对互联网金融的影响及其未来发展趋势。④ 以下将分别从上述三个方面对2017年相关研究进行综述。

一 基于金融视角的互联网金融研究

从研究进程看，早期的基于金融视角的学术研究集中于采用定性方法

---

① 中国人民银行金融稳定分析小组：《中国金融稳定报告（2014）》，中国金融出版社，2014。
② 谢平、邹传伟：《互联网金融模式研究》，《金融研究》2012年第12期。郑联盛：《中国互联网金融：模式、影响、本质与风险》，《国际经济评论》2014年第5期。廖理、吉霖、张伟强：《借贷市场能准确识别学历的价值吗？——来自P2P平台的经验证据》，《金融研究》2015年第3期。刘澜飚、沈鑫、郭步超：《互联网金融发展及其对传统金融模式的影响探讨》，《经济学动态》2013年第8期。吴晓求：《互联网金融：成长的逻辑》，《财贸经济》2015年第2期。
③ 李有星、陈飞、金幼芳：《互联网金融监管的探析》，《浙江大学学报》（人文社会科学版）2014年第4期。邓建鹏：《互联网金融时代众筹模式的法律风险分析》，《江苏行政学院学报》2014年第3期。杨东：《互联网金融的法律规制——基于信息工具的视角》，《中国社会科学》2015年第4期。
④ 许闲：《区块链与保险创新：机制、前景与挑战》，《保险研究》2017年第5期。赵增奎：《以区块链技术推动互联网金融稳健发展研究》，《经济纵横》2017年第11期。

探讨互联网金融的理论基础[①]、宏观影响[②]和监管原则[③]，以及国内外的对比分析[④]。此后，随着互联网金融业务的井喷式发展，学界开始引入定量研究方法从微观、中观、宏观三个层次将相关研究向纵深拓展：微观层次主要聚焦于分析市场参与主体的行为特征和行为机理；中观层次主要集中于探讨行业的空间集聚特征及其驱动因素、不同融资模式的效率比较和模式选择；宏观层次主要从货币政策有效性和利率波动两个方面探讨互联网金融发展对宏观经济的影响。以下将从以上三个方面分别展开详细论述。

（一）微观层面研究

从微观层面看，互联网金融的直接参与主体包含资金需求者、资金供给者和互联网金融平台三类。三类参与主体的目标各不相同，行为特征和行为机理也必然存在差异。为打开互联网金融微观行为的黑箱，相关研究从参与决策、融资成本、融资效率、违约行为、羊群行为和歧视行为六个方面进行了深入探讨。

1. 参与决策

参与决策方面的研究主要考察影响资金供给方参与互联网金融交易的潜在因素，在一些研究中也称为融资成功率的影响因素。在互联网金融交易中，整个交易过程均借助第三方网络交易平台实现，而网络交易平台自身又具有较高程度的虚拟性和跨空间性等特点，导致交易双方存在严重的信息不

[①] 谢平、邹传伟：《互联网金融模式研究》，《金融研究》2012年第12期。郑联盛：《中国互联网金融：模式、影响、本质与风险》，《国际经济评论》2014年第5期。吴晓求：《互联网金融：成长的逻辑》，《财贸经济》2015年第2期。

[②] 刘澜飚、沈鑫、郭步超：《互联网金融发展及其对传统金融模式的影响探讨》，《经济学动态》2013年第8期。袁博、李永刚、张逸龙：《互联网金融发展对中国商业银行的影响及对策分析》，《金融理论与实践》2013年第12期。

[③] 谢平、邹传伟、刘海二：《互联网金融监管的必要性与核心原则》，《国际金融研究》2014年第8期。

[④] 王达：《美国互联网金融的发展及中美互联网金融的比较——基于网络经济学视角的研究与思考》，《国际金融研究》2014年第12期。

对称，并催生道德风险和逆向选择问题。在这种信息不对称环境下，风险信号的传递和识别成为交易的关键。现阶段，相关研究主要从融资主体、融资项目、融资平台、投资主体四个方面展开。

（1）融资主体方面的研究

在信息不对称条件下，投资人难以根据有效信息判断融资人风险，此时各种身份标签将发挥信号传递的作用。众多研究发现，融资主体的个人特征，如性别、年龄、种族、学历甚至容貌均对互联网金融市场上的投资决策具有重要影响。

关于性别对于投资决策的影响，相关研究仍存在分歧。基于 Prosper 平台上的交易数据，Duarte 等发现投资人更倾向于支持女性的融资需求；① 岳中刚等也发现，男性借款者的融资成功率更低。② 但 Barasinska 和 Schaefer 却认为，性别偏好只是特殊文化和特殊交易模式背景下的个案，他们基于 Smava 平台的实证检验并没有支持性别偏好假设。③ 刘巧莉等基于国内 P2P 平台"拍拍贷"的研究也发现，融资人性别并不会对投标意愿产生显著影响。④

关于年龄对于投资决策的影响，国内外研究的结论也不一致。Pope 和 Sydnor 基于 Prosper 平台的研究发现，年龄在 35 岁以下的借款人比其他年龄段更容易获贷。⑤ 李悦雷等也发现融资者的年龄与借款成功率负相关。⑥ 但是刘巧莉等基于国内 P2P 平台"拍拍贷"的研究却发现，借款人的年龄越

---

① Duarte J., Siegel S., Young L., "Trust and Credit: The Role of Appearance in Peer-to-peer Lending", *Review of Financial Studies* 2012, 25 (8): 2455 – 2483.
② 岳中刚、周勤、杨小军：《众筹融资、信息甄别与市场效率——基于人人贷的实证研究》，《经济学动态》2016 年第 1 期。
③ Barasinska N., Schaefer D., "Does Gender Affect Funding Success at the Peer-to-Peer Credit Markets? Evidence from the Largest German Lending Platform", SSRN Working Paper, 2011.
④ 刘巧莉、温浩宇、Hong Qin：《P2P 网络信贷中投资行为影响因素研究——基于拍拍贷平台交易的证据》，《管理评论》2017 年第 6 期。
⑤ Pope D. G., Sydnor J R., "What's in a Picture?: Evidence of Discrimination from Prosper. com", *Journal of Human Resources* 2011, 46 (1): 53 – 92.
⑥ 李悦雷、郭阳、张维：《中国 P2P 小额贷款市场借贷成功率影响因素分析》，《金融研究》2013 年第 7 期。

大,越容易获得贷款。① 可能的解释是相比于年轻人,年长者的经济实力更加稳定,从而向投资人传递财务稳定性信号。

在种族方面,Pope 和 Sydnor 基于 Prosper 平台的交易数据发现融资人的种族会显著影响融资成功率,一般而言,黑人的融资成功率要比同等条件下的白人低 25~35 个百分点。② Ravina 指出,黑人的借款成功率较低,主要是因为他们可接受的贷款最高利率低,因此不容易借到资金。③

互联网金融交易的虚拟性和跨空间特性会增加投资人的风险感知,而融资人通过上传照片可以增强投资人的信任。Yang[④]、Gonzalez 和 Loureiro[⑤]、刘巧莉等[⑥]均发现,上传融资人照片的订单相比未上传照片的订单更易实现满标,这意味着融资人可以通过照片向投资人传递值得信赖信号,增强投资者信任感知。此外,还有学者基于融资订单中上传的照片,进一步分析融资人容貌对融资成功率的影响。Duarte 等就发现,长相更值得信任的融资人具有更高的融资成功率,⑦ Ravina 则进一步发现相比于平均容貌水平的融资人,高颜值融资人的融资成功率要高出 1.41 个百分点。⑧

廖理等重点对 P2P 融资中借款人的学历进行了分析,发现投资人在利

---

① 刘巧莉、温浩宇、Hong Qin:《P2P 网络信贷中投资行为影响因素研究——基于拍拍贷平台交易的证据》,《管理评论》2017 年第 6 期。
② Pope D. G., Sydnor J R., "What's in a Picture?: Evidence of Discrimination from Prosper.com", *Journal of Human Resources* 2011, 46 (1): 53 - 92.
③ Ravina E., "Love & Loans: The Effect of Beauty and Personal Characteristics in Credit Markets", *SSRN Working Paper*, 2013.
④ Yang X., "The Role of Photographs in Online Peer-to-Peer Lending Behavior", *Social Behavior & Personality An International Journal* 2014, 42 (3): 445 - 452 (8).
⑤ Gonzalez L., Loureiro Y. K., "When can a Photo Increase Credit? The Impact of Lender and Borrower Profiles on Online Peer-to-peer Loans", *Journal of Behavioral & Experimental Finance* 2014, 2: 44 - 58.
⑥ 刘巧莉、温浩宇、Hong Qin:《P2P 网络信贷中投资行为影响因素研究——基于拍拍贷平台交易的证据》,《管理评论》2017 年第 6 期。
⑦ Duarte J., Siegel S., Young L., "Trust and Credit: The Role of Appearance in Peer-to-peer Lending", *Review of Financial Studies* 2012, 25 (8): 2455 - 2483.
⑧ Ravina E., "Love & Loans: The Effect of Beauty and Personal Characteristics in Credit Markets", *SSRN Working Paper*, 2013.

用学历识别融资者信用风险方面存在认知偏差,具体来看,虽然高学历者的自我约束能力更强,违约率更低,但投资人并未在投资决策中充分考虑融资者的学历信息,在控制其他因素之后,高学历者和低学历者的融资成功率并不存在显著差异。①

在职业方面,刘巧莉等发现,投资人对于融资人的职业存在差异性偏好,具体来说,学生和私营业主更容易吸引投资人关注,而工薪族和其他身份则会降低投资人的参与意愿。② 但李悦雷等基于拍拍贷平台的研究却发现,学生身份会显著降低借款成功率。③

另一部分学者则重点研究了融资主体的社会资本对投资决策的影响。社会资本是指嵌入社会网络中的、个体能够获取并产生收益的资源,包含结构型社会资本、关系型社会资本和认知型社会资本三类。④ 其中,结构型社会资本是指个体在网络中的位置所带来的收益;关系型社会资本是指网络成员间的关系质量、情感强度等带来的收益;认知型社会资本则是指共同知识、共同价值观所带来的收益。在互联网金融交易中,社会资本会对融资人的潜在违约行为形成约束,这些信息是衡量融资人可信程度的重要信号。基于 Prosper 平台的数据,Lin 等发现关系型社会资本可以有效缓解交易过程中的信息不对称,提高借款人的融资成功率。⑤ Herrero-Lopez 则发现,认知型社会资本也对 P2P 融资成功率有显著影响,具体来说,属于某一被人信任的群组能够使借款人的融资成功率提高近

---

① 廖理、吉霖、张伟强:《语言可信吗?借贷市场上语言的作用——来自 P2P 平台的证据》,《清华大学学报》(自然科学版)2015 年第 4 期。
② 刘巧莉、温浩宇、Hong Qin:《P2P 网络信贷中投资行为影响因素研究——基于拍拍贷平台交易的证据》,《管理评论》2017 年第 6 期。
③ 李悦雷、郭阳、张维:《中国 P2P 小额贷款市场借贷成功率影响因素分析》,《金融研究》2013 年第 7 期。
④ Janine Nahapiet, Sumantra Ghoshal., "Social Capital, Intellectual Capital, and the Organizational Advantage", *Academy of Management Review* 1998, 23 (2): 242 – 266.
⑤ Lin M., Prabhala N., Viswanathan S., "Judging Borrowers by the Company They Keep: Friendship Networks and Information Asymmetry in Online Peer-to-Peer Lending", *Management Science* 2013, 59 (1): 17 – 35.

两倍。① 基于人人贷平台的交易数据，岳中刚等也发现融资者的社会资本是投资决策的重要参考。② 在网络众筹领域，学者也发现互动评论、关注、点赞、分享等社交网络行为同样会增强融资人的社会资本，并提高融资绩效。③

（2）融资项目方面的研究

第一，融资金额。互联网金融具有碎片化、长尾化等典型特征，为了提高融资成功率，借款人应该降低借款额度。④ 但李悦雷等⑤以及刘巧莉等⑥却发现，在中国P2P市场上，借款金额对订单完成率有显著正向影响，他们提出可能的解释是个人投资决策容易受他人投资行为影响，借款金额越高就需要越多的投资人参与，这又进一步刺激投资人的投标欲望，因此融资金额会对投资意愿产生正向作用。在网络众筹领域，相关研究的结论同样存在冲突。Ahlers等发现，最低目标融资额并不能显著影响股权众筹项目的成功率以及实际融资金额；⑦

---

① Herrero-Lopez S. Social Interactions in P2P Lending. The Workshop on Social Network Mining & Analysis. DBLP, 2009: 1–8.

② 岳中刚、周勤、杨小军：《众筹融资、信息甄别与市场效率——基于人人贷的实证研究》，《经济学动态》2016年第1期。

③ Mollick E., "The Dynamics of Crowdfunding: An Exploratory Study", *Journal of Business Venturing* 2014, 29 (1): 1–16. Zheng H., Li D., Wu J., Xu Y., "The Role of Multidimensional Social Capital in Crowdfunding: A Comparative Study in China and US", *Information & Management* 2014, 51 (4): 488–496. 黄健青、陈欢、李大夜：《基于顾客价值视角的众筹项目成功影响因素研究》，《中国软科学》2015年第6期。郑海超、黄宇梦、王涛、陈冬宇：《创新项目股权众筹融资绩效的影响因素研究》，《中国软科学》2015年第1期。彭红枫、米雁翔：《信息不对称、信号质量与股权众筹融资绩效》，《财贸经济》2017年第5期。

④ Puro L., Teich J. E., Wallenius H, Wallenius J., "Borrower Decision Aid for people-to-people lending", *Decision Support Systems* 2010, 49 (1): 52–60.

⑤ 李悦雷、郭阳、张维：《中国P2P小额贷款市场借贷成功率影响因素分析》，《金融研究》2013年第7期。

⑥ 刘巧莉、温浩宇、Hong Qin：《P2P网络信贷中投资行为影响因素研究——基于拍拍贷平台交易的证据》，《管理评论》2017年第6期。

⑦ Ahlers G. K. C., Cumming D., Günther C., et al., "Signaling in Equity Crowdfunding", *Entrepreneurship Theory & Practice* 2015, 39 (4): 955–980.

Lukkarinen 等[①]、黄玲和周勤[②]、黄健青等[③]的研究则表明,最低目标融资额与实际融资额和融资成功率正相关;基于股权众筹京东家的数据,彭红枫和米雁翔[④]则发现融资金额目标对融资成功率存在显著的负向影响。

第二,起投金额。在网络众筹模式下,投资者的投资额度只有大于起投金额才能成为众筹项目的股东,因此起投金额发挥了企业股东门槛的作用。对于高质量的众筹项目,发起人必然不愿意通过设置低起投金额以放低项目的进入门槛,因此起投金额是项目质量的代理信号。[⑤] 基于股权众筹平台京东家的数据,彭红枫和米雁翔[⑥]发现起投金额确实对项目融资绩效存在显著正向影响。

第三,融资期限。借款期限越长,借款人还款行为的可预期性越差,投资者感知的风险水平会增加,因此期限较长的融资需求会降低投资人参与意愿。[⑦] 而李悦雷等[⑧]基于"拍拍贷"平台的研究也发现,借款期限会显著降低融资成功率。

第四,融资项目团队。与 P2P 网络借贷中融资者大都为个人不同,网络众筹的发起人往往是一个集设计、生产为一体的项目团队。项目团队代表融资项目的人力资本,而更高的人力资本意味着企业在研发设计、经营管理

[①] Lukkarinen A, Teich J E, Wallenius H, Wallenius J., "Success Drivers of Online Equity Crowdfunding Campaigns", *Decision Support Systems* 2016, 87: 26 - 38.

[②] 黄玲、周勤:《基于期望理论的众筹设计研究》,《财经科学》2015 年第 6 期。

[③] 黄健青、陈欢、李大夜:《基于顾客价值视角的众筹项目成功影响因素研究》,《中国软科学》2015 年第 6 期。

[④] 彭红枫、米雁翔:《信息不对称、信号质量与股权众筹融资绩效》,《财贸经济》2017 年第 5 期。

[⑤] Xiao S., Tan X., Dong M., Qi J., "How to Design your Project in the Online Crowdfunding Market? Evidence from Kickstarter", Working Paper, International Conference on Information System, 2014.

[⑥] 彭红枫、米雁翔:《信息不对称、信号质量与股权众筹融资绩效》,《财贸经济》2017 年第 5 期。

[⑦] 刘巧莉、温浩宇、Hong Qin:《P2P 网络信贷中投资行为影响因素研究——基于拍拍贷平台交易的证据》,《管理评论》2017 年第 6 期。

[⑧] 李悦雷、郭阳、张维:《中国 P2P 小额贷款市场借贷成功率影响因素分析》,《金融研究》2013 年第 7 期。

等方面有更强的能力，从而更有可能成功。彭红枫和米雁翔[1]基于京东家的研究发现，融资项目人力资本越高，项目融资绩效越好，这表明人力资本可以作为独立的项目质量信号发挥作用，且人力资本越高，项目质量越好。[2]

第五，融资项目不确定性。众筹项目具有较高的不确定性，但就目前而言，学界并没有找到一个能够准确测度众筹项目不确定性的代理变量。在股权众筹项目中，学者往往采用股权出让比例代理融资项目的不确定性。出让比例越高意味着发起人对项目的前景越不乐观，因此融资成功率越低。[3] 基于国内众筹平台的研究也发现，股权出让比例负向调节项目质量信号与融资绩效的关系。[4] 此外，黄健青等[5]以众筹项目展示中的回报等级和风险描述为项目不确定性的代理变量，同样支持了上述推断。

第六，融资项目描述。为缓解互联网金融交易中的信息不对称，融资人可以通过认真的项目描述，提升项目质量的可观察性和可理解性。部分学者检验了描述文字的详细性对融资成功率的影响，发现文本长度越长，项目质量越高，融资成功率也越大。[6] 另一部分学者检验了描述方式的多样性对融资成功率的影响，发现视频资料可以显著提升融资项目的可信度，并提高融

---

[1] 彭红枫、米雁翔：《信息不对称、信号质量与股权众筹融资绩效》，《财贸经济》2017年第5期。

[2] 郑海超、黄宇梦、王涛、陈冬宇：《创新项目股权众筹融资绩效的影响因素研究》，《中国软科学》2015年第1期。

[3] Ahlers G. K. C., Cumming D., Günther C., et al., "Signaling in Equity Crowdfunding", *Entrepreneurship Theory & Practice* 2015, 39 (4): 955–980.

[4] 郑海超、黄宇梦、王涛、陈冬宇：《创新项目股权众筹融资绩效的影响因素研究》，《中国软科学》2015年第1期。彭红枫、米雁翔：《信息不对称、信号质量与股权众筹融资绩效》，《财贸经济》2017年第5期。

[5] 黄健青、陈欢、李大夜：《基于顾客价值视角的众筹项目成功影响因素研究》，《中国软科学》2015年第6期。

[6] Xiao S., Tan X., Dong M., Qi J., "How to Design your Project in the Online Crowdfunding Market? Evidence from Kickstarter", Working Paper, International Conference on Information System, 2014；廖理、吉霖、张伟强：《语言可信吗？借贷市场上语言的作用——来自P2P平台的证据》，《清华大学学报》（自然科学版）2015年第4期。

资成功率。① 还有学者检验了描述内容丰富性的作用，发现有关创业、家庭、诚信等话题的描述可以提高融资成功率，② 但过多的展示私人问题细节和对现有财务状况的辩解会降低融资成功率。③ 以 Prosper 平台的交易数据为样本，彭红枫等④在两种利率决定模式下考察文本可读性对投资决策的影响，发现在利率竞拍模式下，借款陈述的迷雾指数与借款成功率呈"倒 U"形关系；而在固定利率模式下，迷雾指数与借款成功率的关系不显著。此外，还有部分学者尝试借助修辞学的方法，研究语言风格对融资成功率的影响。互联网金融的交易行为在很大程度上是由投资者的主观因素决定的，不同的语言风格会影响投资者对项目前景的感知，进而影响其投资意愿。以 Kickstarter 平台上的 128345 个融资项目为研究对象，王伟等⑤研究了项目描述语言的说服性对融资绩效的影响，结果表明，各类项目的最佳说服风格存在异质性。具体来说，对于艺术、电影及食品类众筹项目，"诉诸可信"是最为有效的说服手段；对于游戏、科技、漫画、设计类众筹项目，"诉诸回报"是唯一有效的说服手段；对于杂志、摄影、出版物以及戏剧类众筹项目，"诉诸情感"是最为有效的说服手段；而对于时尚类众筹项目来说，最

---

① Mollick E., "The Dynamics of Crowdfunding: An Exploratory Study", *Journal of Business Venturing* 2014, 29 (1): 1 – 16; Xiao S., Tan X., Dong M., Qi J., "How to Design your Project in the Online Crowdfunding Market? Evidence from Kickstarter", Working Paper, International Conference on Information System, 2014; 彭红枫、米雁翔：《信息不对称、信号质量与股权众筹融资绩效》，《财贸经济》2017 年第 5 期；黄健青、陈欢、李大夜：《基于顾客价值视角的众筹项目成功影响因素研究》，《中国软科学》2015 年第 6 期。

② Herzenstein M., Sonenshein S., Dholakia U. M., "Tell Me a Good Story and I May Lend You Money: The Role of Narratives in Peer-to-Peer Lending Decisions", *Journal of Marketing Research* 2011, 48 (SPL): 138 – 149; 廖理、吉霖、张伟强：《借贷市场能准确识别学历的价值吗？——来自 P2P 平台的经验证据》，《金融研究》2015 年第 3 期。

③ Laura Larrimore, Li Jiang, Jeff Larrimore, Markowitz D., Gorski S., "Peer to Peer Lending: The Relationship Between Language Features, Trustworthiness, and Persuasion Success", *Journal of Applied Communication Research* 2011, 39 (1): 19 – 37.

④ 彭红枫、赵海燕、周洋：《借款陈述会影响借款成本和借款成功率吗？——基于网络借贷陈述的文本分析》，《金融研究》2016 年第 4 期。

⑤ 王伟、陈伟、祝效国、王洪伟：《众筹融资成功率与语言风格的说服性——基于 Kickstarter 的实证研究》，《管理世界》2016 年第 5 期。

有效的说服手段是"诉诸逻辑";最后,对于音乐类众筹项目来说,"诉诸夸张"最为有效。

(3) 融资平台方面的研究

根据信息经济学相关理论,有效的风险评级可以缓解借贷双方的信息不对称,帮助投资人做出正确的投资决策。互联网金融交易中,大部分参与主体都是非专业投资人群,他们获取信息的成本更高,开展风险评估的能力也比较有限,难以对融资项目的风险做出准确判断。互联网金融平台作为专业的金融机构,在风险信息的获取、整理、分析方面具有比较优势,因此平台的信息披露和信息认证有利于缓解互联网金融交易中的信息不对称。[1] 在国内,由于公共征信体系建设相对落后,不少互联网金融平台还结合中国特殊的制度环境,要求融资人提交额外的信用证明材料。例如,P2P网络借贷平台"拍拍贷"就要求融资人提交户口认证、手机实名认证、学历认证和视频认证等材料。刘巧莉等[2]对互联网金融平台开展的风险评级和信用认证措施的有效性进行了实证检验,发现风险评级对投资意愿有显著负向影响,风险评级越高,投资人的参与意愿越弱;此外,认证信息中身份认证、视频认证和学历认证均对投资意愿具有正向影响,而且身份认证影响最显著,这凸显了户口——这一中国特殊的人口管理制度对信任的重要影响。王会娟和廖理[3]以及岳中刚等[4]则发现,线上和线下相结合的信用认证方式更能提高借款成功率。在网络众筹领域,学者发现交易平台提供的信用积分对于融资成

---

[1] Freedman S., Jin G. Z., "The Information Value of Online Social Networks: Lessons from Peer-to-peer Lending", *International Journal of Industrial Organization* 2017, 51: 185 – 222; Lin M., Prabhala N., Viswanathan S., "Judging Borrowers by the Company They Keep: Friendship Networks and Information Asymmetry in Online Peer-to-Peer Lending", *Management Science* 2013, 59 (1): 17 – 35.

[2] 刘巧莉、温浩宇、Hong Qin:《P2P 网络信贷中投资行为影响因素研究——基于拍拍贷平台交易的证据》,《管理评论》2017 年第 6 期。

[3] 王会娟、廖理:《中国 P2P 网络借贷平台信用认证机制研究——来自"人人贷"的经验证据》,《中国工业经济》2014 年第 4 期。

[4] 岳中刚、周勤、杨小军:《众筹融资、信息甄别与市场效率——基于人人贷的实证研究》,《经济学动态》2016 年第 1 期。

功率具有显著的正向影响。①

领投模式的影响。"领投 + 跟投"模式是互联网金融交易中普遍采用的投资机制。领投人往往是知名的投资机构或经验丰富的天使投资人，他们会根据尽职调查结果确定是否投资和投资金额。因此，领投人的投资行为往往被视为项目质量较高的信号，从而对普通投资者形成强烈的质量暗示。② 但是实证研究结论并不一致。在网络众筹领域，Kim 和 Viswanathan③ 发现专家型投资者的投资行为对公众投资者的投资决策具有显著正向影响；但彭红枫和米雁翔④发现，领投人的投资不是项目质量的有效信号，领投人投资比例并不会对融资成功率和融资金额产生显著影响。在网络借贷领域，以拍拍贷平台的"拍活宝"为研究对象，周雄伟等⑤发现平台参与投资会降低项目融资金额。

(4) 投资主体方面的研究

与前述文献基于客观信息研究投资决策不同，部分文献基于社会认知理论（Social Cognition Theory，SCT），研究投资者主观感知的信任和风险对投资决策的影响。SCT 理论认为，个体、个体行为以及行为所处的环境之间不断进行着持续的相互作用，行为决策是个体因素和环境因素共同作用的结果。⑥ 以拍拍贷平台用户为研究对象，陈冬宇等⑦发现，投资人的参与意愿

---

① 黄健青、黄晓凤、殷国鹏：《众筹项目融资成功的影响因素及预测模型研究》，《中国软科学》2017 年第 7 期。

② Li X., Tang Y., Yang N., Ren R., Zheng H., "The Value of Information Disclosure and Lead Investor in Equity-based Crowdfunding: An Exploratory Empirical Study", *Nankai Business Review International* 2016, 7 (3): 301 – 321.

③ Kim K., Viswanathan S., "The 'Experts' in the Crowd: The Role of 'Expert' Investors in a Crowdfunding Market", *SSRN Working Paper*, 2016.

④ 彭红枫、米雁翔：《信息不对称、信号质量与股权众筹融资绩效》，《财贸经济》2017 年第 5 期。

⑤ 周雄伟、朱恒先、李世刚：《"平台参与投资"与 P2P 筹资效率——基于拍拍贷平台"拍活宝"数据的经验研究》，《中国工业经济》2017 年第 4 期。

⑥ Bandura A. *Social Foundations of Thought and Action*. Prentice-Hall, 2002.

⑦ 陈冬宇：《基于社会认知理论的 P2P 网络放贷交易信任研究》，《南开管理评论》2014 年第 3 期。

主要受感知信任的影响；感知风险会影响感知信任，但不会对投资意愿产生直接影响。以此为基础，陈冬宇①进一步对网络借贷交易中的信任形成机制进行了探讨，发现投资人的个人信任倾向、信息质量感知、关系型社会资本感知和风险保障感知是交易信任的重要先导变量。在股权众筹领域，夏恩君等②基于自我决定理论的研究发现，投资人的内在动机和外在动机均对投资意愿具有显著影响。具体来说，内在动机中的助人动机和社交动机对投资意愿具有正向影响，而支持动机的影响不显著；外在动机中的获取奖励动机对投资意愿有负向作用，而经济收益动机的影响不显著；此外，外在动机还对内在动机与投资意愿之间的关系具有显著的正向调节作用。

投资者的个人经验同样对投资决策具有重要影响。王正位等③发现，P2P市场的投资者存在学习效应，投资者之前投资经验对当前的投资行为具有显著的影响。具体来看，投资者学习效应主要体现为两种形式：一方面，投资者会依据既往的投资经验调整自己的投资时机，随着经验的增加，投资者更倾向于在融资进程的后期进行投资；另一方面，投资者会依据既往的投资经验调整投资标的选择策略，投资者的投资历史越长、投资次数越多，越倾向于选择信用等级高的融资项目。董纪昌等④依据是否有P2P网贷投资经历将样本分为两组，分别探讨初始信任和持续信任的影响因素。结果表明，两种信任机制存在一定的异质性。具体来说，初始信任主要受平台建设、管理及口碑等的影响，而持续信任更多地取决于投资人在投资过程中的实际感知；即初始信任主要基于投资者直觉，而持续信任则依赖于融资者能力，这一转变反映了投资者交易理性的动态变化。

还有学者从投资者注意力视角探讨投资决策的影响因素。注意力是大脑

---

① 陈冬宇、朱浩、郑海超：《风险、信任和出借意愿——基于拍拍贷注册用户的实证研究》，《管理评论》2014年第1期。
② 夏恩君、李森、赵轩维：《股权众筹投资者动机研究》，《科研管理》2017年第12期。
③ 王正位、向佳、廖理、张伟强：《互联网金融环境下投资者学习行为的经济学分析》，《数量经济技术经济研究》2016年第3期。
④ 董纪昌、王国梁、沙思颖、苗晋瑜、李秀婷：《P2P网贷平台信任形成机制研究》，《管理学报》2017年第10期。

处理信息的能力，是一种有限的认知资源。① 心理学研究表明，容易获得注意的信息将获得更多的注意力资源，对决策的影响更大；而难以获得注意的信息将取得较少注意力资源，对决策影响也相对较小。② 大量文献研究注意力与股票市场波动的关系，但相关结论容易受到信息的非标准化和异质性的影响。向虹宇等③利用P2P市场的标准化借贷信息，对注意力与资本配置效率的关系进行了实证检验，结果表明，当可选投资标的数量增加时，投资者的注意力下降，此时名义利率对投资决策影响增加，而名义利率之外的信息对投资决策的影响降低。这导致投资者容易忽略更多关于借款人风险的信息，出现在预期收益率相同时偏好高风险借款标的行为偏差。

2. 融资成本

面对互联网金融交易中的潜在风险，投资者通常有两种应对措施，其一是投资决策选择，其二则是索取更高的风险补偿（主要针对P2P网络借贷）。关于互联网金融交易的融资成本，相关研究主要从以下几个方面展开。

借款人个体特征对融资成本的影响。在信息不对称的环境下，投资者往往根据借款人的身份标签判断投资风险。借款人的身份特征不仅影响融资绩效，而且对融资成本也有显著作用。学者先后发现借款人的性别、种族、年龄、容貌等特征对借款成本的影响。④ 此外，李悦雷等⑤还发现，借款人之

---

① Kahneman D. *Attention and Effort*. Prentice-Hall，1973.
② Kruschke，John K，Johansen，Mark K.，"A Model of Probabilistic Category Learning"，*Journal of Experimental Psychology-Learning Memory and Cognition* 1999，25（5）：1083 - 1119.
③ 向虹宇、廖理、王正位：《注意力与P2P投资者投资决策——来自人人贷的证据》，《经济学报》2017年第3期。
④ Barasinska N.，Schaefer D.，"Does Gender Affect Funding Success at the Peer-to-Peer Credit Markets? Evidence from the Largest German Lending Platform"，SSRN Working Paper，2011；Pope D. G.，Sydnor J R.，"What's in a Picture?：Evidence of Discrimination from Prosper.com"，*Journal of Human Resources* 2011，46（1）：53 - 92；Ravina E.，"Love & Loans：The Effect of Beauty and Personal Characteristics in Credit Markets"，SSRN Working Paper，2013；Duarte J.，Siegel S.，Young L.，"Trust and Credit：The Role of Appearance in Peer-to-peer Lending"，*Review of Financial Studies* 2012，25（8）：2455 - 2483.
⑤ 李悦雷、郭阳、张维：《中国P2P小额贷款市场借贷成功率影响因素分析》，《金融研究》2013年第7期。

前的成功融资经历会降低本次融资成本；并且投资人对借款人的职业存在选择性偏好：相比于其他职业，学生的融资成本更低。

信用评级和信用认证对融资成本的影响。信用评级是网络借贷平台按照一定的评分原则，通过定性和定量相结合的方法对借款人的债务偿还意愿和债务偿还能力做出的综合评价。信用评级越高，意味着融资者的偿还能力更大，偿还意愿更强，因此投资者的风险更低，其索取的风险补偿也就更少。基于国内外 P2P 网络借贷平台的研究大都发现，信用评级越高，融资成本越低。[1] 除了信用评级之外，国内的 P2P 网络借贷平台还提供信用认证服务。以人人贷平台为例，平台提供线上认证和线下认证两种认证服务。线上认证是指平台的信用审核部门对融资者提供的必要认证指标和可选认证指标进行线上审核判断；线下认证则是由平台的合作机构对融资者情况进行实地走访和审核调查。基于这一特殊制度情景，王会娟和廖理[2]进一步检验了不同的信用认证材料和信用认证方式对融资成本的影响，发现工作认证、收入认证、视频认证、车产认证和房产认证均与融资成本显著负相关；同时，与单纯的线上认证相比，线上、线下相结合的信用认证方式会更显著地降低借款成本。

社交网络和社会资本对融资成本的影响。Lin 等[3]发现，投资者会将借款人的社交网络视为"声誉机制"或"信任强度"的代理信号，因此较强的社交网络会提升融资成功率，并降低融资成本。Freedman 和 Jin[4] 则发现，

---

[1] Klafft M., "Peer to Peer Lending: Auctioning Microcredits over the Internet", SSRN Working Paper, 2008. 李悦雷、郭阳、张维：《中国 P2P 小额贷款市场借贷成功率影响因素分析》，《金融研究》2013 年第 7 期。王会娟、廖理：《中国 P2P 网络借贷平台信用认证机制研究——来自"人人贷"的经验证据》，《中国工业经济》2014 年第 4 期。

[2] 王会娟、廖理：《中国 P2P 网络借贷平台信用认证机制研究——来自"人人贷"的经验证据》，《中国工业经济》2014 年第 4 期。

[3] Lin M., Prabhala N., Viswanathan S., "Judging Borrowers by the Company They Keep: Friendship Networks and Information Asymmetry in Online Peer-to-Peer Lending", *Management Science* 2013, 59 (1): 17 – 35.

[4] Freedman S., Jin G. Z., "The Information Value of Online Social Networks: Lessons from Peer-to-peer Lending", *International Journal of Industrial Organization* 2017, 51: 185 – 222.

虽然社会资本丰富的借款人融资成本更低，但其随后发生支付延期和支付违约的概率却很高，进而提出在互联网金融交易中要谨慎考察社会资本与融资项目质量之间的关系。

借款陈述方式对融资成本的影响。相对于文本内容，文本的语言特征更加难以掩饰或歪曲，作为文本语言特征的典型标志，文本可读性是反映融资者受教育程度、语言能力甚至财务状况的一个简单有效的指标，[1] 因此能够更准确地衡量融资风险。基于 Prosper 平台的交易数据，彭红枫等[2]发现，在利率竞拍模式下，借款陈述的迷雾指数和文本长度均与实际借款利率存在线性正相关关系；而在固定利率模式下，借款陈述长度与借款利率呈现显著的"U形"关系，而迷雾指数则与借款利率线性正相关；此外，在两种利率模式下，融资者提供借款陈述都能降低融资成本，且对于信用等级较低的借款人而言效应更显著。

3. 融资效率

融资效率是指借款人筹集资金所花费的时间，时间越少则效率越高。在互联网金融交易中，融资效率的主要驱动因素是项目质量信息，投资者识别到的项目质量信息越多，融资效率越高。由于个人投资者直接收集、分析项目质量信息的能力有限，专业机构的投资行为往往成为项目质量的有效信号，并对个人投资决策产生影响。[3] 相对于个体投资者，交易平台具有更加丰富的投资经验，也有更广泛的获取有关项目质量信息的渠道，因此平台行为对个人的投资决策发挥引领作用。"领投＋跟投"的交易模式之前仅存在于众筹领域，但是随着网络借贷行业竞争的加剧，平台盈利模式发生了巨大变化，一些平台本身开始参与投资。以拍拍贷平台的"拍活宝"为例，平台可以自己购买拍活宝份额，拍活宝随后将筹集的资金分散到各个融资标的

---

[1] Rennekamp K., "Processing Fluency and Investors' Reactions to Disclosure Readability", *Journal of Accounting Research* 2012, 50 (5): 1319 - 1354.

[2] 彭红枫、赵海燕、周洋：《借款陈述会影响借款成本和借款成功率吗？——基于网络借贷陈述的文本分析》，《金融研究》2016 年第 4 期。

[3] Kim K., Viswanathan S., "The 'Experts' in the Crowd: The Role of 'Expert' Investors in a Crowdfunding Market", *SSRN Working Paper*, 2016.

中,这就是"平台参与投资"的投资模式。以拍拍贷平台的"拍活宝"为研究对象,周雄伟等[1]探讨了平台参与对融资效率的影响,研究发现,平台参与投资和融资效率呈现"倒U"形关系:在门槛值以下,融资效率会随着平台参与份额的提升而提升;但一旦越过门槛值,平台的过度参与反而会导致融资效率下降。此外,融资效率与平台参与的关系并不会因为融资额度的高低和融资风险的大小而改变。此外,廖理等[2]以估计的违约概率为自变量,考察了违约概率和融资效率之间的关系。发现潜在违约概率越高,订单满标所需要的时间越长;具体来看,违约概率每增加10个基点,就额外需要35分钟才能完成订单。

4. 违约行为

在金融领域,传统的违约行为研究主要探讨影响借款人如期偿还行为的潜在因素。在互联网金融市场,由于监管措施滞后,不仅存在借款人违约行为,还存在大量互联网金融交易平台违约行为,其中,以e租宝为代表的P2P网络借贷平台违约问题最为典型。因此,有关违约行为的研究主要聚焦于网络借贷市场,并从个人违约和平台违约两个方面展开。

(1)借款人违约行为的研究

资本资产定价理论的核心是揭示风险与收益的关系。在不考虑市场摩擦的情况下,风险与收益呈现线性关系。[3]但在现实环境下,存在信息不对称等交易摩擦,导致价格扭曲,市场效率下降。[4]具体到网络借贷市场,交易的虚拟性和跨空间特性导致借款人具有更大的信息优势,为了提高交易效率,借款人需要对自身的违约风险进行有效的信息披露。按照披露信息可否

---

[1] 周雄伟、朱恒先、李世刚:《"平台参与投资"与P2P筹资效率——基于拍拍贷平台"拍活宝"数据的经验研究》,《中国工业经济》2017年第4期。

[2] 廖理、李梦然、王正位:《中国互联网金融的地域歧视研究》,《数量经济技术经济研究》2014年第5期。

[3] Sharpe W F., "Capital Asset Prices: A Theory of Market Equilibrium under Conditions of Risk", *Journal of Finance*, 1964, 19 (3): 425 – 442.

[4] Akerlof G., "The Market for 'Lemons': Quality Uncertainty and the Market Mechanism", *The Quarterly Journal of Economics* 1970, 84 (3): 488 – 500.

被直接证实,可将其划分为硬信息和软信息两类。因此,有关借款人违约行为的研究可以从硬信息的有效性和软信息的有效性两个方面进行梳理。

第一,硬信息与违约风险。硬信息是指能够被客观证实的信息,既包括借款期限、借款金额、借款利率等直接信息,又包括信用评级、身份认证、工作认证、资产认证等辅助性信息。有关硬信息和违约风险的研究主要从如下几个方面展开。①信用评级与违约风险。基于 Prosper 平台的 54077 条交易数据,Klafft[①]证实了信用评级是预测违约风险的有效信号,借款人的信用评级越高,事后违约概率越低。国内学者岳中刚等[②]也得到了相同的结论。②学历认证与违约风险。廖理等[③]、岳中刚等[④]基于人人贷平台的研究发现,高等教育经历增强了借款人的自我约束能力,高学历借款人具有更高的如约还款概率。③借款利率与融资风险。在利率完全市场化情境下,利率水平可以直接测度违约风险。但国内的 P2P 网络借贷平台实施非完全利率市场化制度,平台根据国家的监管政策设定一个利率波动的区间,借款人根据项目的具体情况在给定利率区间内设定目标利率水平。由于投资人并不参与利率设定,利率水平难以完全反映融资项目的违约风险。廖理等[⑤]基于我国 P2P 市场特殊的制度环境,检验了非完全市场化利率对违约风险的预测效果,实证结果表明,借款利率与违约风险显著正相关,这意味着虽然我国并未实施完全市场化利率制度,但利率水平仍能够部分反映违约风险。同时,进一步的分析还发现投资者可以借助融资人的公开信息识别相同利率背后所蕴含的不同违约风险,这种风险识别能力反映在成功订单的参与人数以

---

① Klafft M. Peer to Peer Lending: Auctioning Microcredits over the Internet. SSRN Working Paper, 2008.
② 岳中刚、周勤、杨小军:《众筹融资、信息甄别与市场效率——基于人人贷的实证研究》,《经济学动态》2016 年第 1 期。
③ 廖理、吉霖、张伟强:《语言可信吗?借贷市场上语言的作用——来自 P2P 平台的证据》,《清华大学学报》(自然科学版) 2015 年第 4 期。
④ 岳中刚、周勤、杨小军:《众筹融资、信息甄别与市场效率——基于人人贷的实证研究》,《经济学动态》2016 年第 1 期。
⑤ 廖理、李梦然、王正位:《中国互联网金融的地域歧视研究》,《数量经济技术经济研究》2014 年第 5 期。

及订单融资成功所需要的时间。

第二,软信息与违约风险。软信息是指难以被直接证实的内容,例如借款陈述中有关资金用途、个人特质(如勤奋、努力)的信息;随着互联网经济的发展,社交网络所蕴含的社会资本也属于软信息的范畴。有关软信息与违约风险的研究主要从如下几个方面展开。①社会资本与违约风险。Lin等发现,借款人的社交网络可以发挥声誉的约束作用,提高违约成本,降低违约概率。① 但是Freedman和Jin② 发现,具有更强网络连接的借款人虽然融资成功率更高,但发生逾期和违约的概率更高,进而提出社会资本并非揭示违约风险的高质量信号。②个人特质与违约风险。岳中刚等③ 发现,借款人披露的个人特质信息具有策略性,他们会选择性甚至虚假披露相关信息以提高融资成功率,基于人人贷平台的研究发现,借款人披露的未经认证的买车、购房、收入、工作年限等特质信息与违约概率显著正相关。③容貌与违约风险。借助网络借贷平台上传的借款人照片信息,Duarte等④ 对容貌中蕴含的信息价值进行了检验,他们发现长相值得信赖的借款人更容易融资成功,而且事后的违约概率更低。这意味着在金融交易中,容貌信息可以有效预测交易主体的行为。④借款陈述与违约风险。准确、细致的借款陈述一方面可以反映融资者对于借入资金的详细规划,另一方面可间接反映借款人的语言能力和受教育程度,从而影响违约风险。廖理等⑤ 检验了陈述长度和陈述内容对违约概率的预测作用,实证结果表明,借款陈述越长,违约概率越

---

① Lin M., Prabhala N., Viswanathan S., "Judging Borrowers by the Company They Keep: Friendship Networks and Information Asymmetry in Online Peer-to-Peer Lending", *Management Science* 2013, 59 (1): 17 – 35.

② Freedman S., Jin G. Z., "Do Social Networks Solve Information Problems for Peer-to-Peer Lending? Evidence from Prosper. com", SSRN Working Paper, 2008.

③ 岳中刚、周勤、杨小军:《众筹融资、信息甄别与市场效率——基于人人贷的实证研究》,《经济学动态》2016年第1期。

④ Duarte J., Siegel S., Young L., "Trust and Credit: The Role of Appearance in Peer-to-peer Lending", *Review of Financial Studies* 2012, 25 (8): 2455 – 2483.

⑤ 廖理、李梦然、王正位、贺裴菲:《观察中学习:P2P网络投资中信息传递与羊群行为》,《清华大学学报》(哲学社会科学版)2015年第1期。

低;但陈述内容(如涉及创业、家庭、急迫、诚信等话题)对违约概率没有显著影响。但 Herzenstein 等①发现,过度陈述软信息可能加剧信息不对称,借款陈述内容越多的借款人往往具有更高的违约概率。

(2)平台违约行为的研究

平台违约已成为我国互联网金融发展中的独特痛点。网贷之家公布的统计数据显示,2011 年至 2017 年底,全国累计 4039 家网络借贷平台出现问题;其中,2015 年和 2016 年问题最为严重,违约平台数量分别达到 1287 家和 1712 家,即使在高压政策频频出台的 2017 年,仍有近 700 家平台关停、跑路。在此背景下,如何甄别网络借贷平台的违约风险就显得尤为重要。陆海天和雷震②提出,P2P 网络借贷平台大面积违约和停业的主要原因是贷款人与借款人、贷款人与平台之间的信息不对称,进而通过中美两国网络借贷商业模式和监管政策的对比分析,提出我国网贷行业的监管建议。何光辉等③通过大样本数据分析发现,问题类平台与正常平台在道德风险及公司治理、营运风险等方面存在显著差异;同时,标的利率、业务多元化、违约控制措施等方面也差异显著;综合来看,公司治理越不规范、信用管理越不健全、营运风险越高,平台违约的可能性就越大。

5. 羊群行为

羊群行为是指个人由于受到真实或想象的群体影响,其观念和行为向与多数人一致的方向变化的现象。金融市场中的信息不对称会导致投资人的羊群行为,并表现为投资决策的趋同现象。④ 在互联网金融交易中,交易环境和交易技术相比传统金融交易发生了巨大变化,投资者的羊群行为是否会呈

---

① Herzenstein M., Sonenshein S., Dholakia U. M., "Tell Me a Good Story and I May Lend You Money: The Role of Narratives in Peer-to-Peer Lending Decisions", *Journal of Marketing Research* 2011, 48 (SPL): 138 – 149.

② 陆海天、雷震:《中国 P2P 网贷平台违约停业原因分析与监管建议》,《清华金融评论》2016 年第 8 期。

③ 何光辉、杨咸月、蒲嘉杰:《中国 P2P 网络借贷平台风险及其决定因素研究》,《数量经济技术经济研究》2017 年第 1 期。

④ Scharfstein D. S., Stein J. C., "Herd Behavior and Investment", *The American Economic Review* 1990, 80 (3): 465 – 479.

现不同的特点,学者从互联网金融交易中羊群行为是否存在、羊群行为的特征及其经济后果三个方面进行了深入探讨。

(1)羊群行为的存在性研究。在网络借贷市场,严重的信息不对称和交易的无担保特征使作为非专业投资者的资金出借人面临巨大的交易风险,因此更容易表现羊群行为,学者先后使用美国数据[1]、韩国数据[2]和中国数据[3]证明了网络借贷市场的羊群行为。在网络众筹市场,Agrawal 等[4]、李晓鑫和曹红辉[5]、陈娟娟等[6]也先后证明了羊群行为的存在。

(2)羊群行为的特征研究。①互联网金融市场的羊群行为存在门槛特征。Lee 和 Lee[7]、廖理等[8]均发现,投资者的羊群行为的边际效应随着

---

[1] Herzenstein M., Dholakia U. M., Andrews R. L., "Strategic Herding Behavior in Peer-to-Peer Loan Auctions", *Journal of Interactive Marketing* 2011, 25 (1): 27 – 36. Zhang J., Liu P., "Rational Herding in Microloan Markets", *Management Science* 2012, 58 (5): 892 – 912. Ceyhan S., Shi X., Leskovec J., "Dynamics of Bidding in a P2P Lending Service: Effects of Herding and Predicting Loan Success", In Proceedings of International Conference on World Wide Web. 2011: 547 – 556.

[2] Lee E., Lee B., "Herding Behavior in Online P2P Lending: An Empirical Investigation", *Electronic Commerce Research & Applications* 2012, 11 (5): 495 – 503. Yum H., Lee B., Chae M., "From the Wisdom of Crowds to My Wwn Judgment in Microfinance Through Online Peer-to-peer Lending Platforms", *Electronic Commerce Research & Applications* 2012, 11 (5): 469 – 483.

[3] 李悦雷、郭阳、张维:《中国 P2P 小额贷款市场借贷成功率影响因素分析》,《金融研究》2013 年第 7 期。吴佳哲:《基于羊群效应的 P2P 网络借贷模式研究》,《国际金融研究》2015 年第 11 期。廖理、吉霖、张伟强:《借贷市场能准确识别学历的价值吗?——来自 P2P 平台的经验证据》,《金融研究》2015 年第 3 期。陈冬宇、朱浩、郑海超:《风险、信任和出借意愿——基于拍拍贷注册用户的实证研究》,《管理评论》2014 年第 1 期。

[4] Agrawal A., Catalini C., Goldfarb A., "The Geography of Crowdfunding", SSRN Working Paper, 2014.

[5] 李晓鑫、曹红辉:《信息披露、投资经验与羊群行为——基于众筹投资的研究》,《财贸经济》2016 年第 10 期。

[6] 陈娟娟、张亚斌、尹筑嘉:《众筹市场投资者行为变化研究——基于众筹平台"众筹网"的经验证据》,《中国软科学》2017 年第 9 期。

[7] Lee E., Lee B., "Herding Behavior in Online P2P Lending: An Empirical Investigation", *Electronic Commerce Research & Applications* 2012, 11 (5): 495 – 503.

[8] 廖理、吉霖、张伟强:《语言可信吗? 借贷市场上语言的作用——来自 P2P 平台的证据》,《清华大学学报》(自然科学版)2015 年第 4 期。

投资标的的推进而降低。进一步地，Herzenstein 等①发现在满标之前，投标人数每增加 1%，会使投资概率提升 15 个百分点；但是在满标之后，羊群行为减弱，1% 的投标人数的增加只能导致投资概率上升 5 个百分点。②信息不对称程度会影响投资者的羊群行为。Yum 等②发现，当市场上有关交易质量的信息非常有限时，投资者会出现从众现象；但随着交易质量信号的不断丰富，投资者开始转向依赖自身的判断。Zhang 和 Liu③也发现，投资人并不是简单地模仿同行，而是积极地观察、学习以修正自己的投资决策。具体来说，他们会从同行的投资行为中推测借款人的可信赖性，并通过公开市场得到的信息对上述推测进行修正。③羊群效应的非对称性。基于 Prosper 平台的交易数据，Zhang 和 Liu④发现羊群效应具有非对称特征：如果借款人具有明显缺陷（如信用评级较低），那么羊群效应会加剧，因为投资者会试图挖掘表明该借款人值得信赖的信息；如果是具有良好记录的借款人，那么羊群效应会减弱，因为投资者会将羊群行为归因于那些明显可见的信息。④羊群效应具有动态性。廖理等⑤发现对于信息不对称程度更强的订单，羊群行为主要体现在订单早期，但持续时间更短。以网络众筹行为为研究对象，陈娟娟等⑥发现投资者行为随着项目融资期限的变化而变化：在众筹项目的早期，信息不对称相对严重，投资

---

① Herzenstein M., Sonenshein S., Dholakia U. M., "Tell Me a Good Story and I May Lend You Money: The Role of Narratives in Peer-to-Peer Lending Decisions", *Journal of Marketing Research* 2011, 48 (SPL): 138 – 149.
② Yum H., Lee B., Chae M., "From the Wisdom of Crowds to My Wwn Judgment in Microfinance Through Online Peer-to-peer Lending Platforms", *Electronic Commerce Research & Applications* 2012, 11 (5): 469 – 483.
③ Zhang J., Liu P., "Rational Herding in Microloan Markets", *Management Science* 2012, 58 (5): 892 – 912.
④ Zhang J., Liu P., "Rational Herding in Microloan Markets", *Management Science* 2012, 58 (5): 892 – 912.
⑤ 廖理、吉霖、张伟强：《语言可信吗？借贷市场上语言的作用——来自 P2P 平台的证据》，《清华大学学报》（自然科学版）2015 年第 4 期。
⑥ 陈娟娟、张亚斌、尹筑嘉：《众筹市场投资者行为变化研究——基于众筹平台"众筹网"的经验证据》，《中国软科学》2017 年第 9 期。

者更容易从众投资，融资进展较快的项目，羊群效应显著；在众筹项目中期，投资者的羊群行为逐渐弱化，责任扩散的心理特征引发的旁观者效应逐步显著；在众筹项目晚期，受截止效应的影响，投资者的旁观者行为弱化。

（3）羊群行为的经济后果研究。Herzenstein 等[1]发现，P2P 市场的羊群行为具有策略性，这种策略性的羊群行为不论给个人还是群体都会带来益处，表现为更高的还款绩效。这一发现与基于 eBay 的研究有所不同，基于网络拍卖的研究发现羊群效应会对参与主体带来负向影响。Zhang 和 Liu[2]提出，投资者的羊群行为是理性的，他们不是简单地模仿同行，而是积极地观察、学习以修正自己的投资决策；这种理性的羊群行为能够比非理性羊群行为更好地预测还款绩效。但是基于我国市场的研究却发现，羊群动量与还款绩效之间无相关性，这表明羊群行为呈现一定的非理性特征，投资者并没有捕捉到反映融资项目质量的有效信息。[3] 李晓鑫和曹红辉[4]则提出，羊群行为是否对投资回报具有预测作用依赖于信息质量，直接信息的披露和投资经验的积累有利于投资者识别项目质量，提升投资决策的理性化程度，降低实际回报与预期回报偏离的概率；而间接信息的披露则容易导致市场噪声，加剧投资者的非理性羊群行为，提升实际回报与预期回报偏离的概率。

6. 歧视行为

歧视是经济学研究中的重要议题。不同的学者曾深入探讨了非经济个人特征（性别、种族、肤色、宗教等）所引起的劳动者在就业、薪

---

[1] Herzenstein M., Dholakia U. M., Andrews R. L., "Strategic Herding Behavior in Peer-to-Peer Loan Auctions", *Journal of Interactive Marketing* 2011, 25 (1): 27–36.

[2] Zhang J., Liu P., "Rational Herding in Microloan Markets", *Management Science* 2012, 58 (5): 892–912.

[3] 陈冬宇、朱浩、郑海超：《风险、信任和出借意愿——基于拍拍贷注册用户的实证研究》，《管理评论》2014 年第 1 期。

[4] 李晓鑫、曹红辉：《信息披露、投资经验与羊群行为——基于众筹投资的研究》，《财贸经济》2016 年第 10 期。

酬、借贷等方面的不公平待遇。① 经济学研究表明，歧视产生的主要原因是广泛存在的竞争压力、个人偏好差异和严重的信息不对称。相对于传统金融市场，互联网金融市场承袭了开放、平等、协作、共享的互联网精神，而且交易具有跨空间特征，交易双方不需要面对面接触，因此歧视问题可能在互联网金融交易中呈现不同的特征。相关研究主要基于P2P网络借贷市场，从性别歧视、种族歧视、年龄歧视和地域歧视四个维度展开。

(1) 性别歧视研究。由于互联网金融交易不需要交易双方面对面接触，相对于传统金融交易其对借款人会更加友好。② 因此，歧视问题在网络借贷市场可能在很大程度上得到缓解。Barasinska 和 Schaefer 基于 Smava 平台的实证研究发现，性别差异并没有对借款成功率产生显著影响；③ 刘巧莉等基于拍拍贷平台的研究也发现，性别歧视在 P2P 市场并不显著。④ 但是，也有学者得到相反的结论，Duarte 等⑤、岳中刚等⑥均发现，女性借款人的借款成功率更高。尽管如此，上述发现也与传统金融市场有所不同，在传统金融交易中，女性往往是被歧视的对象。

(2) 种族歧视研究。在国外，种族歧视是长期存在的社会顽疾。种族歧视是否从传统金融市场向互联网金融市场蔓延是一个值得关注的重要问

---

① Blanchflower D. G., Levine P. B., Zimmerman D. J., "Discrimination in the Small-Business Credit Market", *Review of Economics & Statistics* 2003, 85 (4): 930 - 943. Cavalluzzo K., Wolken J., "Small Business Loan Turndowns, Personal Wealth, and Discrimination" *Journal of Business*, 2005, 78 (6): 2153 - 2178.

② Pope D. G., Sydnor J R., "What's in a Picture?: Evidence of Discrimination from Prosper. com", *Journal of Human Resources* 2011, 46 (1): 53 - 92.

③ Barasinska N., Schaefer D. Does Gender Affect Funding Success at the Peer-to-Peer Credit Markets? Evidence from the Largest German Lending Platform. SSRN Working Paper, 2011.

④ 刘巧莉、温浩宇、Hong Qin:《P2P 网络信贷中投资行为影响因素研究——基于拍拍贷平台交易的证据》,《管理评论》2017 年第 6 期。

⑤ Duarte J., Siegel S., Young L., "Trust and Credit: The Role of Appearance in Peer-to-peer Lending", *Review of Financial Studies* 2012, 25 (8): 2455 - 2483.

⑥ 岳中刚、周勤、杨小军:《众筹融资、信息甄别与市场效率——基于人人贷的实证研究》,《经济学动态》2016 年第 1 期。

题。基于 Prosper 平台的交易数据，Pope 和 Sydnor[①] 发现种族差异会显著影响融资成功率和融资成本，黑人借款者的融资成功率要比同等条件下的白人低 25~35 个百分点，且融资成本更高。而进一步的研究发现，这种信贷歧视并不是一种非有效偏好歧视[②]，数据表明，黑人借款者的违约概率远高于同等条件的白人融资者，因此这种歧视是一种有效统计歧视。[③] Ravina 发现，虽然黑人借款者的融资成本通常要高出 139~146 个基点，但并没有证据表明不同种族借款者的违约率存在显著差异，进而提出对于黑人借款者的歧视是一种非理性行为。[④]

（3）年龄歧视研究。Pope 和 Sydnor 基于 Prosper 平台的研究发现，网络借贷存在年龄歧视问题，与 35~60 岁的借款人相比，年龄在 35 岁以下的借款人更容易得到贷款，而 60 岁以上的借款人融资成功率最低。[⑤] 但是基于中国情景的研究却发现，投资者更偏好年龄高的借款人。刘巧莉等基于国内 P2P 平台拍拍贷的研究发现，借款人年龄会提升投资意愿，即借款人的年龄越大，越容易获得贷款。

（4）地域歧视研究。在中国特殊的国情下，地域歧视是一个有趣而重要的话题。事实上，由于我国幅员辽阔、人口众多，不同地区在经济发展、法治保护、文化传统等方面存在显著差异，因此地域歧视问题在我国非常普遍。[⑥] 互

---

① Pope D. G., Sydnor J R., "What's in a Picture?: Evidence of Discrimination from Prosper. com", *Journal of Human Resources* 2011, 46 (1): 53-92.

② Becker G. S. *The Economics of Discrimination*. University of Chicago Press, 1957.

③ 在经济学理论中，学者们区分出了两类歧视：一类是 Phelps（1972）提出的有效统计歧视，另一类是 Becker（1957）提出的非有效偏好歧视。具体到网络借贷情景，有效统计歧视是指借款人在融资成功率和融资成本方面的差异来源于借款人背后的不同违约率差异；而非有效偏好歧视是指借款人在借款成功率和融资成本方面的不平等待遇完全由投资者的偏好决定，而没有其合理的经济原因。Phelps E. S., "The Statistical Theory of Racism and Sexism", *American Economic Review* 1972, 62 (4): 659-661.

④ Ravina E., "Love & Loans: The Effect of Beauty and Personal Characteristics in Credit Markets", SSRN Working Paper, 2013.

⑤ Pope D. G., Sydnor J R., "What's in a Picture?: Evidence of Discrimination from Prosper. com", *Journal of Human Resources* 2011, 46 (1): 53-92.

⑥ 章元、王昊：《城市劳动力市场上的户籍歧视与地域歧视：基于人口普查数据的研究》，《管理世界》2011 年第 7 期。

联网金融交易突破了空间限制,是否会对地域歧视起到缓解作用。进一步地,如果存在地域歧视,那么这种行为是理性还是非理性的。廖理等①对这一问题进行了深入分析,他们基于人人贷平台的研究发现,各省份的订单成功率存在显著差异:订单成功率最低的是内蒙古,为3.47%;而最高的江苏省达到18.31%,两者相差近5倍。控制了订单信息和借款人信息之后,省际融资成功率的差异有所降低,但仍在统计上显著,这表明我国的网络借贷市场存在地域歧视问题。而进一步的研究发现,被歧视省份的订单违约率并没有显著地高于其他省份,这表明P2P市场的地域歧视是一种非理性的偏好歧视。

(二)中观层面研究

在中观层面,学者主要从行业视角探讨互联网金融的发展特征及其内在机理,现阶段的研究主要聚焦于空间分布及模式选择两个方面。

1. 空间分布特征

关于互联网金融发展的空间特征,学界存在两种竞争性假说。一种观点认为,互联网金融交易具有高效便捷、低成本、跨空间等显著特征,能够在更广的空间范围内实现资源的有效配置,② 因此某一地区互联网金融发展水平与该地区的地理位置及与周边地区的互联网金融发展没有显著的相关性,即不存在空间集聚。另一种观点认为,互联网金融作为一种新兴业态,仍然要遵循金融发展的一般规律。互联网金融的发展离不开实体经济和传统金融的支撑,而传统金融具有典型的空间集聚特点,因此互联网金融的发展仍会呈现一定的区域聚集特征。③

---

① 廖理、李梦然、王正位:《中国互联网金融的地域歧视研究》,《数量经济技术经济研究》2014年第5期。
② 谢平、邹传伟:《互联网金融模式研究》,《金融研究》2012年第12期。
③ Guo F., Kong S. T., Wang J., "General Patterns and Regional Disparity of Internet Finance Development in China: Evidence from the Peking University Internet Finance Development Index" *China Economic Journal*, 2016: 1–19.

郭峰等对我国互联网金融的空间分布特征进行了实证检验。[1] 数据分析显示，在335个地级市中，互联网金融发展水平较高的城市主要集中在东部沿海地区，只有少量分布在内陆省份；空间自相关检验结果表明，不同地区的互联网金融发展水平具有显著的空间依赖性和正向空间溢出效应，这意味着相邻地区互联网金融的发展能够有效促进本地区的互联网金融发展；空间计量模型的分析结果显示，在控制了一系列的经济特征变量之后，互联网金融的正向空间溢出效应依然显著。

为什么我国的互联网金融发展呈现区域差异的格局？姚耀军和施丹燕[2]从互联网金融与传统金融的互动关系着手，围绕互联网金融发展的路径依赖和政府"有形之手"的助推效应，试图揭示互联网金融区域差异化发展背后的理论逻辑。其基于互联网金融发展指数的分析提出，传统金融是互联网金融发展的基础，路径依赖是中国互联网金融区域非平衡发展的主要原因；在中西部地区，传统金融发展的滞后性为互联网金融发展提供了广阔的空间，政府"有形之手"可以因势利导，破除互联网金融发展的制度障碍和要素约束，助推互联网金融摆脱路径依赖的锁定，实现潜在比较优势，这是部分中西部城市互联网发展表现不俗的重要原因。结合新结构经济学的观点，其提出互联网金融的发展离不开"有效市场"和"有为政府"的良好协同。

2. 融资模式选择

随着互联网金融业务的快速发展，企业融资渠道日趋多元化。对于初创企业而言，除了传统的天使投资和风险投资之外，众筹已成为一种新兴的融资方式。按照回报形式的差异，众筹可分为产品众筹和股权众筹两类。产品众筹是指创业者通过预售产品或服务的方式筹集资金，而不需要承担债务或稀释股权；在这种模式下，投资者与消费者合二为一，主要以获得产品或服

---

[1] 郭峰、孔涛、王靖一：《互联网金融空间集聚效应分析——来自互联网金融发展指数的证据》，《国际金融研究》2017年第8期。
[2] 姚耀军、施丹燕：《互联网金融区域差异化发展的逻辑与检验——路径依赖与政府干预视角》，《金融研究》2017年第5期。

务为目的。股权众筹是指创业者通过出售创业项目的股份来获得资金支持;在这一模式下,投资者主要以获得财务收益为目的。创业者面临的一个重要选择是:哪一种融资模式更有效。

在 Belleflamme 等[1]的开创性研究中,他们通过引入投资者"社区利益"的概念将产品众筹和股权众筹纳入统一的分析框架,进而给出创业者在产品众筹和股权众筹之间进行选择的转换条件:如果产品众筹下的"社区利益"高于股权众筹下的"社区利益",则无论初始投资金额的大小,产品众筹均优于股权众筹。如果"社区利益"既定,创业者应当在初始投资金额较小时选择产品众筹,而在初始投资金额较大时选择股权众筹。

刘波等[2]则从平台声誉和企业家声誉视角对融资模式选择问题进行了进一步拓展。他们提出①当产品质量较好而投资者并不偏好产品时,产品众筹策略占优,而且企业家声誉有助于进一步提升产品众筹的优势。②当众筹投资者偏好产品且启动资金较小时,如果平台声誉较差,起投门槛低的股权众筹策略占优;如果平台声誉较好,则产品众筹策略占优。③当众筹投资者偏好产品且启动资金较高时,无论众筹平台和企业家声誉好坏,起投门槛低的股权众筹策略占优。④当众筹投资者偏好产品而启动资金规模适中时,如果企业家声誉和平台声誉均较差,股权众筹策略占优;如果企业家声誉较差而平台声誉较好,产品众筹策略占优;如果企业家声誉较好,无论平台声誉好坏,股权众筹策略均占优。

(三)宏观层面研究

互联网金融是国家宏观金融体系的有机组成部分,互联网金融的发展及风险将对宏观金融体系产生联动效应。现阶段,从宏观视角探讨互联网金融发展和影响的研究主要从货币政策有效性和利率波动两个方面展开。

---

[1] Belleflamme P., Lambert T., Schwienbacher A., "Individual Crowdfunding Practices", *Venture Capital*: *An International Journal of Entrepreneurial Finance* 2013, 15 (4): 313 – 333.

[2] 刘波、刘彦、赵洪江、冷梦玥:《预售众筹与股权众筹的选择:基于众筹平台与企业家声誉的视角》,《金融研究》2017 年第 7 期。

1. 互联网金融发展与货币政策

货币政策是一国政府为实现特定的经济目标而实施的各种控制、调节货币供应量和信用量的方针、政策和措施的总称。互联网金融的发展将对居民资产配置选择尤其是存款供给产生显著影响。刘澜飚等[1]基于货币银行学分析框架，从理论上分析了互联网金融发展对我国数量型货币政策和价格型货币政策有效性的影响。研究发现，互联网金融提高了银行存贷款规模和存贷款利率对银行同业市场利率的敏感性，提升了价格型货币政策的有效性；同时，互联网金融加剧了狭义货币乘数的波动，导致广义货币供应量增加，并降低了货币流通速度，从而对数量型货币政策的有效性产生影响。

此外，还有学者重点探讨了虚拟货币发展对货币政策有效性的影响。随着移动互联网的普及，移动支付有可能完成对现金和信用卡的取代而成为主流支付方式，随着移动支付和虚拟货币网络规模效应的显现，虚拟货币交易低成本的优势将得到充分发挥，这会减少人们的现金需求，并从根本上改变货币需求形式[2]。王潇颖和冯科[3]利用鲍莫尔-托宾模型、冯诺依曼-摩根斯坦效用函数和惠伦模型分别对虚拟货币发展与微观主体货币持有动机的关系进行了实证检验，研究结果表明，虚拟货币的发展会对微观主体的现金交易需求产生不完全替代；但对现金的投机需求几乎具有完全替代效应；在预防需求方面，虚拟货币不仅会对现金需求产生替代，还会对更高层次的货币需求产生替代。周光友和施怡波[4]进一步检验了虚拟货币对预防性货币需求的影响机制，发现虚拟货币的发展不仅会对预防性现金需求产生替代作用，还会推动不同层次货币之间的转化，并通过降低转化成本减少预防性货币需求。

---

[1] 刘澜飚、齐炎龙、张靖佳：《互联网金融对货币政策有效性的影响——基于微观银行学框架的经济学分析》，《财贸经济》2016年第1期。
[2] 谢平、刘海二：《ICT、移动支付与电子货币》，《金融研究》2013年第10期。
[3] 王潇颖、冯科：《电子货币对我国货币政策的影响：基于微观主体持币动机的研究》，《南方金融》2011年第3期。
[4] 周光友、施怡波：《互联网金融发展、电子货币替代与预防性货币需求》，《金融研究》2015年第5期。

2. 互联网金融发展与利率波动

中国的 P2P 网络借贷利率采用近似完全市场化定价机制，它的波动和变化特征能在一定程度上反映市场上的投资者情绪及资金流动情况。陈霄和叶德珠①最早采用实证方法对网络借贷市场的利率波动特征进行研究，他们发现在 2012~2014 年，网络借贷市场利率的波动呈现"逆周期性"特征，并且与 Shibor 存在单向溢出效应；进一步利用 AR-GARCH 模型的分析发现，网络借贷市场利率的波动具有显著的聚集效应和反转效应，并且呈现宽尾特征，而杠杆效应所带来的影响并不显著。但是，陈霄和叶德珠基于单变量 GARCH 模型的研究不能系统反映变量之间的动态关系，何启志和彭明生②采用多元 GARCH 模型对相关研究进行了进一步拓展。他们的研究发现，网络借贷利率整体上呈现波动下行趋势，局部阶段性的波动较大，且表现波动聚集的特征；Shibor 具有基准利率地位，对网贷利率、国债利率都具有波动溢出效应，但国债利率对网贷利率没有波动溢出效应；网贷利率的影响还比较有限，对 Shibor 和国债利率没有显著的波动溢出效应。

二 基于法律视角的互联网金融研究

（一）互联网金融整体

1. 针对合规问题的法律规制研究

①规制原则。张斌③提出，我国应确立原则导向监管并倡导软法治理优先的规制进路，而对于互联网金融创新的规制可以借鉴国外的监管沙箱方法。邢会强④则提出了相对安全的监管理念：将风险控制与业务发展结合起

---

① 陈霄、叶德珠：《中国 P2P 网络借贷利率波动研究》，《国际金融研究》2016 年第 1 期。
② 何启志、彭明生：《基于互联网金融的网贷利率特征研究》，《金融研究》2016 年第 10 期。
③ 张斌：《互联网金融规制反思与建议——基于信息不对称视角》，《经济与管理》2017 年第 5 期。
④ 邢会强：《相对安全理念下规范互联网金融的法律模式与路径》，《法学》2017 年第 12 期。

来,在发展中防范风险;具体的规制路径包括修改证券法,引入股权众筹的发行注册豁免机制,完善互联网金融交易平台的市场准入等。靳文辉①则提出了复合型监管和回应型监管的主张。②规制思路。各种互联网金融产品并没有突破现有的法律关系框架,因此可以通过区分直接融资和间接融资两种不同的融资方式,分别探讨各自适用的金融监管法律规则②。而现有研究往往忽视了既有法律框架的约束,缺乏以现有法律概念对接和重述监管政策建议的意识③。宋盈④提出,我国互联网金融刑法规制的现实路径在于稳定刑事立法与反哺前置法并行。③规制手段。王怀勇和钟颖⑤提出,软法治理是我国互联网金融法律规制的基本方向,虽然交易规则、自律公约等民间软法已经成为我国互联网金融软法治理的主要载体,但是民间软法的效力因立法偏失和实施困境还存在明显的局限,应从规范体系、主体结构、纠纷解决以及实施环境四个方面进行有针对性的优化。冯乾和王海军⑥提出应借鉴梯诺尔的新规制理论,对互联网金融机构实施穿透式监管,抑制监管套利,堵塞监管漏洞,并着重构建资金第三方存管和风险补偿机制等监管底线。靳文辉⑦提出,应建立由监管机构、行业组织和互联网金融企业构成的多中心监管体系,通过文化、资源、责任和技术等途径设计监管组织的跨部门协调机制。

2. 针对竞争问题的法律规制研究

上述研究主要针对互联网金融的合规问题和风险问题,但对竞争问题的关注不够。事实上,传统的、分割的、简单的竞争监管手段已无法有效应对

---

① 靳文辉:《互联网金融监管组织设计的原理及框架》,《法学》2017年第4期。
② 黄韬:《中国互联网金融:市场、监管与法律》,《东南大学学报》(哲学社会科学版)2017年第4期。
③ 彭岳:《互联网金融监管理论争议的方法论考察》,《中外法学》2016年第6期。
④ 宋盈:《互联网金融刑法规制谦抑说之反驳——兼与刘宪权教授商榷》,《学术界》2017年第7期。
⑤ 王怀勇、钟颖:《论互联网金融的软法之治》,《现代法学》2017年第6期。
⑥ 冯乾、王海军:《互联网金融不当行为风险及其规制政策研究——以市场诚信、公平竞争与消费者保护为核心》,《中央财经大学学报》2017年第2期。
⑦ 靳文辉:《互联网金融监管组织设计的原理及框架》,《法学》2017年第4期。

互联网金融这一新型的、整体的、复杂的被监管对象,传统的监管措施既有失效率,也有损公平,因此有必要建立符合中国国情的竞争监管协调机制①。沈伟和余涛②专门对竞争中的仲裁问题进行了研究,提出互联网金融仲裁的最大挑战在于平衡保密性和裁决示范性之间的矛盾,而结合思路是明确仲裁裁决的公开范围、限度与模式,并明确裁决依据、裁决来源及示范性裁决的制作主体。

3. 针对税收问题的法律规制研究

唐士亚③提出,互联网金融的创新发展激化了金融自由化与税法稳定性、金融市场流动性与税收负担之间的矛盾,面临流转税偏高、重复征税、税收监管手段落后等挑战,进而提出要坚持税收法定、量能课税及税收效率等税法基本原则,在实现互联网金融税收法制化和现代化的同时,确保传统金融与互联网金融的税负公平。

(二)网络借贷

2017年,从法律视角对网络借贷的研究主要集中于如下几个方面。①刑民分界问题。针对P2P业务发展中频繁遭遇的刑法评价上罪与非罪的挑战,刘宪权和陈罗兰④提出应根据涉案标的是否具有同一性,妥善处理民事诉讼程序与刑事诉讼程序之间的关系,但在实体法层面,应秉持刑事优先理念。②税收征管问题。颜凌云⑤提出,在理顺P2P行业税收优惠政策、出台P2P税收征管办法的同时,要明确如下几种权责:网络借贷平台不需要缴纳印花税;网络借贷平台是投资者所得税的扣缴责任人;风险准备金的税收征管规则。③债权拆分转让问题。在业务实践中,P2P平台经常对债权进行拆分,

---

① 曾威:《互联网金融竞争监管制度的构建》,《法商研究》2016年第2期。
② 沈伟、余涛:《互联网金融监管规则的内生逻辑及外部进路:以互联网金融仲裁为切入点》,《当代法学》2017年第1期。
③ 唐士亚:《论互联网金融创新中的税法适用及完善》,《税务与经济》2017年第6期。
④ 刘宪权、陈罗兰:《我国P2P网贷平台法律规制中的刑民分界问题》,《法学杂志》2017年第6期。
⑤ 颜凌云:《P2P网络借贷行业税收征管研析》,《税务研究》2017年第4期。

并以投资合同替代证券予以发行。P2P平台的债权拆分和转让的本质是资产证券化,目的是规避金融监管规则①,因此是证券法相关禁止性条文的适用范围。④融资担保问题。乔远②从刑法视角对P2P融资担保行为进行了分析,提出融资担保行为在"担保模式"下是以直接正犯形式出现;而在"混合模式"下是作为共同正犯出现。同时,还应区分并为损害交易秩序的行为,并将其排除在刑法规制之外。⑤风险保障金问题。网络借贷行业持续的倒闭潮和跑路潮呼唤对风险保障金进行必要的监管和规制。但《网络借贷信息中介机构业务活动管理暂行办法》并未明确提及风险保证金制度。基于此,杨东③提出,必须对网络借贷的风险保障金制度进行本土化创新,通过引入地方金融办和行业协会的监管,确保风险保障金与平台自有资金有效的隔离,并从投资者保护的角度探索建立风险保障金制度的配套体系。⑥网络借贷的规制路径。在监管理念方面,推动监管内生化,从公共品供给视角变革网络借贷法律监管的核心规则;在监管策略方面,以功能主义为导向,以类型化监管为内容,构建一体化的网络借贷监管规则;在风险控制方面,坚持事前准入考察和事中穿透式监管的有效结合;在风险分担方面,强化投资者权益救济,推动风险保证金、责任保险等风险分担机制的建设。④

此外,还有学者专门对2016年以来问题频发的校园贷进行研究。何俊⑤重点探讨了校园贷的刑法规制问题,提出传播、售卖债务人裸照构成传播淫秽物品罪、侵犯公民个人信息罪和侮辱罪;以公开裸照威胁借款人清偿债务时,如果利率在36%以上则构成敲诈勒索罪。冯辉⑥重点分析了私法规

---

① 郑观:《P2P平台债权拆分转让行为的合法性之辨》,《法学》2017年第6期。
② 乔远:《刑法视域中的P2P融资担保行为》,《政府论丛》2017年第1期。
③ 杨东:《P2P网贷风险保障金制度研究》,《广东社会科学》2016年第6期。
④ 何俊:《校园贷的刑法规制》,《东南大学学报》(哲学社会科学版)2017年第S1期。丁国峰:《P2P网贷平台异化经营的法律规制》,《海财经大学学报》2017年第4期。
⑤ 何俊:《校园贷的刑法规制》,《东南大学学报》(哲学社会科学版)2017年第S1期。
⑥ 冯辉:《论互联网金融的私法规制——以大学生网络信贷消费合同的效力问题为例》,《南京社会科学》2017年第12期。

制与公法规制的互补问题，提出大学生在法律层面的民事行为能力与其在实践层面的消费认知能力之间的错配是导致校园贷问题频发的重要原因，而强化公法规制不仅效果有限，而且负外部性明显，因此应探讨相应的私法规制路径，具体措施是采取分类规制的方法，将特定范围的商品和服务的交易界定为效力待定合同，同时延长大学生行使合同解除权的时限。李玟和徐颖[①]则提出，我国应从设立监管机构、规范运行机制、完善纠纷解决、健全征信体系方面入手，推进校园贷健康发展。

（三）网络众筹

第一，股权众筹的法律冲突问题。作为网络众筹的形式之一，股权众筹的法律本质是证券发行，[②] 具有证券属性和突出的证券法风险。[③] 股权众筹与现行法律的冲突体现在：首先，小额公开股权众筹和私募股权众筹是满足不同市场主体投融资需求的双重定位选择，这就对传统监管模式和监管框架提出新挑战；[④] 其次，股权众筹与证券法理念存在冲突，包括投资者保护与融资效率的冲突、核准制和注册制的冲突、行业自律与政府独占的冲突；[⑤] 再次，互联网众筹的业务属性与刑法及相关司法解释存在冲突，这是导致互联网众筹产生刑事法律风险的主要原因。[⑥]

第二，股权众筹的法律规制路径。刘玉[⑦]提出，可以借鉴美国JOBS法案的相关经验，完善我国股权众筹法律制度。李文莉和杨宁[⑧]认为，我国股权众筹的监管宜采用适度信息披露与投资者适当性相结合原则，基于私募发

---

① 李玟、徐颖：《我国互联网校园贷市场法律问题与规制路径》，《深圳大学学报》（人文社会科学版）2017年第7期。
② 李文莉、杨宁：《股权众筹监管的法律定位与实现路径》，《交大法学》2017年第4期。
③ 汪振江：《股权众筹的证券属性与风险监管》，《甘肃社会科学》2017年第5期。
④ 李文莉、杨宁：《股权众筹监管的法律定位与实现路径》，《交大法学》2017年第4期。
⑤ 汪振江：《股权众筹的证券属性与风险监管》，《甘肃社会科学》2017年第5期。
⑥ 陈叙言：《互联网众筹的刑事法律风险研究》，《学习与探索》2017年第9期。
⑦ 刘玉：《股权众筹平台法律地位界定及制度构建——基于对美国相关制度的考察》，《河北法学》2017年第6期。
⑧ 李文莉、杨宁：《股权众筹监管的法律定位与实现路径》，《交大法学》2017年第4期。

行与小额公开发行的双重定位选择，构建三位一体的股权众筹监管框架。汪振江[1]则建议，我国应明确股权众筹的公募性质并建立豁免制度，构建涵盖发行人、投资者和众筹平台的基本法律规则，健全民事责任制度，并推进信用体系和信息共享机制的建设。借鉴美国及中国台湾地区的众筹立法与监管经验，钟洪明[2]提出应重点从集资限额、投资金额限制、中介机构规范以及豁免程序等方面，完善众筹豁免规则。针对股权众筹与我国刑法及司法解释的冲突，陈叙言[3]提出，在立法层面应秉持刑法谦抑性原则，并保持与经济环境的动态平衡；在司法层面应限缩非法吸收存款罪的适用，明确集资诈骗罪中"以非法占有为目的"的认定标准。彭真明和曹晓路[4]则对《私募股权众筹融资管理办法（试行）》的适用性进行了分析，提出我国股权众筹的监管应从规制信息不对称、提升价格形成有效性、识别投资者风险承担能力的逻辑出发，构建股权众筹小额发行豁免制度，加强众筹平台的持续信息披露义务，建立投资者分层与投资限额制度，最大限度地保护投资者利益。

（四）互联网保险

王家骏[5]专门对互联网保险中的说明义务进行了研究，他指出，互联网保险的投保方式与传统保险合同存在显著差异，因此在司法实践中不能仅以投保人是否知晓以及能否控制保险代理人的行为为判断标准，而应以投保人的现实地位为基础，通过举证责任的分配来确定说明义务的实际履行。依据保险利益与互联网融合程度的不同，何丽新和池骋[6]将互联网保险划分为信

---

[1] 汪振江：《股权众筹的证券属性与风险监管》，《甘肃社会科学》2017年第5期。
[2] 钟洪明：《论股权众筹发行豁免注册的制度构建——基于美国及台湾地区经验之比较》，《经济社会体制比较》2017年第4期。
[3] 陈叙言：《互联网众筹的刑事法律风险研究》，《学习与探索》2017年第9期。
[4] 彭真明、曹晓路：《论股权众筹融资的法律规制——兼评〈私募股权众筹融资管理办法（试行）〉（征求意见稿）》，《法律科学》（西北政法大学学报）2017年第3期。
[5] 王家骏：《互联网保险明确说明义务问题研究——基于司法判例争议的分析》，《保险研究》2017年第8期。
[6] 何丽新、池骋：《互联网保险对于传统保险法律规则的冲击与重塑——以类型化分析为视角》，《兰州学刊》2016年第8期。

息安全保险、O2O 保险、网销保险三类,并以此为基础分别对三类保险对于传统保险法律规则的冲击进行探讨,进而提出修改与完善建议。此外,池骋和陈耀南①对我国台湾地区的互联网保险规制经验进行了引介,提出我国台湾地区有关限制经营范围、防范道德风险、通报投保与承保方面的法律规制具有一定的借鉴意义,但结合大陆地区的实际,台湾地区互联网保险法制中有关准入资格、投保人与被保险人关系、第三方网络平台责任方面的内容需要修正与完善。

(五) 虚拟货币

赵天书②从广义货币法的角度对比特币的法律属性进行了探讨,提出比特币的货币属性应被肯定,而比特币对现有法律制度和货币政策的冲击也可以通过完善法制体系得到妥善的解决。李齐广③和高国其④重点从虚拟财产保护视角探讨虚拟货币的法律规制问题。李齐广⑤提出,应采取刑法与民法对话的方法界定虚拟财产的性质,将窃取虚拟财产纳入财产犯罪的保护范围,而不是以计算机相关犯罪论处,以避免罪刑不均衡或不必要的处罚漏洞。高国其⑥则提出,虚拟财产体现的是网络用户和服务商之间某种形式的债权债务关系,本质上属于债权型财产,因此在虚拟财产的刑法规制上,应当协调财产犯罪和计算机犯罪之间的竞合关系。

---

① 池骋、陈耀南:《台湾地区互联网保险监管法制研究及其经验启示》,《江淮论坛》2017 年第 3 期。
② 赵天书:《比特币法律属性探析——从广义货币法的角度》,《中国政法大学学报》2017 年第 5 期。
③ 李齐广:《刑民对话视野下窃取虚拟财产刑事责任的认定》,《武汉大学学报》(哲学社会科学版) 2017 年第 2 期。
④ 高国其:《网络"虚拟财产"的现实定位与刑法规制》,《重庆大学学报》(社会科学版) 2017 年第 3 期。
⑤ 李齐广:《刑民对话视野下窃取虚拟财产刑事责任的认定》,《武汉大学学报》(哲学社会科学版) 2017 年第 2 期。
⑥ 高国其:《网络"虚拟财产"的现实定位与刑法规制》,《重庆大学学报》(社会科学版) 2017 年第 3 期。

三 基于技术视角的互联网金融研究

在技术视角下,学界主要结合金融科技的发展,尤其是大数据、云计算、区块链技术的突破,探讨其对于互联网金融的影响。现阶段,基于技术视角的研究还比较有限,主要包括如下内容。

区块链技术方面。赵增奎[1]探讨了区块链技术对互联网金融整体的影响。他提出,基于分布式数据存储、加密算法、共识机制的区块链技术有助于构建互联网金融的"公开大账本",并且在互联网金融业务的信任获取、系统安全、监管模式创新等方面具有重要的应用空间。王海巍和周霖[2]、许闲[3]则以保险行业为例探讨区块链技术的影响。王海巍和周霖[4]重点结合保险业务流程,分析区块链技术对优化承保、核保、核赔、用户深层次开发及产品服务创新的作用。许闲[5]从保险的本质特征出发,在综合考察传统保险的局限性和区块链技术特征的基础上,探讨借助区块链技术跨越传统保险发展瓶颈的路径和机制。此外,庄雷和赵成国[6]基于区块链技术分析虚拟数字货币的演化历程和动因,并探讨了数字货币核心机制的设计思路、实践探索和未来前景,提出从二元间接信用创造的融合式到一元直接信用创造的重构式来实现数字货币信用模式的应用调整思路。

云计算技术方面。张正等[7]以互联网金融生态的构建为例,探讨了云计算的作用机制和作用路径。其以阿里金融板块为分析对象,从创新机理与运行机制两个维度来探讨阿里云金融的创新过程及互联网金融生态系统的构建

---

[1] 赵增奎:《以区块链技术推动互联网金融稳健发展研究》,《经济纵横》2017年第11期。
[2] 王海巍、周霖:《区块链技术视角下的保险运营模式研究》,《保险研究》2017年第11期。
[3] 许闲:《区块链与保险创新:机制、前景与挑战》,《保险研究》2017年第5期。
[4] 王海巍、周霖:《区块链技术视角下的保险运营模式研究》,《保险研究》2017年第11期。
[5] 许闲:《区块链与保险创新:机制、前景与挑战》,《保险研究》2017年第5期。
[6] 庄雷、赵成国:《区块链技术创新下数字货币的演化研究:理论与框架》,《经济学家》2017年第5期。
[7] 张正、王孚瑶、张玉明:《云创新与互联网金融生态系统构建——以阿里金融云为例》,《经济与管理研究》2017年第3期。

路径；同时还通过阿里巴巴金融云的案例进一步分析云创新理论在互联网金融创新领域的应用方式。

大数据技术方面。何飞和张兵[1]基于我国互联网金融发展的特色，提出互联网金融发展模式的变迁路径：先由点及线，再由线及面。而驱动这一模式变迁的核心动力是大数据。在此基础上，作者还构建了细分的大数据系统以解决互联网金融模式变迁过程中的具体问题。

四　研究总结与研究展望

综上，经过近六年的发展，学界关于互联网金融的本质、内涵和特征已基本达成共识，并以此为基础，从金融视角、法律视角、技术视角对互联网金融的行为机理、行业特征、宏观影响、法律规制等问题进行了探讨，取得了丰富的研究结论。但现有研究还存在如下不足。

从研究层次看，对微观机理的研究比较深入，但基于中观和宏观视角的研究比较薄弱。经过近几年的高速发展，互联网金融已成为我国宏观金融体系的重要组成部分。易观报告显示，2016年我国第三方支付规模已接近90万亿元，互联网理财规模达到7.8万亿元，网贷规模接近2万亿元，众筹规模超过200亿元。[2] 与此同时，野蛮生长带来的一系列问题也对宏观金融稳定产生了严重影响，并推动了互联网金融风险专项整治工作。未来，可以进一步探讨互联网金融对宏观金融稳定以及宏观经济发展的影响。

从研究对象看，既有研究集中于网络借贷和网络众筹两种业务，对互联网保险、虚拟货币等互联网金融模式的关注不够。近两年，网络理财保险和虚拟货币的过山车式发展给金融稳定乃至实体经济安全带来了严重隐患，已引起监管层的高度重视。未来，可以进一步拓展有关互联网保险和虚拟货币

---

[1] 何飞、张兵：《互联网金融的发展：大数据驱动与模式衍变》，《财经科学》2016年第6期。
[2] https://www.analysys.cn/analysis/8/detail/1000848/。

的研究，深入探讨其发展特征、驱动因素和经济后果，从而全面评估互联网金融发展的影响。

参考文献

刘巧莉、温浩宇、Hong Qin：《P2P 网络信贷中投资行为影响因素研究——基于拍拍贷平台交易的证据》，《管理评论》2017 年第 6 期。

董纪昌、王国梁、沙思颖、苗晋瑜、李秀婷：《P2P 网贷平台信任形成机制研究》，《管理学报》2017 年第 10 期。

何俊：《校园贷的刑法规制》，《东南大学学报》（哲学社会科学版）2017 年第 S1 期。

冯辉：《论互联网金融的私法规制——以大学生网络信贷消费合同的效力问题为例》，《南京社会科学》2017 年第 12 期。

李玫、徐颖：《我国互联网校园贷市场法律问题与规制路径》，《深圳大学学报》（人文社会科学版）2017 年第 7 期。

颜凌云：《P2P 网络借贷行业税收征管研析》，《税务研究》2017 年第 4 期。

郑观：《P2P 平台债权拆分转让行为的合法性之辨》，《法学》2017 年第 6 期。

乔远：《刑法视域中的 P2P 融资担保行为》，《政府论丛》2017 年第 1 期。

杨东：《P2P 网贷风险保障金制度研究》，《广东社会科学》2016 年第 6 期。

刘宪权、陈罗兰：《我国 P2P 网贷平台法律规制中的刑民分界问题》，《法学杂志》2017 年第 6 期。

冯辉：《网络借贷平台法律监管研究》，《中国法学》2017 年第 6 期。

丁国峰：《P2P 网贷平台异化经营的法律规制》，《海财经大学学报》2017 年第 4 期。

刘玉：《股权众筹平台法律地位界定及制度构建——基于对美国相关制度的考察》，《河北法学》2017 年第 6 期。

李文莉、杨宁：《股权众筹监管的法律定位与实现路径》，《交大法学》2017 年第 4 期。

汪振江：《股权众筹的证券属性与风险监管》，《甘肃社会科学》2017 年第 5 期。

钟洪明：《论股权众筹发行豁免注册的制度构建——基于美国及台湾地区经验之比较》，《经济社会体制比较》2017 年第 4 期。

彭真明、曹晓路：《论股权众筹融资的法律规制——兼评〈私募股权众筹融资管理办法（试行）〉（征求意见稿）》，《法律科学》（西北政法大学学报）2017 年第 3 期。

曾威：《互联网金融竞争监管制度的构建》，《法商研究》2016 年第 2 期。

唐士亚：《论互联网金融创新中的税法适用及完善》，《税务与经济》2017 年第 6 期。

王怀勇、钟颖：《论互联网金融的软法之治》，《现代法学》2017 年第 6 期。

黄韬：《中国互联网金融：市场、监管与法律》，《东南大学学报》（哲学社会科学版）2017年第4期。

李齐广：《刑民对话视野下窃取虚拟财产刑事责任的认定》，《武汉大学学报》（哲学社会科学版）2017年第2期。

高国其：《网络"虚拟财产"的现实定位与刑法规制》，《重庆大学学报》（社会科学版）2017年第3期。

池骋、陈耀南：《台湾地区互联网保险监管法制研究及其经验启示》，《江淮论坛》2017年第3期。

何丽新、池骋：《互联网保险对于传统保险法律规则的冲击与重塑——以类型化分析为视角》，《兰州学刊》2016年第8期。

王家骏：《互联网保险明确说明义务问题研究——基于司法判例争议的分析》，《保险研究》2017年第8期。

彭岳：《互联网金融监管理论争议的方法论考察》，《中外法学》2016年第6期。

沈伟、余涛：《互联网金融监管规则的内生逻辑及外部进路：以互联网金融仲裁为切入点》，《当代法学》2017年第1期。

冯乾、王海军：《互联网金融不当行为风险及其规制政策研究——以市场诚信、公平竞争与消费者保护为核心》，《中央财经大学学报》2017年第2期。

张斌：《互联网金融规制反思与建议——基于信息不对称视角》，《经济与管理》2017年第5期。

邢会强：《相对安全理念下规范互联网金融的法律模式与路径》，《法学》2017年第12期。

靳文辉：《互联网金融监管组织设计的原理及框架》，《法学》2017年第4期。

宋盈：《互联网金融刑法规制谦抑说之反驳——兼与刘宪权教授商榷》，《学术界》2017年第7期。

赵天书：《比特币法律属性探析——从广义货币法的角度》，《中国政法大学学报》2017年第5期。

陈娟娟、张亚斌、尹筑嘉：《众筹市场投资者行为变化研究——基于众筹平台"众筹网"的经验证据》，《中国软科学》2017年第9期。

李晓鑫、曹红辉：《信息披露、投资经验与羊群行为——基于众筹投资的研究》，《财贸经济》2016年第10期。

何飞、张兵：《互联网金融的发展：大数据驱动与模式衍变》，《财经科学》2016年第6期。

张正、王孚瑶、张玉明：《云创新与互联网金融生态系统构建——以阿里金融云为例》，《经济与管理研究》2017年第3期。

许闲：《区块链与保险创新：机制、前景与挑战》，《保险研究》2017年第5期。

王海巍、周霖：《区块链技术视角下的保险运营模式研究》，《保险研究》2017年第

11期。

赵增奎：《以区块链技术推动互联网金融稳健发展研究》，《经济纵横》2017年第11期。

庄雷、赵成国：《区块链技术创新下数字货币的演化研究：理论与框架》，《经济学家》2017年第5期。

刘波、刘彦、赵洪江、冷梦玥：《预售众筹与股权众筹的选择：基于众筹平台与企业家声誉的视角》，《金融研究》2017年第7期。

王潇颖、冯科：《电子货币对我国货币政策的影响：基于微观主体持币动机的研究》，《南方金融》2011年第3期。

周光友、施怡波：《互联网金融发展、电子货币替代与预防性货币需求》，《金融研究》2015年第5期。

邓建鹏：《互联网金融时代众筹模式的法律风险分析》，《江苏行政学院学报》2014年第3期。

李有星、陈飞、金幼芳：《互联网金融监管的探析》，《浙江大学学报》（人文社会科学版）2014年第4期。

郭峰、孔涛、王靖一：《互联网金融空间集聚效应分析——来自互联网金融发展指数的证据》，《国际金融研究》2017年第8期。

姚耀军、施丹燕：《互联网金融区域差异化发展的逻辑与检验——路径依赖与政府干预视角》，《金融研究》2017年第5期。

刘澜飚、齐炎龙、张靖佳：《互联网金融对货币政策有效性的影响——基于微观银行学框架的经济学分析》，《财贸经济》2016年第1期。

陈霄、叶德珠：《中国P2P网络借贷利率波动研究》，《国际金融研究》2016年第1期。

何启志、彭明生：《基于互联网金融的网贷利率特征研究》，《金融研究》2016年第10期。

谢平、刘海二：《ICT、移动支付与电子货币》，《金融研究》2013年第10期。

何光辉、杨咸月、蒲嘉杰：《中国P2P网络借贷平台风险及其决定因素研究》，《数量经济技术经济研究》2017年第1期。

廖理、李梦然、王正位：《中国互联网金融的地域歧视研究》，《数量经济技术经济研究》2014年第5期。

廖理、李梦然、王正位、贺裴菲：《观察中学习：P2P网络投资中信息传递与羊群行为》，《清华大学学报》（哲学社会科学版）2015年第1期。

吴佳哲：《基于羊群效应的P2P网络借贷模式研究》，《国际金融研究》2015年第11期。

向虹宇、廖理、王正位：《注意力与P2P投资者投资决策——来自人人贷的证据》，《经济学报》2017年第3期。

章元、王昊:《城市劳动力市场上的户籍歧视与地域歧视:基于人口普查数据的研究》,《管理世界》2011年第7期。

陆海天、雷震:《中国P2P网贷平台违约停业原因分析与监管建议》,《清华金融评论》2016年第8期。

王正位、向佳、廖理、张伟强:《互联网金融环境下投资者学习行为的经济学分析》,《数量经济技术经济研究》2016年第3期。

廖理、吉霖、张伟强:《语言可信吗?借贷市场上语言的作用——来自P2P平台的证据》,《清华大学学报》(自然科学版)2015年第4期。

李悦雷、郭阳、张维:《中国P2P小额贷款市场借贷成功率影响因素分析》,《金融研究》2013年第7期。

岳中刚、周勤、杨小军:《众筹融资、信息甄别与市场效率——基于人人贷的实证研究》,《经济学动态》2016年第1期。

王会娟、廖理:《中国P2P网络借贷平台信用认证机制研究——来自"人人贷"的经验证据》,《中国工业经济》2014年第4期。

彭红枫、赵海燕、周洋:《借款陈述会影响借款成本和借款成功率吗?——基于网络借贷陈述的文本分析》,《金融研究》2016年第4期。

周雄伟、朱恒先、李世刚:《平台参与投资与P2P筹资效率——基于拍拍贷平台"拍活宝"数据的经验研究》,《中国工业经济》2017年第4期。

夏恩君、李森、赵轩维:《股权众筹投资者动机研究》,《科研管理》2017年第12期。

黄玲、周勤:《基于期望理论的众筹设计研究》,《财经科学》2015年第6期。

陈冬宇、朱浩、郑海超:《风险、信任和出借意愿——基于拍拍贷注册用户的实证研究》,《管理评论》2014年第1期。

王伟、陈伟、祝效国、王洪伟:《众筹融资成功率与语言风格的说服性——基于Kickstarter的实证研究》,《管理世界》2016年第5期。

黄健青、陈欢、李大夜:《基于顾客价值视角的众筹项目成功影响因素研究》,《中国软科学》2015年第6期。

郑海超、黄宇梦、王涛、陈冬宇:《创新项目股权众筹融资绩效的影响因素研究》,《中国软科学》2015年第1期。

陈冬宇:《基于社会认知理论的P2P网络放贷交易信任研究》,《南开管理评论》2014年第3期。

廖理、吉霖、张伟强:《借贷市场能准确识别学历的价值吗?——来自P2P平台的经验证据》,《金融研究》2015年第3期。

彭红枫、米雁翔:《信息不对称、信号质量与股权众筹融资绩效》,《财贸经济》2017年第5期。

黄健青、黄晓凤、殷国鹏:《众筹项目融资成功的影响因素及预测模型研究》,《中国软科学》2017年第7期。

中国人民银行金融稳定分析小组：《中国金融稳定报告（2014）》，中国金融出版社，2014。

谢平、邹传伟：《互联网金融模式研究》，《金融研究》2012年第12期。

王达：《美国互联网金融的发展及中美互联网金融的比较——基于网络经济学视角的研究与思考》，《国际金融研究》2014年第12期。

郑联盛：《中国互联网金融：模式、影响、本质与风险》，《国际经济评论》2014年第5期。

谢平、邹传伟、刘海二：《互联网金融监管的必要性与核心原则》，《国际金融研究》2014年第8期。

刘澜飚、沈鑫、郭步超：《互联网金融发展及其对传统金融模式的影响探讨》，《经济学动态》2013年第8期。

袁博、李永刚、张逸龙：《互联网金融发展对中国商业银行的影响及对策分析》，《金融理论与实践》2013年第12期。

吴晓求：《互联网金融：成长的逻辑》，《财贸经济》2015年第2期。

杨东：《互联网金融的法律规制——基于信息工具的视角》，《中国社会科学》2015年第4期。

Belleflamme P., Lambert T., Schwienbacher A., "Individual Crowdfunding Practices", *Venture Capital: An International Journal of Entrepreneurial Finance*, 2013, 15 (4): 313 – 333.

Guo F., Kong S. T., Wang J., "General Patterns and Regional Disparity of Internet Finance Development in China: Evidence from the Peking University Internet Finance Development Index", *China Economic Journal*, 2016: 1 – 19.

Agrawal A., Catalini C., Goldfarb A., "The Geography of Crowdfunding", *SSRN Working Paper*, 2014.

Zhang J., Liu P., "Rational Herding in Microloan Markets", *Management Science*, 2012, 58 (5): 892 – 912.

Ceyhan S., Shi X., Leskovec J., "Dynamics of Bidding in a P2P Lending Service: Effects of Herding and Predicting Loan Success", In Proceedings of International Conference on World Wide Web. 2011: 547 – 556.

Herzenstein M., Dholakia U. M., Andrews R. L., "Strategic Herding Behavior in Peer-to-Peer Loan Auctions", *Journal of Interactive Marketing*, 2011, 25 (1): 27 – 36.

Lee E., Lee B., "Herding Behavior in Online P2P Lending: An Empirical Investigation", *Electronic Commerce Research & Applications*, 2012, 11 (5): 495 – 503.

Yum H., Lee B., Chae M., "From the Wisdom of Crowds to My Wwn Judgment in Microfinance Through Online Peer-to-peer Lending Platforms", *Electronic Commerce Research & Applications*, 2012, 11 (5): 469 – 483.

Scharfstein D. S., Stein J. C., "Herd Behavior and Investment", *The American Economic Review*, 1990, 80 (3): 465-479.

Cavalluzzo K., Wolken J., "Small Business Loan Turndowns, Personal Wealth, and Discrimination", *Journal of Business*, 2005, 78 (6): 2153-2178.

Blanchflower D. G., Levine P. B., Zimmerman D. J., "Discrimination in the Small-Business Credit Market", *Review of Economics & Statistics*, 2003, 85 (4): 930-943.

Phelps E. S., "The Statistical Theory of Racism and Sexism", *American Economic Review*, 1972, 62 (4): 659-661.

Becker G. S. *The Economics of Discrimination*. University of Chicago Press, 1957.

Akerlof G., "The Market for "Lemons": Quality Uncertainty and the Market Mechanism", *The Quarterly Journal of Economics*, 1970, 84 (3): 488-500.

Sharpe W F., "Capital Asset Prices: A Theory of Market Equilibrium under Conditions of Risk", *Journal of Finance*, 1964, 19 (3): 425-442.

Li X., Tang Y., Yang N., Ren R., Zheng H., "The Value of Information Disclosure and Lead Investor in Equity-based Crowdfunding: An Exploratory Empirical Study", *Nankai Business Review International*, 2016, 7 (3): 301-321.

Kim K., Viswanathan S., "The 'Experts' in the Crowd: The Role of 'Expert' Investors in a Crowdfunding Market", *SSRN Working Paper*, 2016.

Klafft M., "Peer to Peer Lending: Auctioning Microcredits over the Internet", *SSRN Working Paper*, 2008.

Rennekamp K., "Processing Fluency and Investors' Reactions to Disclosure Readability", *Journal of Accounting Research*, 2012, 50 (5): 1319-1354.

Laura Larrimore, Li Jiang, Jeff Larrimore, Markowitz D., Gorski S., "Peer to Peer Lending: The Relationship Between Language Features, Trustworthiness, and Persuasion Success", *Journal of Applied Communication Research*, 2011, 39 (1): 19-37.

Herzenstein M., Sonenshein S., Dholakia U. M., "Tell Me a Good Story and I May Lend You Money: The Role of Narratives in Peer-to-Peer Lending Decisions", *Journal of Marketing Research*, 2011, 48 (SPL): 138-149.

Freedman S., Jin G. Z., "Do Social Networks Solve Information Problems for Peer-to-Peer Lending? Evidence from Prosper.com", *SSRN Working Paper*, 2008.

Freedman S., Jin G. Z., "The Information Value of Online Social Networks: Lessons from Peer-to-peer Lending", *International Journal of Industrial Organization*, 2017, 51: 185-222.

Kahneman D. *Attention and Effort*. Prentice-Hall, 1973.

Kruschke, John K, Johansen, Mark K., "A Model of Probabilistic Category Learning", *Journal of Experimental Psychology-Learning Memory and Cognition*, 1999, 25 (5): 1083-

1119.

Mollick E. , "The Dynamics of Crowdfunding: An Exploratory Study", *Journal of Business Venturing*, 2014, 29 (1): 1-16.

Zheng H. , Li D. , Wu J. , Xu Y. , "The Role of Multidimensional Social Capital in Crowdfunding: A Comparative Study in China and US", *Information & Management*, 2014, 51 (4): 488-496.

Ahlers G. K. C. , Cumming D. , Günther C. , et al. , "Signaling in Equity Crowdfunding", *Entrepreneurship Theory & Practice*, 2015, 39 (4): 955-980.

Lukkarinen A, Teich J E, Wallenius H, Wallenius J. , "Success Drivers of Online Equity Crowdfunding Campaigns", *Decision Support Systems*, 2016, 87: 26-38.

Xiao S. , Tan X. , Dong M. , Qi J. , "How to Design your Project in the Online Crowdfunding Market? Evidence from Kickstarter", Working Paper, International Conference on Information System, 2014.

Herrero-Lopez S. , "Social Interactions in P2P lending", The Workshop on Social Network Mining & Analysis. DBLP, 2009: 1-8.

Janine Nahapiet, Sumantra Ghoshal. , "Social Capital, Intellectual Capital, and the Organizational Advantage", *Academy of Management Review*, 1998, 23 (2): 242-266.

Bandura A. *Social Foundations of Thought and Action*. Prentice-Hall, 2002.

Lin M. , Prabhala N. , Viswanathan S. , "Judging Borrowers by the Company They Keep: Friendship Networks and Information Asymmetry in Online Peer-to-Peer Lending", *Management Science*, 2013, 59 (1): 17-35.

Pope D. G. , Sydnor J R. , "What's in a Picture?: Evidence of Discrimination from Prosper. com", *Journal of Human Resources*, 2011, 46 (1): 53-92.

Yang X. , "The Role of Photographs in Online Peer-to-Peer Lending Behavior", *Social Behavior & Personality An International Journal*, 2014, 42 (3): 445-452 (8) .

Gonzalez L. , Loureiro Y. K. , "When can a Photo Increase Credit? The Impact of Lender and Borrower Profiles on Online Peer-to-peer Loans", *Journal of Behavioral & Experimental Finance*, 2014, 2: 44-58.

Ravina E. , "Love & Loans: The Effect of Beauty and Personal Characteristics in Credit Markets", *SSRN Working Paper*, 2013.

Puro L. , Teich J. E. , Wallenius H, Wallenius J. , "Borrower Decision Aid for people-to-people lending", *Decision Support Systems*, 2010, 49 (1): 52-60.

Duarte J, Siegel S, Young L. , "Trust and Credit: The Role of Appearance in Peer-to-peer Lending", *Review of Financial Studies*, 2012, 25 (8): 2455-2483.

Barasinska N. , Schaefer D. , "Does Gender Affect Funding Success at the Peer-to-Peer Credit Markets? Evidence from the Largest German Lending Platform", SSRN Working Paper, 2011.

B.3
2017年互联网金融服务实体经济理论综述

刘澜飚　李博韬*

摘　要： 实体经济发展直接关系人民的幸福生活。但是，我国实体经济现阶段存在生产效率低、行业产能过剩、金融资源分配失衡等问题。因此，是否有利于解决实体经济发展中的问题是衡量经济活动有效性的重要标尺之一，讨论互联网金融的发展也要落到为实体经济服务这一基本落脚点。弄清互联网金融在经济运行中所扮演的角色，特别是理清互联网金融对实体经济的作用机制，将有助于更好地把握互联网金融的发展前景。本报告主要从以下两点展开：首先，分析当前金融体系与实体经济运行的内在关系，对金融体系在经济运行中所实现的功能进行深入探讨，从而理清当前金融体系对促进实体经济发展的优势与不足；其次，理清互联网金融在金融体系中所扮演的角色。本报告将通过分析互联网给金融业带来的冲击及机遇，进而客观地分析互联网金融的优势和可持续发展性，从而发现互联网金融在刺激实体经济发展中的突出优势及潜在风险。

关键词： 产业结构　支付方式　资源配置效率

---

* 刘澜飚，南开大学金融学院教授、博士生导师；李博韬，南开大学金融学院博士研究生。

一 理清金融与实体经济的关系

(一)实体经济概念辨析

2008年以来,全球经济持续低迷,实体经济发展缓慢,出现了一些资金在金融业空转的异象。各国的政府官员、学者开始强调注重实体经济的发展,与此同时,各国学者以及业界人士开始积极呼吁金融业要服务于实体经济发展。在这一背景下,实体经济的概念被频繁使用,其中美联储将实体经济定义为除房地产业以及金融市场以外的经济。在统计口径上,国际通行的SNA核算系统中"实体经济"包括第一、第二产业;在美国商务部划分的15个经济部门中,农林牧、采矿、公共产品、建筑、制造、批发、零售、交通仓储8个部门被划归为实体经济;而金融房地产、职业服务业、信息、教育医疗、餐饮娱乐、其他服务业以及政府服务业7个部门则属于服务业。

中国学术界对于实体经济的定义普遍认同成思危的观点,即从物质生产角度将实体经济理解为与具体产品生产及增加产品价值有关的经济活动。[1]

但在实际统计中,国内学术领域对于实体经济统计口径的确定存在差异。刘骏民认为单纯地从行业角度来定义实体经济有失公允,认为实体经济是由生产产品的成本及其技术所构成的一个价格体系,在进行实体经济分类时应该注意产品的成本及生产技术。[2] 宋超英和王宁却认为实体经济主要包括工、农、商、建筑及交通运输业等具体的产业部门,认为实体经济应该包括切实的物质资料的生产及销售。[3] 当然,他们也承认实体经济与劳务的提供、资金的循环及周转等密不可分。

---

[1] 成思危:《虚拟经济与实体经济》,《中国经济快讯》2003年第14期。
[2] 刘骏民:《虚拟经济的理论框架及其命题》,《南开学报》2003年第2期。
[3] 宋超英、王宁:《论虚拟经济与实体经济的关系——由冰岛破产与迪拜债务危机引发的思考》,《金融经济:下半月》2010年第3期。

（二）中国实体经济发展现状

1. 从需求结构和产业结构角度分析中国实体经济发展现状

（1）从需求结构来看，我国国民经济核算分为消费、投资、净出口三部分。在经济实际运行中，区分实体经济部门与虚拟经济部门最重要的标志在于其是否对国民经济增长做出实际贡献。从凯恩斯经济增长理论来看，改革开放以来推动我国经济高速增长的动力主要有消费、投资和出口。消费主要指我国内部需求，在生产中表现为第一产业与第三产业发展是否推动了我国居民消费水平的增长；投资则指物质资本的增加，因而区分实体经济与虚拟经济的一个重要标准是实际经济活动中是否有物质资本形成；出口则指外部需求，只要涉及农业、加工制造业等一系列出口外向型产业。各部分具体数据指标在我国 GDP 中占比如图 1 所示。

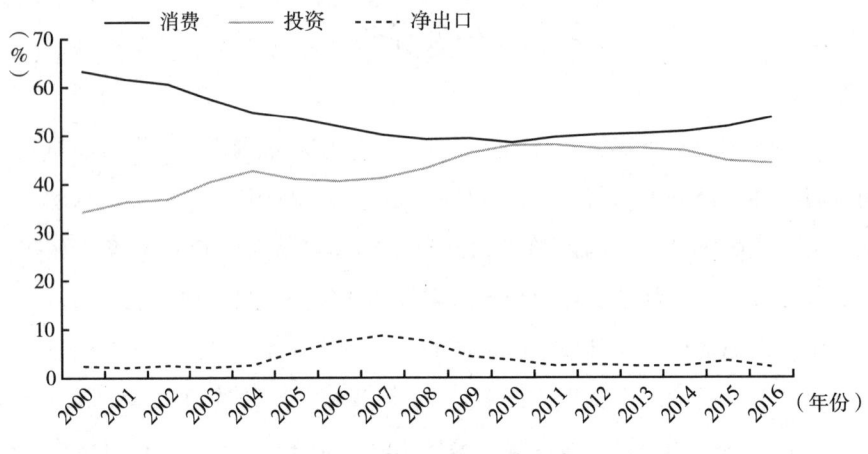

图 1　2000~2016 年中国 GDP 构成比重

从图 1 中可以发现，2000~2011 年，我国投资占 GDP 的比重逐年上升，2011 年后略有下降，但是依然维持在高位，这内在地契合了我国 21 世纪初经济高速增长的驱动方式：中央以及地方政府大力投资房地产、基建和制造业；重点扶持国有企业、制造业的发展，在重视固定资产等重资产投资、以出口为导向、忽视国内消费拉动的策略下，我国形成了近 30 年的投资驱动型发展方式（见图2）。2010年投资总额大约占当年GDP的42%，而资本形成总额对GDP增长的贡献率大约为50%。自加入WTO以来，在政策扶持以及国际贸易环境改善的双重刺激下，加工制造业等出口外向型产业得到快速发展，我国出口总额快速增长（见图3）。而与此相对，我国消费占GDP的比重与西方发达经济体形成鲜明差异（见图4）。自21世纪初，消费所占

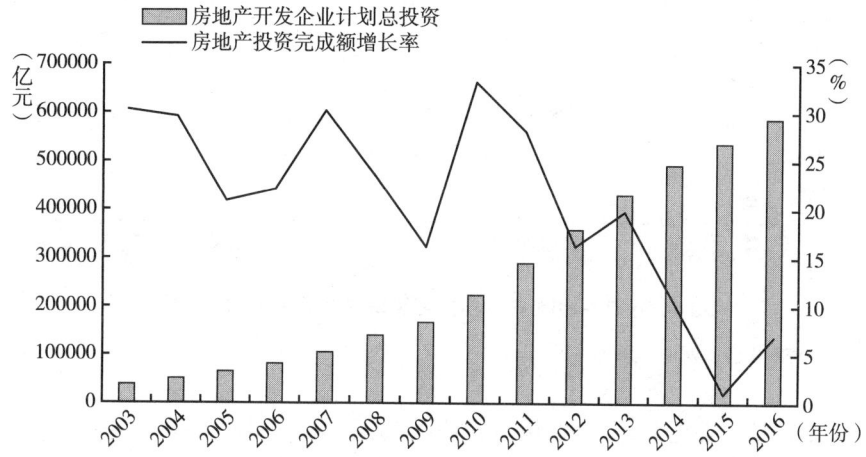

图2 2003~2016年房地产计划总投资规模及投资完成额增长率

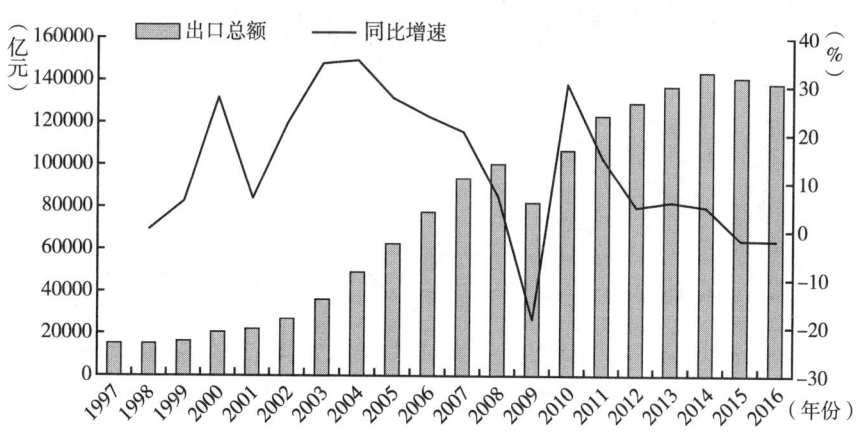

图3 1997~2016年中国出口总额及增速

资料来源：国家统计局。

比重不升反降,直接反映出我国居民消费水平与西方发达国家还有很大差距,内部需求还没有得到充分释放。

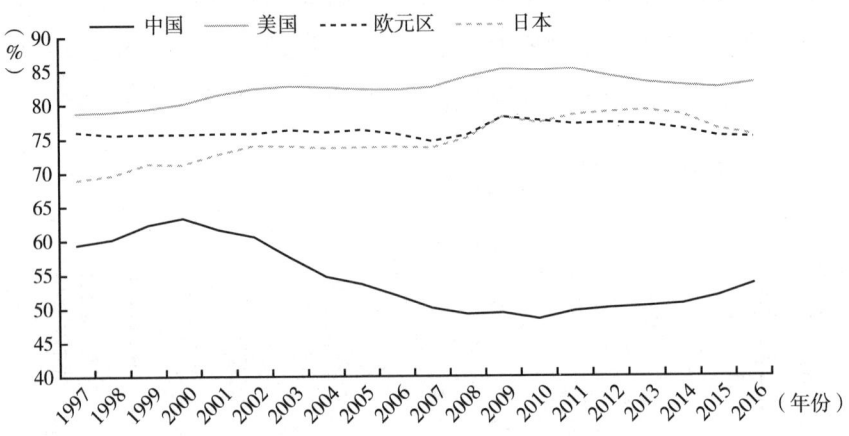

图4　1997~2016年世界主要经济体消费占GDP比重

资料来源:Wind数据库。

(2)从产业结构看(见图5),我国长期坚持工业化的发展思路,因而产业结构突出呈现了以第二产业为主导的结构特点,这与我国当时的基本国

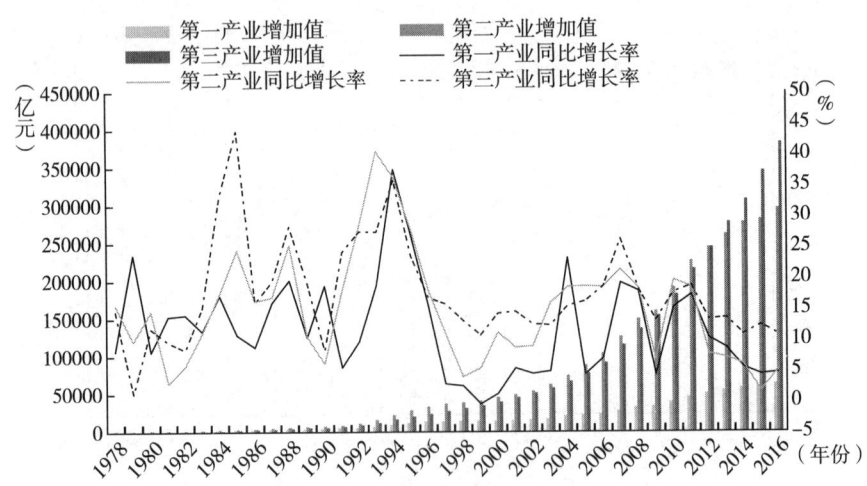

图5　1978~2016年中国三次产业规模及同比增长率

资料来源:国家统计局。

情相符合：在改革开放初期，各产业规模相对较小，其中第一、第二和第三产业规模分别为1000亿元、1700亿元和900亿元，由于基础设施和产业技术比较薄弱，我国确定了优先发展重工业的工业化发展道路，因而在国家的大力支持下，第二产业的增长实现快速突破。在改革开放的30年中，我国开始逐步进行产业调整、产业升级，2010年第三产业成功实现突破，其增长速度远远超过第一产业和第二产业。因此，第三产业的快速发展在我国产业结构的动态调整过程中充分显示了其增长潜力和对经济的拉动作用。

如图6所示，从1978～2016年中国三次产业占GDP的比重来看，2012年以前，第二产业自改革开放以来一直占据第一位，平均达到45.04%。特别是从1991年开始，第二产业有了稳步提升；第三产业占GDP的比重呈不断上升的趋势，从20%左右一直上升到50%左右，2012年更是一举超过第二产业，成为三次产业中的领头羊，取代第二产业成为带动我国经济发展的第一动力。而第一产业自改革开放以来一直呈不断下滑趋势，目前在GDP中的占比已经降到10%以下。

从1978～2016年三次产业对经济增长的贡献率来看，1990年之前三次产业的增长并不稳定，我国产业格局还未成形，三次产业对经济增长的贡献

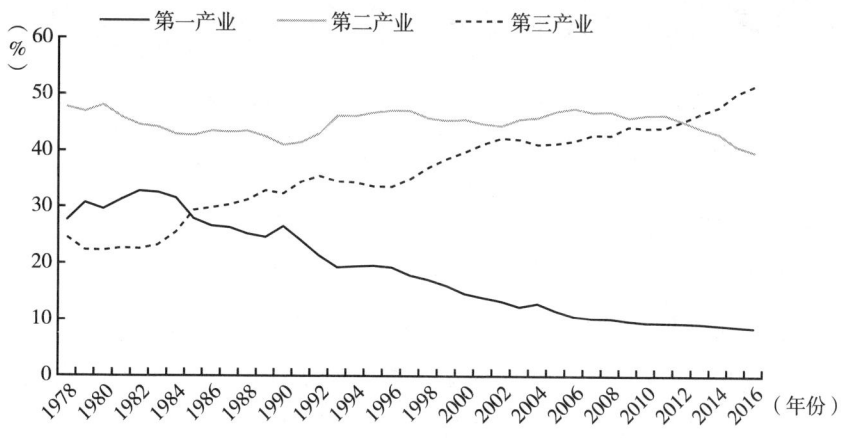

图6　1978～2016年中国三次产业占GDP比重

资料来源：国家统计局。

率也并不稳定，这种状态一直持续到1990年，1990年后随着我国产业格局的形成，三次产业对GDP的贡献率也逐渐稳定。从总体看，1990年以前，第二产业的贡献率最大，第三产业其次，第一产业最小。从1991年开始，随着我国以第二产业和第三产业为主导的产业格局的形成，第二产业和第三产业对经济增长的贡献作用开始凸显，第一产业对经济增长的贡献率逐年下降。进入21世纪后，第三产业开始实现对第二产业的追赶，此后两者对经济增长的贡献率均保持在45%左右，到2014年第三产业对经济增长的贡献率超过第二产业对经济增长的贡献率，与此同时，第一产业对经济增长的贡献率呈不断下降趋势，并在2008年以后稳定保持在5%左右。

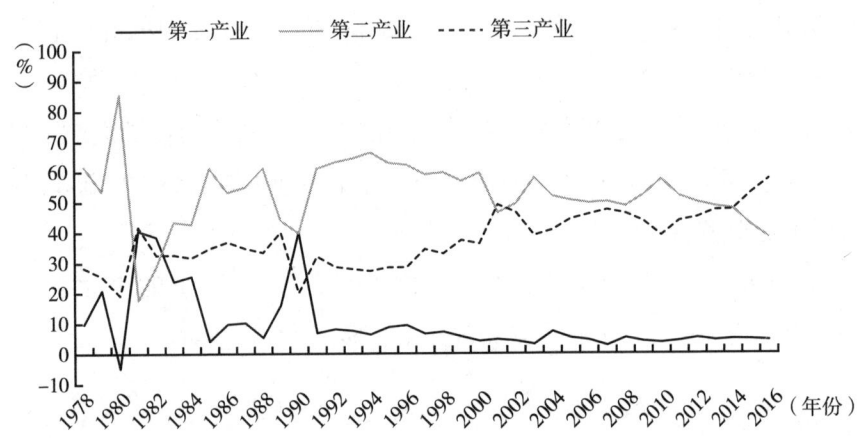

图7　1978~2016年三次产业对经济增长的贡献率

资料来源：国家统计局。

2. 新常态下中国实体经济的突出问题

2008年金融危机以来，全球经济低迷，各国经济陷入增长动力乏力的状态，我国也不能独善其身。自2008年以来，我国经济开始进入新常态，经济增长速度开始由过去的10%左右转变为如今的7%左右，与此同时，出现产能过剩、环境污染严重、资源利用效率低、核心科技不足等问题，为了促使经济由过去的粗放式、破坏式的增长向可持续、产业结构更合理、资源利用更高效的状态转变，我国需要进行大规模改革，改变经济增长方式。在进行改革之前，我们必须要弄清楚导致我国经济增长动力不足的原因有哪些。本报告主要从以下三个方面揭示我国经济出现结构性减速的原因。

（1）经济增长要素发生变化。支撑一国经济增长的要素主要包括人口、资本和技术进步。首先，从人口供给的角度看，改革开放以来我国开始实行优先发展重工业的战略，过去以第一产业为主的经济发展模式逐渐改变。根据理性人假设，资源总是向收益率高的地方流动。在这一环境下，我国第一产业中数以千万计的劳动力开始向制造业转移，为制造业的发展提供了大量的廉价劳动力，这为我国过去制造业的快速发展提供了强大的动力。这也构成了我国经济增长的动力之一。但是随着我国经济发展和法制完善，不允许非法用工、设定最低工资标准等政策的执行以及人口老龄化的出现，我国经济长期发展的人口红利开始逐渐消失。国内制造业也开始向越南等周边国家转移。其次，从资本的角度看，自20世纪90年代开始，我国家庭储蓄率一直处于高位，这为基础设施的建设提供了充足的资金来源。但近年来随着我国基础设施建设的基本完成，实体经济投资回报率逐步下降，我国的资本回报率以及资本边际收益率呈下降趋势。最后，从技术发展的角度看，全球的技术发展在诸多领域都进入瓶颈阶段，在各国技术发展缓慢的背景下，我国技术发展速度显著低于21世纪初。

（2）产业结构失衡严重。改革开放以前，我国以第一产业为主，资源利用效率低，产业结构极不合理，而改革开放正是对这一产业结构不合理所导致的资源错配进行调整。实践证明，我国过去对产业结构的调整很成功，这也带来了我国经济30余年的高速增长。随着我国经济体量的不断增大，现有经济环境已经改变，单靠第二产业支持经济的高速发展已不太现实，同时由于过去第二产业的高速甚至过度发展，在全球需求持续低迷的今天，产能已经表现过剩和落后，亟须进行落后产能清理和升级，与此同时，相较于发达国家我国第三产业占GDP的比重还比较低，还需要大力发展第三产业。

（3）资源环境对经济发展的约束增强。进入21世纪以来，能源及大宗商品的价格相继上涨，我国作为资源消耗大国，过往的粗放式增长表现了一定的不适应性，经济增长呈现一定的不可持续性。与此同时，随着人们生活水平的提高，人们对生活水平的追求开始转移到对良好的生活环境、安全的食品和水、清洁的空气等上来，过去以破坏环境为代价的增长模式已不可维持，而环境、食品安全等问题已成为我国亟须解决的问题，这在一定程度上要求我们必须转变经济发展方式，推动建设绿色环保型、经济节约型的可持续发展道路。

新常态下，随着经济增长要素变化以及资源环境对经济发展的制约加强，过去主导我国经济增长的产业结构已无法继续为经济发展提供充足动力。与此同时，许多实体部门在面临转型时，表现出前所未有的迷茫，致使许多闲置资源不知投向何处，金融在经济运行中发挥资金融通功能时无法有效找到目标，进而出现许多资金在金融体系空转、大量资金流向房地产业的情况，经济出现脱实向虚现象，使金融与实体经济运行出现一定程度的背离。

（三）金融服务实体经济的理论依据

分析金融服务实体经济首先需要明晰一个概念，即不能将金融脱离经济体系来看待。金融业归根结底属于服务业，是国民经济的一部分，在分析金融服务实体经济的过程中首先要明确金融业存在的理论基础及其在经济活动中发挥的作用。

1. 功能金融理论

对于金融业存在的理论基础，学术界目前最主流的理论体系是功能金融理论。功能金融理论有两个最基本的假定。一是金融功能比金融机构更加稳定。R. Merton 和 Z. Bodie 认为，伴随科学技术的发展以及人们需求的变化，金融机构的组织形式、运作模式、形态等都可能发生变化，同时由于各个地区的发展具有很大的差异，不同地区金融机构的差异会越来越大，但是无论金融机构的外在形式或组织形式怎么变化，其内在的金融功能都不会发生变化。以我国银行业为例，自改革开放以来，为了更好地引导及推动市场经济的发展，商业银行、国家政策性银行等相继成立，这些银行在组织形式以及服务对象上都有显著差异，但其发挥金融功能的本质却是一致的。二是金融功能优于组织机构。从金融体系的发展历史来看，每次金融机构革新都促进了金融部门效率的提高，促进了实体经济的发展，变革后的金融机构往往能够更加高效地发挥金融功能，并且，随着科学技术的发展，许多金融机构不得不进行变革。在市场竞争日益激烈的今天，金融机构唯有不断创新组织形式，提高资金融通效率，才能更好地生存下去，进而更加稳定地发挥金融功能。

根据 R. Merton 和 Z. Bodie 所提出的分类，金融体系的主要功能分为以下六大部分。

（1）清算和支付功能。清算和支付功能是指金融体系为商品和劳务的交易和流动提供了一种便利、有效的方法。在商品经济日益发展的今天，物物交换已不再可能，传统的仅仅依靠金属货币进行商品流通的方法已经不能满足当前经济的发展需求，而背靠信用产生的金融体系正好弥补了传统的物物交换及金属货币所带来的缺陷。可靠的清算和支付系统是一个良好金融系统的基础。金融体系的清算和支付功能不仅降低了社会的交易成本，而且有利于金融资源的配置，有效地促进了实体经济的发展，提高了商品及劳务的流通效率、促使了技术的进步，为经济发展提供了必要的发展条件。从某种程度上来说，现代经济的发展离不开良好的金融体系，离不开有效的清算和支付体系。

（2）融通资金和股权细化功能。金融体系的资金融通功能是指金融部门通过充当金融中介的方式帮助需要资金的企业或个人进行资金融通。例如，银行通过吸收公众储蓄的方式将闲置的资金集中，然后再依靠既有的、高效的资金管理办法，将吸收的储蓄存款贷给资金使用效率高的贷款人，从而满足市场上的资金需求。这不仅促进了我国商业的发展，而且对我国的基础设施的建设来说至关重要。金融体系的股权细化功能是指金融市场通过将大型的投资项目划分为若干小额股份，进而引导符合要求的投资者参与这些大型项目的投资。在我国主要是指证券公司为企业筹划的 IPO 上市等，金融市场的这一功能不仅有利于我国经济的发展，而且可以让全民分享改革发展的红利。

（3）资源配置功能。金融体系的资源配置功能是指金融机构利用自身渠道，将资源从低效率的经济体转移到高效率的经济体。市场存在天然的缺陷（信息不对称、期限不匹配等），从而导致资源不能有效地流向高效率经济体。金融体系的存在有效地解决了资源流动过程中信息不对称以及期限错配等问题，使资源得以有效配置。同时市场上的借贷者可能拥有的与所需要的借贷资金并不一样，从而导致资源的流通不顺畅，而金融中介机构如银行等会在分散风险、流动性风险管理以及项目评估的基础上对资源进行时间上的错配。这一机制较好地解决了上述问题，使市场资源可以自发地向资源使用效率高的地方流动。

（4）风险管理功能。风险管理功能是指金融体系为了应对意外情况的发生和避免不必要的损失所进行的一系列控制风险的手段和措施。金融体系的风险主要来自两个方面：一是流动性风险，主要是金融中介机构的流动性错配和现金流不足造成的，金融中介在管理这方面的风险时需要对流动性错配进行合理安排，同时储备相应的流动性资金以避免意外情况的发生；二是由项目投资失败所带来的风险，由于存在信息不对称，金融机构需要对这部分风险进行定价和交易，在整个市场中形成一种风险分担机制。如果没有金融中介机构对市场所存在的这些风险进行交易、转移和抵补，整个经济都不可能顺利运行，经济发展也将停滞。

（5）激励功能。金融体系的激励功能是指金融体系在进行资金融通过程中解决了金融交易双方所存在的信息不对称问题和委托代理问题。在经济生活中，由于不同的经济个体所拥有的信息、所要实现的目标都不一样，往往会产生道德风险和逆向选择等，金融体系为市场降低信息不对称所带来的风险提供了种种办法，例如为员工提供股票期权等。

（6）信息提供功能。信息提供功能是指金融体系利用其掌握的庞大信息量通过价格向市场传达信号的功能。市场参与者在获得了金融体系所提供的价格信号后，能够根据这些信息做出理性、高效的决策，避免资源的浪费，也降低了市场参与者的风险，极大地促进了金融市场的发展，也间接促进实体经济的繁荣。

根据 R. Merton 和 Z. Bodie 的功能金融理论，一个国家的金融体系是否稳定、是否有效率、是否能促进实体经济的发展，主要在于其能否在控制风险的情况下创造出多元、有效的金融工具，并动员市场主体积极地参与进来，从而有效地促进社会福利的增长。

2. 提高资源配置效率是金融服务实体经济的核心

金融业的收入在本质上来源于实体经济。引导金融业更好地为实体经济服务不仅有利于促进实体经济发展，而且符合金融业自身利益。通过梳理功能金融理论可以看出，金融在促进实体经济发展中发挥的最重要的功能在于提高资源的配置效率。金融可以使资金供给跨空间、跨主体地转移。若不深究理论的话，金融可以和货币对等看待。自货币创造以来，其充当一般等价物的属性就内在决定了实际经济生活中的一切物质生产和劳动都可以抽象化为货币的表现形式。因而，从物质生产和劳动—货币—物质需求这一循环往复的过程中可以看出，货币（金融）能够有效地进行资源配置。在这一过程中，资源的配置及价格体系的建立都靠货币的流通和金融交易来完成。因而，从金融的支付与清算的角度来看，支付方式的便利以及支付环节中交易成本的下降都将直接提高金融资源的配置效率。

货币一经产生就带有商品属性，因而货币具有价值和使用价值。在实际经济活动中，对于货币的需求内在决定了货币储蓄的产生，而在这一过程中，以经营货币为主的金融业应运而生，存贷款以及证券发行等业务的产生使金融业可以借由货币流通的属性跨时空地配置资源，对接资金的供求双方，从而发挥配置资源的功能。因而，为实体经济进行资金融通也是金融体系的重要功能之一。而关于资金融通方式的讨论又不得不提及直接融资与间接融资的联系与区别。二者在运行方式上的差异决定了其在实体经济运行中所发挥的作用存在明显区别。在间接融资过程中，银行通过收集众多个体的资金并将其贷给需要资金的人，在货币由储蓄转化为投资的过程中，因为资金经银行流向实体经济，贷款利率外生地受实体经济投资回报率的影响，因而不易产生经济泡沫。但直接融资与之不同，因为证券的价格受其收益率的影响，证券一经产生便具有价格波动特征，从而在市场中各金融主体出于投机目的的交易需求会强烈地影响证券的价格，使证券价格与实体经济背离，资产泡沫也因此产生。因此，与实体经济相比，金融业的虚拟性正是这种价格波动的自我实现及自我强化特征，使价格不仅包含实体经济运行过程中物质生产所创造的价值，而且还包括与实体经济相背离的虚拟部分。

因而，在资金融通过程中，根据当前经济运行状况引导金融业直接融资与间接融资的协调发展，不仅仅有利于防范经济泡沫的产生，更有利于将金融业开展资金融通业务的动机与服务实体经济发展相契合。

（四）新形势下实体经济发展对金融领域提出的新要求

1. 完善金融市场运行准则，推进金融市场化改革

改革开放以来，我国关于金融领域的改革已经取得显著成就，在银行业形成以国有银行为主导，商业银行、城镇银行及政策性银行共同发展的局面，满足了我国社会各团体及各区域对金融服务的不同需求。同时在国际上，我国金融机构的国际地位也得到了国际金融业的广泛认可，在全球金融业所评选的30家关于全球金融系统重要性的银行中，中国有4家银行。在资产规模上，中国人民银行也跻身世界前列，我国金融系统已达到发达国家水平。但不可否认的是，在金融系统内部结构的调整上以及金融市场化进程中，我国还有很长的路要走。例如，我国金融市场中的利率、汇率以及国债收益率等在一定程度上还受政府部门的管制，这不仅造成了金融市场抵御外部冲击的低效率，同时由于我国近30年的产业发展战略对金融资源配置的人为干预，各类定价基准在如今的经济新常态下发生扭曲。因而，推进金融市场化改革对于引导金融资源更加高效地为实体经济服务具有突出的现实意义，这其中，首先应进行的是利率市场化改革。

2. 优化融资渠道，积极拓展中长期融资模式

改革开放以来，随着金融行业的快速发展，我国金融体系的融资能力也得到显著提升。其中，银行业的吸储能力提升明显。数据显示，自1990年到2017年，我国国民储蓄率已从37%上升到47%。因而从总体上看，我国已逐渐走出储蓄资金短缺的困境，成为储蓄大国，但是以银行为主导的金融机构所吸收的储蓄多为短期储蓄。随着城镇化进程的加快，基础设施建设以

及房地产市场等形成对长期资金的大量需求。因而，从间接融资渠道来看，银行业存款业务与贷款业务中存在大量的期限错配问题。这不仅提高了企业的融资成本，也带来了增大系统性风险的问题。此外，从直接融资渠道来看，我国实体经济获取股权类资金的融资渠道非常狭窄，从而导致实体经济只能主要以债务方式向金融体系获取资金。这种"权益错配"的现象不仅提高了实体经济的负债率，限制了实体经济融资规模，同时也限制了金融行业的发展。随着实体经济投资回报率的下降，这些问题加剧了资金对实体经济的排斥，导致了资源的无效配置。尤其近年来地方政府融资平台所暴露的诸多问题以及我国经济整体上表现出的脱实向虚现象，都与我国金融体系融资渠道发展不平衡有很大关系。因而增加中长期资金供给，尤其是拓宽股权类融资渠道，将是我国金融市场改革的重要议题。

3. 发展普惠金融，合理分配金融资源

当前，在我国实体经济中，金融资源主要倾向于大型企业，而广大普通居民所获得的金融服务相对很少。近年来，政府工作报告中多次提到普惠金融概念，并相继出台相应政策积极扶持中小企业融资平台以及消费金融。

普惠金融的核心是为社会所有团体提供平等有效的金融服务，尤其是对于市场中的中小企业、处于广大农村地区的群体。因而，探索普惠金融的实现途径具有非常突出的现实意义。随着金融业态的转变以及科学技术的发展，互联网金融的发展逐渐与普惠金融的实现路径相契合。普惠金融具有以下特点：金融服务的多样、服务对象广泛、金融交易地理区域的拓展，以及金融服务的低成本。互联网金融满足了普惠金融的内在要求，推动了金融民主化进程，有助于打破传统金融服务向社会高净值群体以及大型企业过分倾斜的现状，从而进一步激发市场需求，达到推动实体经济发展以及经济结构调整的目的。

二 互联网金融服务实体经济的理论内涵

通过对实体经济的概念以及金融与实体经济之间的关系进行梳理，我们发现金融在服务实体经济过程中最基础的功能在于支付与清算职能以及为实体经济融通资金的职能。因而，在探索互联网金融为实体经济提供金融服务的过程中，要首先就互联网金融兴起的原因进行分析，发现互联网金融与传统金融之间的联系与区别；从而就互联网金融在提高传统金融资源配置效率中所表现的内在优势，分析互联网金融服务实体经济的本质特征。本部分安排如下：首先，理论分析互联网金融兴起和发展的原因；其次，分析互联网金融的本质特征以及服务实体经济过程的内在优势；最后，讨论互联网金融服务实体经济过程中存在的潜在风险。

（一）互联网金融兴起和发展的原因

对于互联网金融兴起和发展的原因应该首先从金融创新的角度来看待，即为规避金融监管从而获取超额收益的金融创新活动构成了互联网金融发展的内在动力；同时，我国当前经济环境中所存在的大型国有企业产能过剩、投资回报率低等一系列问题促进市场供求结构变化，从而由市场供求结构变化导致金融业所服务的金融主体产生结构变化，这构成了互联网金融发展的客观条件；同时，大数据、人工智能、移动通信等一系列科学技术的发展为互联网金融的产生与发展提供技术保障。

1. 金融抑制下的金融创新是互联网金融发展的内在动力

麦金农和爱德华·肖所提出的金融抑制理论认为，发展中国家的金融发展与经济发展之间存在相互制约、相互促进的辩证关系。在发展中国家金融市场建立初期，政府通过对金融市场的人为干预可以为金融机构创造经济租金，从而达到刺激金融市场快速发展的目的，但当金融市场发展到一定规模时，政府对利率、汇率等金融工具的人为干预又会抑制金融资源在产业结构中的有效配置。然而金融抑制理论也指出，市场中所存在的抑制现象同样会刺激金融创新的产生。因为各个经济主体逐利的内在属性决定了市场中时刻存在为规避监管与壁垒的创新活动。

我国金融市场长期处于金融抑制状态。从利率来看，我国的存款利率在利率管制下明显偏低。陈斌开、林毅夫的研究显示，自1996年开始，我国存款的真实利率稳步上升,但实际存款利率却停滞不前,因为国内资金在当时主要受银行体系的配置,形成了居民补贴企业的真实状况,即银行用低廉的资本成本获得居民储蓄,从而将这一部分经济租金补贴给国有企业。① 这一政策在改革开放初期帮助我国国有企业以及重工业企业快速发展起来,推动了我国工业化的进程。据尹希果等估算,从2000年到2009年国有企业和政府财政获得的隐性金融补贴总计高达16.27万亿元。②

但自金融危机以来,我国经济之前粗放式发展模式所积累的问题逐渐暴露。大型国有企业资产负债率显著偏高、投资回报率低等问题使银行在对国有企业提供信贷时更加谨慎。在这一经济背景下,银行坏账率攀升、贷款业务收入下降等给银行业发展带来压力。为规避监管,银行通过开展表外业务,积极拓展新市场从而扩大营收。同时,从市场上来看,存贷款利率之间的差额使一些互联网企业看到机会。余额宝、财付通等一系列平台金融的出现使我国居民在进行储蓄存款时的选择更加多元。可以看到,各种银行理财产品、余额宝等平台金融产品所规定的利率都明显高于央行所公布的存款基准利率,这也充分显示了金融创新的活力和互联网金融产生的内在动力来源于市场中的金融抑制现象。

互联网金融的出现,通过突破时空对于交易形式、交易地点的限制,有效降低了交易以及信息搜寻的成本。对传统金融行业的垄断地位以及超高的经济租金产生冲击。不仅激发了金融行业内部的重新整合,而且促进了金融业与其他行业的相互融合。打破传统金融业的行业壁垒促使社会利润在不同产业之间的配置更加均衡,更加有利于引导资金流向生产率高的行业中。

2. 市场需求结构的变化是互联网金融兴起的客观条件

在传统金融市场中,运营成本、融资费用、信息不对称等市场摩擦因素使交易双方的交易成本很难降低。而随着社会经济发展,人们的生活水平日渐提高,金融市场中各个金融主体对于金融服务的需求也日益个性化、多元

---

① 陈斌开、林毅夫:《金融抑制、产业结构与收入分配》,《世界经济》2012年第1期。
② 尹希果、许岩:《中国金融抑制问题的政治经济学》,《当代经济科学》2011年第5期。

化。当前，我国居民的消费和投资习惯都发生着深刻的变革，对于个性化、精细化、即时性的金融服务的需求日益凸显。同时，随着产业结构的变革，新兴产业的快速发展同样对金融服务提出了新要求。金融业是为实体经济服务的特殊产业，因而金融行业的发展方向以及经营方式的转变理应与实体经济中产业结构的变动相契合。

而从资金需求来看，随着我国产业结构的快速调整，第三产业已成为当前实体经济发展的主要拉动力。而从第三产业（服务业）所涵盖的行业可以看出，其中包含了大量的中小微企业，中小微企业对于金融服务的需求与金融业扩大收益之间具有内在因果关系。同时，广大消费者在日常生活中的消费行为是经济活动中的重要组成部分。要满足广大消费者在消费过程中对于金融服务的需求，帮助消费者平滑跨期消费，增大其消费可能空间，对于当下金融服务提出了新的要求。

长尾理论表明：随着社会经济的发展，主流产品所占市场份额往往已被彻底分割，而个性化产品由于需求低以及成本高的原因往往被生产者所忽略，但随着产品成本的降低以及生产效率的提高，这部分产品所占据的共同市场份额往往可以与主流市场份额相当。因而，从资金用途的角度将资金需求分为投资需求和消费需求可以看出，广大中小微企业以及消费者占据了市场的很大一部分，因而使金融服务满足这一部分主体的需求，将会为金融业找到强劲的增长动力。对于中小微企业来说，互联网金融通过大数据的分析、定价机制，突破了传统银行业在评估信用时重资产的限制，使中小微企业的成长性、轻资产性等特征可以在信贷评估环节充分纳入考量，同时，突破地域限制使互联网金融在防范风险时比传统金融行业拥有更大的弹性，从而减少风险的积聚。而对于广大消费者来说，互联网金融通过支付环节的巨大变革，有效地缩短了支付的流程，提高了支付效率，从而帮助消费者平滑消费，增大了消费者的当期预算约束。

3.信息技术进步为互联网金融发展提供了技术保障

纵观互联网金融的发展历程，可以看到正是信息技术的不断发展及其在金融领域的应用和渗透，促进了金融业态的不断发展。回顾历史，每一次革命性的技术创新均对经济和社会发展产生了颠覆性的冲击和影响,在这个过程中,或产生诸多新行业,或通过新技术改造传统行业。自 2013 年以来,随着计算机硬件技术水平的提升,如算法、数据储存及筛选上都得到较大的提升。信息技术的大幅提升给传统金融业带来巨大冲击和机遇,也由此引发了互联网金融浪潮。信息技术的进步对互联网金融的影响主要体现在以下几个方面。

(1) 区块链技术的发展带来互联网支付及征信的快速发展。区块链技术也叫作分布式记账技术,其以去中心化和公开透明化而闻名。在支付和转账方面,传统的支付和转账系统都需要经过银行等一些中心化的金融机构,但是区块链技术的诞生使支付和转账不再需要经过中心化的金融机构,这将使支付和转账的效率得到极大提高,而且还可以降低用户支付和转账的成本。同时,由于区块链的公开透明,用户在区块链上进行的每一笔交易都将被记录下来,这可以提高交易系统的追责性,降低用户网络交易时的风险,对于提高互联网金融机构的安全性和核心竞争力有着相当重要的意义。

(2) 人工智能带来金融服务效率的提高。随着 2016 年 AlphaGo 大胜围棋九段李在石,人工智能技术逐渐走入人们的视野。人工智能是一组技术的统称,包含了计算机科学、心理学、神经生理学等众多学科。人工智能技术的发展可以让一些业务流程简单的工程机器化、程序化。例如,德勤正开发的用于审计的人工智能机器人,随着其技术的成熟,未来部分审计工作将完全可以机器化,不再需要人的参与,人工智能参与审计工作不仅可以极大地提高审计效率,而且可以避免人力审计所犯的一些错误和人为的一些造假。还有最近各大券商正在研究的人工智能选股,人工智能选股不仅可以提高选股效率,而且不存在人类的情绪波动,进行投资时会更加理性,极大地解放了人力,提高了金融服务效率。

(3) 云计算与大数据带来金融风险管理的进步。云计算是一种基于互联网的相关服务的增加、使用和交付模式。云计算往往和大数据结合使用,两者相互依存、密不可分。云计算往往会将各种计算资源放在一个大集合中以便共享和调用。随着互联网的普及及应用,如今金融机构可以很方便地收集各种用户数据,并使用云计算进行处理和分析,从而方便地知道用户习惯和风险偏好,并为不同的用户提供不同的金融理财建议,从而丰富用户的理财选择,提高金融机构的核心竞争力。过去风险管理和风险定价都是基于历史数据,其实时性较差,随着大数据和云计算的发展,金融机构不仅可以通过云计算筛选不合规的用户,从而有效地进行风险管理,而且可以结合最新的数据进行风险定价,从而更好地规避风险。

(二)互联网金融服务实体经济的内在优势

1. 互联网金融支付环节的变革降低了实体经济活动的交易成本

支付功能对应于交易,而金融是基于交易产生并发展的。随着经济货币化程度的日益加深,要使实体经济的基本需要得到满足,建立一个高效的、普遍适用的交易系统和支付系统是必需的。作为整个金融系统的基础设施,可靠的交易系统以及支付系统是不可或缺的,否则将产生高昂的交易成本,并使经济效率下降。因此对于社会交易来说,建立一个有效的支付系统是十分必要的。发达便捷的交易系统不仅会使社会的交易成本下降,还能促使社会专业化发展。这些都将极大地促使技术进步,使生产效率得到飞跃。所以说,现代支付系统的建立和完善同现代经济的增长是相辅相成的。

互联网金融中移动支付与第三方支付的产生与发展对金融领域的变革具有深远的影响,正如美联储前主席保罗·沃尔克所言:"ATM机的发明是近几十年银行创新所做的唯一正确的事情。"移动支付主要指借助移动通信设备,在无线通信技术条件下实现货币价值转移,从而使债权债务关系得以清偿。其中移动终端设备的推广普及和移动互联网的发展是移动支付存在的前提,可移动性是移动支付最大的特色。第三方支付是指将银行、第三方支付公司和客户之间通过互联网进行连接,在提供技术保障和进行信用担保的同时,帮助客户通过互联网快速完成货币支付、资金结算等。移动支付与第三方支付的出现不但促进了交易的产生,而且极大地降低了交易成本,丰富了支付的方式。尤其在微观领域中,中小企业及个体工商户的实际交易活动往往往具有交易频繁、单笔交易资金额较小的特点。因此，交易成本的降低将极大地增加交易的可行性空间。

支付端的变革也降低了经济活动中交易主体对于现金的需求，下面通过鲍莫尔-托宾模型来予以分析。鲍莫尔-托宾模型认为由于替代货币的资产（比如债券）会产生利息收入，因此持有货币是有机会成本的，但持有替代货币的资产是有交易成本的，而持有货币的人们无交易成本。当资产的利息收入大于交易成本时，持有货币的机会成本上升，人们就有动机持有替代货币的资产。因此在可交易的时间段内，只要持有货币的机会成本大于持有资产的交易成本，人们就有动机将手中的货币转化为替代资产从而获得收益，反之亦然。

因而，从鲍莫尔-托宾模型可以看出，互联网金融通过降低交易成本可以减少人们对于现金的需求，从而扩大货币乘数，继而扩大信贷，刺激实体经济增长。还可以看出，交易成本的下降有利于人们权衡货币资产与非货币资产的资产配置时，扩大非货币资产的比例，因而，对于资金供给者来说，提高非货币资产的配置比例有利于增加个体的资本利得。对于资金需求方来说，资金在消费与投资之间转换的成本下降，有利于增加信贷市场的资金供给。其中最典型的例子是余额宝，余额宝中的资金在实际使用中不仅可以为网购进行付款，发挥其消费属性，同时，作为一种投资工具，余额宝直接对接天弘基金的投资产品，不仅便利了人们的资产配置过程，而且提升了社会资源的利用率。

2. 互联网金融信贷门槛的降低为中小企业融资提供便利

金融服务实体经济的核心在于资金融通。互联网金融在资金融通过程中的主要创新有P2P网络借款和众筹融资。

P2P网络借款指资金需求方和供给方借助网络平台进行直接的借贷活动，是资金供给方通过考察借款人的信用状况和借款用途等信息，决定是否进行资金投资的行为。在这一过程中，P2P网络借贷平台发挥信息中介作用，借贷双方充分沟通、自由交易，同时由平台对借款者的资信状况以及借款目的进行充分揭示，从而在很大程度上消除了借贷双方的信息不对称。对

于借贷双方最终是否签订借贷合同，平台不予干预，若达成借贷合同，则资金将由第三方支付完成转账，所以，P2P 网络借贷平台从理论上可以达成无中介的直接融资，不但降低了交易成本，还提高了交易效率。P2P 网络借贷接近直接融资。在 P2P 网络借贷关系中并不存在期限的转换，因而也不存在流动性风险。因此 P2P 网络借贷平台的盈利主要来自平台服务、风险定价、贷款清收等，其本质是一种中介服务。而银行存贷款业务则是一种典型的间接融资方式。因为银行首先解决了资金供求双方的期限错配问题，通过建立资金池，银行拨备一部分存款准备金以应对日常到期存款的支付和取款业务，同时将大部分资金投入贷款业务中。在这一过程中，银行承担了一定的流动性风险，因而，银行业的收入中有很大一部分是流动性风险的对应收益。

众筹融资主要是指通过互联网进行商品众筹和股权众筹。商品众筹主要指筹资者通过向投资者承诺在未来提供所生产的商品或服务，从而获取项目运行的启动资金。而股权众筹主要指筹资者向投资者承诺出让公司股份来进行融资，投资者享有一般股东的权利，即可以将股份转让套现或者获取现金红利。因为股权众筹项目周期较长，所以投资者往往需要等到公司真正盈利之后才能行权。而如果项目失败投资者将不会获得任何补偿。

从金融中介的角度来看，P2P 网络借贷与众筹融资类似于债券市场与股票市场。两类网络平台都表现出了金融中介的属性，但具有独到之处：首先，互联网融资平台打破地域的限制，使投资者与筹资者几乎不受空间制约；其次，互联网融资平台降低了投资者与筹资者的资金门槛。例如众筹平台上一些商品众筹项目只需投资几元钱就可参与其中，同时一些股权众筹项目和网络贷款金额只需几千元甚至更低，传统金融业务则很难实现。对筹资者来说，项目及企业的启动初期就可得到金融服务的注入，加深了实体经济成长初期与金融服务的结合，为新型产业以及中小微企业发展提供了更加多元化、精准化、低成本的金融服务。

3. 互联网金融有利于推进利率市场化改革进程

目前，在我国利率市场化的改革进程中，在存贷款利率方面基本上只有存款利率上限还处于管制中。在互联网金融的兴起和不断发展的过程中，以余额宝为代表的互联网基金通过提高收益率，吸纳了体量巨大的资金。余额宝的运营模式具有以下显著特点：首先，余额宝中的资金使用灵活，消费者可以直接将余额宝中的资金用于消费（目前仅限于淘宝），因而便利了人们在管理资金过程中投资需求与消费需求之间的转换，极大地增大了人们消费时的预算约束；其次，相比同期的银行活期存款利率，余额宝的收益率有明显优势，这是因为余额宝将募集来的资金统一转入天弘基金名下，而天弘基金将这些资金的大部分以协议存款的方式存入银行。因而，从风险与收益对等的角度来看，余额宝中的资金只承担了一定的流动性风险。除此之外，与银行存款并没有区别，但同时获得了高于银行存款的利息收入。

因而，互联网金融在与银行争夺存款来源的过程中，将迫使银行通过提高存款利率来留住存款。若银行不提高存款利率，放任资金流入互联网金融，再以协议存款的形式回流银行体系，将会造成银行资本成本提高，减少银行业的垄断利润。可以说，利率市场化改革进程在一定程度上因互联网金融的发展得推进。这一改革过程不仅使广大普通储户享受社会经济发展所带来的实际利率收益的好处，而且有利于促进社会资源的合理分配，契合了当下普惠金融的发展理念。同时，在当前实体经济回报率普遍下降的背景下，受存款利率下降的影响，居民储蓄的投资渠道将变得更加狭窄，从而储蓄资金将被迫挤向房地产、证券市场，从而加重经济脱实向虚的状况。因而，尽管从目前来看互联网金融对于推动利率市场化改革进程的作用还不是很显著，但不可否认的是互联网金融的快速发展会加大利率市场化改革进程这一趋势将不可阻挡。

（三）防范互联网金融服务实体经济过程中的潜在风险

通过上述分析可以看出，虽然在增加金融服务供给、提升资源配置效率等方面，互联网金融有利于实体经济的良性发展，但同时还应警惕，随着互联网金融产品的快速产生以及相应业务模式的不断创新，风险也逐渐产生。因而，防范互联网金融风险对于确保实体经济的稳定发展具有突出的现实意义。

互联网金融风险不但具有传统金融风险的特征，而且蕴含传统金融所不具有的风险。其中，风险特征在很大程度上与互联网的属性有关。因此在分析互联网金融风险的同时，既要考虑传统金融风险，又要考虑互联网的风险。从技术层面看，金融交易成本由于互联技术的应用而降低，金融交易主体得以扩大、交易的可行性空间得以延展，但同时互联网金融也使风险具有传播范围广、传染迅速的特点。另外，互联网技术突破地域限制使监管难度加大，其中既包括监管权限的界定问题，又包括监管的滞后性。从交易主体来看，互联网金融包含众多不同信用等级的参与者，因此在金融活动中很容易发生违法行为与违规操作，如非法吸收公众存款、诈骗集资等。

因而，在推进互联网金融创新、引导金融业更好地服务实体经济过程中，还要注重防范互联网金融蕴含的风险。其中，不仅包括互联网金融业务所暴露的风险，还要注意传统金融机构在互联网金融的冲击下爆发系统性风险的隐患，因为互联网金融的出现降低了传统金融机构的特许权价值，金融机构从事高风险经营活动的动机将会增强。因而，对于系统性风险的防范也应纳入互联网金融风险的监管框架。

参考文献

张晓朴、朱太辉：《金融体系与实体经济关系的反思》，《国际金融研究》2014年第3期。

王永钦、高鑫、袁志刚等：《金融发展、资产泡沫与实体经济：一个文献综述》，《金融研究》2016年第5期。

陈志武：《互联网金融到底有多新》，《新金融》2014年第4期。

欧阳日辉：《打造互联网金融发展的新生态》，《银行家》2016年第8期。

谢平、邹传伟、刘海二：《互联网金融的基础理论》，《金融研究》2015年第8期。

刘澜飚、沈鑫、郭步超：《互联网金融发展及其对传统金融模式的影响探讨》，《经济学动态》2013年第8期。

张晓朴：《互联网金融监管的原则：探索新金融监管范式》，《金融监管研究》2014

年第2期。

李扬:《"金融服务实体经济"辨》,《中国经济报告》2017年第6期。

谢平、邹传伟、刘海二:《互联网金融手册》,中国人民大学出版社,2014。

欧阳日辉:《互联网金融监管:自律、包容与创新》,经济科学出版社,2015。

R. I. 麦金农:《经济发展中的货币与资本》,三联书店上海分店,1988。

陈斌开、林毅夫:《金融抑制、产业结构与收入分配》,《世界经济》2012年第1期。

Allen F, Gale D., "Comparing Financial Systems", *Mit Press Books* 2000, 1 (2).

Bencivenga V R, Smith B D., "Financial Intermediation and Endogenous Growth", *Review of Economic Studies* 1991, 58 (2).

Merton R C, Bodie Z. *Design Of Financial Systems: Towards A Synthesis Of Function And Structure* The World Of Risk Management.

技术创新篇

B.4
2017年大数据和人工智能在互联网金融领域的应用

王细梅　陈毛川*

摘　要： 2017年，大数据和人工智能在互联网金融领域的应用，已经进入快速发展阶段，应用也越来越成熟。大数据应用已经渗透到互联网金融领域的各个方面，包含客户、产品、营销等。而机器学习、神经网络等技术的进步使人工智能的智能化程度大幅提升，驱动人工智能逐渐向金融行业渗透，从智能客服、智能风控、金融业务创新等方面不断改造互联网金融行业。2017年，大数据和人工智能在互联网金融发展中呈现应用范围不断扩大、应用价值日渐体现、机构间不断加强开放与合作等特点。未来，在互联网金融领域，大数据和人工智

---

* 王细梅、陈毛川，易观行业研究员。

能的应用将更广、更深，同时，国内国际方面也将进一步加强合作，构建合作共赢的发展生态。

关键词： 大数据　人工智能　互联网金融

一　2017年大数据和人工智能在互联网金融领域的发展情况

（一）定价与营销

互联网金融领域的产品不可胜数，不同产品针对的客户不尽相同。因此需要细分客户，根据客户的金融资产情况、年龄、消费行为等，通过大数据分析细分客户群，并提供用户画像。

大数据营销方面，针对客户细分，精准判断每类客户群需求，对不同客户群进行精准营销，提供个性化产品及服务营销方案，提高营销转化率。同时，大数据还可以实现预测营销，该营销模式更具前瞻性，根据客户属性、交易数据、互联网行为数据等，综合预测目标客户潜在的金融需求，并提供客户预期需求的金融产品及服务。

大数据定价方面，通过大数据分析，互联网金融企业可以精准识别客户资质，并对不同资质的客户实行差异化定价。如通过大数据技术互联网金融企业可以根据客户资信情况等对互联网消费贷款产品进行定价，同时可以基于客户还款情况、资信等动态调整贷款额度及贷款利率。互联网车险定价时可以综合考量车型、驾龄、驾驶时间、日常作息等情况。

（二）风险识别及控制

风险管理关系互联网金融稳定发展，因此尤其要注重互联网金融风险。得益于大数据分析，基于互联网金融领域的各方数据，互联网金融企业可以对客户风险进行识别，并且进行风险控制。

以互联网消费金融为例,可以根据客户基本信息、贷款数据、合作方数据及公开数据,有效识别客户风险。同时,基于大数据风险控制体系,一方面可以通过大数据模型,发现借款人是否有欺诈行为;另一方面通过丰富的内外部数据源优化信用模型,识别优质客户及多头借贷行为等,有效进行风险控制。

2017年,百度等互联网企业推出大数据风险控制平台,实现全流程风险管理。分析认为,大数据风险控制具有非常大的发展潜力,是互联网金融企业的核心竞争力之一,互联网金融企业既可以自建大数据风险控制体系,也可以与第三方公司合作。

(三)产品设计及管理

通过大数据技术,可以全方位分析互联网金融产品的客户群、盈利情况、营销推广效果等,还可以根据客户群的需求变化,调整优化产品功能,更好地管理产品。

同时,通过大数据技术,还能对互联网金融产品进行优化升级。以贷款产品为例,在产品设计阶段,利用大数据技术可以分析客户的特征、资信情况、贷款需求等,设计差异化的贷款产品;在产品审批阶段,结合客户人行征信、公积金、收入等数据,通过大数据模型分析进行快速审批,在提升效率的同时节约成本;在贷后管理阶段,通过大数据分析,可以帮助互联网金融企业进行贷款监控,及时发现客户的异常信息,并进行处理。

(四)大数据征信

一般情况下,互联网金融服务用户较难被传统征信覆盖,因此,从需求来看,互联网金融对大数据征信需求量是非常大的。从技术支撑来看,随着大数据技术的发展,通过分析海量数据,能够综合考量用户信用情况,从而有效支撑大数据征信的发展。

目前,已有多家机构试点大数据征信,核心数据来源包括电商数据、通信数据、信贷平台数据、合作机构及股东数据等,并且以信用分切入征信市场。信用分是通过模型量化分析个人信用，并且以分值的形式展现，具有准确性、全面性等特点。值得注意的是，信用分会因为数据源和方法的不同而出现差异性。

2017年，支付宝、腾讯等相继推出多种信用服务，基本涵盖大数据征信的主要场景。以支付宝为例，其推出信用租房、境外免押金、信用就医，芝麻分的门槛分别需要在650分、700分、650分以上。

（五）反洗钱

目前，互联网金融领域的洗钱行为呈现多样化趋势，例如，通过互联网金融平台转移网络赌资、诈骗资金等，通过炒汇、售假等行为进行洗钱。

基于大数据技术，金融机构可全面掌握客户信息，综合判断客户可疑交易，包括网络赌博、地下钱庄等，提高可疑交易的准确性。同时，通过大数据反洗钱系统，如果客户的账户与反洗钱系统模型相匹配，则会立即自动预警，从而提升反洗钱效率。

2017年，京东金融非常重视反洗钱系统的建设，通过监测与人工相结合的方式，分析可疑因素，以达到对反洗钱系统功能持续优化的目的。京东金融通过汇集百余个数据指标进行加工建模，建立反洗钱情景模型，可有效甄别传销、非法集资、电信诈骗、网络赌博等洗钱犯罪行为，同时根据相关机构发布的风险提示及新型犯罪类型等，优化模型指标，有效提高反洗钱成效。

（六）智能客服

语音识别与自然语言处理是指通过计算机处理、理解及运用人类语言的技术，是人工智能非常重要的核心技术。在互联网金融领域，它的应用场景包括智能客服、精准营销和辅助决策等。

通过语音识别与自然语言处理技术可以有效识别客户的语音信息，并基于语音信息做出合理响应，优化人机交互机制，提升客户体验，并且可以整合多种客户服务通道，实现多种即时交互方式融合的智能客户服务，智能客服可以有效降低客户服务成本，提供 7×24 小时不间断服务。目前，智能客服在互联网金融领域应用较早，而且已经非常普遍，互联网金融企业相继推出智能客服，以降低客户服务成本。2017 年，京东推出"无人客服"，充分融合了人工客服与智能助手，具有 7×24 小时快速响应以及情感关怀等优势。

在互联网金融营销和辅助决策方面，利用语音识别与自然语言处理技术，可以对包括通话、多种用户单据等在内的数据实现自动结构化处理，并用来打标签，挖掘有价值的信息，发现互联网金融领域的市场机会和热点问题，为互联网金融营销、产品设计、业务规划等提供数据和辅助决策支持。在大数据技术的支撑下，利用语音识别与自然语言处理技术，可以做到精确获取互联网金融客户信息、投放精准的营销信息、定位精确的营销目标、把握营销时机等，从而真正实现互联网金融领域的精准营销。

（七）智能核身

计算机视觉与生物特征识别在金融行业的应用越来越深入。计算机视觉与生物特征识别通过对人脸、指静脉、虹膜、指纹、步态等具有唯一性、可以测量或可自动识别和验证、遗传差异性或终身不变的生物特征进行识别，赋予计算机"视觉"功能，在识别金融客户身份、风险安全监控等方面具有重要作用。

在客户身份识别认证方面，"人脸识别""指纹识别"已经被广泛应用于金融账户的客户身份识别认证，例如支付宝已经支持通过人脸识别登录账户，目前多数的第三方支付和银行支付工具均支持指纹识别付款，未来将会有更多的诸如虹膜识别等其他生物特征识别技术应用于客户身份识别认证，在整体上提高客户金融账户安全性的同时，还能提高身份识别认证的效率。在风险安全监控方面，在核心的业务工作、资金交易、涉密及重要的安全区域可以借助计算机视觉与生物特征识别技术实现智能化监控，例如：通过对承担核心业务工作的人员身份认证、异常行为判断等降低金融机构的合规风险，一些涉密及重要的安全区域可以采取"智能化监控＋多重生物特征识别认证进入者身份"加强其整体安全性。

2017年,在互联网金融领域,"人脸识别""指纹识别"等生物识别技术,被非常广泛地应用于用户身份核实,同时还被应用于登录、转账等业务流程中,既可以保证客户的安全,又能提升客户体验。

(八)智能投顾

以算法理论为基础,通过统计学、线性代数、微积分等数据理论,借助神经网络结构对建立的知识图谱相关的大量数据进行深度学习,大幅提高了计算机的智能化特性。神经网络、机器学习以及知识图谱,结合大数据技术,可以应用于互联网金融风险控制、智能投顾以及授信决策等场景。

金融信息安全,投资决策的风险控制,资产管理过程中的风险控制,保险、借贷及其他金融交易过程中的反欺诈等在金融行业的经营成本中占较大比例。计算机通过对海量金融交易数据进行深度学习,对不同来源的数据进行整合、检测及分析,发现其中的风险行为和现象,同时采取对应的防备措施,并且在执行过程中不断学习,从而"成长"为智能化的互联网金融风险控制机器。这种智能化的互联网金融风险控制可以大幅降低金融风险控制成本、覆盖传统金融风险控制手段难以触及的风险"区域"、提升风险控制的精准度和效率。

智能投顾是指借助机器学习、神经网络与知识图谱,基于对现代投资组合管理理论、金融学、会计学等相关知识的学习,以及对股票、基金、债券等金融产品和投资案例的深度学习,结合投资者的风险偏好和投资目标,提供投资建议和资产管理服务。

与传统的投资顾问服务相比较,智能投顾能够起到降低服务成本的目的,并且能够提高服务效率以及服务质量,从而提供个性化服务、智能化服务。

2017年,智能投顾快速发展。各参与主体相继推出智能投顾服务,工商银行推出了"AI投",平安银行推出了"平安智投",招商基金上线"量子智投",国信证券上线"金太阳智投",等等。

二 2017年大数据和人工智能在互联网金融领域的发展特点

2017年，大数据和人工智能在互联网金融领域呈现应用范围不断扩大、应用价值日渐体现、机构间不断加强开放与合作等特点。

（一）应用范围不断扩大且逐渐成熟

2017年，大数据和人工智能在互联网金融领域的应用范围越来越大，涉及互联网金融前中后台，包括产品设计、精准营销、产品定价、客户管理、风险控制等。同时，大数据和人工智能的应用可以促进互联网金融行业更加快速及健康地发展。

同时，大数据和人工智能在互联网金融领域的应用越来越成熟。在国内，以阿里巴巴、腾讯、百度、京东为代表的互联网企业在大数据和人工智能技术方面起步较早，已经拥有强大的金融应用场景，走在了中国大数据和人工智能在金融领域应用的前列。

（二）应用价值日渐体现

大数据可以帮助互联网金融企业，根据客户各方信息提供用户画像，提高客户的营业收入贡献，不断优化前中后台业务模式。同时，基于互联网金融领域多种多样的数据及信息，可以不断提供机器学习所需的资料，强化机器学习及认知能力，从而帮助互联网金融企业提高效率。

2017年，大数据和人工智能在互联网金融行业中的应用价值日渐体现。如智能投顾方面，2017年我国人工智能投资额超过580亿元，同比增长50%。智能客服方面，"双11"期间支付宝自助机器人服务的客户请求量达97%，在降低人力成本的同时，提高了服务效率。

（三）机构间加强开放与合作

一方面，2017年机构间合作不断加强，互联网公司与传统商业银行在客户资源、科技开发与应用等领域进行合作，共同推进金融科技应用与提升。京东金融与工商银行、阿里巴巴与建设银行、百度与农业银行、腾讯与中国银行等都在金融科技领域达成合作，并且已经取得部分成果。如2017年11月，京东金融与工商银行推出"工银小白"。其是数字银行，是京东金融与工商银行通过金融科技，在客户、数据以及信息、资金等多方面展开整合的成果。

另一方面，互联网金融企业更加开放。2017年，蚂蚁金服全面开放了"小蚂答"。其是以人工智能为核心的客服平台，已经有金融、政府以及电商等多领域的超过140家企业接入了蚂蚁金服的客服能力。腾讯提出开放平台策略，建立开放、共享的互联网新生态，2017年合作伙伴总数达1300万家，累计总分成超过230亿元。

三 大数据和人工智能在互联网金融领域存在的问题

大数据和人工智能在促进互联网金融发展的同时，也存在诸多问题，如数据质量与问题、数据聚合问题、专业人才不足、监管困难、技术难点、金融风险等。

（一）数据质量与安全问题

大数据量大、范围广等特点对数据质量带来挑战。一是数据源可能并不真实，如电商平台存在刷单现象，这就会导致电商交易数据的不真实。二是数据获取、存储、分析等过程可能影响数据源的时效性、准确性。

另外，大数据挖掘会涉及客户的个人隐私数据，可能影响人们的日常生活，同时还可能由网络、黑客攻击等造成客户隐私数据泄露，导致个人隐私存在暴露风险。因此，互联网金融企业在大数据应用过程中，应该提高大数据系统的安全性，保证客户在互联网金融企业系统中的数据及信息安全。

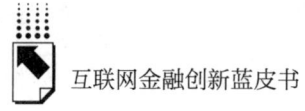

（二）数据聚合问题

当前，大数据面临的挑战之一就是如何聚合各方的数据。一是部分机构不愿意开放数据，导致总体数据缺失。二是每家互联网金融企业由于业务模式等差异，对数据的理解有所不同，导致即时数据共享，数据的可信度也可能会有差异，间接提升共享成本。

（三）专业人才不足

随着互联网金融的不断发展，互联网金融企业对大数据和人工智能人才的需求将越来越大，要求也将越来越高，金融科技领域的复合型人才的需求将越来越强烈，而当前我国大数据和人工智能专业人才比较匮乏。因此，互联网金融企业亟须加强对大数据和人工智能人才的培养，提高其专业素质，更好地促进互联网金融的发展。

（四）监管困难

大数据和人工智能在金融行业推广及应用的深入，将使传统的金融业务模式和业务形态发生根本性的变化，这给金融监管带来一定的挑战。在目前的金融监管框架下，对于人工智能引发的风险事件的责任追究和界定较为困难，如何规范人工智能在金融领域的操作规范、追溯人工智能学习及决策过程、界定责任主体等一系列问题对监管提出了更高要求，监管困难必然制约人工智能技术在金融领域应用的规范发展。

（五）技术难点

伴随机器学习、神经网络、生物特征识别、语音与自然语言处理等技术的进步，人工智能技术也逐渐走向成熟，但包括机器学习、神经网络等在内仍然存在非常多的局限，在技术层面仍存在诸多难以突破的障碍。

在深度学习过程中，计算机需要通过对大量标记数据的"学习"才能准确执行复杂的工作任务，然而获取大规模的数据集十分困难，即使可以获取，数据标记工作也是一大难点。在对数学模型的判断上存在"黑匣子"问题，对于深度学习训练所使用的数学模型，确保其达到特定的分析、预测、决策等要求也比较困难，即使采用的数学模型能够实现既定的目标要求，但使用效果仍存在局限性。诸如此类的技术难点对人工智能技术在互联网金融领域的深度应用，提出了非常严峻的挑战。

（六）金融风险

人工智能技术在金融风险防范方面的应用具有较大优势，但同时也带来一些金融风险，例如提高了信息泄露风险概率，带来了系统性及失控风险，人工智能致使风险溯源和处置成本增加等依赖于互联网和计算机技术，尤其在数据采集、统计、分析过程中，人工智能系统一旦受到攻击将面临用户信息、金融核心数据及其他隐私信息泄露的风险，从而在证券交易市场中引发系统性风险。另外，内部技术失误或外部因素刺激还可能使人工智能失控，虽然这种风险通过技术改进可以大幅降低其发生概率，但对于金融市场而言，一旦发生将会面临不可挽回的损失，应该加以重视。

人工智能引发的金融风险存在难以追溯的特性，很难回溯风险引发是基于计算机的哪些学习及决策过程，这种溯源的困难必然带来风险处置成本的上升，因而必须正视人工智能技术在金融行业应用所引发的金融风险对其本身发展的挑战。

四 大数据和人工智能在互联网金融领域发展趋势

未来，在互联网金融领域，将加强大数据和人工智能应用的广度和深度，同时，将进一步加强国内国际合作，实现各行各业融合发展。另外，随着监管体系的完善，大数据和人工智能将更加规范化发展，大数据也将助力监管机构对互联网金融企业的有效监管，人工智能助力监管智能化及合规管理。

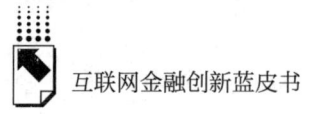

（一）大数据和人工智能在互联网金融中应用更广

当前，互联网金融企业纷纷加强大数据和人工智能应用，不断降低服务门槛，创新服务形式，同时积极探索智能应用，已陆续推出智能核身、智能投顾、智能销售、智能客服等智能化应用，提升客户体验。

未来，互联网金融企业将加强大数据和人工智能技术在互联网金融业务中的应用广度和深度，实现大数据和人工智能技术与业务深度融合，衍生更多业务及服务创新模式。

（二）进一步加强合作，构建合作共赢生态

国内合作方面，互联网金融行业发展对数据依赖程度高，预计互联网金融行业与其他行业的数据将不断融合，互联网金融企业可以获取电信、电商、医疗、出行、教育等数据，数据资源将日趋丰富。同时，随着跨行业数据融合，互联网金融行业与其他行业将进行更深入的融合，催生更多跨行业应用，互联网金融企业可以设计更多基于其他行业应用场景的产品。

国际合作方面，中国互联网金融企业还将加强与国外公司的合作，通过成立试验室、合资公司、并购等方式，在大数据和人工智能创新和应用等方面加强合作，提升市场竞争力。同时，中国领先的互联网金融企业还将进一步输出自身大数据和人工智能技术产品及服务，积极开拓国际市场。

（三）监管将助力大数据和人工智能在互联网金融领域健康发展

一方面，互联网金融企业在大数据和人工智能安全、个人信息的保护等方面存在一定的隐患，未来监管力度预计会有所加大。而监管体系的逐步完善，将有助于大数据和人工智能在互联网金融领域的健康发展。

另一方面，大数据和人工智能也将助力监管。随着监管难度的加大以及金融监管的趋严，监管科技的需求将越来越大。监管科技可以助力监管机构高效制定监管政策，提高监管水平和效率。具体来看，大数据监管通过挖掘

多维度数据，对互联网金融企业的行为及潜在风险进行有效监管；人工智能则主要助力监管智能化及合规管理。

五 政策建议

（一）加强大数据监管，确保数据安全

大数据挖掘会涉及客户隐私数据，可能会造成客户隐私数据泄露，导致数据存在暴露风险。因此，需要加强大数据监管，保障互联网金融企业在大数据应用过程的安全性，保证客户在互联网金融企业系统中的数据及信息安全。

一是制定有关大数据法律法规。首先，构建大数据相关法律框架，包括数据获取、存储的界定，大数据分析和应用的范围、方式等，各方的权利与义务也需要明确。其次，需要着力打击数据使用不当的行为，避免数据滥用。

二是建立大数据安全标准。首先，需要针对数据限定范围、数据隐秘建立安全标准；其次，针对数据保障、数据处理等设立安全规范，从而保障大数据的健康应用。

三是加强大数据安全教育。亟须持续加强对个人信息及数据的安全指导，提高个人的安全意识，同时提升个人的防范能力。同时，健全大数据维权渠道，降低个人维权门槛，鼓励个人、机构等监督大数据违法行为。

（二）鼓励大数据和人工智能人才培养

教育部印发《高等学校人工智能创新行动计划》[①]，明确指出引导高等学校瞄准世界科技前沿，提高人工智能领域科技创新、人才培养和国际合作

---

① 叶雨婷：《教育部印发高等学校人工智能创新行动计划》，《中国青年报》2018年4月11日。

交流等能力，为人工智能发展提供人才支撑。建议在大数据技术方面，也出台相关的政策，进一步加大高校、企业等机构在大数据领域的创新力度，加强人才培养。

同时，为了更好应对金融科技全球化趋势，相关机构应为互联网金融企业搭建广泛的国际联系，助力互联网金融企业引进国际专业人才，促进大数据和人工智能人才全球化。

（三）加快制定人工智能发展法律法规

建议相关监管部门加快法律法规制定步伐，针对目前金融监管框架下，人工智能引发的风险事件的责任追究和界定较为困难，以及如何追溯人工智能学习及决策过程、界定责任主体等一系列问题，制定法律规范。

在互联网金融领域，应该明确人工智能在互联网金融领域的操作规范、责任主体等，促进人工智能技术在互联网金融领域规范发展。

参考文献

高建辉：《大数据时代互联网金融发展对策研究》，《经贸实践》2017年第20期。
王玉龙：《大数据时代我国商业银行风险管理问题分析》，《现代营销》2017年第11期。
巴曙松、侯畅、唐时达：《大数据风控的现状、问题及优化路径》，《金融理论与实践》2016年第2期。
Minsky. M. *Computer Science as Empirical Inquiry.* Cambridge，Mass：MIT，1998.
杨文斌：《人工智能在金融领域中的应用分析》，《信息化论坛》2017年第12期。
张逸凡：《人工智能技术在金融行业中的应用》，《电子技术与软件工程》2016年第23期。
杨卓越：《人工智能在金融领域的应用现状及安全风险分析》，《金融经济》2017年第2期。
吴俊、陈亮、高勇：《国外人工智能在金融投资顾问领域的应用及对我国启示》，《金融纵横》2016年第6期。

B.5
2017年互联技术在互联网金融领域的应用

王蓬博*

摘　要： 互联技术、网络基础设施不断完善，移动互联成为产业发展与变革的核心驱动力，这为物联网的发展也奠定了基础。物联网让独立物体之间实现信息传递，并进行信息处理，广泛连接了物理实体和网络世界。在金融领域，移动互联与物联网对降低市场信息不对称，提高运行效率将有较大推动作用。

关键词： 移动互联　移动金融　物联网　物理实体　信息传递

一　2017年互联技术在互联网金融领域的发展情况

随着技术的进步，目前主流的互联技术（本文指移动互联和物联网）主要可分为移动互联技术和物联网技术，前者正处于主流，后者则是未来发展的主要驱动，二者之间存在一种承前启后的关系。

移动互联技术是指由互联网平台依靠互联网技术打造的基于互联网的商业模式，实现互联网应用等与移动通信技术结合，实现互联网应用和服务的移动化。

---

* 王蓬博：易观行业研究员。

随着移动通信技术及互联网技术发展，以及智能手机成本的下降、WiFi普及、流量资费的价格调低，近年来移动互联迅猛发展，具体指用户借助移动互联网终端（手机、平板等）实现传统的互联网应用或服务。

移动互联网的技术通过移动终端、网络层和业务层，以宽带地址为技术核心，在网络间实现语音、数据和多媒体信息的交互。移动互联网的关键技术包括智能化的移动设备、HTML5、多平台/多架构应用开发工具、WiFi技术、高精度的移动定位、LTE和LTE-A移动网络技术等。移动互联的应用极大地转变了人们的生活、工作方式，推动了社会信息传递和商业进步，具体特征表现为以下几方面。

（1）信息的充分融合、即时特性。在移动互联网络中，人、物、信息、现实、虚拟等都可以借助平台，实现即时性的信息充分融合。移动互联网业务支持用户所处网络环境的多样性，移动终端便于用户随身携带，不再限制人所处的状态，在接入使用相关互联网服务过程中，可利用碎片化时间接收和处理各类网络信息，充分、即时地获取信息。

（2）个性化的应用和服务。伴随大数据、人工智能的兴起，通过运用大数据技术、数据挖掘技术对数据进行整理和挖掘，结合人工智能技术，移动互联网能够针对不同用户的不同喜好，提供更加精准、更加丰富的个性化服务。

（3）应用与服务迭代、创新速度快。移动端应用软件在产品和服务的提供方与客户之间搭建起了充分沟通的桥梁，使企业可以精准了解客户的多样化需求，而客户的选择成本也在不断降低，推动企业在应用和服务的产品设计上逐渐以用户为导向，在应用和服务创新方面的速度明显加快，除了软件服务方面，移动终端也面临迭代、创新速度的加快。

（4）不断颠覆传统的商业模式。传统的商业模式中，产品、服务、信息需要借助烦琐的过程和流转才能到达终端用户，在移动互联的网络中，产品、服务、信息能够快速触及终端用户，终端用户的需求也能够快速反馈给企业，企业的产品和服务设计、创新将围绕"创造客户需求、挖掘客户需求、满足客户需求"进行，进而创造更多新的商业模式。

相对于移动互联，物联网是社会信息化的重要趋势，使用户能够对环境的各种信息实时共享并传递、收集、处理，再执行，基于电信网络、互联网等信息载体，实现人与人、人与物、物与物之间的信息交流。

物联网技术涵盖多个领域，不同领域对技术形态的要求也有所不同。总体来看，物联网技术有四大支撑体系，包含前端的感知与标识技术、传输端的网络与通信技术、后端的计算与处理技术以及基础端的管理与支撑技术。

（1）感知与标识技术。数据感知负责采集行为和信息数据，是物联网的基础，帮助物理工具实现外部感知，主流技术和工具包括 RFID、二维码和传感器。传感器是物理世界的感官系统，依靠部分相对敏感材料，实现声、光、热、移动等各类物理行为的感知；二维码和 RFID 技术则是一种相对非接触式的自动识别，主要用于物体的识别，比如通过射频信号识别物体标签。

（2）网络与通信技术。获取用户数据之后需要网络通信技术的支持以实现信息传递，物联网信息传递则需要互联网技术的支持。而物联网信息传递主要通过无线传感器网络实现，因为无线传感器网络具有成本低、微型化、耗能低、灵活组网等优势。物联网的无线传感器网络需要具备先进测试技术和网络化监控、全面的组织架构、智能传感器网络底层协议、传输过程安全等特性。

（3）计算与服务技术。物理传感器具有实时感知、感知范围大等特点，必然要求数据处理能力强且承载能力高。目前，大数据与云计算等技术的发展能够有效解决此类问题。

（4）管理与支撑技术。物联网规模扩大之后，传感单元和数据传输单元以及运算量会呈几何倍数增长，还可能面临较大的外部攻击风险和系统内部运行风险，需要稳固的管理与支撑技术保证物联网能够稳定运行、实时管理、可控和安全性，这方面的技术还有待持续探索。

2017 年互联技术对互联网金融的改造是多方面的，主要集中在移动支付、风险控制和供应链金融等几个方面，随着移动互联和物联网的发展，线下商业和线上商业正逐渐融合构成闭环商业生态。

（一）移动支付

移动支付作为移动互联技术在互联网金融领域最典型的应用实现，是用户在移动通信技术的支持下，使用移动终端对所消费的商品或服务进行支付的一种服务提供方式，目前已在国内得到大范围普及。

移动互联网支付是指用户通过手机、平板电脑等移动终端，借助3G、4G、WiFi等移动网络实现的在 wap、web 等网站、App 客户端等完成的支付行为，既包括购买商品和服务支付的资金，又包括生活服务缴费、转账、信用卡还款等支付活动。目前，移动互联网支付主要的形式包括应用内支付、近场支付、手机刷卡器支付等。应用内支付是通过 API、SDK 和 Html5 等技术，在商户 App 内提供的远程支付方式，是目前移动网购、移动充值缴费最主流的支付方式之一；近场支付，也称 NFC 支付，基于交易现场的手机支付方式，账户信息一般以 IC 卡的方式存于手机之中，通过近距离无线通信技术（NFC）在特定刷卡终端，现场校验账户信息并进行扣款支付；短信支付是指通过手机等移动终端，用户以主动发送或者回复短信的方式完成的通信账户、支付账户以及银行卡账户的资金支付行为，短信包月等定期代扣的方式不包含在内；手机刷卡器支付指用户和商户通过手机刷卡器设备配合 App 软件实现的刷银行卡付款和收款的支付银行。

除以上几种移动支付形式外，还有用户通过手机等移动终端设备主动发起完成的支付行为，如手机二维码支付、条码支付等，不包括手机语音支付。

与传统支付相比，移动支付具有较多的优势。首先，多维度生物识别技术在移动支付上的应用使移动支付的交易安全性大幅提升，比传统的单纯依靠密码支付更安全；其次，移动支付使支付交易不受空间和时间因素限制，可以随时进行，比传统支付更加便捷；再次，移动支付过程操作简单、易于普及，同时用户可以不携带现金，比传统的支付更简单、绿色。

由于比传统支付拥有更大的优势，移动支付得以快速发展。易观数据显示，2017 年移动支付市场继续爆发，市场规模达到 109.07 万亿元，同比增长208.7%。预计到2019年，中国移动支付市场规模将达到241.32万亿元。移动支付将触及人们生活的方方面面，无论是商场购物、餐饮娱乐、生活缴费、出行等日常消费，还是金融理财、金融交易等支付过程均可以在移动端完成。

中国物联网移动支付也发展较早，ETC电子收费系统是第一次大范围普及的物联网支付系统代表。该技术以IC卡为数据载体，通过无线数据的交换方式来实现收费终端与IC卡之间的远程数据存取。通过射频扫描，收费终端可以读取IC卡中储存的相关车辆的特有信息（例如车辆类别、车牌号和车主等）、道路运行信息、征费状态信息等，并按照既定的收费标准，从IC卡中自动扣除道路通行费用。

此外，随着移动端的发展，支付宝、微信支付等移动支付应用也能通过扫描二维码等信息来识别对方账户，进行资金交易。移动支付不仅包含手机支付，还包含POS机等移动付费。由于移动支付必须首先实现移动终端联网，即把移动终端连成一个移动物联网，因此移动支付具有物联网金融特征。但是，在使用手机等设备支付时，仍需要人为确认支付信息，手机等物联网设备还只是起到辅助支付功能，因此移动支付属于物联网金融的初级阶段。

2017年，物联网移动支付技术再次实现突破，亚马逊无人商店、天猫无人超市相继运营，用户选择商品后，相关电子设备自动识别商品信息和用户移动终端信息，经过信息传输和运算之后自动扣除用户的账户金额，从而实现物联网设备信息自行传递、处理。物联网技术有降低金融交易摩擦、提高支付效率的作用，将是支付领域的一个重大发展方向。

（二）风险控制

在解决银行与企业间信息不对称问题的同时，互联技术也能解决个人与个人、个人与企业间的信息不对称问题。例如相较于银行借贷或民间借贷，网络借贷能覆盖更多没有信用记录的人，同时也能降低用户贷款门槛，但是缺乏用户数据会使放贷方无法判断用户的信用风险，从而提高行业整体坏账率。

互联技术风控的解决方案就是在用户授权的前提下采集用户移动端数据，例如活动范围、行走数据、移动端使用时段、常用应用、通讯录等，放贷机构通过相关服务器或终端对移动端数据进行分析，进而判断用户的风险状况。2017年，市场中有部分风控机构正在从事此行业，从这些机构的经营状况来看，利用互联技术进行风控能够有效地降低行业风险。

（三）供应链金融

信用信息不对称致使银行坏账率高，是金融行业的一大核心难题。相较于大型企业，中小企业的信贷数据有限，银行不能很好地评判它们的信用状况，进而导致了中小企业融资难、融资贵，经营不善的企业愿意付更高的利率贷款，反倒增加了银行的风险。

供应链金融包含了整条产业链中必须存在的几个要点，包括信息流、物流和资金流，从采购原材料开始统计，包括制成中间产品、产品下级分销、生产成品、销售到用户手中，涵盖了整条供应链中的所有角色，包括供应商、制造商、分销商、零售商直到用户连接成一个整体的功能网链。

将这条供应链的核心产品互联互通之后，银行能够实时追踪供应链上每一家企业的产品生产状况、资金周转、货物销售和经营状况，进而根据企业的运营状况判断是否放贷和放贷金额，既能帮助银行降低信用风险，又能扩大放贷范围，从而降低行业整体的贷款门槛和利率。

在过去的一年里，平安银行开发的"动产质押品识别跟踪系统"是由安装于车辆上的交互式智能RFID标签（具有防拆卸功能）、无线摄像头以及安装在停车场内的RFID读卡器构成的。RFID读卡器负责对整个区域内贴有RFID标签的车辆进行辅助定位和识别监管。无线摄像头负责管理车辆的视频识别及辅助管理。传输控制系统由负责本地数据传输与控制的无线局域网及负责远程数据传输与控制的4G移动网络构成，共同将获取的数据信息安全地传送回供应链融资银行。在安全应用系统中，融资银行总行CA认证中心负责签发、管理、注销商品电子标签及其他各个系统设备（读卡器、摄像头、无线传输控制设备）的数字证书，对电子标签及系统设备的合法性进行认证，并实现数据传输的加密解密，确保整个系统的安全。上述系统能与现有的"信贷台账系统"对接，实现对动产质押品的实时跟踪。

从应用模式上来看，互联技术在供应链金融的运作模式有显著特点，主要是通过GPS、生物识别等技术手段，对商家"动产"存货进行识别、定位、监控等智能化管理，然后数据汇总并进行分析，使用户、监管方和金融机构等各个产业链参与者均可以从时空两个维度全面感知和监督动产存货的存续状态和变化，进而进行风险监控和市场预测，这种对动产无遗漏环节的监管，将会大大地降低动产质押的风险。

二 2017年互联技术在互联网金融领域的发展特点

能够看到，随着互联技术的进步，特别是移动互联技术逐步向着物联网技术发展，其对互联网金融领域的改造也在继续深化。物联网技术的出现使实物得以连接，实现了物理世界的信息化和数字化。应用在互联网金融领域，就体现在金融数字化。

物联网金融是金融信息化演进到一定阶段的产物。从技术角度上讲，可以看到其有三个显著特点。一是物联网金融是物联网和金融相互渗透、融合的产物。一方面，物联网不断应用并服务于金融的多个领域，促进金融产业数字化发展。另一方面，金融服务大大地嵌入了信息交换技术，并催生动产质押和分时租赁等全新的商业模式，为物联网的发展提供了支持。二是"大数据属性"的真正实现。对于金融机构而言，物联网能够提供基于物与物、物与人的交互信息，信息更加广泛也更加真实。金融机构通过对海量数据信息的深入分析，能够透视客户的自然属性，为金融机构的服务战略和业务决策提供客观依据。三是移动互联的延伸。可以看到，物联网物品信息生成后的标识、传输、处理、存储、交换共享的整个流程都是在互联网上进行的，因此，可以认为物联网金融是互联网技术的延伸，是互联网金融的深化

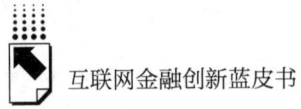

发展阶段。

也正是物联网金融这些本质上的特点，使 2017 年的物联网金融拥有了更多突出发展。首先，物联网金融大大地拓展了金融的服务范围和形式。比如银行和物流企业合作的动产融资解决方案，保险机构和车企合作推出的车联网金融分期服务解决方案等，均将传统金融出于风控等因素的考虑无法服务的产品范围进行了扩展。其次，物联网金融将商业网络和金融网络进行有机融合。物联网对于物品信息的定位和实时追踪使银行能够实时掌握实体商业的发展动向，为双方的进一步合作打下基础，真正实现了大数据互联。再次，物联网金融在 2017 年进一步改变了金融生态，提高了金融服务效率。基于物联网产生的大数据金融，令金融机构更好地掌握了金融动态，为智能化金融打下了坚实的基础，再辅之以合理的风控标准和模型，就能够实现自动化放贷等目标，进一步提升金融服务效率。

三 互联技术在互联网金融领域存在的问题

移动互联技术在推动传统金融向普惠金融发展、降低金融交易成本、驱动金融商业模式发展和改善金融产品创新等方面的作用较大，但同时在金融领域的应用也面临互联技术安全性、金融安全性和监管等多方面的挑战。

在移动商业体系中，移动金融服务厂商只承载了产品功能供应功能，和通信运营商、CRM、ERP 软件等的融合有所欠缺，市场开发、推广、管理等功能并未真正落地，相互协同的生态体系有待进一步完善。

在技术层面，5G 技术是未来的发展趋势。这需要规模更加庞大的设备集合以凸显多样性，在提升效率的同时更好实现多屏互动。在发展过程中，设备对设备的通信预期提高，需要支持更多低速率设备，兼顾传统的高速率用户，对 4G 控制平面、网络管理进行升级成为下一步重点。

在安全性方面，随着移动互联网技术的快速发展，移动应用覆盖越来越多的用户，在数据、流量激增的网络系统中，网络安全问题成为重大的发展挑战。而金融领域对安全性的要求高于其他行业，手机病毒、信息泄露等对移动互联网技术在金融领域的应用发展形成了严峻的考验，例如移动互联网离不开智能手机，而手机病毒可以造成用户信息丢失、个人隐私信息泄露、设备故障等，对个人金融资产安全形成一定危害。

在金融监管层面，移动互联网具有不断颠覆传统商业模式的特性，其在金融领域的应用也不例外。从近年来不断涌现的新金融商业模式不难看出，移动互联网在推动金融业务模式创新的同时，也带来了诸多监管挑战。如移动互联网技术使P2P网络借贷中资金供求的数量和期限匹配更加顺畅和快速，但随着不同层次参与者的增多，也暴露了规范性不足等弊端，给监管带来一定困难。

与移动互联类似，物联网在很多方面能够促进金融市场的发展，但也面临不少难点。首先是物联网金融的安全问题。物联网是在互联网的基础上构建的，互联网平台充斥虚假诈骗信息，且具有匿名性，容易出现黑客恶性攻击事件。物联网同样受到相关影响：物联网上关联了太多物理实体，可能涉及财产安全、商业秘密甚至国家机密，一旦出现不安全因素，会对实体产生较大的影响。

物联网金融模式下传统供应链融资风险得到大幅度的控制，但其业务模式的创新性也滋生了一些新的操作问题。以物联网在供应链金融上的应用为例，可以根据物联网金融的分层将风险分为感知风险、网络风险和应用风险三类。

感知层所采集信息的准确性、完整性、全面性是其风险的主要关注点，各类信息源的低效运行和相关检测设备失灵或故障将直接导致风险的产生。在供应链金融的三个阶段中，授信阶段需要得到借款企业的相关数据，可能面临电商数据不可靠、平台数据不完整、市场信息不准确等风险；合作放款阶段存在设备故障，监测不及时、不准确，反应不及时，货物丢失，配送故障等风险；贷后回款阶段面临的风险除了合作放款阶段的风险外，还有融资项目跟踪不及时、市场信息收集不全面等风险。网络层则要借助互联网技术将感知层得到的数据进行传输，但相关技术和标准尚不完备，容易出现信息泄露、信息加密、信息延迟、信息丢失和信息不对称等风险，这些风险会导致应用层不能快速得到准确、全面、客观的数据信息,对后续的数据处理和科学决策产生重大影响。应用层将获得的数据进行加工处理,提供金融决策、风险监测、跟踪交易、市场预测等一系列服务,这一层次的风险主要是参与各方合作经营以及有可能破坏合作状态所产生的风险,其中包含商业机密泄露、知识产权保护、数据挖掘效率等风险。正是因为物联网金融的创新性,各类创新模式具有诸多风险,这也是制约物联网行业发展的主要原因。

隐私保护也是物联网的一大难点。我国关于个人隐私数据的所有权和使用权的法律尚不健全,特别是关于互联网和移动端的数据,能否被采集以及如何避免被采集还有待规范。

四 互联技术在互联网金融领域发展趋势

从金融的历史来看,金融的本质是对于风险的定价和资源的配置。就传统银行而言,核心的三大功能即存、贷、汇款。但随着互联技术的进入,互联技术对于传统金融的改变更早地从金融服务开始渗透,从本质上来讲,即金融机构利用互联技术改变服务流程并提升服务效率。

随着互联网企业,尤其是电商向金融服务的渗透,互联技术和金融的融合更具厚度和广度。包括基本的金融数据或信息服务、支付和清算服务,互联网理财及财富管理方面也进一步加大了传统金融涉及服务的宽度。同时,互联技术还融入直接融资的多层次资本市场,股权众筹融资就是其中代表。基于互联技术出现的区块链等产品的进一步应用将再次改变互联网交易的方式。

随着互联技术向物联网发展,物联网金融将进一步引领互联网金融行业的发展。

首先,物联网金融能够促进互联网金融行业的再一次变革。正是物联网金融对于移动金融近乎完全的颠覆,才开启了整个行业的变革,并从中诞生更多的独角兽企业,使新的标准和新的模式不断诞生。比如,类似于物联网金融在动产融资业务中依靠被传感器改造后的人工智能仓库,对质押货物进行实时监控,能够减少后期监管的人工成本。同时,在供应链金融业务中,物流和仓储公司利用监控上下游企业存货等方式,以后可能成为物联网供应链金融的标配。

相关中小企业也将在变革中受益,一方面能够通过物联网金融从传统金融机构中获得更多的贷款和融资支持,传统金融机构通过物联网技术对其发展进行全面监控;另一方面,将有一部分中小企业受到变革的鼓励,逐渐脱颖而出,成长为独角兽性质的大企业,物联网金融进一步增加了行业发展进步的可能性。

其次,相对于传统的标准化服务,更多人性化的服务模式将推出,用户进一步受益。金融机构通过互联技术收集、监测并分析用户的行为,可以帮助金融机构了解客户的消费能力、风控风险、消费习惯等,从而进一步做出用户画像,并进行有针对性的营销和服务,将个性化的服务体验贯穿始终。例如,保险公司根据客户健康状况设计特殊服务的保费,银行根据客户的财务状况提供一对一专业化、有针对性服务等。

再次,我们能看到,互联技术的发展将极大地促进互联网金融提高风险控制管理水平。因为移动互联和物联网金融将产生海量的数据和信息,并且数据基于对于独立个体的完整定位,个性化标签属性更加完整。加上物联网更多是从实物入手采集数据,数据更加真实客观。这两项因素均能够帮助互联网金融企业提高其风险管理水平。

但同时也要注意到,进入物联网金融时代以后,金融企业要尽早布局提高风险管理水平,尽早基于物体产生的数据安全和保密原则制定与之配套的风控原则,并制定物联网技术和物联网金融行业内部的行业标准。技术层面,物联网金融数据采集环节中,芯片厂商和传感器厂商也要注意不断地提高产品安全等级,数据存储和云存储要加强安全保密,并制定与之相关的解决方案。

最后,将有更多的金融领域被互联技术改造,特别是基于物联网技术的改造,技术的进步和变革将持续进行。比如在汽车金融领域,分时租赁和汽车保险等业务能够利用物联网技术,依靠汽车监控来实时对车辆状况进行监控,并记录车主驾驶数据等信息;在期货交易领域,期货交易所将针对大宗商品企业进行全产业链数据监控,用物联网技术进行数据采集,并进行数据分析,进一步降低大宗期货交易中的风险,等等。

五 政策建议

(一)进一步完善互联技术相关金融服务法律法规

目前,我国法律没有针对互联技术相关金融服务进行立法,银行、证券和保险等法律规章制度基本是基于传统金融制定,没有对互联技术相关金融服务领域的专门立法。虽然自2017年开始,在政策趋严的大背景下,相关监管部门出台了一系列相关规定,但能够看到,随着互联技术的不断发展进步,相关金融服务的业务广度不断延伸,使开展的业务不适用所涉及行业的法律法规,造成交易主体之间权利与义务不明确,进而金融风险的出现。

例如,监管机构近期着重强调金融要"持牌上岗",互联网金融相关平台一定要先取得相关金融业务许可。相关协会和监管部门要把控好平台的资质和技术标准、资金监管、信用管理、个人信息保护等方面的具体规则,一旦出现互联网金融平台破产倒闭事件,相关用户权益能够得到有力保障。

(二)进一步加强信用社会建设,打造无死角的社会信用体系

随着互联技术的普及和应用,个人信用变得越来越重要,日益成为我国基于互联技术而蓬勃发展的互联网金融的基石性设施。不夸张地说,信用社会能否顺利建成,是关系我国金融产业能否进一步做大做强的根本。监管机构应加强信用社会的建设,逐步建立信用评级体系,并将用户个人信用状况跨区域打通,使用户个人征信暴露在阳光下,逐步打造无死角的社会信用体系。一旦建成,将彻底解决消费金融等行业目前存在的多头借贷等问题。

（三）进一步加大对信息的保护力度，建立健全相关操作流程

互联技术的进步令信息泛滥，特别是当物联网逐渐走向市场主流之时，用户和企业的关键信息势必成为最有价值的部分，一旦辅以大数据、云计算等先进金融科技，将爆发巨大能量。但如果保护不到位，可能给用户和社会造成巨大损失。行业应该进一步加大对关键信息的保护力度，完善风险管理制度，加强信息安全体系构建，建立健全相关金融服务的操作规范和流程，从而最大限度地保护用户信息。

（四）构建完整的数据监测体系和信息交流平台

金融互联后的必然结果是信息流和资金流达到天量规模。为了更有效地防范金融风险，快速处理事件，构建监管业务的统计监测体系和数据共享系统就成为必然。相关企业应该定期向监管部门报送数据，监管部门也要建立相对完整的金融监管平台，保证监管部门之间的信息共享和交流，以提高监管的透明度和效率。

参考文献

闵璐：《浅谈我国移动互联网发展现状与趋势》，《中国科技信息》2015年第1期。

薛立宏、张云华、曹敏：《移动互联网运营关键问题及商业模式探讨》，《电信科学》2009年第25（5）期。

马敏、王旗：《中国移动互联网现状与发展趋势分析》，《互联网天地》2014年第2期。

陆岷峰、汪祖刚：《关于"物联网+银行"发展战略的研究》，《当代经济管理》2017年第39（12）期。

李晓雯：《物联网金融发展现状与安全问题研究》，《物流科技》2017年第40（01）期。

姜顺荣：《物联网中信息共享的安全和隐私保护的研究》，西安电子科技大学硕士学位论文，2016。

郭开荣:《物联网技术下的供应链金融》,《商场现代化》2015年第2期。

郭瑞波、陈永:《物联网应用于金融服务的模式研究》,《实验技术与管理》2014年第31(11)期。

武晓钊:《物联网时代的金融服务与创新》,《中国流通经济》2013年第27(07)期。

B.6
2017年分布式技术在互联网金融领域的应用

王蓬博　陈毛川*

摘　要： 区块链与云计算技术是互联网创新技术的代表。前者是对计算机技术、密码学技术、数学等整合的结果，是一种新的数据记录、存储技术，基础架构包括数据层、网络层、共识层、激励层、合约层、应用层；后者则是由分布式计算、并行处理、网格计算等新兴的商业计算模型发展而来。云计算技术包括数据管理技术、编程模型、数据存储技术、虚拟化技术、云计算平台管理技术等关键技术。虽然，二者的商业研究及应用处于早期阶段，未来的发展面临诸多难点与挑战，但是，其对金融行业服务模式的创新推动值得期待。

关键词： 区块链　去中心化　存储技术　云计算　分布式计算　金融应用

一　2017年分布式技术在互联网金融领域的应用发展情况

区块链技术是一种通过去中心化的方式按照一定的时间顺序集体记录、维护一个可靠交易数据库的技术，即按照一定的时间顺序借助分布节点将数

---

* 王蓬博、陈毛川：易观行业研究员。

据区块以顺序相连的方式组合成链式数据结构的公开交易数据记录技术。云计算（Cloud Computing）由分布式计算（Distributed Computing）、并行处理（Parallel Computing）、网格计算（Grid Computing）等新兴商业计算模型发展而来。区块链与云计算均涉及分布式技术，区块链的存储和记录节点是分布的，云计算中的分布式计算是将大算力的计算分配给若干计算机处理，采用分布式技术可以提高系统的可靠性、扩展性及可以用性。

2017年，ICO被叫停，区块链在金融领域的合规应用受到重视，与此同时，区块链技术的应用价值得到广泛认可。央行成立了数字货币研究机构，央行的法定数字货币在基于区块链技术的数字票据交易平台试运行，工信部成立区块链研究机构，腾讯云发布了区块链金融解决方案等，使人们看到区块链在金融领域的应用研究已经有了实质性的进展。在ICO被叫停之后，区块链在金融领域应用的合规性被高度重视。从目前区块链的发展情况来看，区块链技术可以应用的场景广泛。云计算技术在满足更大、更快、更复杂的计算能力要求的场景方面具有较大的优势，大规模、分布式的服务器构建起来的云结构可以为使用者提供强大的计算能力，按需服务用户更加经济。目前大数据的发展对计算能力提出了更高的要求，能够运用大数据的行业场景离不开云计算的融入和使用。

（一）数字货币

无论是传统的物理形态货币（如金属货币、纸币），还是现代经济社会中的电子货币（主要指对传统物理形态货币信息化、网络化），乃至封闭生态圈中的虚拟货币（如Q币）均需要建立在一个中心化的机构或者结构基础之上，而基于区块链技术的数字货币摆脱了中心化的机构。

货币是在商品与服务交换中充当等价物的特殊商品，在经济社会中扮演着重要的角色，其发行权及发行量对经济社会生活的稳定起决定性作用。数字货币在摆脱了中心化的机构后，将发行权还之于众，信用的建立也依靠大众。比特币是发行最早的数字货币，其发行总量在诞生之时被固定，发行、流通分成三个步骤：一是网络中的某个节点通过工作量证明的竞争来完成比特币的"印刷",即俗称的"挖矿";二是将结果广播至整个网络,获得全网的认可以完成比特币的"发行";三是与交易对手进行交易并将交易结果广播至整个网络,获得全网的认可以完成比特币的"流通"。2017年底,央行发行的法定数字货币在其推动建立的基于区块链的数字票据交易平台上试运行,标志着未来数字货币或许可以逐渐走入经济社会生活中。

(二)支付清算

支付清算作为实现劳务、资产、资金等转移的重要环节,对于经济社会的发展起到重要的支撑和推动作用。在现存的支付清算系统中,无论是中央银行直接作为支付清算活动的中枢控制整个支付清算网络,还是中央银行授权独立的机构作为中枢机构单独运作和控制支付清算网络,均需要一个中心化的机构(即清算中心)承担整个清算系统中的清算责任。这种传统的支付清算系统面临操作成本和费用高、流程缓慢、灵活性及便捷性不足等问题,尤其在跨境贸易中这种清算系统的问题更加凸显。

基于区块链技术的点对点支付模式建立的支付清算系统可以使每个金融机构构成支付清算系统网络中的平等节点,生成一个分布式的账务系统,金融机构间不再需要数据库系统之间的核对和清算,大量降低金融机构间在支付清算上进行系统搭建及维护的成本,减少了大量金融机构间沟通的时间和成本。2017年央行开始对法定数字货币研究,未来法定数字货币若投入使用,支付清算系统必然利用区块链技术对其进行优化。

(三)银行票据

票据作为记载债权债务关系的一种有价证券,承载着支付、汇兑、信用、结算、融资等经济功能。从票据的具体场景来看,可以分为出票、流转、承兑、付款四个环节。在出票环节,商业银行对于真实的交易背景核查仅限于形式审查;在流转环节,背书转让有效性是通过背书是否连续来判断的,贴现过程中信息不对称导致贴现的成本和风险上升;在承兑环节,持票人需要在规定的时间内向付款人申请承兑,无法完成自动承兑的操作;在付款环节,商业银行仅能够对交易是否真实、票据流转是否合法做形式审查,不能完全保证不会出错。

基于区块链技术的数字票据可以解决传统票据在出票、流转、承兑、付款四个环节面临的问题。在出票环节,将该数字票据建立的真实交易背景写入区块链并向全网广播,得到全网的确认后不可篡改;在流转环节,数字票据的每一次转让、贴现等交易信息写入区块链并向全网广播,得到全网的认可后不可篡改;在承兑及付款环节也是如此,可以防止信息篡改、实现满足条件下的自动承兑及付款。区块链在票据中的应用尚处于探索阶段,中国对于数字票据的探索站在了世界的最前端,目前,中国人民银行已经推动建立了基于区块链技术的数字票据交易平台。

(四)智能合约及权益证明

传统合约的签订需要交易双方建立在一定的相互信任的基础(如尽职调查)之上,协议的执行结果、履约行为受制于违约成本、对手方履约能力和意愿、市场条件变化等。与传统合约相比,区块链智能合约具有自动执行、透明可信、强制履约的特点,建立在区块链网络系统中的智能合约不需要交易双方建立任何信任基础,智能合约完全由代码控制,在满足执行条件时自动执行,交易双方均无法通过外在因素干预和控制合约的执行(见表1)。

表1 智能合约与传统合约对比

对比面	传统合约	智能合约
信任基础	需要一定的信任基础	无需任何信用基础
履约执行	履约执行依赖双方的自觉性	合约在条件满足时自动执行、强制履约
违约	存在违约的可能性	几乎不存在违约的可能性
形式	具有固定格式或者标准格式的纸质或电子合同	设定好的程序代码

在现实网络中的交易过程都包含内在的权益证明,交易的发起方需要网络认可这笔交易,交易的另一方需要根据网络是否接受这笔交易决定是否执行这笔交易,因而权益证明在互联网交易过程中至关重要,交易者需要权益

证明来"证明"自己从事了某项工作从而应获得相对应的权益。在比特币网络交易系统中，工作量证明被用来作为权益证明的机制，旷工通过用最好最快的记账速度来证明自己的权益，区块链的权益证明机制可以被引申至其他领域的互联网交易中作为资产或交易的权益证明，另外，基于区块链技术的产权登记可以简化登记、交易流程，提升交易的透明度。

（五）保险管理

保险行业存在欺诈、理赔烦琐、保险公司与客户通不畅等问题。保险公司为了防止欺诈行为的发生在风险管理成本上耗费大量资金，但仍旧难以避免欺诈行为，使保险公司一直存在额外支付。在保险理赔环节，保险公司为了有效防止保险欺诈行为的发生只能选择执行严苛的理赔流程，然而这带来了极差的客户体验。在保险行业，保险公司与客户之间通常情况下难以直接沟通，需要借助大量的中介机构及保险代理人，而保险中介通常追求自身的利益致使保险公司和客户之间的沟通成本上升、信息不对称。

区块链技术使客户的身份认证和历史信息被记录在区块链中，这些被记录的信息具有可追溯性及不可篡改性，从而使保险公司在客户的身份识别及历史信息追溯上有效降低成本，同时提高反欺诈水平，进而又可以简化理赔流程。基于区块链的所有的记录信息，可以实现透明开放，保险公司与客户可以实现信息的完全对称，简化了中间流程实现去中介化，从而提高交易效率的同时降低交易成本。还可以结合人工智能、大数据等技术对部分险种实行智能合约，自动承接客户、自动执行合约、自动完成理赔。2017年，泰康保险推出基于区块链技术的积分管理平台、上海保险交易所发布区块链底层服务平台"保交链"等事件，说明区块链在保险管理领域的应用已有不错进展。

（六）金融审计

传统审计是对纸质凭证按照一定方式、方法进行抽样、取证、测试等来进行的。随着信息化的发展，大多数企业均实现了计算机记账，一些会计档案和资料凭证也实现了电子化存储，计算机辅助审计成为目前重要的审计方式之一，区块链技术成为公认的未来将对审计改变最大的技术之一。

区块链可以改变审计数据的记录方式、存储方式、实现实时审计和有效复合与追溯。区块链分布式记录、存储数据的方式可以实现数据的高安全性及真实性，可以极大地提高审计质量和效率。采用半公开的私有链，在保证被审计单位资料私密性的同时，实现对被审计单位的实时审计。区块链"时间戳"的存在使区块链上的数据具有不可篡改性和可追溯性，极大地满足了对被审计单位交易信息的有效复合与追溯。2017年，德勤宣布完成了一项区块链业务，实现了采用专业的审计标准对被批准的区块链协议和应用程序进行审查，这标志着区块链在金融审计方面的应用有巨大潜力。

（七）征信管理

我国征信行业目前面临以下问题：一是以企业征信为主，个人征信发展缓慢；二是征信数据缺乏共享，信用画像不够立体；三是单个征信机构数据源采集渠道有限；四是数据隐私保护缺失；五是征信管理长期依赖第三方中心机构。

依托区块链技术可以实现征信数据的共建、共享，摆脱对第三方中心机构的依赖，又可以避免信息孤岛，使信用个体的信用画像更加立体。如果在征信系统的底层嵌入区块链技术，再通过程序算法，能够自动存储大量的历史交易信息，从而能够形成公开透明、不可篡改的征信数据库，同时基于加密技术可以有效保护数据隐私。区块链系统中的每个节点（征信机构）共同参与数据库的构建，采集的数据渠道会得到有效扩展。利用区块链技术能够有效提高征信数据的时效性、准确性和完整性。目前，平安集团已将区块链技术应用于资产交易和征信管理。

（八）云计算解决金融大数据量的应用问题

可以看到，云计算在国内金融产业领域主要的落地方式有两种：行业云（混合云居多）和私有云。私有云是企业传统数据中心的延伸和优化，能够针对各种功能提供存储容量和处理能力。私有云相对于公有云的优势在于：

其是为客户单独使用构建，数据的安全和服务质量都相对更有保障。

混合云顾名思义，由两种不同模式的云平台（共有或者私有）组成。这些云平台虽然是独立实体，但是利用标准化技术进行绑定，彼此就能够进行数据和应用的切换和移动。应用混合云模式，机构可以将安全性等级不高的应用和数据部署到公有云上，充分利用公有云的无限扩展性优势和低成本优势。此外，将安全级别更高的、更加核心的应用和数据放在私有云中，达到私密性要求。

在金融领域，一些经济实力比较强的大型传统金融机构一般会选择私有云的部署方式，它们的核心业务系统和对安全级别要求更高的敏感数据处理部分一般会选择搭载在私有云上。但这种模式需要自主购买硬件产品等基础设施，并要专门团队研究实施基础设施解决方案，搭建过程中对资金和技术能力都要求很高。因此，一些新兴互联网金融机构和中小型传统金融机构一般会选择公有云或者混合云的方式进行云计算的部署，此类部署一般以资源共享为基础，在一定区域的金融行业内形成公共接口和应用。

云计算在金融领域的应用主要集中在行业数据的存取、挖掘和处理方面，当互联网金融行业的大数据积累到一定阶段后，需要云计算和云存储等技术对数据进行处理。也正无限可扩展性和成本相对较低的特点，云计算可以以扩容的方式满足互联网金融大数据处理需求，并实现高效的存取挖掘和提炼处理。而且当大数据积累到可以对用户和行业运营做到有效分析的阶段，通过云计算可以重构用户和行业画像，进而改进行业的服务模式，从而不断地满足客户需求。

总体来讲，大数据是云计算的基础，但没有云计算的大数据就变成没有用的数据垃圾，因此，所有能够运用大数据的行业场景，实际上都必须经过云计算的打磨，才能够实现真正的有效应用。预计，未来随着传统金融系统机构完成完全改造，云计算相对于金融行业将步入一个新的发展阶段。在新的发展阶段中，云计算的通用性和无限可扩展性特性将得到更大的释放，金融行业对于云计算的使用将深入资金管理等核心系统中，以云计算为基础的大数据、人工智能等金融科技将更深层次地改变金融行业的服务模式和行业现状。

二 2017年分布式技术在互联网金融领域的应用发展特点

区块链在互联网金融领域潜在的应用场景众多，经过三个应用阶段的探索，截至2017年，区块链的应用方向逐渐在人们的视野里清晰起来，从数字货币扩展到其他金融、医疗健康、物联网、公共事务管理等各个行业。2017年被称为"区块链合规元年"，也被称为"区块链应用元年"。正如互联网改变传统商业模式一样，区块链技术的应用也将对目前的商业模式进行进一步升级改造。在技术能力足够的前提下，它可以使交易双方无须借助任何第三方中心机构开展经济活动，从而实现低成本的价值、资产、权益转移。云计算在互联网金融领域的应用目前处于全面革新兴起的第二阶段，目前的市场有两个方面的特征：一个是云计算正在全方位地改变金融行业的"互联网化"进程；二是云计算对于互联网金融的改造并未全面深入金融行业核心系统。

（一）区块链的六层模型成为目前其应用的基础架构

区块链并不是单一技术，而是对计算机技术、密码学技术、数学等整合的结果，是一种新的数据记录、存储和表现形式，其一般的基础架构包括数据层、网络层、共识层、激励层、合约层、应用层（见图1）。

通过对区块、链、交易记录及加密方式等一系列的设计构建数据层形成区块链"地基"；对P2P网络组建、传播及验证机制等的设计搭建网络层形成区块链的"墙体"；基于工作量证明、权益证明、股权授权证明等不同的达成共识的机制组建共识层形成区块链"承重柱"；为了激发所有节点积极主动参与记录，需要对发行规则、分配机制等进行规范构成激励层形成区块链的"阶梯"；封装各类脚本、算法和智能合约，确保区块链可编程组成合约层形成区块链的"屋顶"，应用层可以实现区块链的"屋"不同的作用，因此区块链的数据层、网络层等其他五层框架为应用层服务。

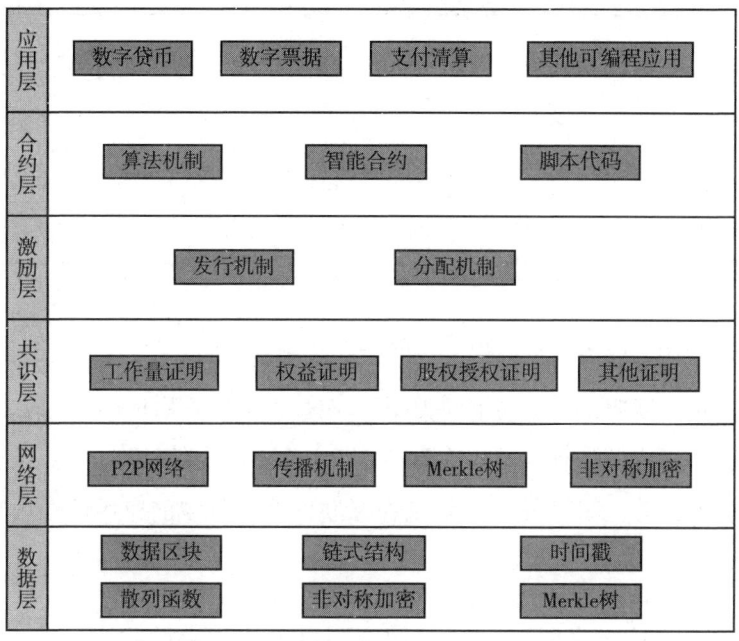

图 1　区块链基础架构示意

（二）区块链的应用场景由单一向多元化扩展

2009 年，比特币的出现使数字货币逐渐走入人们的视野，区块链在数字货币中应用的巨大潜力被人们看好，以比特币为代表的数字货币得以快速发展，比特币的总量被程序设定为 2100 万个，矿工们通过"挖矿"竞争来赢取，预计在 2140 年比特币将被开采出来，截至 2017 年 3 月，全球范围内已有 716 种数字货币，部分数字货币发行时间如表 2 所示。

经过近几年的发展，区块链在金融领域的应用场景不再局限于单一的数字货币，人们开始探索区块链在数字货币之外的其他金融资产的转移上的应用，逐渐将视野扩散至智能合约，包括基于股票、债券、期货、贷款、按揭、产权等金融资产或产权构建去中心化市场交易机制的智能合约成为区块

表2 部分数字货币的发行时间

货币	符号	发行时间	作者
比特币	BTC	2009年	Satoshi Nakamoto
莱特币	LTC	2011年	Coblee
Namecoin	NMC	2011年	Vinced
PPcion	PPC	2012年	ppcion
无限币	IFC	2012年	Ifccony
可可币	COL	2013年	colossuscoin

链重要的应用发展方向。依据区块链的开放程度不同，区块链被划分为公有链、私有链、联盟链，这些不同类型区块链被探索应用于不同方向，例如：审计方面探索应用私有链、征信及清结算方面更适合联盟链、个人支付方面更适合公有链等。2017年，区块链在互联网金融领域的应用已经由单一场景逐渐向多元化场景扩展。

（三）区块链在互联网金融的应用进入逐步落地阶段

2017年被称为"区块链应用元年"，多种区块链在金融领域的应用开始落地。农业银行开发上线农业相关的电商融资产品"E链贷"，工商银行尝试银行资金拨付信息与审计监督跨链整合的区块链扶贫金融服务，平安集团的BaaS区块链平台应用于解决机构之间的同业资产交易业务、零售业务领域和中小企业贷款业务等，腾讯区块链提供数字资产、鉴证服务、分享经济等产品服务，人们看到了越来越多的区块链在互联网金融领域的应用开始落地。2017年区块链在互联网金融领域的应用进入逐步落地阶段。

（四）云计算正在全方位的改变金融行业的"互联网化"进程

2017年，随着金融产业"互联网化"进程的逐渐加速，其必须要应对客户每天数以亿计的业务需求和运维体验做出应答，这就对其计算机系统高效的运行提出了严格要求，而分布式云计算架构下的计算机系统才能满足金融产业需求。但需要注意的是，传统金融行业由于计算机系统的历史数据较多，包袱相对较重，整个计算机系统迁移到云计算的分布式架构仍然需要时间逐步进行，因此，也导致了传统金融行业通常先从非核心业务系统逐步迁移到云计算架构下的计算机系统当中。但对于刚刚兴起的P2P、互联网理财、消费金融等互联网金融"新势力"，则由于没有历史包袱，系统新建时就可以直接采用分布式云计算架构。

（五）云计算对于互联网金融的改造未全面深入金融行业核心系统

虽然在互联网金融领域的应用全面革新的第二阶段已经兴起，但云计算对于互联网金融的改造并未全面深入金融行业核心系统，例如资金管理系统和账户管理系统等核心业务系统，目前仅仅在渠道匹配、人力资源分析、客户运营维护等初级的非关键业务领域方面提升金融行业"互联网化"能力，未来，金融行业对于云计算的使用将深入资金管理等核心系统之中。

三 分布式技术在互联网金融领域存在的问题

分布式技术（区块链与云计算）在互联网金融行业的应用场景较多，对于区块链技术来讲，除了数字货币外，其他领域已经投入运转并形成商业模式的区块链技术的应用尚未出现，区块链技术具体商业应用及研究仍旧处于早期阶段，并未形成统一的技术标准，未来的发展必然面临着诸多难点与挑战，对于云计算技术来说，其发展起步要早于区块链技术，应用的成熟度也要高于区块链，目前，BAT均在提供云计算服务，但云计算在互联网金融领域的应用仍然面临挑战。

区块链在互联网金融领域主要面临技术、法律监管、商业模式设计三方面的挑战，具体如下所述。

（一）技术自身局限性带来的挑战

1. 效率的挑战

区块链技术依靠全民记账的方式完成对数据的记录，随着区块的逐渐增多，对网络中各个节点的存储空间、实时同步的速度、同步交易的容纳能力都提出了严峻的挑战，这种全民记账的数据记录及存储技术事实上是在牺牲一点效率的前提下保证更高的安全性，但这给区块链技术的具体商业应用带来了一定的挑战。

2.能耗的挑战

有研究者指出了区块链的能耗问题：区块链技术在"去中心化""安全""高效低能"三个方面无法同时满足，存在"不可能三角"。区块链投入运用后为了确保足够的安全性和去中心化，必然要牺牲部分"效率""能量"，如何权衡三者的关系或者如何突破三者的"不可能三角"带来的限制成为重要的难点。

3.资源浪费的挑战

在已经投入应用的比特币的网络中，共识机制的方法是"工作量证明"，即网络节点通过贡献自身的计算能力来证明自己的工作，而这部分计算能力被用来解决加密算法，并不会产生任何的实际应用价值，所以这部分的计算能力资源相当于被浪费掉了，如何通过更优的共识机制解决这种形式的工作量证明带来的资源浪费达到节能的目的成为亟待解决的问题之一。

（二）法律及监管限制带来的挑战

新的技术在出现之后的初期总会缺乏相应的规范和统一标准，导致法律难以对其规范，因而法律及监管规则在这方面总是存在一定的滞后性，正是由于上述的原因，区块链在应用实践的初期必然缺乏统一的规范、监管和法律保护，这给市场带来极大的风险。监管层也面临严峻的挑战，区块链的应用挑战监管层的数据处理能力、风险处理能力等，这就使区块链技术在应用的初期一旦出现较大风险，监管层只能采取"一刀切"的政策，从而妨碍技术本身的发展。

（三）金融市场整体设计及商业模式运行的挑战

区块链技术带来的是颠覆传统的信任机制、数据存储及记录方式，必然对目前成熟的中心化的信任机制、数据存储及记录方式提出挑战，要实现区块链技术投入金融市场应用必然对金融市场的整体设计提出挑战，金融产品及工具如何设计、金融市场的整体顶层设计及底层基础如何建立对整个金融行业来说是个巨大的难点。如何解决区块链技术投入商业应用带来的网络外部性问题、找到适当的应用场景和具体的商业模式并权衡投资成本与潜在收益之间的关系成为区块链技术应用的商业模式运行的障碍。

综合来看，云计算在互联网金融领域应用的难点主要体现在以下三个方面。首先，是对于还没有将核心系统架构迁移部署到分布式云计算架构系统上的传统金融行业，如何处理集中式和分布式两种架构长期并存将是未来一段时间内需要考虑的重要问题，特别是如何逐步完成核心业务系统迁移，又能保证现有业务不会受到干扰是一个很大的挑战。其次，金融行业试错风险较高也是云计算系统需要解决的另一个主要难题，因为金融行业存在很多大额交易，每日交易规模都十分巨大，每一笔交易处理不当都有可能让商家蒙受巨大损失，因此，在互联网逐步深入金融核心业务的今天，互联网金融行业对于其计算机系统的稳定性有着较高要求，因此，如何在金融行业的计算机系统迁移过程中少犯错，迁移过后的系统稳定性如何保障都是整个行业需求面对的问题。最后，云计算产品和服务没有针对金融行业的专门评估标准也是一直困扰金融行业技术部门的关键问题。当云计算兴起以后，市场上能够提供云计算服务的市场主体逐渐增加，容错率较低的金融行业在选择合作方和产品时就需要对云计算企业进行专门评估，因此行业评判标准的制定就变得刻不容缓。

四 分布式技术在互联网金融领域发展趋势

（一）短期看，联盟链和私有链更具有发展潜力

现有的经济结构组织形式下，做到完全的去中心化，挑战权威的中心机构的地位实现对金融领域的全面升级尚需较长时间，而弱中心化的私有链、

联盟链则具有更大的前期应用潜力，多中心控制下的联盟链能够有效解决多中心控制下的团体内部信任改善、数据共享共建等问题，降低团体内部机构间信息交流、传输、融合的成本和时间，私有链则对于单个团体内部管理、监督具有重要的应用价值，例如在审计业务、政府对财政支出及公共事务的监督管理等应用方面，私有链具有重要的应用价值。短期内，联盟链和私有链这种具有一定控制性的区块链技术反而是当前金融领域升级改造迫切需要的，而公有链在金融领域中的应用受到参与主体、监管层等诸多的限制，其应用发展落地反而难以短期奏效。

（二）区块链与云计算融合成为重要发展趋势

目前来看，对于一些中小企业来说，应用区块链面临着研发、部署等成本的巨大挑战，而对于实力强劲的科技巨头公司，拥有实力较强的研发团队，具备优秀的研发能力，他们对于区块链技术应用的掌握处于最前端，有将这种技术优势外输的需求。区块链与云计算相结合至关重要，将区块链场景应用系统嵌入云计算的生态环境中，降低应用企业本地化部署的成本，实现强技术能力企业的区块链技术输出落地，能够为中小企业应用区块链技术提供基础支撑条件。目前，蚂蚁金服的蚂蚁区块链、腾讯区块链、京东区块链等除了满足自身应用场景外都在提供基于云端的区块链金融解决方案，未来，区块链与云计算的融合使用将成为区块链技术对外输出的重要发展路径。

（三）区块链与云计算将逐渐触及金融系统核心

区块链技术解决互联网金融领域中价值交换信任体系的构建问题，云计算解决互联网金融体系内日趋增长的数据量带来的计算量的增长和系统的安全稳定问题，区块链与云计算对金融系统的改变必然不会停留于金融系统的表层业务，未来将逐渐深入金融系统的核心，变革金融系统中的价值交换模式、信任机制、资金管理、监督管理方式等方面，实现对金融系统全面的升级改造。

（四）分布式技术与其他金融科技技术结合应用形成生态发展

区块链、云计算集合解决中小企业的应用落地，区块链与人工智能结合解决个性化智能服务定制问题，云计算、大数据、人工智能相结合解决人工智能算力、数据问题，大数据、人工智能、移动互联等技术的发展会推动分布式技术（区块链与云计算）应用，同时，分布式技术能够驱动人工智能的应用升级，延伸其使用宽度，能够优化移动互联、大数据等基础技术的应用深度。未来对互联网金融领域的变革并非依赖某一单一技术，而是多种技术相互促进、影响、提升从而形成良性的生态。

五 政策建议

（一）尽快健全法制，制定标准，营造较好的技术发展环境

区块链、云计算技术在互联网金融领域的应用需要法律、法规体制予以规范，需要相应的标准导引发展。相关监督管理部门应尽快制定相关发展规范，加强对金融消费者权益的保护，提高消费者的风险防范意识，统筹考虑，提炼立法需求，规范基于区块链、云计算技术的金融创新产品，营造较好的区块链、云计算技术发展环境。对于目前区块链、云计算的技术应用标准，相关部门及行业协会应加快研发，确保共识机制、加密技术、分布式记账方式、安全与存储等各个方面有标准可以参考，也应积极参与国际标准的制定，从而促进分布式技术在互联网金融领域应用的健康发展。

（二）建立校企合作机制，注重人才培养及科研成果转化

区块链、云计算技术的快速发展离不开人才的支持，高校及科研院所通常情况下在技术创新和应用扮演着非常重要的角色，在政策层面应建立校企合作的机制和体制，主要通过以下三个层面推动分布式技术在互联网金融领域的应用：一是通过在高校或科研机构开设相关专业或者课程培养区块链、

云计算等复合型的专业人才；二是通过在高校或科研机构建立校企联合实验室、实习基地等方式加强技术创新的同时提高科研成果的应用转化；三是强化企业区块链、云计算技术的实际应用中的理论知识提炼，尽快形成人才培养的核心知识架构，推动理论层面的创新发展。

（三）加强与国际的交流与合作，确保掌握核心技术

出台鼓励和支持有较强技术实力的企业与国际间的交流合作，推动大企业、高效、科研院所参与关键技术攻关、标准制定、示范应用研究，建立与国际知名企业、高校、科研院所交流合作机制，鼓励我国金融机构参与建立区块链、云计算技术实验室、研究机构，加强与国际金融机构间就区块链、云计算技术的金融应用的交流合作，确保掌握核心的应用技术，提升我国在分布式技术金融应用的话语权和有影响力。

（四）制定战略规划了推动业务场景应用布局，强化监管科技能力

区块链具有较丰富的应用场景，云计算能够解决多种场景应用中的计算问题，及早的应用场景布局有利于在技术成果转化方面处于领先位置，我国应当制定区块链、云计算技术的战略发展规划，积极推动对不同业务场景的布局，扶持不同金融细分领域的典型企业参与到技术的研发、应用的探索过程中，鼓励、支持各细分领域有技术、人才、资金优势的大中型企业在区块链、云计算方面的技术输出。可以有效利用区块链的不可篡改、可追溯等技术特性强化监管的科技能力，实现对互联网金融的更深层次的有效监管，提升监管效率。

（五）鼓励创新，正视技术创新带来的金融风险挑战

在鼓励和推动互联网金融各个参与主体积极拥抱技术创新的同时，应当重视区块链、云计算技术创新驱动下产生的新金融模式带来的金融风险，不能为了防范金融风险而限制先进技术驱动下的金融创新，也不能为了鼓励现金技术驱动下的金融创新而忽视其可能带来的风险挑战，因而在鼓励金融机

构参与技术研发、金融创新的同时,应当从多个方面防范技术创新带来的金融风险:首先,利用区块链、云计算、大数据、人工智能等技术提升金融监管能力,用监管科技防范金融科技创新带来的金融风险;其次,推动互联网金融企业建立金融风险防范的内部治理结构确保金融风险的有效化解;再次,建立多层次的风险监督管理体系,确保监管的全面性和灵活性,配置全面的监管法规,保障"事前有预警、事中有防范、事后能问责"的监管实施。

参考文献

陈宇:《浅谈分布式系统数据分布》,《电子世界》2014年第18期。

顾炯炯:《云计算架构技术与实践》,清华大学出版社,2014。

吴朱华:《云计算核心技术剖析》,人民邮电出版社,2011。

虚拟化与云计算小组:《云计算实践之道:战略蓝图与技术架构》,电子工业出版社,2011。

Don Tapscott & Alex Tapscott. *Blockchain Revolution*:*How the Technology Behind Bitcoin is Changing Money*,*Business and the World*,2016。

赵赫、李晓风、占礼葵等:《基于区块链技术的采样机器人数据保护方法》,《华中科技大学学报》(自然科学版),2015年第15(43)期。

李董、魏进武:《区块链技术原理、应用领域及挑战》,《电信科学》2016年第12期。

刘伟、蔺宏宇:《区块链技术原理及基于区块链技术的知识产权服务浅析》,《产权导刊》2016年第11期。

乔海曙、谢姗珊:《区块链金融理论研究的最新进展》,《金融理论与实践》2017年第3期。

Kurt Fanning,David P. Centers.,"Blockchain and Its Coming Impact on Financial Services",*J Corp Acct Fin* 2016. 27(5)。

金宏:《区块链技术在银行业的应用》,《银行家》2016年第7期。

长铗、韩锋:《区块链:从数字货币到信用社会》,中信出版社,2016。

B.7
2017年生物识别技术和加密技术在互联网金融领域的应用

田 杰*

摘 要： 目前，移动设备已经高度普及，与之相配套的加密技术保障了信息的安全传递，满足用户的安全需求及便捷需求，如生物识别技术天然适配金融场景，身份识别角度的应用程度不断加深。相关安全技术有效降低了金融市场摩擦系数及信息共享顾虑，对推动金融市场稳定秩序作用巨大。

关键词： 加密技术 生物识别 安全便捷 互联网金融

一 2017年生物识别和加密技术在互联网金融领域的发展

（一）生物识别在互联网金融领域的发展

随着互联网的发展，人们对线上便捷化服务的需求越来越大，同时，线上信息验证和信息安全保障也越来越重要，生物识别正好能解决线上身份验证问题，且具有多项特点，能够满足普通用户的信息流沟通和资金流交易需求。2013年，iPhone 5S手机首次推出"Touch ID"指纹识别技术。2015年

---

* 田杰：易观行业研究员。

推出第二代"Touch ID",识别速度更快、更准确,用户体验也更好,而后三星、华为、小米等企业相继将指纹识别技术嵌入移动端。2017年,三星S8推出虹膜识别,推动生物识别技术在用户端进一步使用。移动金融领域同期快速发展,生物识别技术在移动金融端已经实现普及。

在金融领域中,指纹识别、虹膜识别、面像识别、签名识别、声音识别和指静脉识别是主要的识别方式。

指纹识别是基于机器将视觉图像采集之后,将采集到的指纹特征信息进行数据化处理并提取关键特征信息,进而与数据库中的指纹信息进行比对,实现指纹识别和匹配,2017年,指纹识别在金融领域依旧处于高速发展阶段,中国招商银行、建设银行率先支持指纹识别,而后平安保险、国泰君安证券也在移动端推出指纹识别功能,生物识别技术在金融领域的应用范围快速扩大。指纹识别是应用最早、最成熟、接受程度最高的生物识别,据中国工信部报告,截至2017年第二季度,中国使用4G流量的用户为8.8亿人,其中大部分移动端配有指纹识别设备。

面像识别是指用摄像机或摄像头采集含有人脸的图像或视频,并自动在图像中检测和跟踪人脸,进而对检测到的人脸进行脸部识别的技术。2012年,脸部识别解锁功能首次亮相在使用安卓平台的 Galaxy Nexus 上;2015年,微软开发了生物特征识别系统 Windows Hello,支持面部识别登录,谷歌推出人脸识别系统 FaceNet;同年,百度宣布人脸识别技术已超越谷歌。经历了长时间的探索,2017年 iPhone X 推出人脸解锁,面像识别在2017年实现全面落地和爆发式发展,多家机构宣布人脸识别率高于99%。2017年,交通银行、民生银行和农业银行相继上线了搭载面像识别技术的自助设备,辅助进行身份证照片对比,为工作人员筛选出80%左右的客户,节省运营成本;同年8月,招商银行、农业银行推出"刷脸取款",也是将面像识别技术应用于 ATM 设备之中,无须银行卡就能完成取款;2017年9月,支付宝宣布在肯德基 KPRO 餐厅上线刷脸支付,无需手机,这是刷脸支付在全球范围内的首次商用试点。目前,面像识别在金融领域已经实现商用落地,落地项目正在快速扩张,面像识别率远远高于肉眼识别。

虹膜是位于黑色瞳孔和白色巩膜之间的圆环状部分，包含生理细节特征，在胎儿发育阶段形成后，整个生命历程中将保持不变。这些特征决定了虹膜特征的唯一性，同时也决定了身份识别的唯一性。虹膜识别正是通过摄像设备采集虹膜信息，数据化处理之后进行数据匹配，进而识别身份信息。2017年，三星S8率先推出了虹膜识别功能，2017年7月，北京亿兆云生物科技有限公司携手北京农商银行建立了金融实验室，创造性地将虹膜识别技术运用到金融银行社保的安全管理中，提高了信息安全和操作体验，取代了传统的密码管理，完成转账汇款。总体来看，虹膜识别技术仍处于探索阶段，落地项目较少，但技术条件已经能够实现。

指静脉识别：人类手指中流动的血液可吸收特定波长的光线，而使用特定波长光线对手指进行照射，可得到手指静脉的清晰图像。指静脉识别是利用这一固有的科学特征，将实现对获取的影像进行分析、处理，从而得到手指静脉的生物特征，再将得到的手指静脉特征信息与事先注册的手指静脉特征进行比对，从而确认登录者的身份。2016年，中国交通银行率先研发指静脉身份认证方案，并推出指静脉识别自助设备，开启指静脉服务金融的序章。就性能来看，虹膜识别的准确性强、安全等级极高，受干扰因素最少，但其操作过程复杂且用户不易接受；指纹识别和面像识别在准确性、安全性和稳定性方面的表现明显优于签名识别和声音识别；掌形识别的准确性相比指纹识别低，且用户接受程度低；指静脉识别在安全性、可采集性和准确性上都有不错的表现，但操作性较难。

（二）加密技术在互联网金融领域的发展

随着互联网金融发展的深化，线上信息的数据纬度快速增加，其重要性也不可同日而语。就货币流动领域来说，我国在货币流通时已经实现了记账式支付和记账式结算，移动支付、扫码支付等已经普及，运用加密技术不仅能防范企业支付间的关键信息被第三方截取，还能保障用户消费时的个人隐私。

加密技术在古代就有相应的加密形似。经过多年发展，目前电子商务、网银、支付、账户管理等金融领域已经普遍使用了加密技术,且相对成熟,从技术层面来看,加密技术分为对称加密和非对称加密,2017年,量子加密技术也有在金融领域应用落地案例。

(1) 对称加密。对称加密时指信息传递方和信息处理方具有相同加密和解密方法,解码算法直接对应加密算法,对称加密的编码加码速度很快,效率也很高。最早的采用加密技术传递军事信息所采用的技术就是对称加密技术,这种加密技术存在的缺陷就是,一旦破解了加密密钥或者解密密钥就能知道对应的密钥。目前,常用的对称算法有DES、IDEA、RC2。对称加密算法的优点是算法公开、计算量小、加密速度快、加密效率高。对称加密算法的缺点是在数据传送前,发送方和接收方必须商定好密钥,然后使双方都能保存好密钥。其次如果一方的密钥被泄露,那么加密信息也不安全。另外,每对用户每次使用对称加密算法时,都需要使用其他人不知道的唯一秘钥,这会使得收、发双方所拥有的钥匙数量巨大,密钥管理成为双方的负担,对称加密算法在分布式网络系统上使用较为困难,主要是因为密钥管理困难,使用成本较高。随着金融企业规模扩大和信息链延长,信息传递过程中的信息损失风险和安全风险越来越高,银行、支付机构在企业内部的信息传递过程中普遍使用对称加密技术。

(2) 非对称加密。非对称加密即加密密钥与解密密钥不同,不能由一个密钥推导出另一个,非对称加密与对称加密相比,其安全性更好,对称加密的通信双方使用相同的秘钥,如果一方的密钥遭泄露,那么整个通信就会被破解。而非对称加密使用一对秘钥,一个用来加密,另一个用来解密,公钥是公开的,秘钥是自己保存的,不需要像对称加密那样在通信之前要先同步秘钥。非对称加密的缺点是加密和解密花费时间长、速度慢,对运算设备要求较高。常用的算法有RSA、DSA、背包算法和椭圆曲线等。非对称加密在技术形态上也是一个相对成熟的技术,随着比特币等数字加密货币的发展,加密技术在运用模式上有了新的突破。目前,多个国家中央银行正在准备推出数字货币,加密技术在金融领域正处于高速发展阶段。

(3) 量子加密。量子密码系统基于量子互补原理(或称量子不确定原理)、量子不可克隆和不可擦除原理,从而保证了量子密码系统的不可破译性,是一种物理加密技术。2017年3月29日,在云栖大会深圳峰会上,阿里云公布了网商银行的一组信贷业务数据在专有云上完成了量子加密通讯,这是这个全球首个落地的"量子加密通讯"产品案例,也是唯一一个将量子技术应用于金融领域的案例。目前,量子加密技术仍处于研发阶段,由于其造价昂贵,技术仍未成型,在互联网金融领域的应用仍处于探索之中。

2017年,加密技术在金融领域产生了两个新的应用方向,一个是数字加密货币,另一个是信用信息共享。

(1) 数字加密货币。市场中的数字加密货币严格意义上来讲是指使用了密码算法的密钥,而非货币,因其密钥具有不可篡改、信息源可追溯、信息公开、计算体系自治、自运行等特点,密钥具有支付属性,如果作为支付手段,此密钥具有交易成本低、安全、无须维护等特点,被市场广泛关注。

作为数字加密算法的密钥,它本身没有价值,价值高低取决于市场的认可,国家发行的数字货币通常有信用背书或者绑定固定商品价值。比特币就是数字加密货币的代表,数字加密货币本质上是分布式网络上的一组特殊的加密数据,这组数据依靠计算机加密算法保障其所属权,并以多节点记录的方式记录其历史交易数据。除了分布式特点外,数字加密货币无须中介以及其他第三方机构认证,无须特定机构发行,相较于传统货币,其交易手续费更低,运行速度更快,其分布式节点记账的方式可以在无银行的情况下实现无误差转账和记账,其交易的安全性也受到了相当严密的保护。2017年,大量数字加密货币上市交易,在形成运用模式创新的同时,也存在大量的违规交易行为,为保护投资者权益,监管机构出台了大量文件控制加密货币风险,2017年数字加密货币的发展也由爆发式发展转变为中高速发展。

(2) 信用信息共享。自2015年央行通知8家征信试点机构准备个人征信业务之后,市场征信行业的发展相对缓慢,征信行业无法发展的重要难点是市场信贷机构不愿意共享信用信息,市场中的信贷机构首先是担心自己用户的信息被盗用,其次是担心收到的信息是虚假信息,还担心信息采集机构将自己的用户信息滥用、倒卖,等等。将加密技术应用于信息共享后,能够直接连通信息需求方和信息提供方,无第三方信息采集机构,避免信息外露,同时也避免信息共享不平等等缺点,因其点对点交流方式,能够驱动机构间提供真实数据,能够有效避免征信市场中信息共享的各种忧虑。2017年,91征信率先将分布式加密技术运用于信息共享,以加密技术推动信贷行业的信用信息共享。

二 2017年生物识别和加密技术在互联网金融领域的发展特点

(一)生物识别在互联网金融领域的发展特点

1. 应用范围扩大化

金融行业因其管理资金量大,易发生各种风险,对社会经济的影响大,所以是一个处于强监管的行业,既是监管其用户资金流通状况,又监管运营模式和内部管理人员。就银行而言,信息泄露、内部管控不严、员工违规受罚、用户信息错误等事件屡禁不止,账号信息泄露、银行卡资金被盗等事件层出不穷,如何加强内部员工管控成为金融机构的困扰,如何提高用户的资金账户安全性和便捷性成为行业的难题。

采用生物识别技术的管控方式,相关职权的人才能进入相关授权区域,查看相关资讯信息,否则进入内部管控黑名单,员工也可以通过指纹、脸部画像等生物信息登陆自己的工作账户,不用担心忘记密码等问题,并且安全性有很大的提高。

在银行领域,只有审核员工征信资料的员工在得到用户授权的情况下才能申请查看用户的征信报告,然而在权责不明、违规查询代价低廉的情况下,很难避免员工的违规查询,生物识别技术能够避免非职权人员越职,也能在查询记录上留痕,从惩处的角度减少违规查询,保障用户信息隐私。

对于证券机构来说,因经常涉及证券市场敏感信息,证券公司为控制内幕信息及未公开信息的不当流动和使用会采取一系列信息隔离措施,证券业协会发布的《证券公司信息隔离墙制度指引》要求证券公司确保敏感信息仅限于存在合理业务需求或管理职责需要的工作人员知悉，未经授权或批准不应获取敏感信息，而证券公司的信息交流又比较频繁，经常涉及敏感信息的传递，传统身份识别信息无法满足便捷性和准确性需求，且无法让信息查阅人留痕，生物识别技术不仅能让跨部门走动人员留痕，还能保证信息阅读和传输者是本人，有效降低信息隔离墙的实施难度。

2. 应用针对性增强

各项生物识别技术在连接应用场景时，会依据其可操作性、安全性的不同，采用不同的识别方法。在账户开立时，需要验证开户人与提交资料是否是同一人，人脸识别是主要验证方法，目前，部分第二代身份证上绑定了指纹信息，指纹认证也成为开户信息确认的一种方式。人脸识别账户开立主要应用于自助终端、柜面系统和移动金融。

人脸识别自助终端是将人脸识别系统嵌入自主服务设备中，利用识别技术将现场采集的照片与后台存储照片进行对比，为后台工作人员提供相应审核资料，进而判断是否本人以进行下一步业务，目前，人脸识别自助终端已经实现银行自助取款机取款、自助开卡、业务变更、密码重置等业务；人脸识别柜面系统是通过现场照片与公安部存储的身份证照片进行对比，能够更简单、科学地实现人证合一，降低主观判断失误率，现已应用于银行、证券、保险等机构的柜台业务中；人脸识别移动金融是将人脸识别技术应用于移动端，进行自动解锁、业务办理等各项业务。

相较于传统的线上开户，植入了生物识别系统的线上开户能够降低用户时间成本、降低券商的开户成本。身份识别技术在保险领域已有相关应用落地，例如平安保险在移动端推出了签名生物识别，使一切信息认证都能在线上完成，提高了线上签单的效率，降低了交易流程，使得互联网保险业务飞速发展。在证券领域，自2014年放开网上开户业务之后，线上开户飞速发展，当时正值牛市，用户开户量暴增，传统的人工审核效率低且错误率高，在激烈的用户争夺战中不能起到后台支撑作用，华泰证券、长城证券率先探索生物识别开户，大大缩减了后台开户流程。

3. 技术迭代加快

支付已经成为生物识别技术在互联网金融领域应用最广的行业，相较于传统的账号+密码支付，生物识别支付具有便捷、安全、不易忘记等优点，省去了银行卡、手机、现金等硬件环境，直接通过生物特征与账户进行关联。在支付时直接扫描生物特征，与云端注册的生物特征进行匹配，确认身份后完成支付。

移动支付是生物识别技术应用最广泛的一种支付方式，按支付方式可分为近景支付和远程支付两种。其有三个基本特征：一是依托于手机、平板电脑等移动终端发起；二是其本质仍是属于账务支付服务；三是具体支付方案多样且创新模式仍在不断出现。对移动支付业务来说，对发起支付行为的用户身份进行认证是非常关键的环节，是账户管理机构判断是否对交易进行授权的重要依据，移动端支付需要满足三个条件才能执行支付，第一是验证是否用户本人，第二是验证用户是否了解本次支付事件，第三是确认能够支付留痕。

指纹识别是支付场景中最常用的生物识别方式，2014年，支付宝率先在三星设备上开启指纹支付，但是仅支持小额免密用户支付，同时，为了保护用户指纹信息，个人生物信息仅存储于本地设备，不会上传至云端，而后微信支付、银行支付等市场主流支付应用都支持指纹支付。目前，支付宝、微信支付、银行支付等各类移动端支付都能够使用生物识别支付。据银联2016年发布的《移动支付调查报告》显示，使用移动端支付的用户中超过九成用户使用过指纹支付，生物识别技术在支付领域已经普及。

4. 业务高度线上化

目前，小额支付多在移动端使用，取款和传统银行大额转账大多需要去柜台办理。就银行而言，移动端大量普及使多数银行业务无须到银行办理，银行离柜率攀升，银行柜员服务成本提高。另一方面，大额转账、大额取款等功能仍需人工操作以识别是否用户本人，采用生物识别技术可完全实现自助转账取款，方便快捷。在移动端，招商银行App 5.0应用人脸识别技术，使用户无须再到柜台进行大额转账。在ATM等设备端，招商银行、中信银

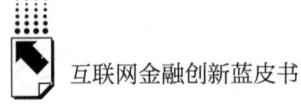

行都推出了远程视频柜员机 VTM，并实现刷脸取款落地，攀枝花市商业银行推出了刷"掌静脉"办理存取款的业务。生物识别帮助金融机构进行第二次服务革命，各金融机构的离柜率会再次提升，服务成本进一步下降。

（二）加密技术在互联网金融领域的发展特点

1. 模式创新大于技术创新

就加密技术的算法技术而言，已经趋近成熟化，就通常的非对称加密法中，公钥一般会使用很大的数字，以目前普通电子设备的蒜粒很难破解其加密算法，在量子技术等解密技术没有突破的情况下，未来十年都很难快速破解公钥密码，所以加密算法已经趋于成熟。在近期推出的加密产品中，加密技术的应用模式创新明显更加重要且多元，加密货币是分布式创新，信用信息共享是应用场景创新，模式创新仍将持续，技术算法上短期难有突破。

2. 加密技术提高了监管难度

加密技术在保障数据安全的同时，也使信息监管更加困难，首先是用户信息具有匿名性，尽管在信息传递过程中的传递数据和端口数据会被记录，但无法连接用户本身，容易滋生黑产交易和违规交易；其次，信息传递过程中一般也使用了加密技术，从而使监管机构无法了解的资金动向；再次，加密技术分布式模式创新使得市场参与主体众多，信息流动频繁，进一步提高了监管难度。

三 生物识别和加密技术在互联网金融领域存在的问题

生物识别技术在互联网金融领域主要存在两方面的挑战，首先是技术问题，其次是生物信息的管理问题。技术方面，各类生物信息都有不同的缺点，指纹生物信息会受到灰尘、蜕皮和成长方面的影响；面像识别会受到光线和面部特征变化的影响，同时，面部特征相似人群，例如双胞胎，其错误率较高；签名识别会受到签名习惯、签名方式等各方面的影响；声音识别会受到感冒、声带变化和噪音的影响，上述这些方面的影响都是技术层面难以根本改变的缺陷。在生物信息管理方面，因为生物信息的稳定性，一旦生物信息被盗或者泄露，其对用户的影响远大于账号+密码。

除去技术本身的风险之外，生物识别还有信息数据被窃取和过度采集的风险，目前，移动智能终端作为生物信息主要载体，与传统生物识别设备相比具有复杂的使用环境，面临恶意软件调用的风险，恶意软件可能冒用用户身份进行恶意操作，如窃取资费、恶意下载收费软件等，这将会给用户带来经济损失，且信息长期有效不易消除。在信息采集端，有些金融机构在应用生物识别技术时可能只需一项生物特征，却采集了多项，这使用户更多的隐私面临被泄露的风险。我国在信息采集方面的法律法规仍未健全，用户隐私信息保护方法仍未规范，信息过度采集仍普遍存在。发达国家的金融业对采用生物识别技术的积极性不高，一个重要原因是这些机构需遵守严格的个人信息保护法规。

生物识别也不能保证百分之百的安全，指纹识别方式能够被指纹膜轻松复制。就安全系数最高的虹膜识别而言，2017年三星S8手机推出了虹膜识别功能，然而，推出不久后，德国黑客组织"混沌计算机俱乐部"宣布三星S8的虹膜识别被破解。他们使用一部普通相机在夜间模式下拍摄一张带有人眼的红外照片，打印出来将隐形眼镜放置在照片眼球位置，就能成功骗取虹膜识别。很多用户和科技公司都认为虹膜识别安全性很高，但是在日常生活中虹膜很容易被窃取。

总体而言，尽管生物识别技术面临不少风险与挑战，相较于传统的识别方法，其安全性和便捷性仍具有跨越式的发展，生物识别技术也将不断发展成为金融行业的主流识别手段。

加密技术作为信息安全保密技术目前仍处于高速发展中，其本身并未面临较大的难点和挑战，但在其与金融行业相结合的时候，其特有的去中心化、匿名化和虚拟化导致加密货币无信用背书，其价值波动加大。在信用信息行业，加密技术仅能解决线上信用和数据问题，不能解决线下数据造假问题，难以从根本上解决信息共享难点。

采用加密技术的数字货币在作为支付手段时，虽然保护了用户隐私，但也带来一些问题，因其匿名性，交易结束后，如果一方携款逃逸，对方很难进行追踪。2014年全球最主要的比特币交易平台 Mt. Gox 出现黑客利用系统漏洞盗取客户比特币，损失超过4.5亿美元。由于交易的隐私性，比特币也为毒品、走私、绑架等非法交易提供了方便。当数字货币提供支付便利的同时，也出现了一个较难监管的金融领域。

四 生物识别和加密技术在互联网金融领域发展趋势

（一）识别模式多样化

在生物识别技术发展早期，身份识别是采用单因子验证，尽管相对于传统账号+密码模式更加安全和便捷，但其仍面临不小的安全风险。未来，单因子验证会发展为多因子验证和活体检测，提高识别率，使得远程身份审核的准确性趋近于100%。同时，生物识别模式也会根据金融交易重要性进行分层验证，低交易额仅通过指纹或者面部识别即可完成，大额交易会通过虹膜识别和面像识别等多重审核。

（二）应用场景进一步扩展

现阶段，生物识别在金融领域的主要应用于账户登录、支付和身份验证，未来，其应用场景还将大幅度扩展至线下，生物识别技术将更多地应用于物联网之中，全金融业务的身份验证和交易过程都将通过生物识别技术完成。支付端，商场零售、生活购物等主要场所将通过生物识别完成。

（三）新识别模式加速落地

随着技术设备和算法能力的提高，账户+密码、签名等传统身份验证将被生物识别完全取代，与此同时，虹膜识别、指静脉识别、基因识别等前沿识别方式不断落地，因其安全性更强，会逐渐获得更多的市场份额，生物识别方式会出现分层化验证，多项识别方式分层互补，满足所有种类的验证需求。

五 政策建议

（一）加强法律法规研究

随着移动互联网的快速发展，生物识别技术和数据加密逐渐应用到多种金融场景，由此衍生出生物特征信息安全和个人信息保护等相关问题，相对于外国成熟的法律框架，我国亟须完善和制定相关的信息保护、网络信息安全等相关法律法规，规范生物识别的适用范围、技术安全和信息保护，确定信息加密技术的总体框架，禁止恶意破坏加密信息。加强生物识别领域的安全监管、就业、伦理等重大政策问题研究，完善产业发展环境，支持生物识别技术和加密技术的产业发展。

（二）加快关键技术研发和安全体系研究

加快机器学习、移动互联网、大数据技术等技术的研发与融合，优化创新生物识别的算法，对生物特征采取安全性高的传输、存储加密手段，加强对生物特征信息保护。生物识别本身就是一种生物加密手段，从技术角度来看具有很高的相同性，加强相关技术的研发能够同时扩大两项技术的融合和场景应用发展，在扩大生物加密技术应用的同时，也需要重视用户信息保护方面的研究。

（三）加强相关金融标准研究，建设公共服务平台和服务体系

近年来，生物识别信息的安全性要求和标准不断提高，但对生物识别和加密技术相关金融标准的研究较少，未来需加强对运用到金融场景的生物特征的服务注册、使用、传输、储存和相关设备的标准研究。加强涉及生物识别公共数据资源库、标准测试数据集、云服务平台，以及标准、测试、专利服务等创新支撑平台的建设。

参考文献

陈庆来、乔冠峰、殷西、乔燕：《生物识别技术在银行业的应用》，《河北金融》2017年第4期。

廖敏飞、黄瑞吟、刘丽娟：《生物识别技术在金融行业的应用现状与前景分析》，《金融电子化》2016年第4期。

静妍：《生物识别技术在电子商务领域的应用》，吉林大学硕士学位论文，2012。

喻凌云：《基于生物特征识别技术的金融安全理论与方法研究》，中南大学硕士学位论文，2012。

毛巨勇：《生物识别技术的发展与现状》，《中国安防》2010年第8期。

蒋颢：《金融自助服务领域生物识别技术可用性研究》，大连海事大学硕士学位论文，2007。

韩从梅：《数据加密技术在计算机安全中的应用研究》，《信息与电脑》（理论版）2016年第3期。

邓亮：《数据加密技术在金融交换系统终端中的应用》，《苏州大学学报》（工科版）2008年第4期。

张述平、杨国明、时武略：《数字加密技术与应用》，《福建电脑》2006年第7期。

模式创新篇

B.8 互联网支付模式创新推动数字经济发展进入新阶段

徐晓梅*

摘　要： 从最初的现金到银行卡再到互联网支付，历经多年时间，支付方式已发生巨大变化。目前，用户最常使用的支付方式是互联网支付。互联网支付热度不断提升，相应地，其面临的监管也日趋严格。本报告对银行支付、非银支付的互联网支付模式与市场的崛起进行了基本梳理，互联网支付整体呈现几大特征：洗牌效应明显、市场竞争激烈、支付生态建设火热、B端市场仍是蓝海。本报告总结发现，移动支付使金融服务更"便宜"、移动支付使金融覆盖率更高等趋势。在我国面向农村地区的普惠金融发展实践中，移动支付已经成为

---

* 徐晓梅，零壹智库行业研究员。

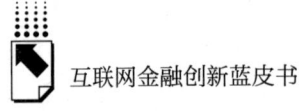

解决农村金融服务最后一公里的重要手段。

关键词: 互联网支付 数字经济 模式创新

一 发展情况

互联网支付是指以互联网为基础进行的一种支付方式,其中可以分为网络银行直接支付、第三方辅助支付、第三方支付平台。中国支付主体由人民银行、银行业金融机构和非银行支付机构构成。中国人民银行支付系统起着中心枢纽作用;银行业金融机构支付系统起着主干作用;新兴非银行支付机构则为末端触角,是支付行业践行数字普惠金融的主力军。

中国人民银行副行长范一飞在 2017 年全国两会期间的发布会上透露,从 2013 年到 2016 年,支付机构年处理业务量从 371 亿笔增加到 1855 亿笔,金额从 18 万亿元增加到 120 万亿元,年复合增长率分别达到 71% 和 90%。其中,网络支付业务增长更快一些,2016 年支付机构业务量和金额同比分别增长 102% 和 87.6%。

从宏观的角度来看,支付系统由中国人民银行、银行业金融机构、非银行支付机构三部分构成。网联作为银行业金融机构和非银行支付机构的桥梁,起到上传下达的作用。截至第三季度末,共有 15 家全国性商业银行和 9 家支付机构接入网联平台,支付机构发起的涉及银行账户的网络支付业务有序从直连通道切换至网联平台。支付系统的笼统架构如图 1 所示。

中国人民银行发布的 2017 年第四季度支付体系运行总体情况显示,2017 年第四季度,全国共办理非现金支付业务 471.13 亿笔,金额 957.69 万亿元,同比分别增长 25.26% 和 0.25%。

移动支付业务量增长较快。第四季度银行业金融机构共处理电子支付业务 407.98 亿笔,金额 593.31 万亿元。其中,网上支付业务 134.17 亿笔,金额 503.04 万亿元,笔数同比增长 2.42%,金额同比下降 3.10%;移动支付业务

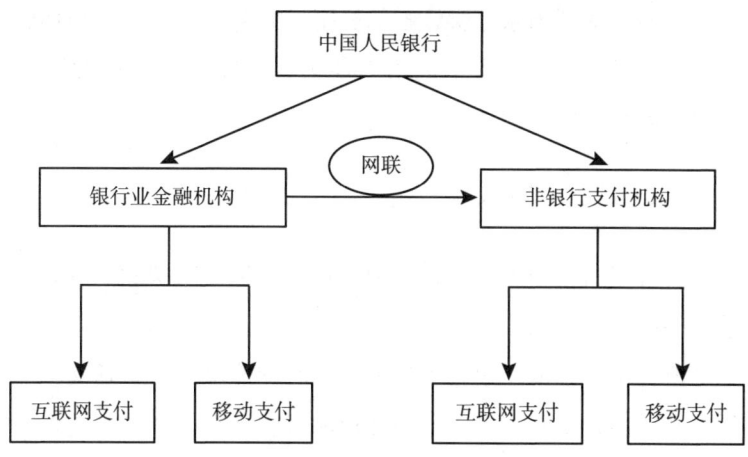

图1 支付系统架构

99.04亿笔，金额53.77万亿元，同比分别增长35.13%和31.90%；电话支付业务3925.29万笔，金额2.08万亿元，同比分别下降53.49%和60.66%。

第四季度，非银行支付机构处理网络支付业务985.34亿笔，金额46.32万亿元，同比分别增长86.76%和49.37%。

另外，央行从第三季度开始将网联纳入"支付体系运行总体情况"。截至第四季度末，共有248家商业银行和65家支付机构接入网联平台，各支付机构有序将涉及银行账户的网络支付业务从直连通道切换至网联平台。

（一）互联网支付基本定义、概念

顾名思义，互联网支付是一种网上交易形式，整个交易过程都在线上完成。

从广义层面来说，互联网支付就是通过计算机、手机等设备，依托互联网发起支付指令、转移货币资金的服务；从狭义层面来说，在中国人民银行（简称"人行"）颁发的《支付业务许可证》（又称"支付牌照"）领域中，互联网支付是网络支付的一种，且是七种支付牌照类型中最值钱的一种（七种支付牌照包括互联网支付、银行卡收单、预付卡发行、预付卡受理、移动电话支付、固定电话支付、数字电视支付）。

从微观层面上说，互联网支付直接涉及用户的财产安全等切身利益，从宏观层面上，还关系到国家金融体系的稳定。如第三方支付公司拥有巨额的沉淀资金，获得了开展金融业务的潜在能力，能够对整个金融体系产生影响。从保证国家金融安全的角度看，政府监管肯定是必要的。

（二）互联网支付的表现形式

互联网支付的出现为人们的日常消费带来了极大的便利，其表现形式为网银支付、移动支付以及第三方支付。

一是网银支付，指网上银行支付，是即时到账交易，包括网关支付和银行卡支付，其特点是银行卡需要提前开通网银支付功能，且在支付时完全是在银行网银页面输入银行卡信息并验证支付密码，具有稳定易用，安全可靠的特点。目前网银支付支持国内20多家银行的借记卡和信用卡。

二是移动支付，指用户使用其移动终端（通常是手机）对所消费的商品或服务进行账务支付的一种服务方式。

三是第三方支付，指一些和产品所在国家以及国内外各大银行签约并具备一定实力和信誉保障的第三方独立机构提供的交易支持平台。一般来讲，第三方支付平台是指由中国人民银行颁发《支付业务许可证》（又称"支付牌照"）的支付公司，目前全国拥有支付牌照的支付公司共243家。

（三）互联网支付推动数字经济成效

据人行和银监会数据显示，截至2017年9月30日，除人行支付系统外，还有2467家银行业金融机构（也称"银行"）、247家非银行支付机构可提供支付业务。

随着近几年互联网支付的发展，国内经济也有显著的提高。2010~2016年，第三方支付交易规模从1550亿美元增至11.4万亿美元，增长了超过74倍。其中，大约16%的交易与消费相关，56%来自个人之间的转账。①

---

① 高盛（Goldman Sachs）：《支付：生态系统之门》，载《金融的未来：中国金融科技崛起》，2017。

在这过程中，非银行支付机构表现较为突出。截至 2018 年 1 月中旬，非银行支付机构处理的支付业务笔数已超过银行业金融机构，且呈扩大态势。2013 年非银行支付机构占银行的比例为 65%①，2014 年起一路攀升，2017 年第三季度已达到了 644%。另外，非银行支付机构的单笔额度呈下降趋势（见图 2 和图 3）。

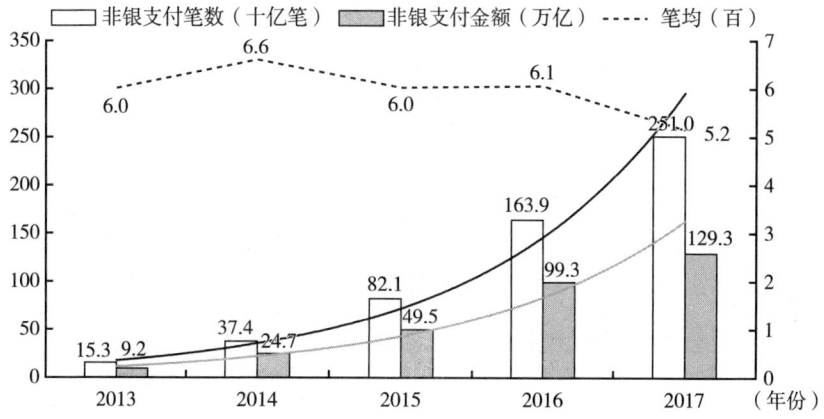

图 2　2013~2017 年第三季度末非银行支付机构支付总量

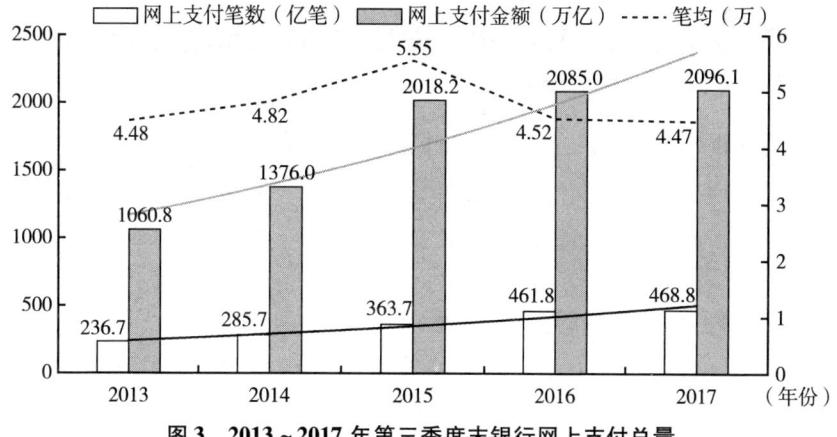

图 3　2013~2017 年第三季度末银行网上支付总量

---

① 零壹财经·零壹智库：《数字普惠金融：全球趋势与中国实践》，2018。

高盛报告还指出,在中国全部的第三方支付交易中,75%的交易额通过手机完成。相形之下,美国的商业支付市场,仅有20%的交易通过手机完成。

在智能手机普及的大潮中,移动支付几乎成了互联网支付的"代言人",通过移动通信终端发出支付指令,实现货币支付与资金转移(见图8-4)。

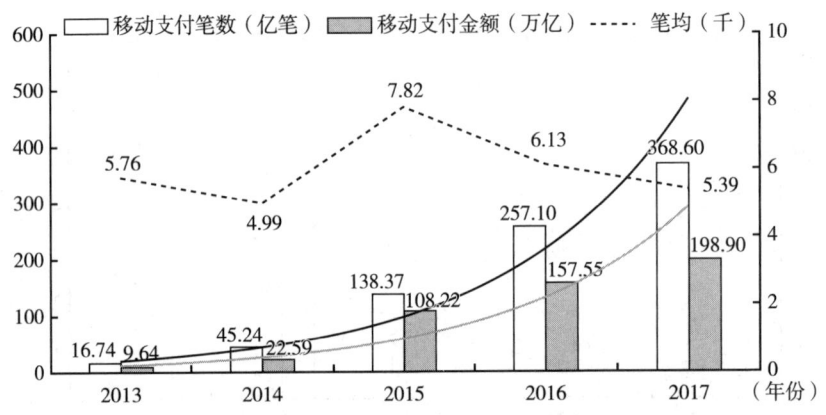

图4 2013~2017年第三季度末银行移动支付总量

从数据可以看出,支付交易量持续增长,同时单笔金额逐年下降。而支付覆盖人群逐年增加是交易量持续增长的重要原因,覆盖的长尾人群日渐增加是单笔金额逐年下降的原因之一。

由于非银行支付机构业务对象更偏向中小微企业和各类个人客户,连接众多千家万户,尤其是支付宝和微信支付。因此,非银行支付机构在践行数字普惠金融方面,发挥着积极作用。

(四)两大巨头普惠潜力较大

随着智能手机的普及,支付宝和微信等的用户越来越下沉。TrustData 2017年8月报告数据显示,支付宝用户数量方面,2017年支付宝用户达5.2亿户,移动支付占比达82%;商户端,2017年支付宝覆盖了全国4000多万个小商家,累计接入了36个境外国家和地区的数十万商户。业务范围方面，超过30个城市公交、地铁支持支付宝；2亿多用户在办理社保、交通、民政等12大类的100多种服务时，可使用支付宝。在贫困地区覆盖率方面，在832个国家级贫困县和连片特困地区县中，蚂蚁金服服务了795个，为其提供支付、信贷等服务。整体来看，支付宝用户数量大、业务范围较广、贫困地区覆盖率高，实践数字普惠金融潜力较大。

微信日登录用户达9亿户，其中，活跃老年用户（55～70岁）达到5000万人。月社交支付次数较上年增长23%，月线下支付次数较上年增长280%。巨大的活跃用户数和较快的支付增长率，为微信支付践行数字普惠金融提供了潜在空间。

二 发展特点：支付市场监管、竞合与创新之路

（一）洗牌效应明显

目前，整个支付行业面临严监管、大洗牌。

2017年1月13日，中国人民银行（简称"人行"）下发《中国人民银行办公厅关于实施支付机构客户备付金集中存管有关事项的通知》，要求支付机构应将客户备付金按照一定比例（约20%）交存至中国人民银行专用存款账户，该账户资金暂不计付利息；12月29日，人行下发《中国人民银行办公厅关于调整支付机构客户备付金集中交存比例的通知》，要求2018年2月至4月按每月10%逐月提高集中交存比例；第二季度起按新的集中交存比例（约50%）交存客户备付金，交存金额恢复按季度调整。

8月4日，人行下发《中国人民银行支付结算司关于将非银行支付机构网络支付业务由直连模式迁移至网联平台处理的通知》，明确了支付机构直连迁移网联平台的具体时间点，即2018年6月30日起直连模式将被全部切断。对支付机构而言，过去直连银行、依靠客户备付金获取利差的盈利模式将成为历史，第三方支付行业将更加规范化、透明化。

11月13日，人行下发《中国人民银行办公厅发布关于进一步加强无证

经营支付业务整治工作的通知》，以持证机构为切入点，重点检查持证机构给无证机构提供支付清算的违规行为，从源头切断无证机构的支付业务渠道，遏制支付服务市场乱象。此通知是对支付行业较为严厉的整顿文件。

12月25日，人行下发《中国人民银行关于印发〈条码支付业务规范（试行）〉的通知》，对条码支付业务的实行分级管理以及限额要求。此通知可以使条码支付的安全进一步增强，损失变得相对可控。

2017年人行对第三方支付公司具体做了什么？首先是大量的注销支付牌照，截至2018年2月底，共有28家支付公司失去了支付牌照，且多数是预付卡支付公司。其次是大量的支付公司被处罚。截至2018年2月底，国内支付牌照已缩减至243张，除了第一梯队的支付宝和财付通等，第二梯队以及第三梯队的支付公司所占市场份额寥寥无几。

除了人行对支付行业的洗牌，支付公司也迎来利好时期。

2017年6月30日，非银行支付机构网络支付清算平台（简称"网联"，又称"网络版银联"）正式上线，是一个线上支付统一清算平台，在央行指导下，由中国支付清算协会组织支付机构，按照"共建、共有、共享"原则共同发起筹建。网联的成立在一定程度上，为小支付公司带来了新的机遇。

小型支付公司面临的一个普遍性问题是，因为通道不全，难以对用户形成有效的吸引力。第三方支付公司直接入股网联平台之后，增加了其进军金融的砝码。对于中小型第三方支付公司来说，减少了对接不同银行的费用支出，网联的统一平台，也提升了第三方支付公司的风险防范能力。

另外，在接入银行数量方面，小型第三方支付公司可以获得与支付宝、财付通等平等的地位。因为不再受制于通道，降低了需要对接多个银行支付网关的成本，第三方支付公司就可以利用更多的资源，在产品和服务方面进行创新。

（二）市场竞争激烈

移动支付的发展已形成五家互联网企业包括百度、阿里、腾讯、京东以及中国银联（合称"BATJU"）相互竞争的局面。

BATJU的竞争使越来越多的支付场景被开发出来。从2017年开始，国内支付市场比较受欢迎的领域是公共交通，目前支付宝、微信以及中国银联都在公共交通领域有所布局，其最终目的是提高用户的黏性。

2017年，BATJU在国内布局支付业务的同时，也在积极拓展海外支付市场。特别是支付宝和微信支付在海外的业务布局尤为明显。很明显，东南亚成为BATJU争抢的支付战场。目前BATJU均和泰国公司达成战略合作，打开东南亚支付市场。

2017年5月9日，中国银联宣布其旗下子公司银联国际与国际卡品牌维萨、万事达在曼谷共同宣布，三方将合作推出泰国通用二维码标准，作为泰国中央银行向当地金融机构和商户的推荐标准；9月15日，京东金融宣布与泰国最大零售企业尚泰集团达成合作，并成立合资公司；9月16日，蚂蚁金服宣布与泰国开泰银行达成合作，双方将进一步加强合作向泰国商家推广二维码支付手段。

另外，作为三大运营商之一的中国电信也按捺不住了。其旗下第三方支付工具翼支付也与澳大利亚多家商户达成合作关系，并表示在2017年下半年陆续进入日本、韩国、泰国、新西兰等多个国家，为更多的中国游客提供金融服务。

据了解，国内第二梯队以及第三梯队的很多支付公司都空有一张支付牌照，却没有开展实质性的业务，因此人行在第一批、第二批以及第三批支付牌照续展过程中，要求10家支付公司合并支付业务，被合并的支付公司已经被注销支付牌照。

同时，由于支付市场是一个"大蛋糕"，除了BATJU外，很多互联网企业也开始进入并抢占这一市场。但困于没有支付牌照，互联网企业无法开展支付业务。再加上央行曾公开表明，一定时间内将不再发放新的支付牌照。因此，互联网企业若想开展支付业务，其唯一的途径就是通过并购第三方支付公司曲线获得支付牌照。

据零壹财经·零壹智库不完全统计，2017年共有7家非银行支付机构被并购,其中互联网支付或移动支付业务有3家,银行卡收单业务3家,预付卡发行与受理3家(两家支付机构有多张支付牌照)。

(三)支付生态建设火热

近几年,随着互联网的发展,移动支付越来越多地走进广大人民群众的生活。线上支付市场被抢食的同时,越来越多的支付公司也开始回归线下。

从行业发展的角度来看,原因主要分为两个方面:首先线上用户增速放缓,流量红利见底,获客成本剧增;其次线下边际获客成本基本持平,且用户忠诚度较高。对比之下,线下零售渠道的价值被重估。特别是在国家鼓励将科技金融运用到实体经济时,线下开始成为众多公司抢食的对象。

近来实体经济整体呈现回暖趋势,随着线下支付场景的崛起,很多线下实体的场景优势被挖掘。和线上单一的互联网支付模式不同,线下场景中刷卡、扫码、NFC等支付方式呈多元化发展。例如拉卡拉通过线下收单终端与线上聚合支付相互配合,以"线下+线上"的模式,覆盖场景支付中所有的收单途径,促使线下消费的场景红利快速释放。许多线下消费场景是线上无法替代的,如以医疗、餐饮、美容、服务等线下体验为主的消费场景,第三方支付从线上回归线下已经是大势所趋。支付宝以及微信的二维码支付是走向线下的典型案例。过去,消费者支付的主要方式是刷卡与现金;如今,流行的支付方式是二维码支付,或者是智能设备NFC支付等。

每个消费者的偏好不同,商家既需要准备POS机,又要贴出二维码(主扫,若商家设有相关的扫描设备,属于被扫)。这对于商家来说不仅增加成本,还会使整个账面变得分散,传统的POS机已经无法覆盖所有的支付方式。随着技术的进步,POS既更新换代成智能POS机,可以为各行各业提供支付解决方案。目前,智能POS机提供商的代表是拉卡拉,其覆盖范围已经包括零售、酒店、教育等应用场景。

（四）客群：用户的争夺

大多数的 C 端用户都被支付宝和微信所占据。支付宝的用户数量方面，期官方数据显示，2017 年支付宝用户达 5.2 亿户，移动支付占比达 82%，通过和境外伙伴合作全球还衍生出 7 个"支付宝"本地钱包，正在服务 2.8 亿的当地人；腾讯数据显示，微信日登录用户达 9 亿户，其中，活跃老年用户（55~70 岁）达到 5000 万人。线上支付市场逐渐被支付宝和微信支付瓜分，线上用户也几乎达到饱和状态。

之前，支付宝也想做社交，以巩固其用户群，于是 2017 年 2 月，支付宝开发了一款类似于朋友圈的"生活圈"产品。生活圈有以下四种规则，①"校园日记"：只允许女性在校大学生发帖；②"生活在海外"：只允许部分国家和地区（包括中国香港、澳门、台湾）的女性发帖；③"白领日记"：只允许女性发帖；④芝麻信用分 750 + 能评论。一时间"生活圈"引起热度关注，本来想打造社交圈的支付宝，最终以失败告终并关闭该功能。

支付宝、微信以及中国银联为了获取更多的用户群，几乎是不惜任何代价吸引用户。如大规模进行"补贴"大战，然而和补贴时的狂欢对应，补贴之后则是一片死寂，真正能留住的用户少之又少。特别是银联的"云闪付"的"补贴"活动，由于 NFC 的局限性，并不是全部覆盖全部的用户，导致部分人只是薅羊毛，用完之后就放在一边或者直接卸载相关 App。虽然增长的用户可能不多，但确确实实有所增长。还有支付宝和微信的"红包大战"。无一不透露着几大支付巨头争夺用户的急迫感。

2018 年 1 月 2 日，中国支付清算协会发布了"2017 年移动支付用户调研报告"。调查结果显示，2017 年男性用户占全部移动支付用户的 52.3%，女性用户占全部移动支付用户的 47.7%，移动支付女性用户占比有所提升（见图 5）。

从用户年龄上看，30 岁以下用户群体数量增加明显。2017 年，移动支付用户中 30 岁以下群体人数最多，占比 80.9%；31~40 岁用户次之，占比 14.4%；41~50 岁及 51 岁以上用户占比分别是 3.6% 及 1.0%（见图 6）。

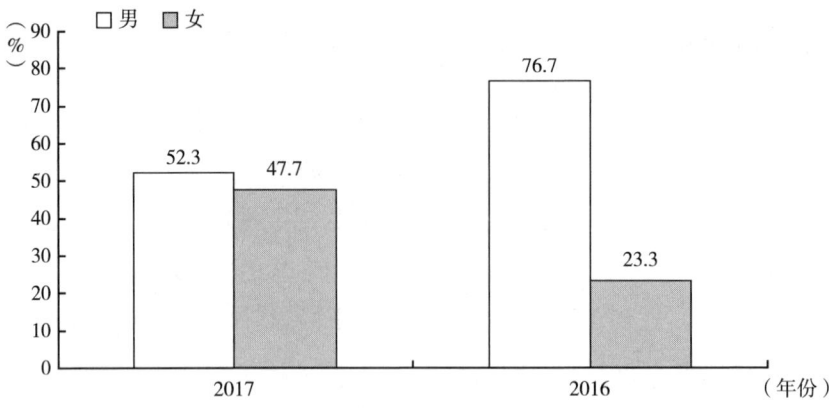

图 5 移动支付用户性别比例

资料来源：中国支付清算协会：《2017年移动支付用户调研报告》。

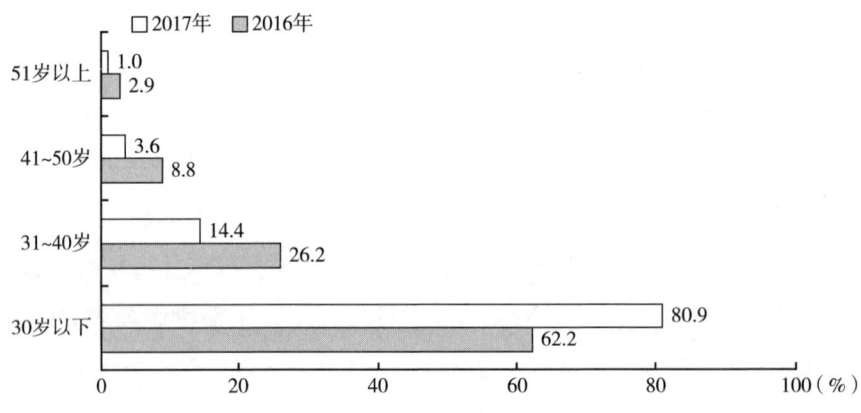

图 6 移动支付用户年龄比例

资料来源：中国支付清算协会：《2017年移动支付用户调研报告》。

另外，从用户城乡分布上来看，2017年，各大省会城市的移动支付用户最多，占比34.5%；地级市排名第二，占比27.7%；直辖市排名第三，占比21.5%；县域地区排名第四，占比10.7%；乡镇和农村地区占比分别是3.4%和2.2%（见图7）。

总体而言，移动支付的用户群体在逐渐增长，应用场景日趋丰富、收入提高、发达城市移动基础设施完备等都为移动支付的发展提供了便利条件。

互联网支付模式创新推动数字经济发展进入新阶段

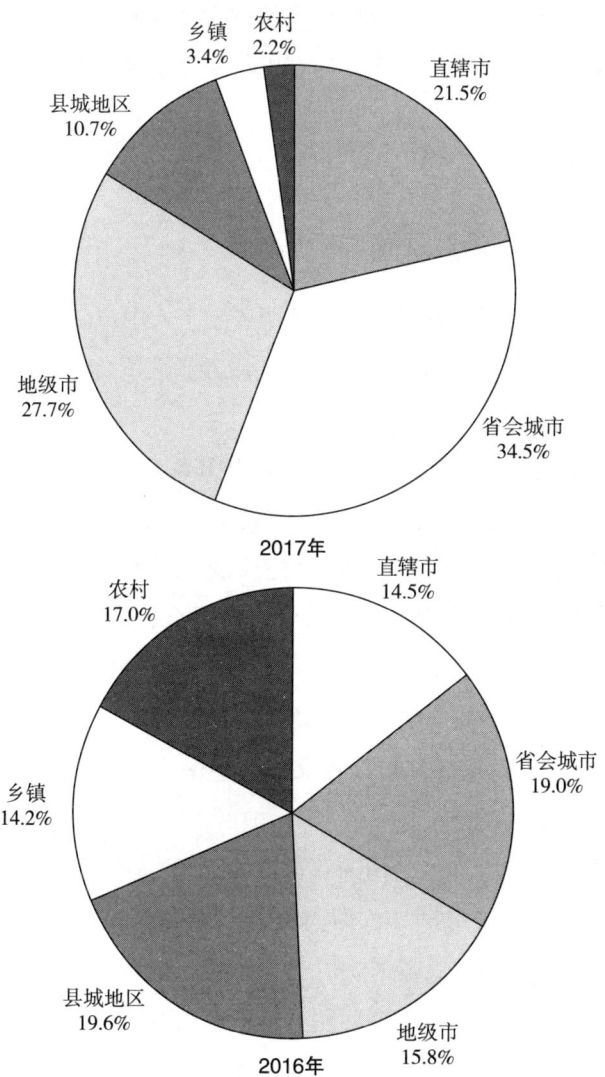

图7 移动支付用户城乡比例

资料来源：中国支付清算协会：《2017年移动支付用户调研报告》。

除了支付宝、微信等在打价格战，很多金融机构为了争夺用户群体，也在想方设法做一些"满减"活动等。这些公司这么大费周章地去争抢一些用户的实际原因在于，目前随着互联网金融以及金融科技的不断发展，越来越多的用户使用移动支付,其背后消费的数据才是关键。

支付是金融的最后一道程序,拥有支付牌照就相当于完成了闭环。交易量可以带来数据流,支付公司累积的数据可以运用到各行各业的服务中,有利于行业的开展。

(五)B端市场仍是蓝海

一般情况下,支付宝和微信更多地服务于个人用户。也正是由于这种原因,很多的支付公司转型做B端市场,如服务于消费金融、P2P借贷、第三方托管等领域。

第三方支付是典型的双边市场,既拥有B端市场(企业用户)又拥有C端市场(个人用户)。由于个人用户的规模会直接影响商家对支付平台的价值判断,因此C端市场是第三方支付公司之间互相竞争的重要市场。

双边市场指考虑一个对每次交易收费的平台,向买者和卖者分别收取aB和aS的费用。如果已实现的交易量D仅依靠总价格水平$a = aB + aS$,即交易量对总价格水平a在买者和卖者之间的再分配不敏感,那么双方之间交易的市场是单边的(one-sided)。相反如果a保持不变而交易量D随aB变化,那么市场是双边的。

这样看来,第三方支付公司的双边市场特性比较明显。一方面,第三方支付平台需要同时连接用户(也即消费者)和商家,商家对平台的接入程度受支付平台用户数量的影响;另一方面,对于交易的双方,第三方支付公司通常对商家收取一定费用,而对用户通常是免费的。

虽然支付宝和微信支付的市场份额已经超过90%,主要针对的是C端市场,但B端市场还是一个蓝海,目前很多支付公司已开始入局并发力。

近两年,第三方支付持续保持增长的态势,主要得益于P2P借贷、消费金融、理财等互联网金融行业。易观分析指出,场景渗透、用户运营、生态建设正在成为支撑当前移动支付市场增长的三大因素。

在场景渗透方面,如支付宝、微信以及中国银联在公共交通场景的尝试。无论线上还是线下,消费场景的不断拓展有利于移动支付的全面覆盖。

在用户运营方面，如滴滴出行在移动出行大战中培养的移动支付用户，还有支付宝、微信支付的随机立减活动等。在生态建设方面，移动支付充当的多数是基础设施角色，为商家提供场景的入口，并提供一系列的增值服务，如支付宝目前已经形成生活缴费、互联网理财、支付等一体的金融闭环。越来越全面的服务也凸显了移动支付的生态化趋势。

（六）创新业务、模式涌现

鉴于第三方支付市场份额大多数已经被支付宝和微信支付瓜分，剩下的支付公司要么转型，要么开发新的支付模式。上文提到交通支付方式的改变也正是支付创新的表现。

移动支付的盛行，只允许现金支付的场景越来越少，用户只需要借助手机就可以完成付款功能，人们的生活越来越趋向于智能化。更重要的是，以移动支付为基础，新的业态开始不断产生。移动支付带来的不仅是便利和效率，更重要的是，其带来的"数据化"能够更好地连接商家和用户，有助于更精准地研发产品，设计营销策略。

中、工、农、建、交五大行均已有相关的支付创新业务，如2017年9月，中国农业银行贵州支行ATM上线"刷脸取款"业务；12月，中国建设银行广东某支行试点ATM"刷脸取款"。

除了各大银行开展支付创新业务，BATJ也开拓了更多的创新支付业务，拓展的场景也越来越宽。2017年8月28日，苏宁的全国首家无人店"苏宁体育Biu"在南京开业，采用了刷脸支付的技术；8月底，京东线下的京东之家体验店已经开始内测"刷脸支付"功能；9月1日，支付宝在肯德基的KPRO餐厅上线"刷脸支付"：不需要手机，刷脸即可支付，这也是"刷脸支付"在全球范围内的首次商用试点。拉卡拉作为首批获得央行颁发的第三方支付牌照的企业，其用户群体覆盖全国300多个城市。

目前，在一、二线城市，支付方式呈现多样化趋势。而县级市、农村及社区等区域，可能连银行卡都尚未普及。接下来，拉卡拉未来发展的重点将放在县级市、农村及社区等领域上。其建立了从线上到线下的全渠道布局，产品业务全面覆盖软件端与硬件端，服务金融长尾市场，打通了普惠金融的最后一公里。

特别是网联的成立，为支付行业营造了一个公平、公正的环境。网联将支付公司的提供支付服务身份与转接清算职能相互分离，确保了市场参与者可以站在同一起跑线上，使支付公司在业务处理、价格等方面享受同等待遇，能够充分发挥面向终端用户的业务创新优势，形成价格、服务的差异化竞争。也就是说，网联能够降低支付网关的使用成本，激励第三方支付公司进行产品和服务创新等。

总的来说，网联的出现，是为了改变现有第三方支付公司直连银行网络带来的各种问题，如多方关系混乱、监管上有漏洞、安全无法保障等。

除了国内的第三方支付公司，国外的支付也在不断开展创新业务。如美国移动支付公司Square成立于2009年，并于2015年11月正式登陆纽交所。其致力于为中小商户提供刷卡支付的解决方案，起初Square的产品是一个可以插在智能终端上的小型刷卡器，用户可在任何地方使用信用卡收付款。目前Square还为B端商户提供创建网络商户、资金垫付、工资结算、客户管理、数据分析等服务；对于C端用户，Square曾先后推出无卡化支付工具Square Wallet和先订餐后享用服务平台Square Order，但并没有取得实质性的进展，之后，Square收购了一家外卖平台Caviar作为其C端服务的一个场景切入点。

支付公司以及银行业金融机构等要严格遵守监管条例。2017年12月，央行下发《中国人民银行关于规范支付创新业务的通知》，共涉及八大条款，对银行业务金融机构、非银支付机构从业务创新、竞争秩序、收单管理等业务进行规范管理。

三　支付市场存在的问题

当代的四大发明是高铁、淘宝、共享单车以及支付宝。支付宝作为中国移动支付的代表，目前已经出口国外，在全球产生深远的影响。而移动支付成为"网红"之后，带来的问题也是不容小觑的。

（一）支付公司违规乱象频发

2017年，对于整个支付行业而言是监管趋严的一年，包括大型企业阿里巴巴、腾讯集团、中国银联、万达集团、中国平安、中国移动对应的支付宝（中国）网络技术有限公司、财付通支付科技有限公司、银联商务有限公司、快钱支付清算信息有限公司、平安付电子支付有限公司以及中移电子商务有限公司均遭到人行的处罚。

据零壹财经·零壹智库不完全统计，2017年，人行共开出103张支付罚单，累计罚款金额超过2739万元。其中，2017年8月，迅付信息科技有限公司（简称"迅付科技"）因违反支付业务规定，人行没收其违法所得285696.89元，并罚款人民币150万元，共计超过178万元，成为2017年收到罚款金额最高的一家第三方支付公司。

和2016年8月易宝支付有限公司（简称"易宝支付"）收到的超过5000万元罚款相比，迅付科技的处罚就相对轻松很多。易宝支付则成为2016年也是迄今为止受人行处罚金额最高的一家第三方支付公司。

值得一提的是，仅在2017年就有15家支付公司多次收到支付罚单。随行付支付有限公司甚至5次收到人行罚单。人行上海分行开出40张左右罚单，成为2017年一个现象级事件。

从支付公司违规内容来看，处罚原因最多的是"违反支付业务规定"，人行上海分行表现较为突出；其次是"违反银行卡收单相关业务管理规定"，多家被注销《支付业务许可证》的支付公司拥有"银行卡收单"业务。

（二）支付市场过于集中

根据第三方平台艾瑞咨询统计数据，2017年第三季度，支付宝和财付通（以微信支付为主，QQ钱包为辅）依然占据约94%的市场份额，第三方移动支付市场格局总体保持稳定。

2017年第三季度在第三方互联网支付交易规模市场份额中，支付宝占比29.2%，财付通占比18.3%，银联商务占比16.3，快钱占比4.9%。依

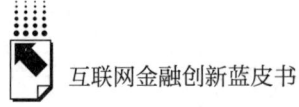

然是支付宝和财付通两大支付巨头占据市场前沿。

从活跃用户的角度来看,支付宝2017年全民账单显示,目前有5.2亿支付宝用户在支付宝平台使用移动支付占比达82%;2017年11月,腾讯第三季财报显示,微信月活跃用户数已达9.8亿户,同比增长16%,但QQ渐渐显现衰落的迹象,智能终端月活跃账户同比下降2.5%至6.529亿人。

在2017第六届中国支付清算论坛上,人行副行长范一飞公开表示,当前国内的网络支付业务市场集中度很高,带来了较大的风险隐患。范一飞还表示,如果外资机构参与竞争,市场集中度有望相对均衡,风险也可以得到些许缓释。

(三)同质化问题严重

人行于2016年之前共颁发了243张支付牌照,带来的是第三方支付行业的同质化竞争日益明显,尤其是在互联网支付领域。目前,第三方支付公司最常用的竞争手段"补贴大战",整个支付行业的利润不断压缩。国内支付公司的盈利方式主要是向商家收取服务费,但支付费率偏低。

随着监管趋严加大第三方支付公司盈利难度,规模经济效应凸显,支付公司也只有不断创新且加强市场开拓能力,市场才将逐渐淘汰同质化问题严重的中小企业。

(四)支付公司"无证经营"

2017年3月10日,在十二届全国人大五次会议上,人行副行长范一飞表示要加强监管。有些无证支付机构却在开展支付业务,截至2017年1月底,已经查处239家无证支付机构。

目前,国内经常发生无证机构挪用商户结算资金或持卡人预付资金、"跑路"事件,如济南全民付信息技术有限公司失联等。另外,行业形成之初无证机构不受监管约束,可以为所欲为,这样的机构若与持证机构竞争,可能会形成"劣币驱逐良币"的局面,扰乱整个支付行业的良性有序发展。

11月底,人行颁发《关于进一步加强无证经营支付业务整治工作的通知》(银办发〔2017〕217号文),主要打击无证支付机构和支付"二清"行为。217号文以持证机构为切入点,全面检查持证机构为无证机构提供支付清算服务的违规行为。

总而言之,2017年对于支付公司来说是不平凡的一年,支付公司面临着严监管、大洗牌,2018年还会继续。

四 发展趋势:移动支付助推数字普惠金融实践

(一)移动支付使金融覆盖率更高

2016年1月,国务院颁发了《推进普惠金融发展规划(2016~2020年)》,"普惠金融"被上升为国家战略。借助于普惠金融服务,低收入和落后人群可以跨越传统金融服务机构门槛高、地理区域金融服务物理网点配备不足等障碍,享受P2P借贷、互联网理财、支付、互联网保险等多样化金融服务。

支付作为一个基础设施,是进行金融服务的入口,所有基于消费行为、金融服务的交易都离不开支付。目前,传统金融机构和新型金融服务机构都在普惠金融领域有所布局。移动支付则基于自身的优势,成为推动普惠金融发展的主要动力。

在移动支付未出现之前,面向三农的金融服务存在"沉不下去"的现象,很多传统金融机构"浮"在城镇,农村存在长期融资难、担保难的问题。

过去由于传统金融机构自身的一些限制,再加上边远地区通信技术不发达等原因,一些边远地区人群或者低收入人群无法享受到金融服务。随着互联网以及智能手机逐渐普及,城乡一体化进程加速,农民收入水平不断提高等,边远和农民群体的消费观念开始改变,其对综合金融服务的需求也逐渐提升。

移动支付为这部分人提供了平衡点。移动支付具有边际成本递减的特点，且成本低、效率高，从而成为向落后地区、低收入群体延伸普惠金融服务的通道，为普惠金融发展提供了良好的渠道。支付宝就是一个很好的例子。在贫困地区覆盖率方面，支付宝母公司蚂蚁金服已在832个国家级贫困县和连片特困地区县中，已为795个提供支付、信贷等金融服务。

截至2017年底，银监会已批筹17家民营银行，且全部开业。已经开业的多数具有互联网背景，业务重心也主要放在消费者、中小企业、"三农"和社区等金融服务比较薄弱的领域和群体。在我国面向农村地区的普惠金融发展实践中，移动支付已经成为解决农村金融服务最后一公里的重要手段。

非银行支付机构业务对象更偏向中小微企业和各类个人用户，尤其是支付宝和微信支付。因此，非银行支付机构在践行数字普惠金融方面，扮演着末端触角角色。非银行支付机构处理的支付业务笔数已超过银行业金融机构，且呈扩大态势。2013年非银行支付机构占银行的比例为65%，自2014年起一路攀升，2017年第三季度已达到了644%。另外，非银行支付机构的单笔额度呈下降趋势。可见，非银行支付机构处理的支付业务呈现笔数多、金额小特点，具有末梢功能。①

另外，普惠金融的可持续健康发展应该有效防范风险。移动支付用户要遵守监管部门制定的风险管理规范，落实账户实名制度、网络支付账户的分类分级管理制度，有效保护相关方的合法权益。

同时，要结合移动支付、互联网支付的特点和关键风险点，对受众进行普惠金融知识普及与教育，有效提升消费者的风险防范与自我保护意识，使其能够甄别类似非法集资等活动的真伪，避免欺诈损失以及信息被盗用。②

总体而言，中国支付主体由中国人民银行、银行业金融机构和非银行支付机构构成。中国人民银行支付系统起着中心枢纽作用；银行业金融机构支付系统起着主干作用；新兴非银行支付机构则为末端触角，是支付行业践行数字普惠金融的主力军。

---

① 普惠金融报告。
② 王瑛：《移动支付：数字普惠金融的有力支撑》，2016年10月31日。

(二)移动支付使金融服务更"便宜"

此前,世界银行扶贫协商小组(CGAP)的一项调查显示,建立银行网点的成本是运用手机及第三方中介成本的30倍,使用移动端设备替代传统网点服务能使银行运营成本降低50%左右。相对低廉的交易成本能够帮助更多低收入、贫困人群接入移动支付的体系,以实现普惠金融的作用。[①]

中国互联网络信息中心(CNNIC)近期发布的第41次《中国互联网络发展状况统计报告》显示,截至2017年12月,我国网民规模达7.72亿人,普及率达55.8%,超过全球平均水平(51.7%)4.1个百分点,超过亚洲平均水平(46.7%)9.1个百分点。全年共计新增网民4074万人,增长率为5.6%,我国网民规模继续保持平稳增长,在移动支付的发展方面具有一定的优势。

近几年,移动支付的不断发展,不仅降低了交易成本,解决融资难问题,而且使金融投资收益率更高、金融服务可选择性更好,同时结构化投资需求也得到满足。

对于个人用户而言,移动支付可以降低转移成本。一般情况下,第三方支付公司为C端用户提供的服务是免费的,降低了个人用户的转移成本,但是不利于用户的维护。

网联改变了此前支付公司和银行的直连模式,有人担心网联是否会增加成本。中国社科院金融研究所支付清算研究中心特约研究员赵鹞表示,第三方支付公司以后只需要接入网联一家平台即可,不再需要单独接入银行接口,这其实降低了对接成本。

如今,在讲普惠的同时也开始讲普惠数字,就是说数字技术如果能够做到普惠,人人就能够享受数字技术的服务。首先,大数据、区块链、云计算等技术应用可提升计算的效率,大大降低了计算成本和交易成本,可以真正做到"惠";其次,移动互联网的出现改变了金融机构获客的方式,在短期

---

① 普研社:《移动支付与普惠金融发展》。

内可以触达众多的用户群,覆盖面较广;最后,数据技术可以有效解决信息不对称问题,使信息变得更透明,增强风险控制能力。

移动支付的大力推广与运用,以及只要有互联网就能使用移动支付的普及性,都可以最大限度提升普惠金融的水平。在边远地区、农村地区的人群,只要打开手机App,就可以和城市地区人群一样享受支付、P2P网贷、理财、保险等更多的金融服务,不再受地理、空间等限制。

2016年9月,在杭州举行的G20峰会上,数字普惠金融成为大众关注的焦点话题。会上,金融领域的首个国际性的共同纲领《G20数字普惠金融高级原则》(简称《原则》)正式公布。《原则》中提到"促进数字金融服务基础设施的建设",并鼓励对征信系统数据源的创新和扩张,诸如纳入移动支付、电子货币账户和电子商务交易的相关数据等。小额存贷款、支付结算和保险等金融服务依托于移动支付等基础设施,进一步提升了普惠金融水平。

2017年2月,中央一号文件下发,在这份题为《中共中央、国务院关于深入推进农业供给侧结构性改革加快培育农业农村发展新动能的若干意见》的文件中,从优化产品产业结构,着力推进农业提质增效;推行绿色生产方式、增强农业可持续发展能力;壮大新产业新业态,拓展农业产业链价值链;强化科技创新驱动,引领现代农业加快发展;补齐农业农村短板,夯实农村共享发展基础;加大农村改革力度,激活农业农村内生发展动力六个方面共33个条款进行了阐述。文件指出要加快农村金融创新,鼓励金融机构积极利用互联网技术,为农业经营主体提供小额存贷款、支付结算和保险等金融服务。

当然,目前中国数字普惠金融发展尚不成熟。央行货币政策委员会委员、北京大学国家发展研究院副院长黄益平曾表示,若要使数字普惠金融健康发展,首先必须要给它划出清晰的边界:第一,必须具有商业可持续性;第二,必须是负责任的金融服务。如果不能坚持这两条边界,数字普惠金融很可能会造成巨大的混乱。

B.9 互联网金融下的投融资市场创新与小微企业融资

蒋 慧*

摘　要： 随着互联网金融业态的发展，我国金融市场不断得到补充与完善。以网贷和互联网众筹为代表，互联网金融正推动我国投融资市场创新。它们一方面扩宽了投资渠道，优化了投资组合；另一方面，在融资创新上的作用不可小觑，互联网金融的发展迎合了我国越来越旺盛的融资需求，在一定程度上改善了融资难、融资贵等问题。本报告梳理分析了银行业金融机构、新三板与区域性股权市场、小额贷款公司、金融科技公司等市场主体的融资模式。其中，P2P网贷融资模式是备受关注且特点鲜明的模式，因此，本报告提出大数据征信将有力地促进企业融资、技术手段有望提高放贷效率、控制资金流入虚拟经济的建议。

关键词： 互联网金融　小微企业融资　投融资市创新

一　发展情况

融资需求广泛产生于生产、经营、消费等活动过程中，资金需求方涵盖

---

* 蒋慧：零壹智库行业研究员。

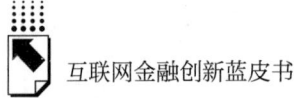

个人及企业，企业占绝大部分。从我国的人口基数及企业数量来看，企业融资需求来源普遍而迫切。

庞大的市场主体是需求产生的首要原因。国家统计局数据显示，2016年末我国内地总人口为13.83亿，较上年同期增加809万；根据国家工商总局数据，截至2016年末我国各类企业数量达到8705.4万，同比增长11.6%，保守估计中小微企业占企业总量的77%以上。

近年来，由于住户部门消费性贷款（以购房贷款为主）快速增长，非金融企业及机关团体贷款（简称"企业贷款"）与住户经营贷款合计占金融机构境内贷款发放总量的比例逐年下降，2015～2017年这一数据分别为78.8%、75.5%和73.1%；但从绝对规模来看，金融机构发放的企业贷款以及住户经营性贷款绝对规模均处于稳步提升状态，截至2017年末，两数据分别达到78.55万亿元和8.99万亿元。

企业融资方式主要包括银行贷款、公开资本市场融资、资本市场债券融资、非公开资本市场股权融资、内源性融资、民间借贷等。从金融供给来看，为企业提供融资功能的市场主体或场所主要包括银行业金融机构、非银金融机构、担保公司、小额贷款公司、互联网金融、民间借贷等。

在实际经济活动中，不同性质的企业融资渠道选择性有所差异，相较于大中型企业，小微企业的融资渠道难言"通畅"。

小微企业的融资方式分为内源性融资和外源性融资。内源融资是指公司经营活动结果产生的资金，即公司内部融通的资金，它主要由留存收益和折旧构成；因此，难以通过宏观调控或者其他市场手段直接影响内源性融资，故内源性融资不在本书讨论范畴之内。视资金渠道不同，外源性融资可以分为商业银行贷款、小额贷款公司贷款、网贷、众筹、民间借贷、风险资本市场股权融资等。

（一）银行业金融机构

从银行业金融机构渠道看，小微企业贷款余额持续增长，其增速明显大于大中型企业贷款。据央行《中国金融稳定报告（2017）》，近年来小微企业贷款余额增速较为稳定,且明显高于大中型企业贷款(见图9-2)。另银监会统计,截至2017年第三季度末,我国银行业金融机构用于小微企业的贷款(包括小微型企业贷款、个体工商户贷款和小微企业主贷款)余额29.66万亿元,同比增长15.66%;其中商业银行用于小微企业的贷款余额22.54亿元,同比增长15.71%。由图1可知,2017年银行业金融机构小微企业贷款各季度增速明显快于2016年。

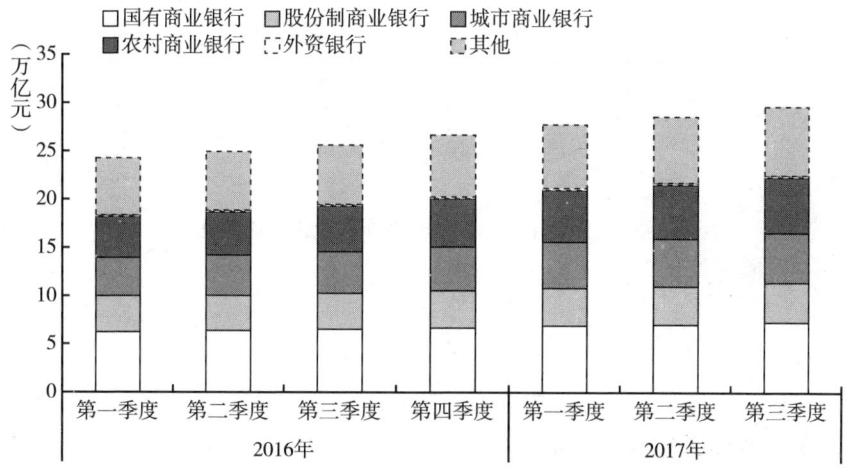

图1 银行业金融机构用于小微企业的贷款余额

注:用于小微企业的贷款余额=小型企业贷款余额+微型企业贷款余额+个体工商户贷款余额+小微企业主贷款余额。

资料来源:银监会。

(二)新三板与区域性股权市场

从证券行业来看,小微企业的融资场所主要在新三板和区域性股权市场。截至2017年末,新三板挂牌企业共计11630家,全年新增1467家,其中,1343家企业参与做市转让,占所有挂牌企业的11.55%,与2016年相比,参与做市转让的企业数量和占比均有所减少。2016年新三板融资1391亿元,同比增长14.39%;交易股份数量达到2969.76亿股。2017年挂牌企业共发行股份284.4亿股,同比减少10.00%;总融资金额1153.49亿元,

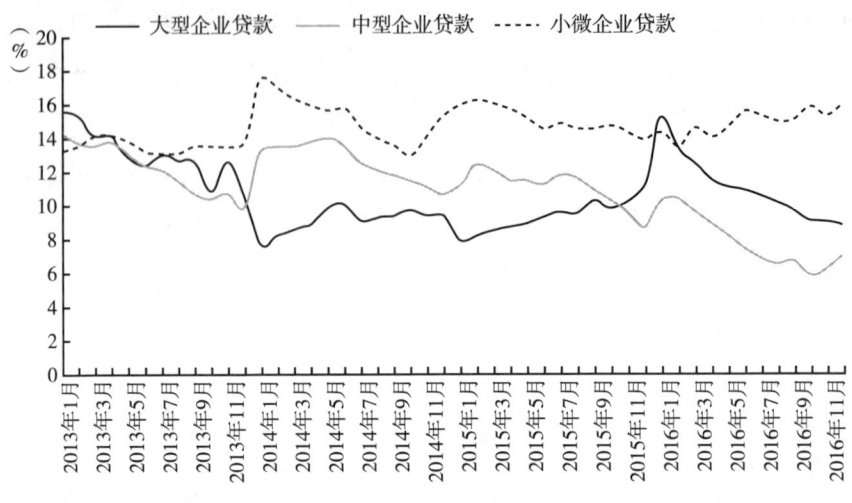

图 2　大、中、小微型企业贷款余额同比增速

资料来源：《中国金融稳定报告（2017）》。

同比减少14.45%。

区域性股权市场在一定程度上起到规范和培育小微企业发展的作用，通过为企业提供挂牌展示、融资、交易等服务，促进挂牌企业熟悉资本市场规则，完善公司治理结构，实现快速增长。针对小微企业融资难的问题，区域性股权市场在创新融资方式上进行了一定探索，比如借助互联网手段，利用私募债券、中小企业集合贷款计划等多种债权融资方式，满足小微企业融资需求。针对初创企业信息不完整、成长性不确定等问题，部分股权市场以产业基金、种子基金、夹层融资等方式匹配资金。截至2016年末，全国40家区域性股权市场共有挂牌股份公司1.59万家，展示企业5.61万家，累计为企业实现各类融资6896亿元。其中，挂牌企业注册资本在1亿元以下的占比37.5%。

（三）小额贷款公司

小额贷款公司主要服务于经营规模小、资本积累不多、抗风险能力较弱的中小微企业。据中国人民银行公布数据，截至2017年末，全国共有小额贷款公司8551家，从业人员103988人，实收资本8270.33亿元，贷款余额9799亿元，全年增加504亿元。① 对比2016年同期，全国小贷公司数量减少而贷款余额有所增多（见图3）。

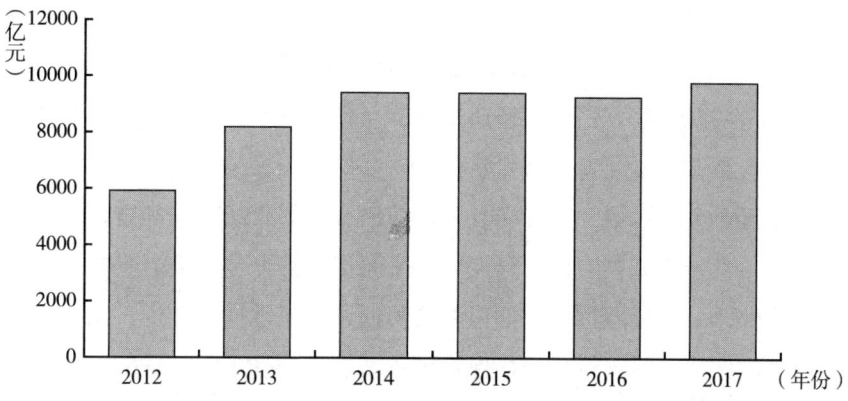

图3 全国小额贷款公司贷款余额变动趋势

资料来源：中国人民银行。

（四）金融科技公司

根据全球金融稳定理事会的定义，金融科技泛指通过技术手段推动金融创新，对金融市场、机构和服务产生重大影响的业务模式、技术应用、流程和产品。按照市场对金融科技业务模式的通俗分类，则主要包括支付、征信、区块链金融应用、互联网保险、互联网银行、网贷、众筹等，这些业务一部分作为基本设施建设为金融服务，比如支付、征信和区块链；另一部分更接近金融业务，比如互联网保险、互联网银行、网贷和众筹，其中网贷、互联网银行和众筹的作用集中体现为投融资功能。

小微企业的互联网融资主要通过P2P网贷平台实现。据零壹数据统计，2017年以前企业贷款呈逐年增长态势，2017年以后，由于网贷监管对大额贷款的严格限制，企业贷款规模虽然仍在增长，但所占比重已经明显下滑，

---

① 注：由于批准设立与正式营业并具备报数条件之间存在时滞，统计口径小额贷款公司数量与各地公布的小额贷款公司批准设立数量有差别。

2017年企业贷款占P2P网贷整体成交额的37%，同比下降了34个百分点。尽管网贷监管部门限制大额业务降低了行业风险程度，但客观上也降低了P2P网贷对小微企业的资金扶持作用。

互联网众筹规模虽然无法与P2P网贷相比，但其作为一种股权创新融资方式，也引起了监管及社会的关注。根据零壹数据统计，2017年中国互联网股权/收益权融资规模约64.8亿元，同比轻微下降；产品众筹规模约53.2亿元，同比小幅增长了6.2%。

除银行业金融机构、新三板及区域性股权交易市场、小额贷款公司、金融科技外，其余诸如典当行、PE/VC、民间借贷等也是小微企业常见的融资方式。此外，一些金融机构比如保险公司通常间接地促进融资，比如部分小微企业通过保险获得银行授信，保险服务间接地撬动了银行贷款；另外，保险机构也可以通过发起债权、股权和项目支持计划筹资，但此功能对小微企业助力较小（见表1）。

表1 小微企业主要融资方式

融资方式	资金渠道	资金渠道	备注
内源性融资	—	留存收益、折旧等	小微企业最主要的融资方式
外源性融资	金融机构	商业银行、新三板及区域性股权交易市场等	小微企业融资的首选方式，尤以商业银行为主
	准金融机构	融资性担保公司、小额贷款公司、典当行、PE/VC等	主要服务于经营规模小、资本积累不多、抗风险能力较弱的中小微企业
	互联网金融	P2P网贷、互联网非公司股权融资	新兴融资渠道，尤以P2P网贷为主
	其他	民间借贷、供应商赊账、向客户预收账款	通常通过与借方直接沟通达成，融资成功与否主要取决于利率高低、借贷双方的信任程度等

资料来源：零壹财经·零壹智库。

近年来，我国持续性地推进投融资市场创新，投融资市场创新可分为债权投融资创新和股权投融资创新，尤以P2P网贷和互联网众筹历史渊源较深、市场影响力较大，下文将就此做具体分析。

二 发展特点：新业务模式的崛起——从 P2P 到众筹

（一）P2P 网贷

P2P 借贷（Peer to Peer Lending）是一种古老的融资方式，实质是借款人和贷款人不经过第三方主体直接形成借贷关系。P2P 网贷是 P2P 借贷的线上化，又称为"网络借贷"，银监会将其定义为"个体和个体之间通过网络借贷信息中介机构实现的直接借贷"，个体包含自然人、法人及其他组织。

实际上，P2P 网贷行业在十余年的发展历程中，并不一直满足银监会的标准定义。所谓提供网贷借款人与出借人信息撮合服务的"网络借贷信息中介机构"，也曾作为资金中介机构而存在，但在中国网贷监管环境日益改善的过程中，这些平台也逐渐向纯粹的信息中介机构转型。下文暂时忽略网贷机构定位的差异，着重强调其在投融资市场的作用，故统一称其为"P2P 网贷"。总体看来，P2P 网贷业务模式可做以下分类。

1. 信用卡模式

信用卡模式即个人小额信用贷款模式，其客群、授信、风控与银行信用卡类似，是 P2P 网贷行业最早的操作模式。此类贷款的发展主要受以下因素的影响：一是红岭创投为该平台借款项目引入担保增信模式，后者凭借在资金端的强势逐渐成为主流，个人小额信用贷款的行业占比开始逐年降低，直至 2017 年开始回升；二是网贷监管办法提出"限额令"①，个人信用贷款凭借小额、分散的特征重回市场，规模快速提升，不少 P2P 网贷平台甚至对接了大量现金贷资产；三是新技术的运用和输出，不少平台运用大数据风

---

① 指 2016 年 8 月 24 日银监会等部制定的《网络借贷信息中介机构业务活动管理暂行办法》，第十七条提到"同一自然人在同一网络借贷信息中介机构平台的借款余额上限不超过人民币 20 万元；同一法人或其他组织在同一网络借贷信息中介机构平台的借款余额上限不超过人民币 100 万元；同一自然人在不同网络借贷信息中介机构平台借款总余额不超过人民币 100 万元；同一法人或其他组织在不同网络借贷信息中介机构平台借款总余额不超过人民币 500 万元"。

控、征信、反欺诈等技术优化业务,部分平台甚至有能力进行技术输出改善行业生态。

2. 类担保债券模式

类担保债券模式即担保机构或P2P网贷平台对借款方的信用进行评估和担保,包括保证担保贷款、抵押担保贷款、质押担保贷款等。自2009年红岭创投引入"刚性兑付"机制后,P2P网贷平台大多推出了各类本金或本息保障措施,包括风险准备金、保证担保、抵押/质押担保等等,类担保债券模式逐渐成为行业主流。

3. 类资产证券化模式

P2P对接的资产来自金融机构或准金融机构、类金融机构的已有资产,经过转让和包装后以标准化、份额化的方式进行销售。早期的类资产证券化模式主要表现为"超级放贷人"模式,即平台或及关联人贷款给原始借款人,由此产生的债权通过P2P网贷平台转让给普通投资人。随着行业的爆发式发展,亦有部分平台与挂牌金融机构合作,通过P2P网贷平台发售资产证券化后的金融产品。在网贷合规化整改的过程中,类资产证券化模式的P2P网贷已经被相关部门判定为不合规。

全球首家P2P网贷平台是2005年在英国上线的"Zopa",该网站提供借款需求变现、交易撮合和信用评估服务。Zopa模式推出后市场反应热烈,出现了一批追随者:2006年2月美国第一家P2P网贷平台Prosper上线;2007年5月Lending Club在Facebook推出P2P网贷应用;同年8月我国第一P2P网贷平台拍拍贷在线上成立。从2011年开始,我国P2P网贷市场开始爆发,2015年平台新上线平台数量达到"巅峰";在平台数量快速增多的同时,行业乱象随之而至,P2P网贷行业非法吸存、非法集资、资金诈骗等案件高发,金融风险引起了监管部门的注意。此后的2016年以及2017年,互联网金融监管环境明显收紧,2016年4月国务院牵头拉开了全国性的互联网金融风险专项整治活动的序幕;同年8月,《网络借贷信息中介机构业务活动管理暂行办法》下发;此后,网贷备案、银行存管、信息披露指引接连发布,行业合规程度不断提高。

10年间,P2P网贷年度交易规模逐年增长。据零壹数据统计,截至2017年末,P2P网贷累计交易规模达到6.07万亿元;2017年交易额约2.71万亿元,同比增长38.8%,网贷交易额集中分布在上海、广东、北京和浙江四地,规模分别达到6879亿元、6576亿元、5252亿元和2868亿元,合计占到全国总量的80%。截至2017年末,P2P网贷贷款余额(指待还本金,下同)为1.21万亿元,待还利息约1109亿元,约为本金的9.2%(见图4)。规模高速增长的同时,P2P网贷在业务模式、监管政策、市场格局以及技术应用等方面快速翻新。

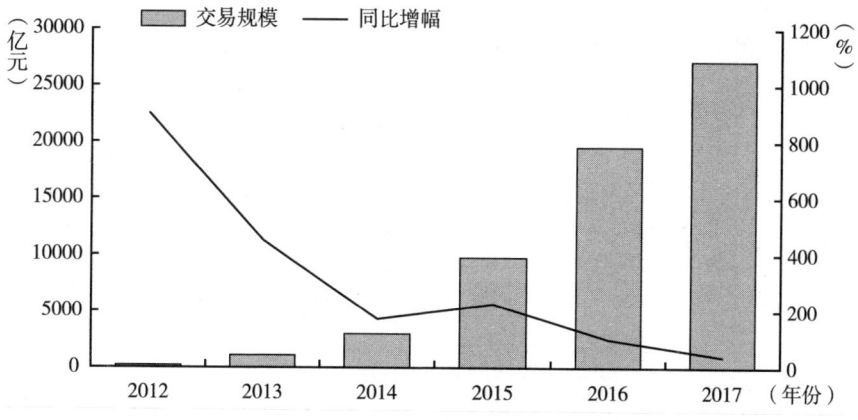

图4 2012~2017年P2P网贷成交规模走势

为了应对P2P网贷行业的市场变化及金融风险,相关监管政策文件也逐步下发。自2015年7月央行等10部委发布《关于促进互联网金融健康发展的指导意见》起,监管环境发生明显改变,由此前的鼓励互联网金融创新转变为合规与发展并重。2016年4月,国务院牵头拉开了全国性互联网金融风险专项整治的序幕,8月,银监会正式发布《网络借贷信息中介机构业务活动管理暂行办法》;在此之后的一年时间内,多份实质性监管政策落地。截至2017年8月24日银监会发布《网络借贷信息中介机构业务活动信息披露指引》,网贷监管的"1+3"体系(一个办法,备案、存管、信披三个指引)终于完成;"1+3"网贷监管体系是银监会在历年监管文件包括《关于促进互联网金融健康发展的指导意见》《网络借贷信息中介机构业务活动管理暂行办法》的基础上形成的具体规范，对网贷行业的指导性作用显著（见表2）。

表2 中国P2P网贷相关法律及自律文件（截至2017年末）

发文时间	相关文件	发文机构	主要内容
2015年7月18日	《关于促进互联网金融健康发展的指导意见》	央行等10部委	首次明确了互联网金融的概念，并划分了各个互联网金融形态的监管职能部门。按照"鼓励创新、防范风险、趋利避害、健康发展"的总体要求，提出了一系列鼓励创新、支持互联网金融稳步发展的政策措施
2015年8月6日	《最高人民法院关于审理民间借贷案件适用法律若干问题的规定》	最高人民法院	在划定24%的民间借贷利率红线的同时，还指出P2P平台作为提供媒介服务的中介平台，无须履行担保责任，被视为P2P行业去担保化的开端
2016年8月24日	《网络借贷信息中介机构业务活动管理暂行办法》	银监会、工信部、公安部、国家互联网信息办公室	以负面清单形式划定了业务边界，明确提出不得吸收公众存款、不得归集资金设立资金池、不得自身为出借人提供任何形式的担保等，并根据此前的征求意见，增设不得从事债权转让行为、不得提供融资信息中介服务的高风险领域等内容
2016年10月13日	《互联网金融风险专项整治工作实施方案》	国务院办公厅	中国人民银行等十几个部委发布了包括跨界金融业务、第三方支付、P2P网贷、股权众筹、互联网保险等在内的多个细分领域风险整治文件
2016年10月28日	《互联网金融信息披露个体网络借贷》标准（T/NIFA1—2016）和《中国互联网金融协会信息披露自律管理规范》	中国互联网金融协会	定义并规范了96项披露指标，其中强制性披露指标逾65个，鼓励性披露指标逾31项，分为从业机构信息、平台运营信息与项目信息等三方面
2016年11月28日	《网络借贷信息中介机构备案登记管理指引》	银监会联合工信部、工商总局	对网贷中介机构如何备案有了明确的指引
2017年2月22日	《网络借贷资金存管业务指引》（银监办发〔2017〕21号）	银监会	确认了银行存管模式，存管银行应对客户资金履行监督责任，不应外包或由合作机构承担，不得委托网贷机构和第三方机构代开出借人和借款人交易结算资金账户；联合存管模式确认出局

续表

发文时间	相关文件	发文机构	主要内容
2017年8月24日	《网络借贷信息中介机构业务活动信息披露指引》	银监会	明确网贷机构信息披露内容、信息披露管理方法、整改时间等
2017年10月17日	《互联网金融 信息披露 个体网络借贷》（T/NIFA 1—2017）团体标准	中国互联网金融协会	在 T/NIFA 1—2016 版的基础之上，结合银监会信披指引进行了适当完善
2017年12月1日	《关于规范整顿"现金贷"业务的通知》	互联网金融风险专项整治工作领导小组办公室、P2P网贷风险专项整治工作领导小组办公室	明确统筹监管，开展对网络小额贷款清理整顿工作；加大力度，进一步规范银行业金融机构参与"现金贷"业务；并持续推进，完善 P2P 网络借贷信息中介机构业务的管理；同时分类处置，加大对各类违法违规机构的处置力度
2017年12月8日	《关于做好P2P网络借贷风险专项整治整改验收工作的通知》	P2P网贷风险专项整治工作领导小组办公室	对网贷备案时间线、流程和其他事项做出具体要求，其中包括：各地在 2018 年 4 月底之前完成辖内主要 P2P 机构的备案登记工作、6 月底之前全部完成。对于在规定时间内没有通过整改验收、无法备案登记仍实质从事网贷业务的机构，将注销其电信经营许可、封禁网站。此外，通知对验收工作提出五项原则，明确了几种不能备案的情形

资料来源：零壹财经·零壹智库。

市场快速响应网贷监管政策。2017 年最重要的变化来自资产结构的转变。P2P 网贷机构以"824"暂行办法为准绳进行小额化整改，行业内个人信贷规模比例明显扩大，现金贷资产占比的提升加速了这一过程。据零壹数据统计，2017 年个人贷款规模的比例达到 63%，而 2016 年这一比例仅为 29%。市场竞争激烈，大量 P2P 网贷平台出局。据零壹数据观察，正常运营 P2P 网贷平台持续减少的现象已经延续近两年，它是市场出清的正常表现，2014~2015 年产生的大量泡沫逐渐被挤出。在这个过程中，政策环境、市场竞争以及内生信贷风险等是决定因素，尤其是 2016 年开启的互联网金融风险专项整治导致行业出清的步伐加快。主要表现有两方面：一是新上线平台大体上呈现减少的趋势，这跟工商局限制注册有直接关联；二是问题平台逐渐累积，更多地依赖市场的自然出清作用，监管机构直接干预较少。除了机构数量，放贷额与贷款余额 2017 年也有了明显的变化，第三季度以后，月放贷额已经开始趋于稳定，贷款余额也有下行趋势，这主要源于监管部门对大额业务的限制。监管政策明朗化以及市场格局趋于稳定的情况下，多家 P2P 网贷机构在美上市。以 2015 年底宜人贷上市为起点，国内大批金融科技企业开始传出上市消息；2017 年金融科技企业涌现海外上市潮，截至年末，宜人贷、信而富、趣店、和信贷、拍拍贷、乐信等公司先后在美国交易所上市，其中宜人贷、信而富、和信贷、拍拍贷以及乐信旗下的桔子理财均为 P2P 网贷平台。上市 P2P 网贷平台的业务较为相似，借款群体均主要为个人借款方，资产渠道目前都以线上为主，均定位于消费贷款平台；但不同平台的借款产品有所差异。从目前市场动向看，金融科技上市潮仅仅是个开始，陆金所等多家平台仍在积极筹备上市事宜。

P2P 网贷的市场效应主要有两方面：一是为传统机构难以覆盖的借款用户提供融资服务，或者更加高效地服务用户，降低时间成本；二是为中国投资人提供了高收益且易触达的在线理财服务，丰富了资产配置；此外，P2P 网贷行业客观上促进了整个线上借贷市场，也为金融技术服务的发展提供了更丰厚的土壤。

除去积极影响，P2P 网贷也蕴藏较大的金融风险。2015～2016 年，大量平台出现失联跑路、提现困难、歇业停业等问题，据零壹数据不完全统计，截至 2017 年末，行业内问题平台数量已达 3902 家，约占累计上线平台数量的 70.9%。近十年来 P2P 网贷贷款余额快速增长的同时，隐含坏账也在逐渐增多，截至 2017 年末，中国 P2P 网贷贷款余额约 1.21 万亿元，已经高于同期全国小额贷款公司贷款余额（9799 亿元），如果按照 10%～15% 的坏账率粗略计算，P2P 网贷隐含坏账应该为 1205 亿～1803 亿元。

基于以上因素，我们认为，2018 年 P2P 网贷行业的主题仍是合规化整改和市场出清，6 月底完成的网贷验收工作是这一过程的关键节点。预计网贷交易额增速进一步放缓，全年交易额应该为 3.5 万亿～4.0 万亿元，网贷贷款余额大概率下保持稳定或下降，这一过程受监管"降存量"规定以及机构退出的双重推动；此外，P2P网贷获得风投案例仍将减少，但还会有网贷平台谋求上市。

（二）互联网众筹

目前最大限度激发小微企业活力是国家和社会的重要任务，小微企业也在国家"大众创业，万众创新"政策的支持下积极发展，然而在现实过程中，小微企业发展最大障碍之一就是"融资难"的问题。随着互联网众筹的兴起以及互联网金融体系的完善，互联网众筹凭借其成本低、效率高、限制条件少等特点，为小微企业解决融资难的问题提供了新的解决方案。

众筹一词来源于crowdfunding，又被称为大众筹资或群众筹资，是一种向群众发起募资，目的在于支持个人项目或组织发展的行为。互联网众筹即指通过互联网平台完成的众筹过程，一个完整的众筹过程包括三类角色——筹资人、投资者和众筹平台。互联网众筹是继P2P网贷之后出现的一种新型融资方法，属于直接融资方式的一种，比P2P借贷范围更广，更具多样性。

互联网众筹最早起源于美国网站ArtistShare，是一种以第三方互联网网站为筹资平台的众筹模式，筹资人的项目必须经过众筹平台审核，通过之后才能在平台上发布，吸引浏览网站的群众或专业投资人，他们可根据自身喜好和需求进行投资。互联网众筹模式门槛较低，只要有创意有想法，筹资人均可发起众筹，此外投资者主要是社会群众，企业、公司或者专业的风险投资人占比较少。众筹项目必须在发起人规定时间内达到或者超过筹资目标才算成功。之后，发起人能够获得筹集资金，投资者可以得到发起人预先承诺的回报，回报形式是多样的，可以是产品、服务、企业股权或者现金，若为公益性质的众筹项目则可能没有回报或只有精神性、象征性的回报。

根据不同的标准，可以把众筹行业划分为不同的类型。当前行业的主流分类方式是按投资人得到的回报类型划分，分为互联网非公开股权融资（下称"股权众筹"）、产品众筹、债权众筹、权益型众筹和公益众筹五类。

其中债权众筹即是前仍提及的 P2P 网贷，本节不再讨论；较为特别的是公益众筹，没有回报或者只是精神性的回报，同样不做赘述；在此主要分析股权众筹和产品众筹。

股权众筹较为宽泛的定义是"以股权作为回报的众筹模式"，随着近年来互联网的高速发展，加之我国政府对创新融资模式的推动，股权融资逐渐成为小微企业融资的可选方式之一。股权众筹一方面拓宽了小微企业直接融资渠道，借助互联网的渠道优势，创业项目可能吸纳来自全国各地的投资人；另一方面，相较于 VC、PE 投资，股权投资的门槛较低，使普罗大众可以借此进行股权投资，丰富其资产配置。

借助互联网的便利，股权众筹轻松实现融资人与投资者之间的信息互通，极大程度上解决了众筹过程中可能存在的信息不对称问题，与此同时互联网众筹平台只是发布众筹项目的第三方中介，并不介入项目发起人与投资者之间的融资过程，投资双方都有较多的选择自由。此外，股权众筹平台的运营成本是较低，可凭借较低的成本开展教育培训活动，培养大量的非专业投资人或帮助创业的企业或个人明确自身的优劣势，进行合理融资。

据零壹统计数据，2017 年由互联网平台成功促成的股权众筹项目筹资规模约 64.8 亿元，尽管其绝对规模不大，但股权众筹资用作为小微企业创新股权融资方式，具有一定的借鉴意义。

产品众筹是一种通过预售机制进行融资，以有形产品或无形服务为回报的众筹模式，是一种基于互联网技术，渠道和结构的直接融资模式。产品众筹平台只是实现线上的项目资金筹集任务，主要将资金用于项目产品的开发或生产，因此强大的众筹平台不仅拥有充足的资金供给，线上的产品众筹项目更是富有创造力和想象力。

随着政府对全民创新，大众创业的鼓励以及各种支持创业政策的出台，众筹已经成为融资行业越来越重要的手段与方法；但在融资行业中股权众筹是更受重视的，产品众筹在中国的演变过程中已经越来越接近电子商务，往往被融资行业忽略，尽管如此，我们不能忽略其优势：首先，产品众筹的门槛比股权众筹要低，申请产品众筹项目的流程较为简洁；其次，有一些投资人或项目发起者，他们很注重产品的实际功能，侧重用产品或服务来提升投资人的体验感与参与感，而不是只用资金或股份作为回报。所以，虽然在众筹融资领域，股权众筹的意义更加重大，但产品众筹依然保持稳定发展的态势。

从2016年开始，由于互联网金融监管力度加大，传统产品及股权众筹平台数量基本稳定，不再增长，而收益权众筹平台却成为增长主力，并以业务流程简单，能够迅速筹资，回报周期短但风险较高的汽车众筹为主。据零壹数据不完全统计，2017年国内共上线互联网众筹平台47家并且逐季递减，而在新上线平台数量大幅走低的同时，大量平台退出众筹行业。截至2017年12月31日，我国累计上线的互联网众筹平台有672家（不包含港澳台地区）。截至2017年末，累计至少有452家问题平台因为网站关闭、歇业停业等原因退出众筹平台；正常运营（截至统计日，半年内未发布过众筹项目但仍在提供正常的投中、投后服务的互联网众筹平台）的平台仅剩169家，与2016年相比这一数量在持续下跌。

从筹资规模看，2017年股权/收益权众筹总额约64.8亿元，其中股权众筹占比不足40%，而投资门槛较低、交易结构简单、回报方式灵活的收益权众筹（不含汽车众筹）规模占比提升。这种现象的一个直观表现是"头部"股权众筹平台的"蛰伏"，多数综合类众筹平台亦以发布收益权众筹项目为主，如京东东家、粤科创投界、蚂蚁达客、牛投网和京北众筹等平台2017年均未发布线上众筹项目，与此同时迷你投、长众所、人人投、360淘金筹资额大幅"跳水"，长众所和360淘金同比降幅均超过80%。2017年产品众筹筹资规模约53.2亿元，同比增长6.2%，规模主要集中在淘宝众筹、京东众筹、苏宁众筹等电商系平台。

除此之外，风险资本市场对"众筹"的关注点也已经发生了改变。大类众筹平台获得风险投资的频率逐渐走低，而定位鲜明、专注于单一众筹产品类的众筹平台更容易获得风险资本的"青睐"，从某种程度上说，风险资本抛下"砝码"的决定因素更多在于互联网众筹平台所服务的产业领域。

从市场空间来看，我国众筹市场远未达到饱和状态，但众筹类型已经较

为全面，除了传统的产品众筹、股权众筹、公益众筹，亦衍生了一些新的众筹模式，比如适应中国监管环境产生的非标权益型众筹，这类众筹项目杂糅了多类众筹的特点，提供个性化的回报方式；又如仅提供基于移动互联网的轻型众筹，或如提供产业"一条龙"服务的众筹模式，服务范围不仅限于融资，也延伸到了产业链条上下游。

与频繁的众筹融资机制创新对比，互联网众筹的监管相对迟滞。自2014年底首个专门针对股权众筹的文件发布至今，监管文件持续下发，行业转向合规与发展并重。在此过程中，股权众筹的定义得到厘清，确立了诸如"不得发布虚假标的""不得自筹""不得'明股实债'或变相乱集资"等禁止事项。但截至2017年末，监管部门尚未对股权众筹做出具体规范，股权众筹过程中关于众筹的地位、资金支付、操作规范等均未落实，在监管未落地的情况，开展股权众筹仍然具有一定的政策风险（见表3）。

表3 中国互联网众筹主要监管文件

发文机构	发布时间	相关文件	涉及众筹的内容
中国证券业协会	2014年12月	《私募股权众筹融资管理办法（试行）（征求意见稿）》	对股权众筹融资的性质、投资者、融资者、投资者保护、自律管理等内容进行了规定
央行等十部委	2015年7月	《关于促进互联网金融健康发展的指导意见》	首次明确界定股权众筹融资主要是指通过互联网形式进行公开小额股权融资的活动，指出：股权众筹融资必须通过股权众筹融资中介机构平台进行
证监会	2015年8月	《关于对通过互联网开展股权融资活动的机构进行专项检查的通知》	认为股权众筹具有"公开、小额、大众"的特征，涉及社会公众利益和国家金融安全，必须依法监管。未经证监会批准，任何单位和个人不得开展股权众筹融资活动。同时，该通知还明确了一些机构开展的冠以"股权众筹"名义的活动，是通过互联网形式进行的非公开股权融资或私募股权投资基金募集行为，不属于股权众筹融资范围，上述业务需要在《公司法》《证券法》《证券投资基金法》《私募投资基金监督管理暂行办法》等现有法律框架下经营
中国证券业协会	2015年8月	关于调整《场外证券市场业务备案管理办法》个别条款的通知	将"私募股权众筹"修改为"互联网非公开股权融资"，除了阿里巴巴、京东和平安取得股权众筹试点资质外，其他大部分的互联网股权融资平台的业务将被归属于"互联网非公开股权融资"的范畴

续表

发文机构	发布时间	相关文件	涉及众筹的内容
证监会	2016年10月	《股权众筹风险专项整治工作实施方案》	确定股权众筹的整治重点和禁止事项。 整治重点包括：互联网股权融资平台（以下简称平台）以"股权众筹"等名义从事股权融资业务、募集私募股权投资基金；融资者未经批准，擅自公开或者变相公开发行股票；平台通过虚构或夸大平台实力、融资项目信息和回报等方法，进行虚假宣传，误导投资者；平台上的融资者欺诈发行股票等金融产品；平台及其工作人员挪用或占用投资者资金；平台和房地产开发企业、房地产中介机构以"股权众筹"名义从事非法集资活动；证券公司、基金公司和期货公司等持牌金融机构与互联网企业合作，违法违规开展业务。 禁止事项包括：一、擅自公开发行股票；二、变相公开发行股票；三、非法开展私募基金管理业务；四、非法经营证券业务；五、对金融产品和业务进行虚假违法广告宣传；六、挪用或占用投资者资金
工信部	2017年1月24日	《关于进一步推进中小企业信息化的指导意见》	要求探索互联网金融缓解中小企业融资难，推动互联网金融应用，发挥网络借贷和股权众筹高效便捷、对象广泛的优势，满足小微企业小额、快速融资需求
国务院	2017年7月21日	《强化实施创新驱动发展战略进一步推进大众创业万众创新深入发展的意见》	支持互联网金融发展，引导和鼓励众筹融资平台规范发展，开展公开、小额股权众筹融资试点，加强风险控制和规范管理

资料来源：零壹财经·零壹智库。

事实上，监管"悬而未决"是目前中国互联网众筹面临的最大风险，在此前提下，市场主体无法放手进行股权融资创新，无形中扼杀了部分小微企业的融资机会。2016年4月开始的中国互联网金融风险专项整治活动将延续至2018年6月，就目前各地金融办披露的整治进展看，股权众筹的风险整治明显慢于P2P网贷、现金贷、校园贷等领域，这跟当前股权众筹规模小、涉众性不广有较大关系。

在监管环境的影响下，互联网众筹市场主体服务小微企业的积极性亦有所减弱。股权众筹规模收窄，产品众筹市场格局稳固且已经逐渐偏离融资属性向电商靠拢。更进一步看，互联网众筹市场主体的盈利能力并不可观，相比于 P2P 网贷、互联网助贷机构等，众筹平台承担了较多风险控制的职能，因此，众筹平台无法通过快速发布众筹项目从而获取持续稳定的现金流，实现盈利更是遥遥无期。如若众筹平台未能及时获得风险投资或其他投资来支持运营成本，则可能导致资金链断裂从而无法继续运营，走上歇业、停业或者转型的道路。

此外，仍有以下因素左右了互联网众筹的发展。互联网众筹起步较晚，尚未形成一套程式化流程，小微企业难以选择合适的平台发起众筹，且各个平台众筹规则的"大相径庭"亦难以保障投资人权益；众筹平台运营难度较大，需要配备专业的项目筛选、风险控制、投资顾问团队；投资人的风险意识不到位亦阻碍了众筹的发展，大多数投资人对众筹投资的风险容忍度较低，也就导致大量的早期创业项目无法顺利进行线上募资。

长远来看，随着宏观经济的发展以及我国持续不断地支持融资创新，互联网众筹势必成为实体经济融资的重要渠道。在此之前，众筹监管明朗化应是行业持续发展的先决条件，随着 2018 年 6 月互联网金融风险专项整治活动迎来验收阶段，众筹行业的规范度提升；互联网非公开股权融资监管细则有望于 2018 年正式出台；证券化修订过程中可能将补充股权众筹相关条文等。监管环境的改变将直接影响市场主体的参与度进而影响互联网非公开股权融资规模。产品众筹市场大概率下将稳步增长；诸如收益权众筹、公益众筹的筹资规模仍将快速增长。

三 发展趋势与建议：小微企业融资难、融资贵与解决路径

根据工商总局发布的《全国小型微型企业发展情况报告（摘要）》，截至 2013 年末，全国各类企业总数为 1527.84 万户。其中，小型微型企业 1169.87 万户，占企业总数的 76.57%。将 4436.29 万户个体工商户纳入统计后，小型微型企业所占比重达到 94.15%。小微企业占市场主体的绝大多数，是经济持续稳定增长的基础，也是社会就业的主要承担者。

根据我国央行发布的银行家调查报告，2014～2017年，大、中、小微企业贷款需求指数均呈下降趋势，但从绝对值来看，相比于大、中型企业而言，小微企业贷款需求更加旺盛。然而，相较于大中型企业而言，小微企业的资金需求无法很好地满足（见图5）。

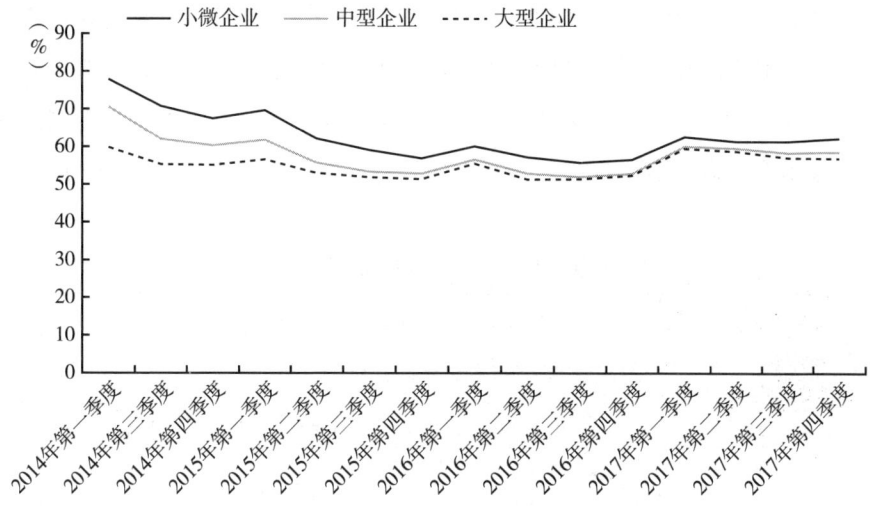

图5　大、中、小微企业贷款需求指数变动

资料来源：央行发布的各季度银行家调查报告。

（一）融资难、融资贵的主要原因

由于小微企业的经济灵活性，其资金需求也具有金融灵活性的特点，通常具有期限短、资金额度小、需求频次高、需求时效性强、需求旺盛等特征。

根据巴曙松等在2013年亚洲博鳌论坛年会上发布的《小微企业融资发展报告：中国现状及亚洲实践》，在争取外部融资时寻找资金来源的优先顺序方面，有66.7%的小微企业主将向银行贷款排在首位，显示商业银行这种低成本融资方式占据绝对主导的地位。

然而，商业银行的放贷特点与小微企业需求存在诸多矛盾（见表4）。其一，小微企业的主要资金需求是为了满足经营周转，资金使用期限较短，用款额度较小，逐利的商业银行无法从此类贷款中获得较高的放贷收益；其二，经营不稳定的小微企业的借款频次高，商业银行因为监管和内部风险管理等原因，通常要求企业先"还旧"再"借新"，导致许多小微企业出现"断贷"；其三，小微企业的即时性需求较多，对资金到位效率的要求主要集中在3~5个工作日内，商业银行放款速度较慢；其四，小微企业数量庞大，分布非常广泛，商业银行无法对之形成完全覆盖。类似地，正规金融机构诸如区域性股权交易市场等均存在相似问题，因此，有必要从更深层次的原因来追溯小微企业融资难、融资贵的问题并探索应对之法（见表4）。

表4 小微企业资金需求与商业银行的供给矛盾

小微企业资金需求特点	商业银行供给矛盾
期限短	银行无法从短期小额贷款业务中获得高额利润
资金额度小	
需求频次高	由于监管以及风险管理的要求，银行对企业续贷的控制严格
需求时效性强	银行风控流程长、放贷速度较慢
需求旺盛	商业银行数量有限，对数量庞大的小微企业覆盖度不足

资料来源：零壹财经·零壹智库。

1. 小微企业自身的固有问题

根据2011年6月18日工业和信息化部、国家统计局、国家发展和改革委员会、财政部联合印发的《中小企业划型标准规定》，小微企业是我国经济组织中小型企业、微型企业、家庭作坊式企业、个体工商户的统称，小微企业具有营业收入低、从业人员少、资产规模小的特点。而商业银行等金融机构发放小微企业贷款时，通常采用担保（抵押、质押、保证等）贷款的方式，小微企业通常无法提供类似足额担保，这是小微企业无法获得银行授信的直接原因。更进一步看，大量小微企业成立时间短、财务管理混乱、资本结构不合理、信贷记录缺失，导致金融机构与小微企业存在巨大的信息沟通成本，银行较难获得小微企业的真实运营信息、风险信息，严重影响贷款审核通过率和放贷效率。

2. 融资渠道覆盖面不够、融资成本高

商业银行、小额贷款公司、典当公司等（准）金融机构是我国最常用的融资渠道，然而这些机构数量有限，且地域性分布特征明显，并不能完全覆盖我国数量众多的小微企业。近年来，商业银行普遍收紧贷款，不少小微企业无法从商业银行获得融资；而小贷、典当公司等准金融机构虽然门槛较低，但融资成本普遍较高，抬高了融资方的财务压力。互联网金融机构如P2P网贷、互联网众筹、网络小贷、互联网银行等虽然较好地解决了覆盖面不够的问题，但市场体量相对较小，发展不成熟，社会渗透率低，融资成本高。

3. 融资渠道存在结构失衡

尽管我国多层次及多种所有制结构的金融体系已经基本建成，但我国企业主要融资渠道仍然是以银行为代表的间接融资市场。资源配置效率更高的直接融资市场如股票及债券市场融资规模很小。2017年末，我国社会融资规模存量中，企业债券和非金融企业境内股票融资规模共25.02亿元，仅占同期社会融资规模的14.3%；间接融资规模合计占74.98%，其中人民币贷款规模占社会融资规模的68.2%；可见，银行业金融机构在金融体系中拥有绝对的议价能力，卖方优势明显，这也导致小微企业在融资选择上丧失了一定的主动权。

而具体至小微企业融资，直接融资渠道作用更显得"乏善可陈"，不仅融资渠道受限，融资效率亦较低。如区域性股权交易市场，其挂牌企业仅能通过协议方式转让股权，融资速度远远无法与交易所市场相比，兼之股权流动性较差，更进一步削弱交易活跃度。

4. 外部政策环境不完善

一系列的小微企业支持政策及促进措施对缓解小微企业融资难、融资贵确已起到积极作用，但从整体来看，小微企业融资相关法律法规、市场环境建设等难言完善。

政策主要针对传统金融机构，而创新融资机制得到的实质性支持并不够，试举一例，P2P网贷和互联网众筹监管滞后性明显，尤其是众筹，监管

不明已经导致互联网非公开股权融资规模明显萎缩。又如区域性股权交易市场，尽管被认为是小微企业股权融资的重要渠道，然而其在多层次资本市场中的定位不明确，是否属于"证券交易所"或是"证券交易场所"缺乏明确规定，与全国中小企业股份转让系统的关系不明，影响区域性股权市场的发展方向和监管安排。目前，区域性股权市场仍然以地方政府监管为主，可能出现违规行为难以被有效规制等情况。此外，小额贷款公司等均存在类似问题。

此外，缺少激励机制以及配套的风险防范措施，无法很好地调动金融机构对小微企业贷款的积极性，尤其是在宏观经济转型和结构深度调整周期，小微企业的偿债能力降低，融资主体信用风险上升的背景下，小微企业更加面临着融资难、融资贵的问题。

（二）小微企业融资问题的解决途径

近年来，在政府的不懈推进下，小微企业融资环境得到了很好的改善。然而，若回到最初的"需求－供给"分析上，小微企业融资缺口仍然没有得到解决，尤其是微型企业，面临着更深程度的信贷约束。世界银行、中小企业金融论坛、国际金融公司联合发布的《中小微企业融资缺口：对新兴市场微型、小型和中型企业融资不足与机遇的评估》报告显示，当前对中国中小微企业提供的2.5万亿美元融资供给中，中小企业和微型企业分别获得了4.3万亿美元和0.03万亿美元的融资需求，分别占其潜在融资需求的42%和76%。

2009年以来国务院在支持小微企业创新发展，尤其是在扩大小微企业融资规模、改善小微企业融资环境方面颁布了一系统性政策性文件。各职能部门如银监会、国家发改委、工信部、财政部也相继出台了大量扶持小微企业发展的政策，政策导向力度不断加大。政策导向主要围绕以下几个方面：①给予小微企业一定的财税支持，如在财政预算中安排中小微企业发展专项资金，减少企业税费等；②促进小微企业融资，包括但不限于对金融机构的引导政策、货币政策工具的使用；③扶持创业创新，源头上改善小微企业营收低、管理不健全等问题；④加强小微企业基础设施建设，如促进企业征信、健全小微企业法律体系、增强小微企业服务体系等。在中央政府以外，由于中国金融区域性发展不均，各级政府也开展了一些特色性举措改善当地小微企业融资环境，本书暂不展开说明（见表5）。

表5　2009年以来中央政府发布中小企业相关政策性文件

发布时间	文件名称	发布机构
2009年9月	《关于进一步促进中小企业发展的若干意见》(国发〔2009〕36号)	国务院
2010年5月	《关于鼓励和引导民间投资健康发展的若干意见》(国发〔2010〕13号)	国务院
2012年4月	《国务院关于进一步支持小微企业健康发展的意见》(国发〔2012〕14号)	国务院
2013年8月	《国务院办公厅关于金融支持小微企业发展的实施意见》(国办发〔2013〕87号)	国务院办公厅
2014年8月	《关于多项并举着力缓解企业融资成本高问题的指导意见》(国办发〔2014〕39号)	国务院办公厅
2014年11月	《国务院关于扶持小型微型企业健康发展的意见(国发〔2014〕52号)》	国务院
2016年8月	《国务院关于印发降低实体经济企业成本工作方案的通知(国发〔2016〕48号)》	国务院

资料来源：零壹财经·零壹智库。

然而，实践证明单靠政府自上而下的推动是不够的，因为其始终无法满足小微企业实际需求。解决小微企业的融资难、融资贵问题的思路亦需要投向市场原则，如果能够实现利率定价市场化，则商业银行将有动力放宽对小微企业的授信条件，一方面增加商业银行盈利空间，另一方面，也拓宽小微企业的融资渠道。

利用市场手段调节小微企业融资环境无法避免地涉及"非正规金融"的监管与治理。长久以来，"非正规金融"在帮助小微企业融资上起到了不可忽视的作用，这类融资方式覆盖面积广、形式灵活、融资门槛低、定价空间大，是正统金融的有力补充。近年来，金融科技尤其是P2P网贷和互联网非公开股权融资的兴起和发展消解了相当数量的小微企业融资需求，同时也为促进小微企业融资上带来了新的启示，以下试举几点。

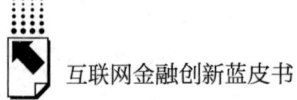

1. 大数据征信将有力地促进企业融资

如前文所述，小微企业融资难的一个重要原因是不具有信贷记录，因此在与资金供给机构的沟通过程中存在严重的信息不对称现象。我国征信体系不完善是目前的一个共识，数据难获取、难辨伪、难追踪、难评价，数据维度不够全面，信息"孤岛"严重等。

若能弥补小微企业的信用缺失，则有望助其融资。近年来，大数据征信的发展在一定程度上补充了这种空白，尤其是以腾讯征信、芝麻信用、中诚信、前海征信等8家机构为代表的个人征信机构在数据规模、市场占有率上都有了不可小觑的影响力，目前存续的备案企业征信机构则已超过130家，在助力小微企业融资上亦已起到一定的辅助决策作用。

2. 技术手段有望提高放贷效率

金融科技的逐渐成熟化使得部分放贷机构有能力基于历史数据总结、归纳出一套标准的申贷、审贷、放贷、贷后管理模型，此类模型脱胎于商业银行贷款业务，但更多地依赖互联网技术、大数据算法而非人工手段。因此，全面技术化的放贷技术改善了融资效率，更好地匹配小微企业资金"需求急"的特点。事实上，除互联网金融公司外，传统金融机构亦在加大对技术的投入力度，比如区块链和人工智能技术，前者被认为在数据共享、反欺诈等领域上具有独特优势，后者目前主要应用于投资决策制定。

技术手段目前还无法全面取代人力，尽管许多金融科技公司或数据服务公司宣称大数据能够降低坏账率，但实际上并无确切数据可以证实当前大热的技术风控优于传统的风险控制模型。在权衡技术与人工在金融业务的配给过程中，我们暂且做一个相对保守的结论：互联网技术的运用客观上减少了程式上的冗余，而在诸如风险审核等流程上应该仅作为工具使用。

3. 控制资金流入虚拟经济

金融是为实体经济服务的，这是金融的出发点和归宿。然而实体经济利润率低下导致了虚拟经济投资过热，资金结构向金融业等虚拟经济偏移的现象非常显著。事实证明，如果缺乏必要的监管措施，资金流入虚拟经济的趋势不会得到扭转。试举一例，2015年6月股市大热时，P2P网贷提供了大量的配资资金；2016~2017年部分一线城市楼市大热亦催生了众筹购房、首付贷等互金产品；股权众筹中亦有拆分私募基金的情况发生。

另一方面，控制资金流入虚拟经济的同时亦应该留出创新的空间。近几年来，网络小贷、P2P网贷、助贷机构在助力实体经济发展方面的作用不可忽视，然而监管政策的收窄客观上也压缩了小微企业的融资渠道，比如，由于"网贷限额令"的存在，小微企业将不再能够进行大额融资或者高频融资，这在一定程度上降低了小微企业在互联网融资渠道的活跃度，亦有可能减缓企业智能信贷技术的迭代速度等。

四 小结

小微企业是国民经济和社会发展的重要基础，在扩大就业、增加收入、改善民生等方面具有举足轻重的作用。因此，改善我国小微企业融资渠道具有重大意义。

虽然在我国政府多年的推动下，多层次融资体系建设稳步推进，但小微企业的融资仍然困难重重，核心原因在于我国经济增速放缓，实体经济利润率下降导致金融机构信贷策略逐渐保守。相比中大型企业，我国小微企业的融资方式明显受限，主要集中在商业银行、小额贷款公司、融资性担保公司等间接融资渠道，直接融资机会严重缺乏。

近年来，金融科技的创新发展有力地拓宽了实体经济融资渠道，也提供了新的视角改善小微企业融资方式。P2P网贷和互联网众筹作为债权融资创新和股权融资创新方式的代表，践行了互联网的"去中心化"理念加速融资，大大地提高融资效率。除了融资渠道本身的变革，诸如技术创新、大数据征信等也在逐渐影响传统金融业，为小微企业融资带来新的启示。

B.10
互联网理财聚集闲散资金服务实体经济

吴 静*

摘　要： 2013年6月，以余额宝为代表的"宝类"理财产品横空出世，掀起了互联网理财的热潮，随后互联网基金理财、P2P理财、互联网保险理财、产品众筹等借助互联网手段的新型理财方式纷纷进入人们的视野。这些理财产品可以直接在网上购买，与传统产品有着截然不同的资产来源以及购买体验。凭借低门槛、高流动性等优势，互联网理财产品能够迅速吸收大量社会闲散资金，为中小企业融资开拓了新的渠道。然而，从金融本质上看，互联网理财产品同样要经受监管合规考验。面对愈加激烈的市场竞争，大量互联网理财平台在产品上存在极大的同质性，未来优质资产依然是发展重点。

关键词： 互联网理财　余额宝　P2P　众筹

一　发展情况

长期以来，在我国财富管理领域，银行理财占据着重要位置，是国内规模最大的财富管理产品类别。

回顾我国银行理财的发展情况，2004年光大银行陆续推出我国首款外币理财产品和首款人民币银行理财产品；2005年银监会公布的《商业银行

---

* 吴静：零壹智库行业研究员。

个人理财业务风险管理指引》和《商业银行个人理财业务管理暂行办法》正式实施，从此我国商业银行正式拉开大力发展理财业务的序幕。

十多年间，我国银行理财业务实现快速发展。近三年来理财产品平均每月发行规模超过13万亿元，投资起点最低5万元，为普通大众提供了储蓄存款之外的低风险理财新选择。截至2017年底，银行理财规模余额已达29.54万亿元，除了面向机构和金融同业的产品之外，主要面向居民客户的理财产品规模达到19.79万亿元。

中金公司发布的《中国财富管理市场产品白皮书》显示，2007年面向个人投资者的银行理财产品与集合信托合计规模0.7万亿元，与居民储蓄存款的体量比例仅为0.04∶1，10年后的2017年，这一比例已大幅提高至0.4∶1。

银行理财及信托是具有中国特色的收益产品，也是财富管理产品中规模最大的产品类别。银行理财投资门槛低，安全性高，而信托又进一步给资金量更大的客户提供了更高收益，在我国过去的隐性刚兑背景下，此类约定收益投资品种风险低、收益稳定，受到投资者的广泛青睐。

（一）银行理财产品具体情况

早期的银行理财产品采用的是基金模式，抽取约定好的管理费率，客户收益则根据投资标的情况波动。例如，光大银行发行的第一只理财产品即主要投资于国债、金融债、央行票据等，获取息差收益。

但由于2000年初我国个人存款利率因管制而偏低，与银行间市场实现利率市场化的利率水平存在明显差距，因此银行有动力将产品形式由抽取管理费改成给客户提供一个高于存款利率的"约定收益率"，从而将利差带来的超额收益全部自行留存，自此银行理财的约定收益模式一直延续至今。

银行理财产品在资金端采用资金池期限错配模式管理，因此产品以短期限为主，超过半数的产品期限在3个月以内，另外30%左右的产品期限在3~6个月。

收益率方面,银行理财产品的收益率与经济走势密切相关,近两年随着GDP增速下行,银行理财与信托产品的收益率也有所下降,2015~2017年,银行发行的理财产品客户实际年化收益率基本在3.5%~5.0%。2017年以来,银行理财3~6个月期限产品年化收益平均为4.3%~4.6%。银行业理财等级托管中心发布《2017中国银行业理财市场报告》显示,2017年封闭式产品按募集资金额加权平均兑付客户年化收益率为4.06%。

从资产配置情况来看,银行业理财等级托管中心发布《2017中国银行业理财市场报告》显示,标准化资产是银行理财资金配置的主要资产,债券、银行存款、拆放同业及买入返售等标准化资产共占理财产品投资余额的67.56%,其中债券是理财资金配置的最重要的一类资产。截至2017年底,债券资产配置比例为42.19%(见图1)。

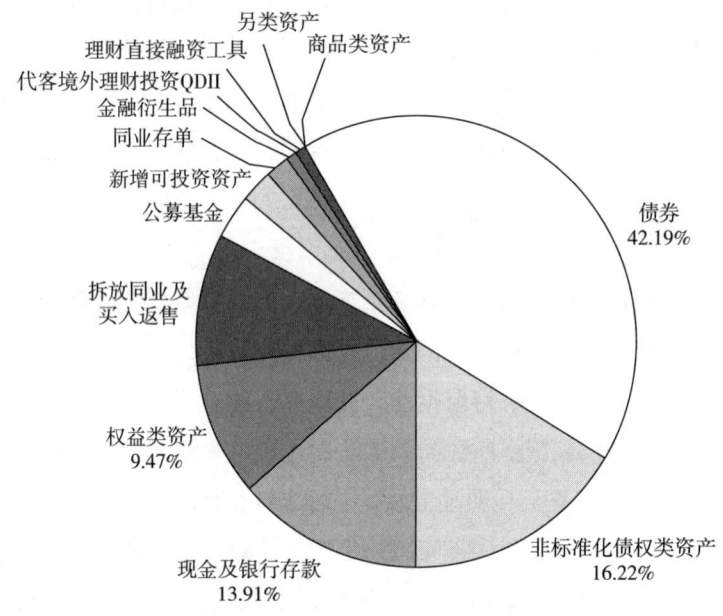

图1 理财产品资产配置情况

债券是理财产品重点配置的资产之一,在理财资金投资的资产中占比最高。其中,国债、地方政府债、央票、政府支持机构债券和政策性金融债占理财投资资产余额的 8.11%，商业性金融债、企业债券、公司债券、企业债务融资工具、资产支持证券、外国债券和其他债券占理财投资资产余额的 34.08%。

银行理财和信托产品作为社会融资的重要资金来源，支持了我国经济发展过程中蓬勃增长的融资需求，中国经济的快速增长是推动固收产品发展的首要动力。与此同时，影子银行资金池期限错配模式和中国过去的隐性刚兑，也进一步使约定收益产品成为投资者心目中高灵活性、高安全性的投资品种。

（二）银行理财面临的窘境

从 2008 年起，银监会就频繁发文规范银信合作和非标资金池业务，并着力推动理财产品从预期收益率型向开放式净值型产品转变。

2017 年以来监管力度进一步加大，2017 年 4 月，银监会连续发布 6 号文、46 号文、53 号文等文件，对银行提出全面的风险防控要求，其中对于银行理财嵌套、同业套利、同业空转等问题实行强监管。

2017 年 11 月 17 日，央行等五部门联合发布《关于规范金融机构资产管理业务的指导意见（征求意见稿）》，要求金融机构不得开展表内资管业务，出现兑付困难时，金融机构不得以任何形式垫资兑付。同时，对资管产品实行净值化管理，不设定预期收益率，按净值申购、赎回，不再保证投资人的收益，从根本上打破刚性兑付。

监管趋严情况下，越来越多的银行已开始陆续停止保本理财的销售。银行保本理财一旦将"保本"从宣传中拿去，对投资者的吸引力无疑会大幅降低；而且，除了不能保本，也不再允许银行发行理财产品时打出预期收益率。

另外，2018 年 1 月 1 日起，我国资管产品全面进入征收增值税的时代，普通居民最常接触的银行理财产品、公募基金等都在此范畴。根据新规，资管产品管理人要对资管产品运营业务的收益按照 3% 的征收率缴纳增值税。

（三）互联网理财的崛起

2013年6月，以余额宝为代表的"宝类"理财产品横空出世，掀起了互联网理财的热潮，随后互联网基金理财、P2P理财、互联网保险理财、产品众筹等借助互联网手段的新型理财方式纷纷进入人们的视野。

互联网理财包含了两层含义：一是理财产品可以直接从网络购买；二是与传统产品有着截然不同的资产来源或者购买体验（例如低门槛、高流动性等）。

1. 余额理财

余额理财指利用账户里暂时不使用的零散资金购买流动性非常强的理财产品，其中最典型的就是货币基金，在让零钱随时获得收益的同时又不影响这些资金的使用，甚至可以直接使用理财产品的份额来支付。余额理财的典型代表就是余额宝。

2. 余额宝

余额宝是支付宝为个人用户推出的一项余额增值服务，是将天弘基金公司的基金直销系统内置到支付宝网站中，用户将资金转入余额宝，实际上是进行货币基金的购买，相应资金均由基金公司进行管理。

余额宝的收益也不是"利息"，而是用户购买货币基金的收益，用户如果选择使用余额宝内的资金进行购物支付，则相当于赎回货币基金。整个流程就跟给支付宝充值、提现或购物支付一样简单，而且和银行活期存款利息相比收益更高。根据其官方介绍，2012年，10万元活期储蓄利息350元/年，如通过余额宝收益能超过4000元/年。

2013年横空出世的余额宝，在向传统金融机构提供一个真正互联网化理财产品典范的同时，借助于其巨大的口碑效应和传播范围，第一次向我国体量庞大的互联网用户普及了互联网理财体验。2013年11月14日，余额宝最新规模已突破1000亿元，成为中国基金史上首只规模突破千亿元的基金。

2017年9月1日，证监会发布《公开募集开放式证券投资基金流动性风险管理规定》，对货币基金的流动性进行了严格的规定。新规要求，同一基金管理人所管理采用摊余成本法进行核算的货币市场基金的月末资产净值合计不得超过该基金管理人风险准备金月末余额的 200 倍。2017 年年末，监管层再次下达多项指令严控货币基金规模扩张，尤其是对于规模超风险准备金 200 倍的基金公司，严禁其冲规模。

在政策的严格监管之下，2017 年以来，多只基金发布了暂停大额申购的公告，设置单日申购额度。整个 2017 年，余额宝已经三次对投资者申购设限。2017 年 5 月，余额宝个人账户持有限额从 100 万元降到 25 万元；2017 年 8 月，余额宝个人账户持有限额从 25 万元调整到 10 万元；2017 年 12 月，余额宝的单日申购额度调整为 2 万元，持有额度不变。

2018 年 1 月 31 日，天弘基金发出公告称，将设置余额宝每日申购总量，即单日实际申购达到设定额度时，当日不再受理申购申请。依照公告，此次调整的时间暂定在 2 月 1 日至 3 月 15 日。

3. 其他"宝类"产品

2014 年，不少商业银行就已经在余额宝的刺激下，开始推出"宝类"产品，期望复制余额宝的成功。工商银行的"现金宝"、中国银行的"中银活期宝"、交通银行的"快溢通"、民生银行的"如意宝"等，均是在这一时期诞生。但作为初期的尝试，这些"宝"类产品在推广上并没有下太大功夫。

此后，2015～2016 年，监管政策收紧等因素加大了货币基金收益率回落的压力，货基收益率从高峰的"7 时代"一度跌破至 3%，因此这两年"宝"类产品的发展陷入了较为平静的阶段。

2017 年，在通胀走高、经济不确定性较大、货币政策边际收紧的前提下，货币市场利率维持在较高水平，现金类资产的性价比更高，货币基金再次成为市场的焦点。而在经历了之前的摸索后，"宝"类产品的模式也实现了升级，更能适应当下的需求。

目前市场上的"宝"类货币基金大致可分为三种模式：初级的 1.0 模式，只提供 T+0 快赎服务，购买、取现均需手工操作，如重庆农商行"江渝基金宝"、潍坊银行"潍小宝";中级的2.0模式,除了提供T+0快赎服务外,同时支持购买的自动化,如南洋商业银行"智慧金"(每天14:30自动扫单申购)、九台农商行"增利宝";再往上则是终极模式,提供T+0服务、购买的自动化与交易触发,实现ATM、Pos消费、转账等全自动,如浙商"增金宝"。据不完全统计,目前有十余家银行实现了终极模式,未来将有更多的"宝"类产品往终极模式升级。

二 发展特点

(一) P2P理财

P2P理财的出现早于余额宝,早在2007年我国的第一家P2P借贷平台拍拍贷便在上海成立。P2P理财的实质是投资人把资金出借给P2P平台上的借款人,按照合同约定收取利息。2012年之前,P2P借贷行业的规模很小,使用P2P理财的人较少,尤其是行业发展初期,各平台的风控能力差、投资人保障不力,P2P出借的风险极高,也不太适宜于理财。

2012年P2P借贷行业开始高速发展,到2013年,P2P借贷行业借着余额宝和互联网理财的东风更是得到广泛关注,在平台出借的投资人越来越多,P2P理财也成为一种重要的互联网理财方式。根据零壹财经·零壹智库发布的《2017中国P2P网贷年度简报》,P2P借贷行业发展情况如下。

1. 交易规模

据零壹数据统计,截至2017年12月31日,全国P2P网贷行业累计交易额保守估计为6.07万亿元,其中2017年交易额约2.71万亿元,同比增长38.8%。P2P网贷行业成交额年交易额仍在逐年增长,但增速逐渐减慢,考虑到网贷行业所面临的监管环境及市场环境,预计2018年总交易额应该为3.5万亿~4.0万亿元(见图2)。

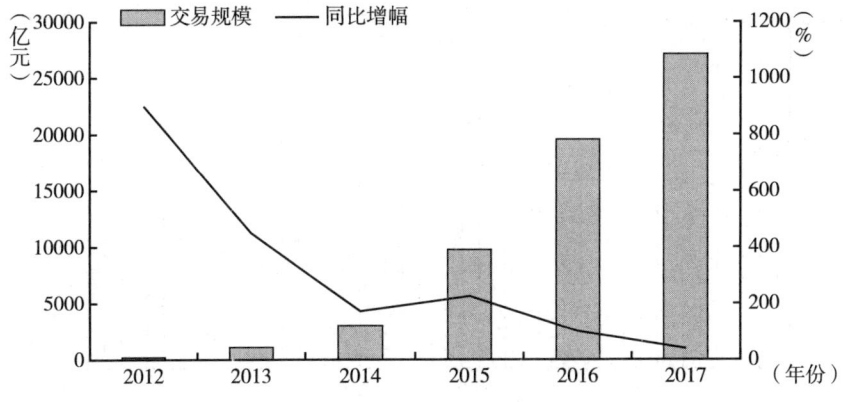

图 2　2012～2017 年 P2P 网贷成交规模走势

2. 贷款余额

截至 2017 年末，P2P 网贷贷款余额（指待还本金，下同）为 12050 亿元，待还利息约 1109 亿元，约为本金的 9.2%。贷款余额较去年同期增长 45.1%，较 11 月末下降 0.9%，已连续 3 个月呈下降趋势（见图 3）。

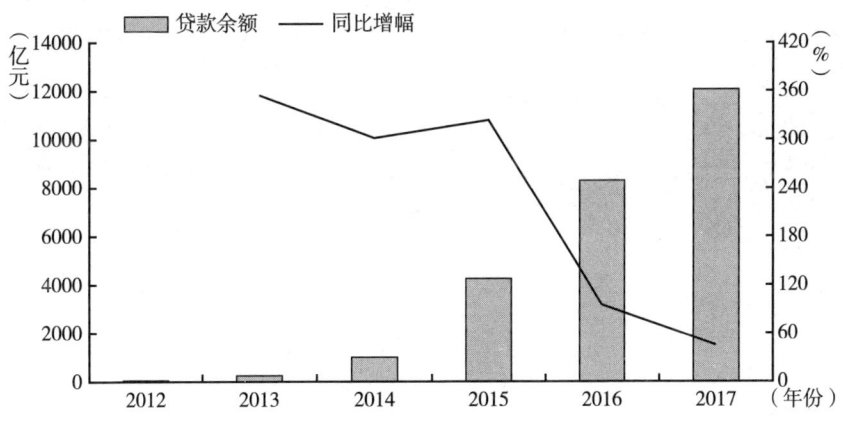

图 3　2012～2017 年 P2P 网贷贷款余额走势

3. 借款期限

2017 年 P2P 网贷平均借款期限为 152 天，这一数据在 2016 年和 2015 年分别是 206 天和 229 天。近三年来，P2P 网贷行业借款周期在逐年缩短，这种趋势与个人贷款尤其是短期现金贷资产增多有关（见图 4）。

209

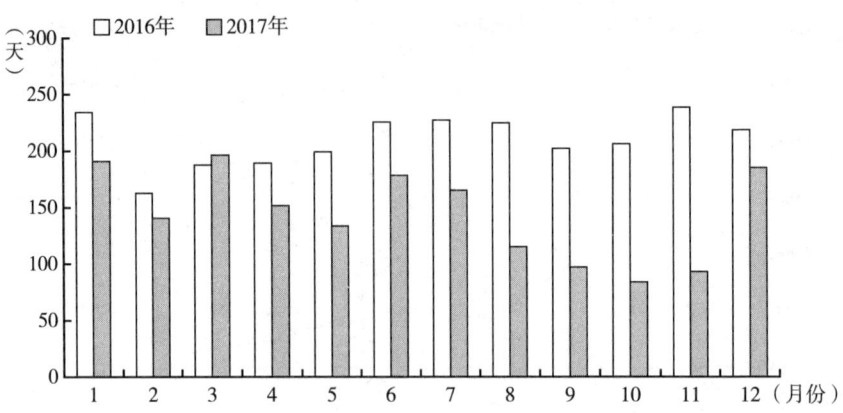

图 4　2016~2017 年 P2P 网贷平均借款期限月度走势

4. 投资利率

2015~2017 年，P2P 网贷平均投资利率分别为 11.79%、10.03% 和 9.64%，这一指标呈现逐年下降的趋势。图 5 列出了 2016~2017 年各月利率的变动走势，2016 年下半年开始已基本趋于稳定，各月 P2P 网贷行业平均投资利率均未高于 10.00%，2017 年各月平均值为 9.65%（见图 5）。

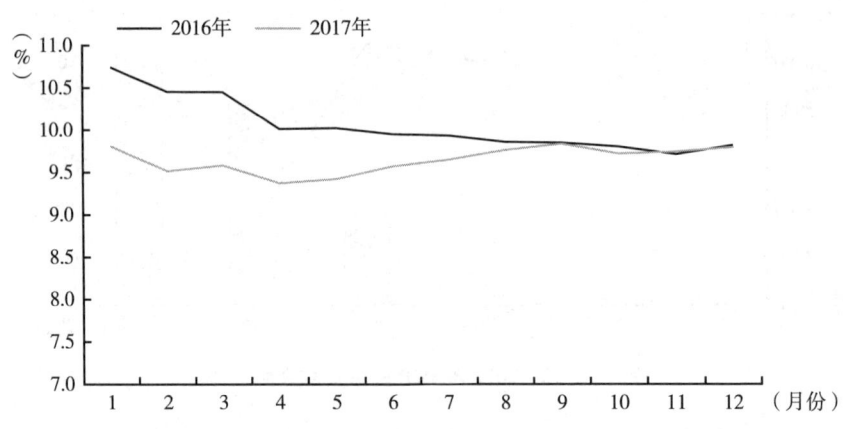

图 5　2016~2017 年 P2P 网贷平均投资利率月度走势

5. 借款人数

2017 年，我国 P2P 网贷行业活跃借款人（不区分个人和机构）估计为

1350万左右,同比增长136%。人均融资额为20.1万元,较2016年(34.2万元)减少41.2%(见图6)。

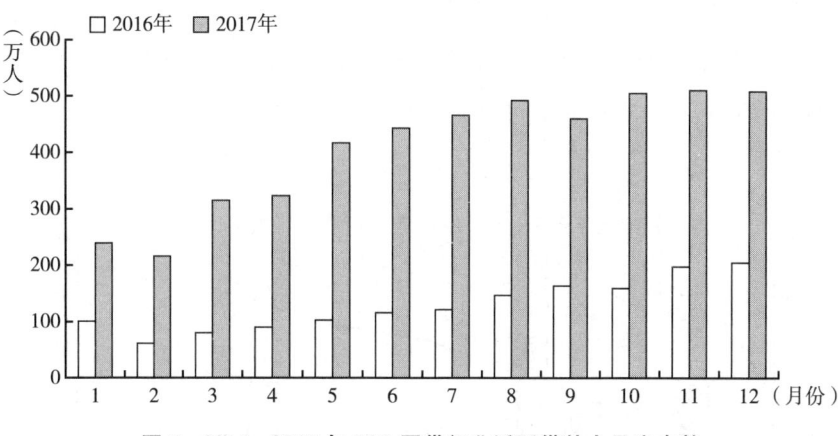

图6　2016~2017年P2P网贷行业活跃借款人月度走势

6. 投资人数

2017年P2P网贷行业活跃投资人数估计在1250万左右,较2016年(998万人)增长25.3%;人均投资额为21.7万元,同比增加10.7%。

相较于2016年各月投资人缓慢增长的趋势,2017年投资人数量已经相对稳定,尤其是2017年下半年,月度活跃投资人基本保持在450万~460万人(见图7)。

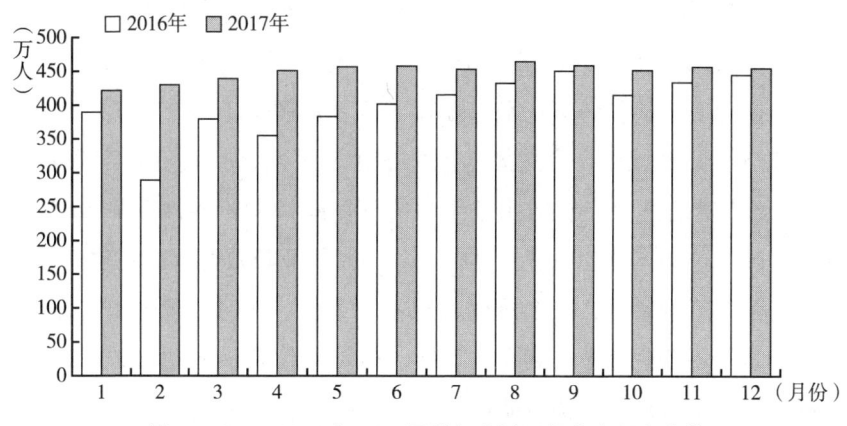

图7　2016~2017年P2P网贷行业活跃投资人月度走势

7. 问题平台

截至 2017 年 12 月 31 日,零壹数据统计的问题平台(不含转型)共有 3902 家,占平台总量的比例高达 70.9%,其中,公告停业以及隐性停运(连续两个月不发布借款项目)的平台至少有 1342 家,占到历史累计问题平台数量的 34.4%。2017 年问题平台至少有 643 家,同比减少 44.6%(见图8)。

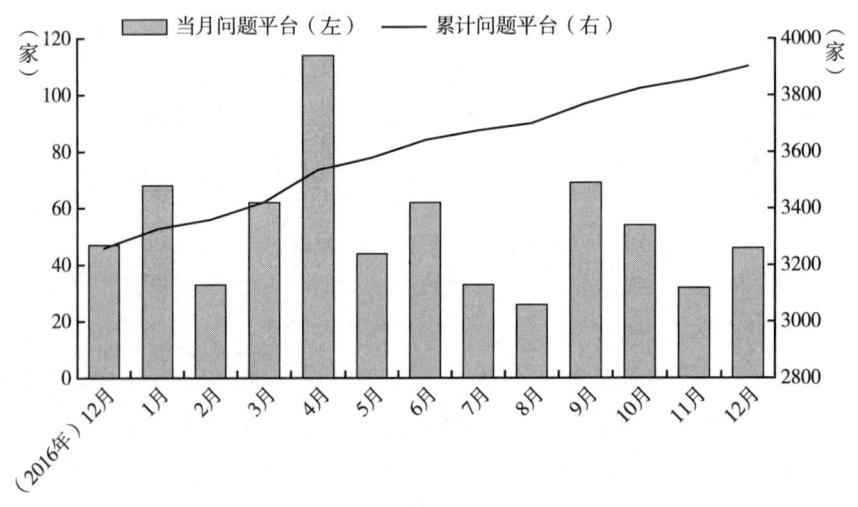

图 8　2017 年 P2P 问题平台走势

2017 年问题平台中,失联跑路的平台共有 196 家,占到 30.5% 的比例;网站无故关闭的平台共 160 家,占 24.9%;歇业停业的平台共 141 家,占 21.9%;提现困难的平台 100 家,占 15.6%(见图9)。

2017 年,P2P 行业政策密集出台,先后有《网络借贷资金存管业务指引》《网络借贷信息中介机构业务活动信息披露指引》落地,与 2016 年出台的各项政策共同构建起行业制度框架,同时行业长效监管机制建立。在政策完善与强监管推动下,平台理财利息不断下滑。同时,现金贷、金交所、网络小额贷等不合规业务得到有效整顿,有效降低了系统性风险。

相对而言,P2P 等互联网理财收益率仍高于有些传统理财。目前,P2P 的年化收益率在 7% 左右,有的高达 10% 以上。而一年期国债收益率是

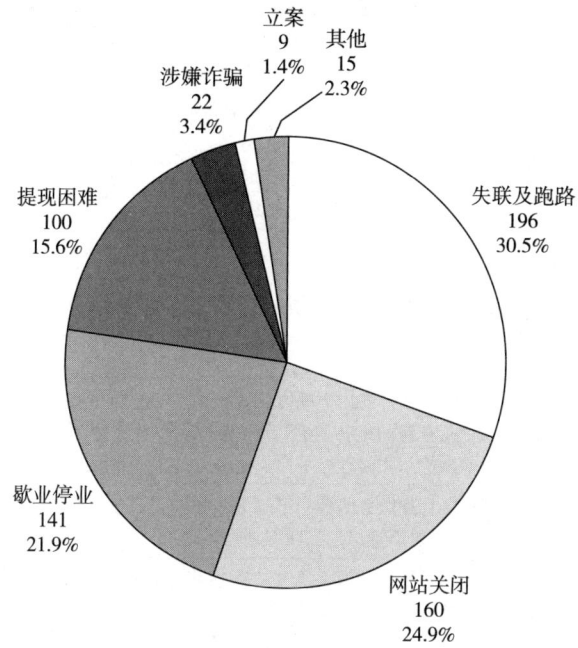

图 9　2017 年 P2P 问题平台类型构成

3.6%左右；银行 3 年期存款利率是 2.7%左右；半年期或更长的银行理财产品收益率在 5%左右。

（二）综合性理财

从 2015 年下半年开始，阿里、京东、平安等互联网巨头纷纷打出"一站式理财"的概念，并通过手机 App 提供便捷的综合性理财服务。与此同时，大量 P2P 理财机构和传统财富管理机构也纷纷向互联网理财平台转型，形成了综合性理财的潮流。

1. 参与平台背景丰富

2015 年 8~9 月，短短 2 个月的时间，腾讯、阿里、陆金所、京东等互联网金融巨头纷纷挺近互联网综合理财领域发布产品。

平安集团、微众银行、蚂蚁聚宝、京东金融、宜信公司几乎在同时段抛出"一站式"策略,在移动金融服务领域不期而遇。不少 P2P 机构也加入竞争队列,陆金所、人人贷、积木盒子、红岭创投等老牌平台先后推出转型计划,开始扩充理财品类,升级至综合财富管理平台。

目前布局一站式互联网理财的国内平台背景丰富,大致可以分为如表 1 所列示的 7 类。

表 1　国内一站式互联网理财平台背景分类

平台背景	具体介绍	典型代表
传统金融机构	银行、券商、保险等在传统线下理财领域积累了丰富用户和专业资源的机构,为顺应互联网金融的潮流而推出的互联网理财平台	中国平安旗下的陆金所、华宝证券旗下投客理财、光大集团旗下光大云富等
传统理财机构	在线下提供财富管理服务的独立第三方理财机构,同样因顺应趋势而推出的互联网理财平台。	诺亚财富旗下的财富派等
基金销售公司	拥有公募基金销售牌照的传统线下基金公司或互联网基金销售公司所推出的互联网理财 App	好买基金推出的储蓄罐、汇添富推出的现金宝等
实业集团/上市公司	传统非金融企业因战略布局和业务拓展需要而自行推出或直接投资的互联网理财平台。	昆仑万维旗下洋钱罐、中国电信旗下的甜橙金融等
P2P 平台	P2P 平台在原有业务的基础上引入多元化理财产品形成的综合性互联网理财平台	人人贷 WE 财富、红岭创投的本标金融超市、积木盒子等
互联网公司	新兴的互联网公司利用其原来业务积累的大量数据及用户优势,对互联网金融进行布局而成立的理财平台	蚂蚁金服旗下的蚂蚁聚宝、腾讯旗下的微众银行、360 旗下你财富、宜信旗下指旺理财等
独立理财公司	直接以互联网理财为创业方向的新兴机构所开设的平台	挖财、米多财富、金斧子等

资料来源:零壹财经·零壹智库。

2.主要资产

整体上看,国内一站式互联网理财平台几乎覆盖了当前市面上的主流金融资产,主要分为如表 2 所示的三大类。其中,类固收债权(包括 P2P 债权、小贷收益权凭证、债权转让等约定固定收益率的产品)、公募基金、金融资产收益权是当前国内一站式互联网理财平台所覆盖的前三类资产,公募基金中的货币基金占比较高,究其原因主要有以下两点。

表10-2 国内一站式互联网理财平台所覆盖的资产情况

资产类别	资产范围	细分情况
传统理财产品	股票、基金、保险、外汇、黄金、金融衍生品、信托、资管、私募等	①基金可进一步细分为货币基金和其他公募基金 ②保险此处主要针对的是投连险、万能险等理财型保险 ③信托、资管、私募等产品往往拥有合格投资人的门槛限制，平台一般仅作线上展示，购买流程仍然需要在线下完成，因此我们将其归为一类
新兴互联网理财产品	类固收债权、产品/股权众筹和金融资产收益权等	①类固收债权多为针对个人或企业的债权，包括但不限于各类贷款、票据或债权包收益权凭证等 ②金融资产收益权多依托线下金融资产，通过持有人的质押、转让或拆分形成可在线上购买的收益权
海外资产	海外股票市场、房地产、股权投资、债权投资等	该类资产近期逐渐引起大众关注，是国内一站式互联网理财平台产品多元化的新趋势

资料来源：零壹财经·零壹智库。

从供给角度来看，上述金融资产均具备多样化、标准化以及可线上操作的属性。其中，类固收债权类产品是最早的互联网理财产品；随后余额宝的火爆为公募基金的线上普及打开了市场，大量平台开始引入货币基金、债券型基金、股票型基金等公募基金产品；金融资产收益权类产品则是对传统理财产品的重新包装和改造，极大地丰富了现有的互联网理财产品线，但也存在合规性方面的隐患。

从需求角度来看，上述资产分别能在一定程度上满足用户对安全性、流动性和盈利性的要求。其中，类固收债权的流动性和收益率分布广泛，是深受欢迎的互联网理财产品；货币基金具有较强的安全性和流动性，非常适合普通用户进行现金管理；公募基金的多元化配置能够满足不同风险偏好用户的投资需求，同时还可以维持较低的投资门槛；金融资产收益权类产品基于背后不同的基础资产，可实现固定收益、浮动收益和保底浮动收益等多种类型的设计，同样可以满足投资人的多样化需求。

（三）众筹

一般来说，人们经常接触的众筹类型有产品众筹和股权众筹，股权众筹

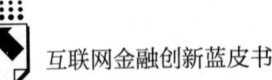

是一项风险投资,对投资人要求较高,暂时还不适宜作为理财产品,因此本报告只介绍产品众筹。

产品众筹在某种程度上类似于产品预购+团购,在某个产品尚未公开发售、甚至研制阶段,用户(称为支持者)就可以通过众筹平台支持这些产品,提前进行预定,而预定的价格一般远远低于未来公开发售的价格。通过产品众筹,用户可以以较低的价格买到同样的产品,节约了资金,因而也可以视为一种理财方式。

但是产品众筹从交钱预定到获得产品,往往需要较长的时间周期(短则1~2个月,长则半年至一年),中间充满变数,例如产品研制失败、质量有瑕疵、发货时间拖延、物流出问题等,因此存在一定的风险。

根据零壹财经·零壹智库发布的《2017年中国互联网众筹行业报告》,产品众筹发展情况如下。

1. 产品众筹发展规模

据零壹数据统计,截至2017年末,产品众筹历史累计筹资金额约140.6亿元,累计支持人次约为7673万。2017年,产品众筹筹资金额约53.2亿元,同比增长6.2%;支持人次约2135万,同比减少38.2%。

从近几年产品众筹规模变动来看,行业筹资额稳步增长;支持人次的变动受平台产品设计影响较大,投资门槛较低的项目通常能够吸引更多投资人,尤其是抽奖式众筹更能为项目吸引到关注人次。

2. 代表平台发展情况

2017年成功筹款金额超过100万元的有8家众筹平台,这些平台2017年产品众筹规模共53.1亿元,占行业整体的99.8%。京东众筹、淘宝众筹、苏宁众筹、开始吧和小米众筹的交易规模仍居行业前五。

与2016年相比,小米众筹、开始吧和苏宁众筹产品众筹规模均明显增长,小米众筹同比增幅达到109.1%;淘宝众筹同比小幅增长10.6%;京东众筹明显下降,同比降幅达到21.7%。

2017年筹资额超过亿元的产品众筹平台有5家。月度筹资额波动性最小的是小米众筹,开始吧和淘宝众筹次之,京东众筹和苏宁众筹波动性最大。2017年上半年,京东众筹筹资额一般大于淘宝众筹,下半年形势发生"逆转",最终导致淘宝众筹规模反超京东众筹。

(四)互联网保险

1. 2017年的互联网保费收入同比下降21.83%

保监会数据显示,2017年互联网保险保费1835.29亿元,同比下降21.83%,是自2011年以来,互联网保险保费同比增速的首次同比下滑。资料显示,2011年互联网保险保费同比增速为115%,2012年为123%,2013年为124%,2014年为195%,2015年为160%,2016年为5%,2017年为-21.83%。

保费下降与保险业业务结构调整有关,一是投资型业务大幅收缩;二是车险商车改促使线上销售渠道进一步受到影响,即通过互联网渠道销售的车险和投资型业务出现较大幅度下降。

在互联网保险保费收入下降的同时,签单件数却大幅提升,同比增长102.60%,达124.91亿件,其中,退货运费险、保证保险、意外险、责任保险的签单件数均有大幅增长。可见,互联网保险已开始从"线下产品线上卖""简单产品打折卖"的方式,逐步向场景化、碎片化的真正的互联网产品转型。

2. 互联网巨头涌入保险领域,互联网保险服务有望继续提升

目前,国内4大互联网巨头——阿里、腾讯、百度、京东已经全部介入互联网保险产品的销售,并积极设立、参与互联网保险机构。这些巨头依托流量优势和互联网场景优势,将继续提升互联网保险服务的广度、深度、频次和质量。

根据咨询公司OliverWyman统计,按总保费计算,2016年中国保险科技市场规模为3630亿元。数据显示,2016年,中国保监会记录的95亿份新承保保单中,约有65%在互联网销售。OliverWyman预期,2021年,中国保险科技市场规模将达到1.41万亿元,复合年增长率31.2%。

（五）互联网理财总体规模

国家金融与发展实验室联合腾讯金融科技智库发布的《互联网理财指数报告》数据显示，互联网理财规模已由2013年的2152.97亿元增长到2017年的3.15万亿元，预计到2018年将达到5.36万亿元。以此类推，预计到2020年，中国互联网理财规模将达到15.5万亿元，其中，2017年互联网理财规模同比增幅达到52.39%。互联网理财指数也已由2013年的100点增长到2017年的695点，四年时间内增长了近6倍。

2017年，移动互联网、云计算、大数据、人工智能、区块链等信息技术对于财富管理行业的影响显著，借助金融科技的力量，互联网理财市场多元化发展趋势明显。

在金融行业监管和蚂蚁金服策略调整的双重驱动下，余额宝将个人投资者单日买入上限缩减至2万元，总体持有额度限制至10万元。降额加速了在线理财用户资金向银行、基金等传统金融机构及其他互联网理财平台的分流。银行和基金公司等传统金融机构各类短期、定期在线理财产品保持较快增长。

三 发展问题、趋势及政策建议

（一）监管合规问题

从2013年开始，我国的个人理财市场同时进入两个时代，一个是大资管时代，另一个是互联网理财时代，但当时二者是割裂的，大资管主要面向中高净值客户，服务线下；而互联网理财主要面向年轻成长人群，服务线上。经过几年的发展，大资管向互联网服务靠拢，互联网理财也启动了综合性理财的步伐。

2017年11月17日，一行三会及外管局联合发布《关于规范金融机构资产管理业务的指导意见（征求意见稿）》（简称资管新规），其中对资产管理业务进行界定，包括银行、信托、证券、基金、期货、保险资产管理机构等金融机构接受投资者委托，对受托的投资者财产进行投资和管理的金融服务。可见，资管新规主要针对传统金融机构资管业务展开，P2P、综合性互联网理财平台等机构的互联网理财产品并未被纳入，一方面，该类平台是不受资管新规管辖，仍然沿用现有的监管框架即可；另一方面，则表明互联网资管产品仍未被统一纳入"大资管"体系之中。

与此同时，资管新规也明确提出"机构监管与功能监管相结合，按照产品类型而不是机构类型实施功能监管，同一类型的资产管理产品适用同一监管标准，减少监管真空和套利"的监管原则，意味着资管新规作为大资管领域的"基本法"，对于未来互联网资管的监管政策将有明确的指导意义，包括以下几点。

1. 严格产品拆分发行

"金融机构不得通过对资产管理产品进行拆分等方式，向风险识别能力和风险承担能力低于产品风险等级的投资者销售资产管理产品"；"金融机构不得违反相关金融监督管理部门的规定，通过为单一项目融资设立多只资产管理产品的方式，变相突破投资人数限制或者其他监管要求"。

在互联网理财领域，产品拆分发售曾经是主流的销售手段，以此来实现投资门槛的下降，达到互联网"普惠"的目的，目前这一行为已然被界定为违规。

2. 代理销售资管产品需监管部门许可

"金融机构代理销售其他金融机构发行的资产管理产品，应当符合金融监督管理部门规定的资质条件；未经金融管理部门许可，任何非金融机构和个人不得代理销售资产管理产品。"

当前，随着代销地方股交所、金交所产品模式被叫停，互联网理财平台也开始面临合规优质资产荒，除了代销基金、保险等产品外，各家平台都亟须寻找一些差异化的、相对高收益的产品以增强用户黏性。此次监管特意再次强调代理销售资管产品需要取得相应的资质，主要还是针对各种类金融或非金融机构以互联网之名代销持牌机构资管产品的问题。

3. 公募产品投资范围限定

"公募产品主要投资风险低、流动性强的债权类资产以及上市交易的股票，除法律法规另有规定外，不得投资未上市股权。公募产品可以投资商品及金融衍生品，但应当符合法律法规以及金融监督管理部门的相关规定。"

互联网平台所售固收类理财产品，如果还是以传统的信贷类底层资产为主，显然就不再符合这一监管精神。而在股权层面，公募产品不得投资未上市股权，在某种程度上也表明，股权众筹这一模式，仍然面临着政策层面的障碍。

4. 刚性兑付的认定

"任何单位和个人发现金融机构存在刚性兑付行为的，可以向人民银行和金融监督管理部门消费者权益保护机构投诉举报"。

"采取滚动发行等方式使得资产管理产品的本金、收益、风险在不同投资者之间发生转移，实现产品保本保收益"的行为被视作刚性兑付。在网贷行业，一些活期类理财产品或债转类集合产品，本质上便是如此，实现了本金、收益、风险在不同投资者之间的转移。

5. 非金融机构开展资产管理业务的要求

"资产管理业务作为金融业务，属于特许经营行业，必须纳入金融监管。非金融机构不得发行、销售资产管理产品，国家另有规定的除外。"

2016年8月发布的《网络借贷信息中介机构业务活动管理暂行办法》中，著名的"十三禁"里面，其中一条便是"自行发售理财等金融产品募集资金，代销银行理财、券商资管、基金、保险或信托产品等金融产品"。而网贷平台之前销售的金交所产品，并非资管新规界定的资管产品，因此不受此文约束，而是被单独发文禁止。

一般而言，国内金融行业的监管核心针对三个问题：资金池问题、公众化风险问题和风险溢出问题。前者意味着理财平台在没有相关牌照的情况下必须杜绝触碰投资人的资金；防范公众化风险意味着理财平台必须建立产品风险评估机制和投资人适格性制度，不得向用户销售超出其风险承受能力的产品；防范风险溢出则意味着理财平台在设计、发布或代销产品前，必须评估该产品对所投资行业、关联行业的影响，及其与行业政策、宏观经济政策和货币政策的匹配程度。

（二）产品的同质性问题

整体上来看，大量互联网理财平台在产品上存在极大的同质性，其背后体现了两大问题，即一方面可完全实现线上化的新型互联网产品较少，优质资产也较为稀缺；另一方面部分传统理财产品的线上化成本较高，各平台的产品创新能力也有所不足。

目前，P2P和众筹是两类主要的高收益互联网理财产品，众筹行业发展尚不成熟，优质众筹项目较为稀缺且获取成本高，股权众筹又具有较高的投资风险且缺乏成熟的退出渠道，导致P2P理财成为大量平台的基础产品，同质化严重。

而以个人小额信用贷款和企业贷款为主的P2P类资产又面临"资产荒"问题。2014年以来经济增长持续减速导致个体工商户和企业经营情况恶化，贷款质量随之下降。在这样的背景下，部分P2P平台开始深耕消费金融、供应链金融等细分市场，虽然前景向好、潜力巨大，但目前的规模还不足以改善资产同质化问题。

以公募基金为主的传统理财产品线上化是对互联网理财的有效补充，但该类产品的销售需要牌照，大部分理财平台并不具备相应资质，无法合法经营；非公募类产品更难以实现线上合规经营，尽管有少部分平台致力于传统理财产品购买流程的线上化改造，但是困难重重。

从资产端来看，传统资产（例如类固收债权）的规模继续扩大，新型资产仍被源源不断的发掘，消费金融、供应链金融、银行不良资产、PPP（公私合营）项目、企业经营权益、海外基金等新资产逐渐涌入。

（三）互联网化、智能化是大势所趋

由于大部分理财产品（例如银行理财、信托、资管计划等）为符合监管要求还无法在互联网上进行购买，导致互联网理财占全部理财的规模还

较低。

然而，目前中国半数以上人口已经接入互联网，经济、生活正在加速向互联网迁移，理财行为也向互联网迁移，随着中产阶级的崛起，互联网理财参与人数不断提升。中国互联网络信息中心（CNNIC）发布的第41次《中国互联网络发展状况统计报告》显示，截至2017年12月，我国购买互联网理财产品的网民规模达到1.29亿，同比增长30.2%。

从长期来看，此前的低净值用户已经逐渐成长为中高净值用户或线下的中高净值用户正在向互联网迁徙，因而产生线上的综合配置需求和专业服务需求。智能化将在互联网理财的发展中扮演更加重要的角色。

B.11
互联网供应链金融助力实体经济转型升级

王 晶*

摘 要： 2014年后，供应链金融进入第三个发展阶段，即互联网供应链金融阶段。在这一阶段，各类主体进入市场，业务开展多注重利用云计算、大数据、物联网等技术手段。在征信体系等金融服务基础设施还不够完善的背景下，基于互联网、大数据等的供应链金融能够利用更多维度的数据衡量融资企业的真实经营状况及其他各类行为，从而更加精准地进行信用判断、评估融资风险。互联网加持的供应链金融能够发挥长尾效应，以数据为基础，为更多终端中小企业和消费者提供金融服务。未来，供应链金融的发展将逐渐走向线上化、垂直化、细分化和平台化。不过，行业发展中尚存在诸多制约因素，例如，产融结合程度低、金融服务创新不足、新技术尚未进一步落地等；毫无疑问，供应链金融的创新发展、服务实体经济效应的实现还需要各方力量共同探索与努力。

关键词： 供应链金融 实体经济 转型

互联网供应链金融是供应链金融发展演进中的一种形态。关于具体定

---

* 王晶：零壹智库行业研究员。

义,中国人民大学商学院教授宋华系统性地归纳总结了供应链金融的几个发展演进阶段。①

就国内学界的研究来看,在供应链金融的发端阶段,关于供应链金融的定义最具代表性的是原深圳发展银行(即平安银行)与中欧国际商学院"供应链金融"课题组做出的定义。即供应链金融是指(主要是银行)在对供应链内部的交易结构进行分析的基础上,运用自偿性贸易融资的信贷模型,引入核心企业、物流监管公司、资金流引导工具等新的风险控制变量,而为供应链的不同节点提供封闭的授信支持及其他结算、理财等综合金融服务的一种服务方式。

此后,深圳发展银行又将供应链金融概括为 M+1+N 模式,即金融服务抓住产业供应链中的核心企业"1",并依托核心企业的供应链,向其上游的 M 个供应商及 N 个客户提供综合性的融资服务等金融解决方案。

以上是供应链金融在发端阶段的一种定义。在国内学界对供应链金融研究的第二个阶段,人们对供应链金融的理解开始从银行这一主体走向整个产业,供应链金融业务开展的基础也逐渐开始从要素走向结构和流程。在这一阶段,第一阶段中深圳发展银行提出的 M+1+N 供应链金融模式已经暴露出一些缺陷和问题,例如,在第一阶段中,供应链金融活动实施的主体是商业银行,但由于商业银行不直接参与供应链运营,因此实际上较难知晓真实的贸易过程和物流过程,从而会缺失供应链综合完整的信息,以致供应链金融产生风险的概率变大。

为了有效控制因为信息缺失而产生的金融风险,商业银行开展业务只能依托产业中的核心企业,以核心企业的信用为基础,延伸金融服务,并产生中间业务。这种模式具有内在的不稳定性,一方面,商业银行并没有起到综合风险管理者的作用;另一方面,由于核心企业缺乏良好的契约精神,所以很容易带来违约甚至欺诈风险,商业银行则不得不承担这种风险带来的损失。

除此之外,从供应链管理的角度来看,供应链金融是一种基于供应链运行产生的综合金融服务,需要整个供应链参与者之间的协同与合作。如果企

---

① 宋华、陈思洁:《基于进入权理论的供应链管理分析》,《中国流通经济》2016 年第 1 期。

业与企业之间缺乏合作基础，或者丧失合作的平等性和交互性等，那么供应链金融就会名存实亡。所以，不能再说谁是供应链的唯一核心或主导"1"，而其他企业组织则是依附于核心企业"1"的"M"或者"N"。

基于这种情况，人们逐渐拓展了供应链金融的内涵，即供应链金融的基础不仅包括供应链内部的要素和流程，也包括至关重要的供应链结构。这一阶段，人们认识到中小企业的信用基础不一定来自核心企业，供应链金融中业务的闭合化、收入的自偿化、管理的垂直化、交易的信息化和风险的结构化是企业真正的信用来源。因此，在实践中升级后的供应链金融指的是集物流运作、商业运作和金融管理为一体的管理行为和过程，它将贸易中的买方、卖方、第三方物流及金融机构紧密联系在一起，从而实现了用供应链物流盘活资金，同时用资金拉动供应链物流的作用。

2014年后，供应链金融也进入第三个阶段，即互联网供应链金融阶段。在这一阶段，供应链金融开始与互联网结合，相应地，供应链金融的内涵进一步得到拓展。具体来看，供应链金融业务的开展开始利用云计算、大数据、物联网等技术手段。由于互联网技术可以缓解网络中参与各方的信息不对称问题，并且降低信息获取与处理的成本，因此基于互联网的供应链金融也逐渐开始批量化处理供应链中企业的融资等其他各类金融服务需求。基于互联网、大数据的供应链金融能够利用更多维度的数据衡量融资企业的真实经营状况及其他各类行为，从而更加精准地评估融资风险等。

另外，互联网供应链金融通过互联网、物联网等技术手段搭建跨条线、跨部门、跨区域的产业生态圈和金融生态平台成为可能；同时，可以利用供应链运营中的商流、物流、资金流、信息流、知识流及沟通流，进一步为产业供应链中更多的中小企业提供融资等金融服务，并促进融资难、融资贵、融资乱等问题的解决。

中小企业是实体企业的代表，在我国经济转型的现实背景下，实体经济仍然是国民经济的重要支撑，中小企业已经成为我国经济的活力之源。不过，长期以来他们备受融资难、融资贵、融资慢、融资乱等问题的困扰。所幸，供应链金融业务模式以核心企业的信用为基础，探索为其上下游的中小微企业提供融资服务。当前阶段，供应链金融业务正在借助互联网、大数据等技术力量，探索解决以往存在的信息不对称问题，并且在业务开展中发挥互联网的长尾效应，将融资服务渗透至供应链的毛细血管中，为更多中小微企业群体提供金融服务，从而助力实体经济的升级与发展。

一 2017年互联网供应链金融发展情况

（一）供应链金融相关支持政策密集出台

回顾2017年供应链金融的发展，各项政策加码，各类文件鼓励行业探索进步，加之金融科技的火热态势，我国的互联网供应链金融正在迎来发展的巨大机遇（见表1）。

表1 2017年供应链金融业务相关政策文件

时间	主体	文件	内容/意义
2017年1月19	商务部等5部门	《商贸物流发展"十三五"规划》	明确提出扩大融资渠道，推广供应链金融；鼓励商贸物流企业通过股权投资、债券融资等方式直接融资
2017年3月29	中国人民银行、工信部、银监会、证监会	《关于金融支持制造强国建设的指导意见》(58号文)	文件明确要积极发展完善支持制造业强国，建设多元化的金融组织体系，充分发挥各类金融机构的差异化优势，形成金融服务协同效应，规范发展制造业集团的财务公司，稳步推进企业集团财务公司开展延伸产业链金融服务试点；大力发展产业链金融产品和服务。鼓励金融机构依托制造业产业链核心企业，积极开展仓单质押贷款、应收账款质押贷款、票据贴现、保理、国际国内信用证等各种形式的产业链金融业务，有效满足产业链上下游企业的融资需求；研究推动制造业核心企业在银行间市场注册发行供应链融资票据等
2017年5月2	中国人民银行、工信部会同财政部、商务部、国资委、银监会、外汇局七部门	《小微企业应收账款融资专项行动工作方案（2017～2019年）》	在全国开展为期3年的小微企业应收账款融资专项行动。方案提出"要向小微企业普及应收账款融资知识，向应付账款较多企业、供应链核心企业、大型零售企业开展宣传培训；要推动地方政府为中小企业开展政府采购项下融资业务提供便利，支持政府采购供应商依法依规开展融资；要动员国有大企业、大型民营企业等供应链核心企业支持小微企业供应商开展在线应收账款融资业务；要优化金融机构等资金提供方应收账款融资业务流程；要建立健全应收账款登记公示制度"

续表

时间	主体	文件	内容/意义
2017年8月11日	商务部和财政部	《关于开展供应链体系建设工作的通知》	提出要围绕建设标准规格统一、追溯运行顺畅、链条衔接贯通的供应链体系，重点企业标准托盘使用率达到80%，装卸货效率提高2倍，货损率降低20%，综合物流成本降低10%；形成一批模式先进、协同性强、辐射力广的供应链平台，供应链平台交易额提高20%，供应链交易管理成本下降10%；建成并运行重要产品追溯管理平台，供应链项目支持的重点企业肉菜、中药材、乳制品等重要产品追溯覆盖率达到80%，显著提升流通标准化、信息化、集约化水平；另外，中央服务业发展专项资金将支持供应链体系建设，主要立足于弥补市场失灵，做好基础性、公共性工作，发挥中央财政资金对社会资本引导作用，支持供应链体系中薄弱环节和关键领域建设
2017年8月17日	国务院办公厅	《关于积极推进供应链创新与应用的指导意见》	意见提出鼓励银行业金融机构开发支持物流业发展的供应链金融产品和融资服务方案。通过完善供应链信息系统研发实现对供应链上下游客户的内外部信用评级、综合金融服务、系统性风险管理；支持银行依法探索扩大与物流公司的电子化系统合作等
2017年10月13日	国务院办公厅	《关于积极推进供应链创新与应用的指导意见》	其中将"积极稳妥发展供应链金融"作为六大重点任务之一，推动供应链金融服务实体经济，有效防范供应链金融风险。具体提出要培育100家左右的供应链领先企业，重点产业的供应链竞争力要进入世界前列，中国成为供应链创新应用的重要中心
2017年10月25日	中国人民银行	《应收账款质押登记办法》	明确应收账款转让登记参照质押登记办理，应收账款包括基础设施和公共事业项目收益权，登记期限从1~5年扩展为0.5~30年
2017年12月15日	沪深交易所、机构间私募产品报价与服务系统	《企业应收账款资产支持证券挂牌条件确认指南》《企业应收账款资产支持证券信息披露指南》	这是继"PPP项目资产"之后，监管部门关于大类基础资产系列信息披露和挂牌条件确认所发布的第二个指南。指南主要规范的是一般的工商企业的正常提供贸易、商品服务过程当中的应收账款，如工程建设类的中国铁建、中交建，医药类企业国药等经营过程中的应收账款

资料来源：零壹财经·零壹智库。

（二）部分新兴市场主体获得融资进入供应链金融市场

从市场新进入主体情况分析，2017年，我国开展供应链金融业务平台

（多为P2P网络借贷平台）的融资情况具体如表2所示，前后共有10家平台获得了12次融资，多集中在A轮/B轮，单次融资金额较低。仅从这一数据来看，互联网供应链金融新进入市场的主体较少。这主要是因为开展供应链金融业务的要求较高，例如，仍然需要与核心企业合作以获取客户及进行风险管控等。就实践来看，P2P网络借贷平台在供应链金融业务链条中的角色主要是一种资金来源渠道，且业务开展多与核心企业合作，而获得核心企业认可本身是一种门槛。

表2 2017供应链金融业务平台投融资情况

平台名称	地点	领域	时间	融资金额（万）	融资轮次	主要投资人
草根投资	浙江杭州	供应链金融	2017年2月21	10000人民币	C	华闻传媒
卖好车	浙江宁波	（汽车）供应链金融	2017年3月10	300000人民币	战略投资	郑州银行,华夏银行,浙商银行,招商银行,建设银行,宁波银行
食物优	四川成都	（农村）供应链金融	2017年7月6	1000美元	A	分布式资本,芳晟基金
医链	北京	供应链金融	2017年7月7	1000人民币	种子/天使	黑马蓝枫基金,著名金融学家清华大学经济管理学院金融系教授,博士生导师朱武祥
联易融	广东广州	供应链金融	2017年8月10	20000人民币	B	腾讯、招商局创投,贝塔斯曼亚洲投资基金,中信资本和正心谷资本
链金所	广东深圳	供应链金融	2017年8月19	1000人民币	A	华夏公益基金
卖好车	浙江台州	（汽车）供应链金融	2017年8月23	20000人民币	B	微光创投

续表

平台名称	地点	领域	时间	融资金额（万）	融资轮次	主要投资人
易捷好车	广东广州	（汽车）供应链金融	2017年9月18	1000人民币	A	太平洋网络,九域汇
雷励金服	上海	物流金融,	2017年9月22	6000人民币	A	高榕资本等
玖富9FBank	北京	综合金融(供应链金融)	2017年10月12	10000美元	B	未透露
玖富9FBank	北京	综合金融(供应链金融)	2017年11月15	10000美元	C	信达资本,江南春,游族网络董事长林奇
金储宝	浙江杭州	供应链金融	2017年11月26	1000人民币	A	中健国金控股有限公司

资料来源：零壹财经·零壹智库。

（三）供应链金融市场空间巨大

供应链金融业务的开展模式主要包括三种，即基于应收账款的融资、基于应付账款的融资及基于存货的融资，其中，应收账款类融资是最主要的融资方式。因此，市场通常以企业应收账款的规模分析估算供应链金融潜在的市场规模。

如图1所示，截至2017年12月31日，我国规模以上工业企业的应收账款净额为13.5万亿元。假如将这些应收账款作为银行等金融机构贷款的潜在抵押品加以充分利用，那么可以估算我国供应链金融市场的发展市场潜力巨大。

就数据可得性情况来看，根据中征应收账款融资服务平台的数据，截至2017年12月31日，这一融资服务平台的注册用户总数为11.2235万家，资金提供方3.5671万家，融资成交量11.2235万笔，融资成交金额约6.4637万亿。可以推算，我国已有的供应链金融市场规模将超过这一数字。我们难以估算互联网供应链金融的市场规模，但可以肯定，加上业务增速因素，这一行业的市场规模巨大（见图2）。

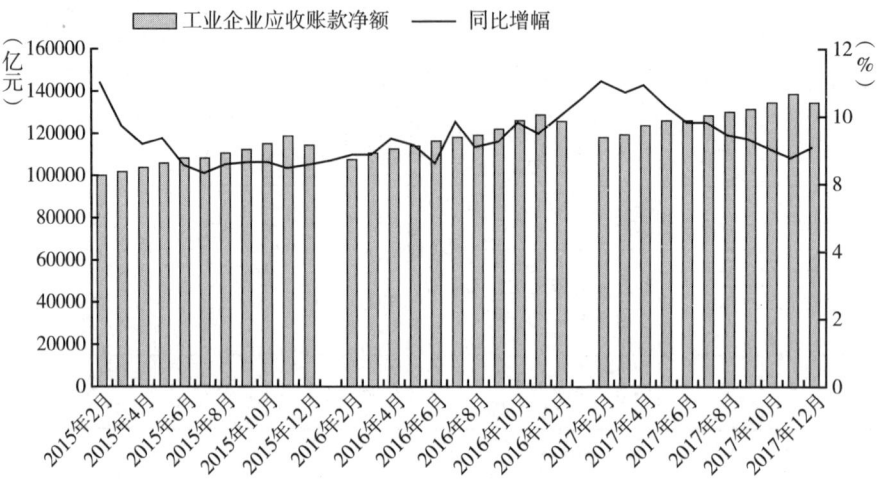

图1　2015～2017年工业企业应收账款净额与增长情况

资料来源：Wind资讯、零壹财经·零壹智库。

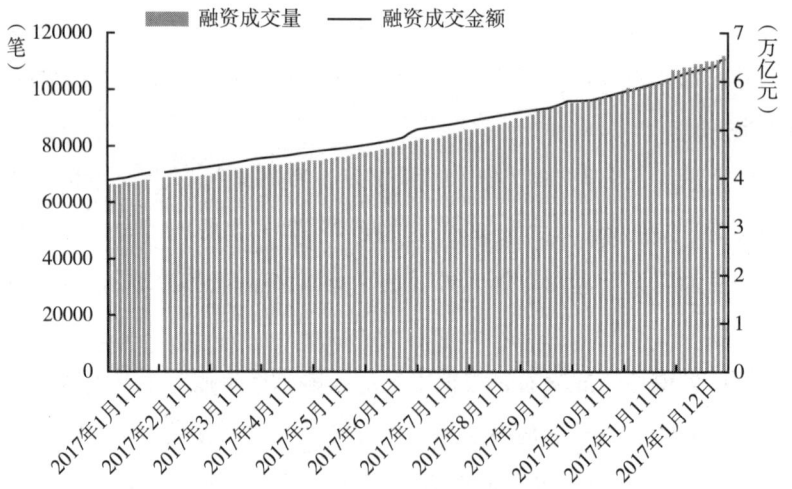

图2　2017年中征应收账款融资服务平台规模情况

资料来源：Wind资讯、零壹财经·零壹智库。

另外，我们可以从小部分业务数据情况一瞥行业市场规模。商业银行是供应链金融业务的主要参与者。数据显示，截至2017年上半年末，工商银行累计发展供应链3200余条，为1.1万余户小微企业发放融资8000多亿元，融资金额在5年中同比翻了八番①。其中，在线供应链融资成为最受小微企业欢迎的产品之一，五年来工商银行累计为1000余户小微企业发放线上供应链融资300多亿元，服务客户群体包括一汽大众、华为集团、奇瑞路虎、中建集团、吉大附属医院、蒙牛股份、天津物产等众多供应链上的上下游小微企业。

P2P网络借贷平台是互联网供应链金融重要的一类参与者。根据零壹财经不完全统计的数据，截至2017年12月31日，涉及供应链金融且仍在运营中的P2P网络借贷平台超过80家；② 这些平台涉足的行业阔度较大，包括大宗商品、餐饮、通信等，且有相当一部分拥有上市公司背景（上市公司参股）（见表3）。

从数据上看，通过P2P网络借贷平台开展供应链金融业务的整体规模呈现波动增长特征。2014年P2P供应链金融规模在100亿元左右，2015年达到600亿~750亿元，是2014年的7倍左右；2016年规模增长到1300亿~1700亿元，是2015年的2~3倍。2017年，受到2016年8月24日下发的《网络借贷信息中介机构业务活动管理暂行办法》中限额规定的影响，大额（超过100万元）供应链金融项目通过单个P2P网络借贷平台融资的行为被禁止，因此这一年P2P供应链金融的业务规模有所下降，为1050~1350亿元。

P2P网络借贷平台开展供应链金融业务的主要形式包括保理融资、票据质押融资和融资租赁融资等，具体规模变化如表4所示。

---

① 《供应链金融成为工行服务小微企业利器》，中国金融新闻网 http：//www.financialnews.com.cn/yh/sd/201707/t20170729_121857.html。
② 主要统计了供应链金融业务年成交规模超过1000万元的平台，其他业务年成交规模低于1000万元的暂未统计。

表3　部分开展供应链金融服务的P2P平台

序号	平台名称	主要涉足的行业	上市公司背景
1	e融所	通信	方大集团
2	爱投资	电子	—
3	安心de利	农牧业	人人公司
4	宝象金融	农牧商品	—
5	碧有信	建材、汽车	碧桂园
6	博金贷	—	—
7	城满财富	建筑业	—
8	城铁在融	—	—
9	道口贷	—	—
10	叮咚钱包	—	富贵鸟集团
11	鼎有财	电动车	汉鼎宇佑
12	多赢金融	—	—
13	丰收贷	印刷包装	—
14	格林易贷	—	格林国际控股
15	冠e通	—	—
16	广电财富	—	广电网络
17	广州e贷	—	—
18	好又贷	旅游	—
19	恒瑞财富	—	—
20	红包贷	基建	—
21	红金宝	塑料	—
22	湖湘贷	建筑业	—
23	葫芦金融	钢铁	上海钢联
24	惠投无忧	车辆	赛为智能
25	极光金融	—	—
26	嘉石榴	物业、金融、传媒等	卓尔集团
27	金联储	能源	—
28	金陵贷	五金	—
29	金茂街	大宗商品	—
30	锦绣钱程	餐饮	—
31	久金所	央企	久其软件
32	聚金资本	医疗、仓储	—
33	可溯金融	农业	—
34	筷来财	餐饮	—
35	胖胖猪	建筑装饰、建材	中化岩土

续表

序号	平台名称	主要涉足的行业	上市公司背景
36	鹏金所	通信、电子、物流等	万科等22家A股上市公司
37	普邦金控	种植	普邦园林
38	普惠理财	矿业、出版、百货	皖新传媒
39	奇象理财	汽车、餐饮	联创永宣（新三板）
40	前金所	电子商务	—
41	钱内助	珠宝	—
42	钱香	珠宝	南通锻压
43	全民财富	汽车、化工	—
44	融托金融	—	—
45	杉易贷	农业	杉杉股份
46	甜菜金融	—	—
47	投呗	—	—
48	投融家	房地产	中亚能源
49	团贷网	—	鸿特精密
50	万商贷	塑料	鸿达兴业
51	万盈财富	医药	—
52	希望金融	农牧	新希望
53	小狗钱钱	—	—
54	新融网	汽车	—
55	一财金融	医药	—
56	有融网	服装	—
57	宇商理财	建材等	怡亚通
58	正勤金融	—	—
59	智融会	—	—
60	中瑞财富	煤炭	瑞茂通
61	珠宝贷	珠宝	金一文化、萃华珠宝

注：按平台名称排列。
资料来源：零壹数据。

可以看到，2014~2017年，P2P供应链金融业务的成交规模与组成结构均发生了较大变化。从2017年数据可知，保理、银票、商票和融资租赁形式的供应链金融规模均同比减小，这四类业务通常单笔融资额较大、融资成本较低；其他形式的供应链金融业务规模同比明显上扬，2017年为400亿~5000亿元（见表4）。

表4　P2P开展供应链金融服务的业务规模

单位：亿元

业务模式	2014年	2015年	2016年	2017年
保理	10	250~350	600~800	200~300
银行承兑汇票	50	150~200	300~400	150~200
商业承兑汇票	5~6	85~90	150~200	130~180
融资租赁	20	60	180	170
其他	5~10	50~60	70~120	400~500
合计	100	600~750	1300~1700	1050~1350

注："其他"形式的P2P供应链金融主要表现了企业信用贷款，通过不提供抵押、质押、保证等增信措施，网贷平台主要通过对该平台供应链信息的审核进行风险控制。

资料来源：零壹数据。

在融资成本方面，P2P供应链金融业务的融资成本也发生了一定变化，图3以P2P供应链金融产品年化投资收益率表现这一趋势。2013~2016年年化投资收益率逐年下降，由15.09%跌至8.56%，2017年回升至9.19%，小额融资比例的提升是导致这一数据上升的主要因素（见图3）。

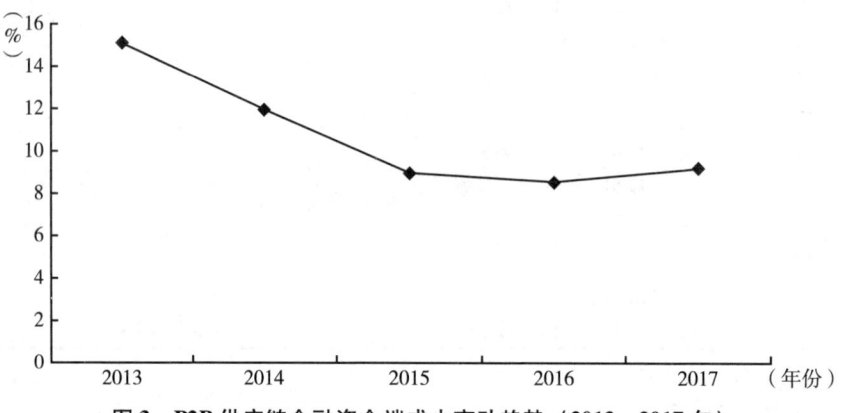

图3　P2P供应链金融资金端成本变动趋势（2013~2017年）

资料来源：零壹数据。

二　互联网供应链金融的主要模式特点

我们将供应链金融的供给与需求主体等进行简单划分，基于我国放贷人条例《非存款类房贷组织条例征求意见稿》的规定，如图4所示，现阶段，参与供应链金融服务，提供资金的主体包括商业银行、小贷公司、保理公司、担保公司、P2P网络借贷平台、信托公司等；供应链金融的服务主体则主要包括商业银行、行业龙头企业、物流企业、电商平台等。

资金供给渠道	—	金融服务主体	—	融资需求方
商业银行 小贷公司 保理公司/担保公司 P2P网络借贷平台 信托等	➡提供资金	商业银行 行业龙头企业/物流企业/电商平台（B2B等）/供应链企业等 金融信息服务平台等	➡提供融资服务 ➡参与供应链活动；提供融资服务 ➡提供融资服务	供应商 核心企业 分销商 终端消费者
—		其他周边企业：信息化/数据化服务商/基础设施服务商/行业组织等		—

图4 我国供应链金融产业链

资料来源：零壹财经·零壹智库。

与上述略有不同，我们将现阶段互联网供应链金融的服务模式按照主要服务主体进行分类，主要有以下几种模式（见表5）。

表5 互联网供应链金融的主要参与主体及业务模式

模式	参与主体	资金来源	服务对象
银行互联网供应链金融	银行	银行	线下企业为主
基于电商的银行供应链金融	银行+电商	银行	B端在线商家/C端消费群体
电商互联网供应链金融	电商平台	小贷公司/保理公司/资产证券化等	B端在线商家/C端消费群体
基于核心企业的P2P供应链金融	核心企业+P2P网络借贷平台	P2P网络借贷平台	B端在线商家/C端消费群体

资料来源：零壹财经·零壹智库。

（一）银行互联网供应链金融

商业银行是供应链金融业务的主要参与者，现阶段，随着互联网金融的发展，大数据等新兴技术的不断成熟与发展，商业银行的供应链金融业务也开始从线下走到线上，不断迭代更新产品与服务。

其中，供应链金融产品与服务变化发展的关键之处是供应链管理的信息化与数字化。相较于传统方式，银行能够进一步整合与共享各类信息，核心企业也能更好了解供应链上各节点的各类信息，从而促进供应链融资的线上服务体系。

在具体的产品和服务方面，供应链金融的一般性产品与服务没有改变，仍然主要有三种，即应收账款类融资、预付账款类融资和基于存货的融资。但操作过程在不断线上化，因为对于众多银行机构来说，发展在线的供应链金融业务已经成为一个迅速开拓小企业客户群的有效突破口，为中小微企业提供申请流程简洁、审批结果及时的在线贷款业务已经是一种趋势。

（二）基于电商的银行供应链金融

银行在开展供应链金融业务中也在逐渐探索，为了进一步拓展供应链金融的服务范围，部分银行结合自营或者第三方电子商务平台推出了线上供应链金融服务，其中放贷资金来自银行。

具体来看，银行与自营电商平台（包括B2B/B2C）合作，开展针对商家/个人消费者的应收账款、订单融资服务等；或者与平台型电商企业（包括B2B/B2C）合作，开展针对商家/消费者的订单、应收账款融资等服务。例如，中国银行与京东商城合作推出京东供应商应收账款融资服务等。

银行自身也在自建电商开展互联网供应链金融服务，为个人消费者、企业用户提供资金融通服务。例如，银行推出基于信用卡业务的电子商城，并为个人消费者提供购物分期付款为主的消费者订单融资服务等（见表6）。

表6 部分商业银行基于电商开展供应链金融业务举例

商业银行	平台	金融服务
工商银行	融e购	消费者订单融资
建设银行	善融商务平台	消费者订单融资、电子订单卖家融资、应收账款网络保理等
交通银行	交博汇平台	应收账款保理融资、电子订单卖家融资、消费者订单融资
中国银行	聪明购	消费者订单融资
农业银行	生活e站	消费者订单融资
民生银行	信用卡商城	消费者订单融资
招商银行	非常e购	消费者订单融资
平安银行	橙e网	电子订单卖家融资等

资料来源：零壹财经·零壹智库。

（三）电商互联网供应链金融

电商平台（包括B2B、B2C平台等）是供应链金融业务开展的重要参与者，现阶段，阿里巴巴、京东、苏宁等电商企业均有开展供应链金融服务。

在具体操作方面，阿里巴巴、京东、苏宁等均通过设立小额贷款公司的方式获得放贷资质以开展业务。阿里巴巴的供应链融资业务主要是淘宝贷款中的订单融资服务，包括针对天猫卖家的订单贷款服务和针对淘宝卖家的订单贷款服务。[①] 京东、苏宁的供应链金融业务主要是针对自身上游供应商的应收账款融资服务等。

电商平台除去为B端企业提供融资服务以外，也大都针对C端个人消费者开展订单融资服务，即为信用良好的买家提供分期付款等金融服务。这种贷款服务的资金来源多是小额贷款公司、信托公司等，同时，他们也通过资产证券化的方式获得流动性。这其中以阿里巴巴旗下蚂蚁金服的融资规模最大，2017年资产证券化融资规模超过3000亿元。

电商平台中基于B2B平台的供应链融资业务通常与银行合作展开，这

---

① 阿里巴巴B2B平台上推出的企业贷款以信用贷款为主，此处暂不讨论。

是因为小额贷款公司属于非存款类放贷组织，无法吸收个人存款，资金规模较小，可能无法满足B2B平台关联融资企业的大额融资需求。

另外，诸多产业龙头企业也在探索利用电子商务模式开展在线供应链及供应链金融服务。

（四）基于核心企业的P2P供应链金融

P2P供应链融资中，P2P网络借贷平台主要充当资金来源渠道的角色，因此其业务模式本质上是与供应链金融资产生产方合作，其中包括各类核心企业等，方式包括保理融资、票据质押融资等。事实上，在涉及供应链金融业务的P2P网络借贷平台中有相当一部分拥有上市公司背景（上市公司参股）。上文已有阐述，此处不再赘述。

三 互联网供应链金融发展整体特点

（一）从供给上看，各类主体纷纷参与供应链金融市场

1. 电子商务平台是供应链金融市场最活跃的主体

电商平台具备互联网优势，基于平台的交易，电商平台能够沉淀大量的客户行为数据与交易数据。据此，电商平台可以对具有融资需求的主体进行风险评估，并开展贷款服务。一方面，电商平台可以利用自身的子公司，如小贷公司、保理公司等向平台的B端商家与C端消费者提供金融服务；另一方面，电商平台可以以自身的信用为保证与银行合作，为平台上的供应商企业等提供融资保证。现阶段，各类B2B、B2C电商平台多有开展供应链金融服务，包括阿里巴巴、京东、苏宁、国美等。整体来看，电商平台的供应链金融服务效率高、额度低、方式灵活，能够较好地满足中小微企业的融资需求。

专栏1

2010年和2011年，阿里金融（现为蚂蚁金服）分别在浙江和重庆成立

了小额贷款公司，为阿里巴巴的 B2B 业务、淘宝、天猫三个平台上的商家提供订单贷款和信用贷款。其中，订单贷款是指基于卖家店铺已发货、买家未确认的实物交易订单金额，系统给出授信额度，到期自动还款，实际上是订单质押贷款。从金融产品的具体要素看，订单贷款的日利率约 0.05%，累计年利率约 18%。淘宝、天猫订单贷款的最高额度为 100 万元，周期是 30 天。由于阿里金融的小贷业务基本以淘宝、天猫平台的客户为对象，贷款发放后，可以通过支付宝等渠道监控借款人的现金流。这种大数据分析加平台资金流监测的方式，很好地实现了供应链金融的闭环生态，利于进行风险控制。当时的一组数据显示，这类周期不超过半年、额度在 100 万元内的贷款产品，其不良率控制在 1% 以内。

京东金融的"京保贝"供应链金融产品，门槛较低，即只要与京东有 3 个月以上的贸易关系就可以申请融资，贷款时不需要额外抵押和担保，京东金融会根据平台供应商的产品库存情况、销售情况和合作期限等指标做出信用评级再确定融资额度。

2. 互联网第三方支付平台作为线上交易重要入口，成为线上放贷的重要基础设施

电商平台中，B2C 平台的上游商户大部分为小微企业，他们具有典型的财务状况不明晰、缺乏合适抵押物、借贷成本高、借贷频率快等一系列特征。在传统信贷条件下，他们基本无法获得融资服务。在这种情况下，B2C 电商平台作为供应链上的一个参与主体，开始自建支付渠道，并通过掌握上游 B 端用户的支付流、资金流信息等开展金融服务。B2C 平台在掌握上游 B 端的数据后，就可以对其业务与信用进行分析，并提供一定的融资服务。此时，供应链金融的业务开展发生了变化，授信主体不必一定是银行机构等，核心企业也不必是大企业。这是一种现阶段正在崛起的业务开展思路与方式。

其中的逻辑是第三方支付机构在降低交易成本、控制融资风险、缓解信息不对称方面具有优势，这使他们具备了开展供应链金融业务的基础。事实

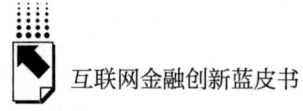

上,现阶段的大型电商平台都是这种思路,尤其是在开展农村金融业务的过程中。

值得一提的是,基于第三方支付机构开展金融业务的普及率会较高,尤其是针对C端消费者的订单融资服务,这将更好地发挥金融服务的长尾效应,服务更多的小微用户群体。

3. 物流平台是供应链金融的重要参与者

物流公司通过仓储管理与运输管理系统掌握着供应链上企业的物流信息,有时还承担着代收代付货款的功能。由于掌握着商品流通环节的重要信息,物流公司是传统供应链金融模式的重要参与者。

现阶段,随着互联网技术的应用,创新的进一步深化,物流公司的仓储管理、运输管理也在逐渐信息化、线上化,这种特征使物流公司进一步在供应链金融市场中扮演重要角色。他们可以为融资企业提供诸如通关、物流、仓储、保税等综合服务。另外,基于物联网等技术,物流公司还承担着监控抵押品、质押品状态的责任。

因此,一些实力雄厚的物流公司开始在上述基础上通过设立子公司或者与金融机构合作的方式开展供应链金融服务,例如在一些IT、医疗器械、电子通信等行业开展业务等。这种探索是现阶段互联网供应链金融发展的一个重要特征,典型的如顺丰等。

4. P2P网贷平台参与供应链金融的业务缓慢增长

P2P网贷平台中涉及供应链金融业务的平台数量较少,业务规模也较小。2017年,供应链金融业务参与平台超过80家,业务规模超过千亿元,在整个供应链金融业务的市场中所占份额较少,但2017年仍有新平台进入这一市场,业务规模也呈现缓慢增长的态势。

在具体的行业方面,P2P网贷平台在汽车供应链金融、农村供应链金融等方面涉足较多。就现阶段的规模来看,P2P网贷平台涉足供应链金融业务的发展空间还很大。由于供应链金融业务对供应链管理的要求较高,P2P网贷平台参与这一市场的特点是布局垂直细分领域,且除去产业核心企业的子平台外,多为与其他核心企业等合作开展业务。随着企业间分工与协作精细化程度的加深,网贷平台的业务开展也将更加注重分工与协作、更加突出精细化程度(见表7)。

表7 P2P网贷平台等提供涉农供应链金融情况简介

平台	注册地点	涉农供应链金融业务描述	平台定位
希望金融	天津	业务范围涵盖农业产业供应链金融、农业供应链金融、农村消费金融、农业产业支付	P2P
宝象金融	上海	以农业上市公司及龙头企业供应链中有核心企业担保的小微企业为服务对象	P2P
杉易贷	深圳	为农产品流通领域小微企业及个体提供金融服务	
信用宝·大田金融信用贷	北京	与农机农资经销商合作,为农户、农业专业合作社提供农机贷、农资贷、经营贷等	助贷
民民贷	温州	基于供应链为养殖企业提供贷款服务	P2P
元宝365	北京	涉农订单贷,核心企业(饲料厂、农药厂等)向其上下游原材料供应商和工程承包商订单后,平台为其上下游企业提供备货资金;核心企业法人/大股东承保	P2P
可溯金融	杭州	与核心企业正大集团合作,为下游农户等提供农资、农机贷款服务	P2P
领鲜理财	北京	与正大集团合作,为下游养殖户提供农资贷款服务/产业链下游大型国企解决农产品销售问题,提供劣后资金或回款保证	P2P
聚优财	杭州	部分供应链金融服务涉农	P2P
惠农时贷	成都	为农业产业化龙头企业开展产业链金融提供综合配套服务	P2P
好麦金融	杭州	联手货运公司,对货运汽车产业链上游的销售端提供新车采购融资服务,为下游的货运车主发放借款;第三方资管公司无条件回购债权	P2P
农泰金融	深圳	从农资供应链切入,推出经销商贷、零售贷、种植贷、惠农贷、果品贷、等产品,依靠农业产业链提供金融服务	P2P 农药制剂行业巨头公司诺普信投资成立
理财农场	深圳	为农户、农资经销商提供基于供应链的金融服务	P2P 农药制剂行业巨头公司诺普信为股东

续表

平台	注册地点	涉农供应链金融业务描述	平台定位
浙农金服	杭州	浙农控股旗下,为集团内外供应链上下游非关联企业提供融资服务,涉及化肥、农药、农膜等农资融资服务	P2P
三农金服	深圳	为农户提供消费分期、产业链金融、信用贷款等服务	P2P
牛牛bank	深圳	与果汁公司合作,为供应链上下游提供金融服务	P2P
道口贷	北京	涉及部分农牧业企业的供应链金融服务	P2P
农分期	北京	为农户、农业合作社等提供农机农资等分期付款服务	助贷
什马金融	上海	深入农村,为城镇、农村居民等提供摩托车、电动车分期付款服务;并为摩托车、电动车下游经销商提供基于供应链的预付款融资等服务	助贷
沐金农	北京	与线下农资经销商合作等,为农户提供代付类生产经营与消费贷款;与核心企业合作,为其上下游企业提供贷款服务等	助贷
翼龙贷	北京	与农资企业等合作,尝试供应链金融服务	P2P
屹农金服	北京	与养猪核心企业合作,与其共管账户,为其中养殖户等提供融资服务	P2P

资料来源:零壹财经·零壹智库。

(二)互联网供应链金融的服务范围在不断扩大

随着金融基础设施的不断完善,例如互联网、移动支付、信用体系等,供应链的信息化、数字化的进一步发展,大数据等分析处理技术的日臻成熟等,供应链金融服务机构与融资企业、消费者之间信息不对称的难题在进一步缓解;供应链金融的服务范围在逐渐扩大。利用互联网支付入口,小商家、个人消费者等用户的消费行为、交易数据等变得可追溯,因此,电商服务平台、P2P网络借贷平台等提供的金融服务正在下沉,更多小微企业、个体工商业者、终端消费者等则能更加容易地获得金融服务。

(三)互联网供应链金融业务开展更加注重新技术探索应用

现阶段,供应链金融发展过程中,各类新技术的应用层出不穷,大数据、云计算、物联网、区块链等新兴技术真在被探索应用于供应链管理与金融业务的风险管控,以下我们做以详细分析。

1. 物联网与供应链金融

物联网是一种网络,它通过射频识别、红外感应器、全球定位系统、激光扫描器等信息传感设备,按照约定协议,把物品(包括人与物、物与物)与网络(互联网或者通信网)相连接;物联网可以进行信息的交换和通信,实现对物品的智能化识别、定位、跟踪、监控和管理。

物联网的可视跟踪技术能提高供应链金融的运营效率,并利于控制风险。利用物联网技术,供应链金融服务机构可以在物联网信息系统中赋予动产以不动的属性,从而对融资企业的抵押品和企业业务过程进行动态跟踪。供应链金融服务机构可以掌握抵押品的来源、质量、位置等信息,降低供应链金融业务的操作风险和对抵押物进行监管的人力工作强度;另外,能够对企业的经营状况和交易细节等进行充分的了解,并以此为基础向中小企业开展一些中间业务,例如资金归集管理、应收账款管理等。

物联网对供应链金融业务中的动产质押融资益处颇大,传统的实物监管融资可能将逐步演变成更加规范、便捷和安全的单证化融资(宋华,2017)。

2. 大数据与供应链金融

尽管大数据的概念已经不太新鲜,但数据已经成为互联网时代生产力的地位不容置疑。大数据带给供应链金融的变化主要体现在信息的获取收集与分析方面,并在供应链金融的贷前、中、后等环节起作用。

大数据的分析应用能提高客户筛选和精准营销能力,供应链金融服务机构可以把握目标用户的需求并设计供应链金融产品。例如供应链金融服务商可以对行业数据、供应链数据进行整合分析,并为中小微企业提供与需求匹配的金融服务和产品;例如可以引入客户的行为数据等,将客户行为数据和银行资金信息数据、物流数据等相结合，以提高客户筛选和精准营销能力。

大数据的分析应用可以用来进行授信评估。例如，供应链金融服务机构可以分析和掌握供应链上各节点的交易历史和交易习惯等信息，并对交易背后的物流信息进行跟踪分析，以此掌握供应链涉及主体的交易行为，并把这类信息作为对融资主体授信的判断依据之一。

大数据的分析应用还可降低供应链金融业务的贷中管理成本。例如，供应链金融服务机构可以从源头开始跟踪抵押品信息，以便辨别抵押品的权属，减少实地核查、单据交接等操作成本；通过对原产地标志的追溯，帮助供应链金融服务机构掌握抵押品的品质，减少抽检工作等。

大数据可以缓解供应链金融服务机构与中小企业、终端消费者等之间的信息不对称，不仅可以用于风险分析与管控，还可能进行风险预警。

3. 云计算与供应链金融

云计算的定义较多，现阶段，被人们广为接受的美国国家标准与技术研究院（NIST）的定义，既云计算是一种按使用量付费的模式，这种模式提供可用的、便捷的、按需的网络访问。进入可配置的计算资源共享池（资源包括网络、服务器、存储、应用软件、服务），这些资源能够被快速提供，而只需投入很少的管理工作或与服务供应商进行很少的交互。

云计算的服务模式主要包括 SaaS、PaaS 和 Iaas。第一层是 Iaas，即基础设施即服务，指的是通过提供场外服务器、云存储和网络硬件供企业租用，以节省企业的硬件维护成本和场地，企业可以在任何时候利用这些硬件来运行其应用；第二层是 PaaS，即平台即服务，指的是在网上提供各种开发和分发应用的解决方案，如虚拟服务器和操作系统等。这将节省客户在硬件上的费用，而且让分散的组织之间的合作变得更加容易；第三层是 SaaS，即软件即服务，指的是服务商通过互联网提供软件的方式，服务商将应用软件统一部署在自己的服务器上，客户可以根据自己的实际需求通过互联网向服务商定购所需的应用软件服务，且按照订购的服务多少和时间长短向服务商支付费用，并通过互联网获得服务商提供的服务。

云计算的服务模式是大数据获取、存储、计算处理的基础，一方面云存储为大数据分析做准备,另一方面挖掘有价值的数据需要借助云服务和云应用能力。

上述物联网、云计算、大数据三者之间是相互关联、相互作用的关系。物联网是获得大数据的途径和手段,如果没有物联网,就无法形成真正意义上的大数据;大数据挖掘处理需要云计算支撑,而大数据自身携带的价值和规律又使得云计算能够更好地与行业应用结合并发挥更大的作用。这些新兴技术正在运用于供应链金融,并推动着供应链金融向更加信息化、精细化等方向发展。

4. 区块链与供应链金融

区块链技术形成的基础是互联网的普及和计算机运算能力的提升。从底层通信层看,区块链是网络节点之间进行点对点交易记录更新、各网络节点分别完整存储交易记录的通信方式;从协议和应用层看,区块链支持不同的开发者根据自身所需求的应用场景,自行定义交易记录所包含的内容、新区块产生的条件及加密算法等;从最终用户层面来看,区块链是一个带有时间戳的账务记录系统,具有公开、透明、可信、历史记录不可篡改等特征,因为这些特征,区块链技术适合作为金融交易的辅助工具。

区块链的应用在现阶段仍然处于偏概念的阶段,落地的应用较少,其中跨境支付、供应链金融是落地步伐相对较快的领域。

针对供应链金融发展存在的一些痛点,例如银行授信对象的局限性,区块链技术应用进行了一些探索。受限于信息不对称,银行授信依托于核心企业的信用,因此大部分情况下,银行授信只能局限于核心企业的一级供应商或一级经销商,即与核心企业直接签约的供应商与经销商,而二级以上的供应商与经销商,则因为与核心企业没有直接采购或销售合约而难以被服务到。因此,有研究表示,可以开发一种区块链技术,使银行可追溯在供应链条上其他层级供应商、经销商等与一级供应商、一级经销商之间的可视化交易信息等。

现阶段,区块链技术应用于供应链金融领域的探索方向是利用区块链一致性、可溯性和去中心化等特点,将供应链上的所有交易数据记录分散在所有结点的数据库中,且数据都带有时间戳、不重复记录、不可篡改,以此打消银行等金融机构对信息被篡改的疑虑。也有利用区块链"智能资产"管理供应链上押品的方式,即利用技术验证押品的真实性、监控押品的状态等。这种操作方式可以使银行等金融机构节约巡核与盘点押品的人力成本,并减少操作风险等。

各类新技术的探索应用是现阶段供应链金融发展的一个显著特征,但存在的问题是新技术应用的落地程度尚且较低,这也将是未来供应链金融继续探索发展的一个重要方面。

四 互联网供应链金融发展存在的问题

(一)供给方面存在的问题

1. 供需之间信息不对称,供给存在缺位

传统金融机构,尤其是商业银行在供应链金融中的角色更像是第三方服务,对行业内嵌的交易结构较难进行深入研究分析,不能很好地实现资金流与商流、物流、信息流的相互融合,信息不对称使其开展金融业务的风险识别成本和管理成本较高。

如果金融服务提供方,例如银行通过自身的业务流程,并使专业人员去消除这种信息不对称,尽管在技术上和操作上是可行的,但成本相对较高。因此,金融机构在开展供应链金融服务中往往会选择忽略中小客户。所以,传统金融机构提供的金融产品、服务的覆盖范围与实际的需求之间存在一定的差距。

与此同时,传统金融机构的供应链金融服务受到地域上的限制。例如,核心企业的上下游订单往往是跨银行、跨网络、跨区域的,但银行等传统金融机构的服务是分区域经营的,具有属地化色彩,因此其服务覆盖范围、服务效率还存在缺陷。

2. 互联网供应链金融业务创新不足

商业银行仍然是供应链金融业务的主要主体,其基于核心企业的信用为中小企业提供融资服务，这种方式的潜在逻辑是向银行融资的中小企业必须要与一家值得银行信赖的大企业发生业务往来，从而得到某种资格认定或者借用大企业的信用才能获得融资。这种方式仍然将中小企业纳入大企业的链条范畴，从而并没有为中小企业提供定制化的金融服务。这种惯性使得银行供应链金融业务的创新缺乏后劲。P2P网络借贷模式在资金来源方面相对具备创新特色，但在开展供应链金融方面，仍然面临难题。

另外，现阶段供应链管理所依赖的各类技术创新不足。尽管诸多供应链金融参与主体正在探索新技术的应用，但落地程度较低，还亟待进一步创新落地。

再从金融监管及制度方面看，限于我国现阶段的金融制度与法律规定，非金融机构不得从事金融业务活动，因此，物流公司等各类主体需要具备一定的金融资质与牌照才能开展金融业务。如前文所述的放贷人条例规定等，此处暂不赘述。整体来看，互联网供应链金融的业务创新不足，还有待进一步发展。

3. 综合性风险评估分析缺失

现阶段，供应链金融正在实现"线上化"，即让每笔交易都能通过互联网传递交换信息，但供应链中的商流、物流、信息流等维度的信息尚未得到系统综合的分析，关键之处在于各类信息还掌握在不同的主体手中，这阻碍了各类信息的综合分析。对于各类供应链金融服务机构来讲，信息的可视化程度低、信息的不充分整合使其针对融资方的风险评估体系暂不完善，也由此阻碍了互联网供应链金融的进一步发展。

4. 产融结合水平较低

现阶段的互联网供应链金融仍然是信用体系不完善的产物。例如，在预付款融资和应收账款融资模式下，中小企业获得融资服务仍然需要高度依赖核心企业的信用外溢。这种方式存在两方面的问题，一方面，核心企业的数量本身不多，因此导致金融服务的辐射范围有限；另一方面，在某些外部环境条件下，例如经济不景气、行业低迷等，核心企业自身的担保能力、兑付能力等也会随之受到影响，相应地，核心企业上下游的中心企业融资也会受

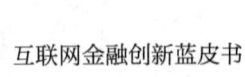

到影响。产融结合水平较低影响着供应链金融业务的发展，也阻碍着互联网供应链金融业务的创新。

（二）融资需求方存在的问题

中小微企业普遍存在资本薄弱、技术、人才等竞争能力差的特征，他们容易受到经济波动的影响，偿债能力偏弱。同时，中小微企业的财务报表等资料不完善、真实度低，经营信息不透明，这使金融服务机构难以掌握和判断企业风险。另外，中心企业通常缺乏足够的抵押质押物，一旦出现风险，就会出现无法保障债权人权益的情况。

另外，信用体系尚不健全。这会导致金融服务中的道德风险较大，如中小微企业的经营不规范、财务观念淡薄、逃废债概率较大等。这阻碍了供应链金融的持续发展。

由于存在上述固有缺陷，中小微企业的融资成本长期居高不下。资料显示，62%的小微企业无法获得任何形式的贷款，信托计划融资成本为16%~18%，P2P网贷平台融资成本约为20%，小贷公司的融资成本则在22%以上。在融资效率上，因为中小、小微企业信息不对称不透明或无法提供抵质押物等因素，金融服务尽调及风险评估难度加大，从而融资企业的融款申请进展通常较为缓慢或者无法继续推进（见表8）。

表8　影响中小微企业融资风险的因素

项目	因素	可考察维度
企业自身	企业素质	高层管理者的素质（学历水平等）与信息披露质量
	盈利能力	财务指标主要是净资产收益率/净利润与利润总额比等
	偿债能力	财务指标主要是流动比率/资产负债率等
	发展能力	指标主要有净利润增长率/固定资产增长率等
关联核心企业	企业资质	
	信用水平	
所处行业	行业状况	行业所处生命周期、行业地位、行业特征、行业所处政治、社会、经济、技术环境等
所处供应链	供应链运营状况	关联供应链的关系质量/合作密切程度等

资料来源：零壹财经·零壹智库。

(三)其他外部制约因素

征信体系的不健全仍然是中小微企业融资难、融资贵的一个重要制约因素,也制约着供应链金融业务的发展。

现阶段,在中小企业征信体系的法律体系、信用信息共享平台建设、中小企业的信息披露与资信调查、中小企业的信用档案范围、独立第三方的信用信息服务市场方面等都存在各类问题,这使得供应链金融发展中信息不对称的问题异常严重。

另外,在供应链金融发展过程中,供应链运作中交易、应收账款、存货等数据信息的获取、确认以及质押登记等环节长期以来是业务开展的重要瓶颈,现阶段仍然没有得到很好的解决。对此,中国人民银行征信中心开始提供动产融资统一登记服务,并牵头组织建立了一个"中征动产融资服务平台",[①] 这一平台包括应收账款融资服务平台和存货融资服务平台等,主要为资金供需双方提供线上供应链金融的信息服务以及动产质押登记服务。

目前,平台的参与机构主要包括应收账款债权人(核心大企业供应商)、应收账款债务人(供应链核心大企业)、资金提供方(商业银行、保理公司、融资租赁公司、财务公司、其他机构)等,平台为其提供应收账款融资的全流程管理、应付账款履约信息采集及保理公司专享管理系统服务等。

这一平台有利于推动更多的企业和应收账款参与融资、盘活存量、提高融资效率,并促进应收账款业务的创新和解决中小企业融资难问题,但存在的问题是系统的推广应用以及信息,尤其是应付账款履约信息与央行企业征信系统的整合与共享问题,这些问题亟待解决。

概括来看,互联网供应链金融发展存在的问题是生态体系还有待完善,其中包括外部的制度环境、技术环境、组织体系中的供给者与需求者自身等,都还需要不断发展完善。

[①] 平台运营主体为央行征信中心下属全资子公司中征(天津)动产融资登记服务有限责任公司(简称中征登记公司),依托互联网为应收账款融资交易中各参与机构提供服务,于2013年12月31日上线试运营。

五 互联网供应链金融的发展趋势

（一）供应链金融业务开展的线上化趋势不可阻挡

供应链金融发展的趋势是不断提高其服务的精准性、包容性和安全性。随着互联网等新兴技术的推进，供应链金融的发展也将继续充分运用互联网技术来改造传统供应链及金融的运作。交易流程将在线化、交易数据将电子化、交易信息将集成化，这将使供应链金融服务商进一步运用大数据、云计算、物联网等新兴技术手段开展金融服务，降低信息不透明和不对称的程度。这一方面能提升融资效率、管控风险；另一方面，在线化的供应链金融服务方式也将继续突破传统服务方式中属地化、受制于地域限制等缺陷，扩大金融服务的覆盖范围，为更多中小微企业提供金融服务。

（二）垂直化和细分化是供应链金融发展的必然趋势

在发展过程中，供应链金融平台提供的服务将更加垂直化和细分化。由于不同的产业或者行业特征各不相同，因此，供应链金融的参与主体也需要根据不同的行业、不同的企业，按照不同的需求提供对应的金融服务，金融产品将更加个性化、定制化与灵活化。

对于供应链金融参与主体来说，他们将侧重于深耕细分的产业链条，在充分了解行业特征的基础上提供专业化的金融服务，并巩固客户资源、构建市场进入壁垒、形成核心竞争力。例如，当前阶段，农村经济、汽车行业的供应链金融业务正在如火如荼发展。2018年2月4日，题为《中共中央国务院关于实施乡村振兴战略的意见》的中央一号文件下发，其中指出要建设现代化的农产品冷链仓储物流体系；支持供销、邮政及各类企业把企业网点延伸到乡村；发展农村供应链金融正当其时。当然，也有一些大型电商平台具备实力提供跨行业、跨产业的供应链金融服务。

（三）资金来源方面，资产证券化可能扩大，并成为重要渠道

受益于应收账款及互联网技术等的发展，我国供应链金融业务发展较为迅速。在供应链金融的3种一般性融资模式中，应收账款融资是重要的融资方式，因此应收账款规模的不断增长在一定程度上为我国供应链金融的发展奠定了基础。国家统计局数据显示，2010年末至2017年末，我国规模以上工业企业应收账款净额由约6.5万亿元增加到13.5万亿元，7年增长超过1倍，年均复合增长率约11%。

为了盘活工业企业的存量资产、推动企业融资机制的创新，2016年2月16日，中国人民银行、银监会、证监会等八部委联合发布了《关于金融支持工业增长调结构增效益的若干意见》，意见强调稳步推进资产证券化发展的指导思路，并指出加快推进应收账款资产证券化等企业资产证券化业务的发展。

此后2017年，互联网公司、行业核心企业等纷纷试水应收账款的资产证券化，截至2017年4月末，共有4家核心企业发行5单供应链金融ABS产品，总发行规模为227.49亿元。

由于核心企业在供应链金融ABS中充当重要角色，因此供应链金融ABS往往能获得较高的信用等级，而受到投资者的青睐。接下来，随着各类新兴技术，如大数据、区块链等的快速发展，供应链金融将不断创新，资产证券化方式将有可能成为行业发展重要的资金获取方式。

（四）供应链金融服务将呈现平台化趋势

产融结合的程度是一个经济体活跃程度评价的重要指标，资本低成本、精准化流向实体产业，才能促进经济的健康发展。我国供应链金融向平台化整合与发展是接下来的必然趋势，未来的路径将是由平台搭建产融结合的生态系统，并促进资本健康持续地流向实体产业。

在具体运营方式方面，将是一种由供应链金融平台链接商业生态、基于互联网信息传递数据，并与金融生态体系结合的方式。届时，供应链金融将

是一种依托生态系统开展的金融业务，反过来，供应链金融的发展又会推动整个生态系统的发展。

之所以会呈现平台化趋势，是因为平台企业对供应链条的各个环节提供金融服务具备一定优势：平台企业一般具有轻资产、高负债、交易流水巨大等特征，能够融合物流、商流、信息流、资金流。因此，在具有充分信息、封闭资金流转的基础上，平台企业可以使融资企业的偿贷资金更加具有保障；另外，平台企业可以将融资服务深入供应链的末梢企业，最大限度地支持实体经济发展。

（五）金融服务协同效应形成，组织体系呈现多元化

随着互联网金融的发展，银行一家独大开展供应链金融业务的局面将逐渐被打破，各类组织机构将介入供应链金融市场。其中电商平台将更加依据平台交易数据优势，为供应商、网络商家、个人消费者等提供各类金融服务；P2P网络借贷等金融科技平台将会在个人消费信贷业务的短暂红利过后寻求新的业务发展路径，在线供应链金融业务将是不错的选择；一些行业咨询公司将利用已有信息优势形成的大数据支撑以及积累的客户资源开展供应链金融服务；信息化管理服务提供商也将大有所为，信息化管理服务提供商主要指的是一些软件系统服务商，他们在帮助企业实现数据化、智能化等生产经营的过程中，积累了大量的企业客户，通过具备的客户信息优势以及行业知名度为供应链上的各节点提供金融服务，他们可以与银行等合作获得资金；另外，供应链服务提供商也会继续利用他们在提供采购、分销、物流过程中累计的客户资源与信息，从而对上下游客户提供供应链金融产品和服务。

供应链金融的各类服务机构将会发挥差异化的优势形成金融服务的系统效应，尤其是具备数据与信息优势的机构将与金融机构等加大合作协同。例如，金融机构可以对这类机构进行财务评价、系统数据采集分析，对其融资风险实时评估，将其作为一个前置平台而合作开展供应链金融业务，从而使金融服务能够延伸到供应链条的"毛细血管"中去，使整个供应链金融更富有效率。未来，供应链金融体系将是多元化的组织服务体系。

六 促进互联网供应链金融发展的对策建议

针对供应链金融发展存在的问题,需要各种力量合作以各个击破各种矛盾。

(一)金融产品与服务应合理设计,机构需提供垂直化、专业化的供应链金融服务

供应链金融产品与服务的设计应该符合供应链中大部分企业的需求,现阶段,一般性的供应链金融产品主要有应收账款融资、库存融资、预付款融资等,这些产品与服务应该进一步与各类科技手段相结合。

垂直领域的品牌厂商应该在供应链金融市场中发挥更加重要的作用。形成产、供、销、运营等的产业生态圈,依托自身对行业的了解与积累,利用好国家的相关优惠政策,适时开展金融服务。

2017年3月29日,中国人民银行、工信部、银监会、证监会联合发布了关于金融支持制造强国建设的指导意见(58号文),文件提出将规范发展制造业企业集团财务公司,支持符合条件的制造业企业集团设立企业集团财务公司,充分发挥财务公司作为集团"资金归集平台、资金结算平台、资金监控平台、融资营运平台、金融服务平台"的功能,有效提高企业集团内部资金运作效率和精细化管理水平;鼓励具备条件的制造业企业集团财务公司在有效防控风险的前提下,通过开展成员单位产品的买方信贷、消费信贷和融资租赁服务,促进集团产品销售。稳步推进企业集团财务公司开展延伸产业链金融服务试点工作。

这一文件对垂直制造商的整合发展是一个利好,那些核心企业应该抓住机会大力探索与拓展供应链金融服务,赋能中小企业,推进实体经济的转型与发展。

(二)政府应该引导产业链供应链的建设,金融机构应该加以支持,以实现产融结合

产业化发展是形成有效供应链的基础,而供应链是供应链金融开展的前

提。因此，供应链金融依附于产业链中，只有产业链做强了，供应链金融才有赖以发展的基础。

基于此，需要政府引导建设整体运作良好且稳定的产业链，构建具有正常、频繁的业务资金流往来的供应链，提升链条企业的运营能力和抗风险能力，并促进供应链金融的顺畅进行。反过来，再利用丰富的供应链金融促进产业链更为健康地运行，推动实体经济的升级发展。

现阶段，《中国制造2025》《关于金融支持制造强国建设的指导意见》等文件已经放眼长远利益，明确了对制造业的投融资、产能整合、核心能力建设、国际化等领域的重点支持态度。因此，制造企业等也应该积极探索、延伸产业链，帮助其上下游拓展供应链金融服务。

（三）政府应加速实现供应链企业的信息共享

供应链金融发展的一大问题就是尽管实现了线上化，但是各类信息仍然无法做到整合与共享，强势企业获得的信息更多更全，其他企业则处于弱势地位；供应链金融服务提供方与融资方之间的信息不对称问题仍是重要障碍。因此，需要公共力量促进供应链各节点企业间的信息共享，例如经营情况、信用情况、资产情况等各类信息的共享。

其中，至关重要的一个环节是促进信用信息的共享，推动各主体诚信观念、守信意识的培养等。在这方面，政府应该发挥作用形成一种机制，鼓励并促进供应链企业做到讲信用、守规则；同时推动商业银行、供应链核心企业等强势主体开放与共享信息，以使供应链金融服务方能获取更加有效充分的信息评估融资企业的信用风险。

（四）行业需发挥自律作用，促进生态整体共荣共利

供应链金融业务中的一大风险点来自供应链自身的风险，供应链的通畅运作应该得到维护。供应链的组织者通常包括政府、行业协会、金融机构以及核心企业供应链服务平台等，这些组织者应该制定并维护规则，以帮扶供应链条上的企业成长和发展，在实现共赢的同时，促进所在的整个生态系统

的健康发展。

　　另外,在供应链金融的发展方面,金融机构要创新发展。加强与具备信息优势的其他核心企业、三方平台等的合作,实现共荣共利,以提升供应链金融的运作效率,并更好地服务实体经济。

B.12
运用互联网提升资产证券化服务实体经济能力

吴雪阳*

摘　要： 互联网因子的注入在一定程度上打破了传统资产证券化的诸多障碍，使资产证券化市场衍生出新的交易模式、更加多元的交易主体类别和更加丰富的基础资产类型。金融科技和区块链的加入，使资产证券化的成本和效率大幅提升，产品风险降低，越来越多 ABS 云平台的出现延伸了资产证券化的产业链；随着阿里、京东、百度等互联网平台参与进来，传统资产证券化在发行主体、基础资产、交易模式上的局限逐渐被突破，产品信用风险降低；小而分散的互联网消费金融资产找到了新的土壤——它们在资产证券化市场备受青睐。但并不意味着互联网金融在资产证券化中的地位可以就此被高估，互联网资产证券化产品仍面临诸多考验。区块链和大数据对资产证券化的变革，简单来说，在于通过技术进行全程参与、信息数据的全链条准确掌握和对资产动态的实时监控，但每一个环节是否可以绕过人脑的理解需要时间的检验；评估指标完全依靠科技手段量化并不可取；从互联网金融平台的加入来看，未尝不意味着更高的监管风险。

关键词： 资产证券化　实体经济

---

* 吴雪阳，零壹智库行业研究员。

一 互联网资产证券化概况

（一）概念及发展历程

互联网资产证券化，目前没有统一的界定，更多地被解读为"互联网＋资产证券化"。从参与主体来看，相比传统资产证券化产品，它有了新的参与机构——互联网金融平台；从发行过程来看，有了更多互联网技术因素的注入，如金融科技手段在其中的运用等（见表1）。

表1 互联网资产证券化相关政策

发布时间	政策名称及主要内容
2013年3月	证监会出台《证券公司资产证券化业务管理规定》，互联网金融公司资产证券化在政策上得到支持
2015年7月	中国人民银行等发布《关于促进互联网金融健康发展的指导意见》，鼓励创新和加强监管相互支撑，促进互联网金融健康发展，更好地服务实体经济
2015年9月	交易商协会制定《个人消费贷款资产支持证券信息披露指引》，对交易结构、风险等信息披露做出了标准化规定
2016年3月	《2016年政府工作报告》在全国开展消费金融公司试点，鼓励金融机构创新消费信贷产品
2017年12月	《关于规范整顿"现金贷"业务的通知》，对网络小额贷款开展清理整顿工作

资料来源：零壹融资租赁研究中心整理。

"互联网＋资产证券化"的诞生可以追溯到2013年。2013年3月，证监会颁布《证券公司资产证券化业务管理规定》，首次提出可以"以基础资产产生现金流循环购买新的同类基础资产方式组成专项计划资产"，该规定使互联网金融公司资产证券化在政策上得到支持。

真正落地开始于2013年7月"东证资管－阿里巴巴1号专项资产管理计划"的正式成立，产品发行金额为5亿元，该项目基础资产为阿里小贷面向小微企业发放贷款形成的债权，项目分为优先级、次优级和次级，分别占比75%、15%、10%。其中，优先级、次优级面向合格投资者发行；次级全部由阿里小微旗下阿里小贷持有。

与传统 ABS 不同的是，本单 ABS 引入了自动化的资产筛选系统和支付宝公司提供的资金归集和支付服务，更好地契合了阿里小贷基于互联网和大数据的业务模式。数据显示，2013 年阿里小贷共发 5 笔 ABS，发行总额共计 25 亿元。

2014 年，互联网资产证券化仍处于缓慢发展阶段，主要有阿里巴巴发行的 5 笔共计 25 亿元产品。

2015 年以来，随着互联网金融越来越为政府和人们熟知，社会接受度也逐渐提高，其资产证券化产品规模大幅增长，发行主体逐渐扩大。蚂蚁小贷全年发行 8 笔共计 60 亿元 ABS；京东白条将旗下的个人消费贷款作为基础资产试水 ABS，全年共发 2 笔合计 18 亿元资产证券化产品；2016 年 1 月，电商平台分期乐发行首单互联网消费金融 ABS。捷信消费金融等消费金融公司也开始参与（见图 1）。

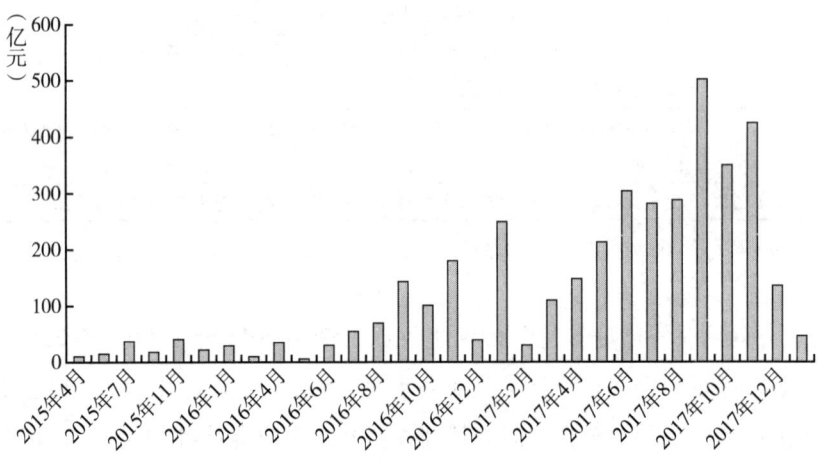

图 1　小额贷款类 ABS 发行规模（2015 年 4 月～2018 年 1 月）

资料来源：Wind，零壹融资租赁研究中心。

2015 年以前，小额贷款类 ABS 的发行数量均以个位数计，发行总额为 76.31 亿元。2015 年，包括传统小贷公司、互联网小贷公司、互联网金融公司在内的小贷 ABS 发行规模开始大幅上涨，2016 年全年发行规模达到 697.96 亿元，2017 年则高达 3035.79 亿元，同比上涨 334.95%。其中，尤以阿里巴巴和京东旗下的互联网金融公司发行的花呗、借呗、白条居多，占比超 90%。

2017 年小贷类 ABS 发行规模逐月猛增，仅在 12 月大幅下跌，跌幅近六成。原因在于 12 月初发布的整顿"现金贷"的通知，规定"小贷公司以信贷资产转让、资产证券化等名义融入的资金应与表内融资合并计算，合并后的融资总额与资本净额的比例暂按当地现行比例规定执行，各地不得进一步放宽或变相放宽小额贷款公司融入资金的比例规定"。

整顿文件下发后近一月内，此前 ABS 产品发行频率较高的蚂蚁花呗和借呗暂停发行 ABS。1 月 15 日，花呗在交易所获准发行并着手簿记工作，此举标志着花呗重启 ABS。但以现金贷为主的蚂蚁商城小贷发行的借呗产品何时能解封依然悬而未决。

（二）比较优势

"互联网+证券化"与传统资产证券化的直接区别体现在对产品各个环节的把控上，集中表现为扩大投融资主体范围、丰富基础资产、创新操作模式、优化信用评级等方面。在此基础上，资产证券化完全有可能在互联网因素的加持下得到新的乃至突破性的发展，衍生新的产业链条。

互联网金融企业大量持有的小额贷款类资产天然契合证券化，市场认可度更高。其单笔规模小且较为分散，大大降低了资产风险。资产的高质量还源自有些互联网金融平台可以在线上全方位地对基础资产进行监控。比如小米小贷 ABS 产品，发起机构可以通过监控用户在小米商城、小米手机端、小米用户论坛等互联网生态链上的信息，更加全面地把控基础资产的风险。

在产品的结构设计上，互联网资产证券化产品因为有了金融科技因子尤其是区块链、大数据等技术的注入，传统资产证券化靠人工把关存在的诸多盲区将极大改善，对于资产的筛选更加科学、高效、智能，基础资产更加透明，产品风险继而更低，同时也节约了部分人力成本。

互联网金融介入资产证券化市场，可以更好地挖掘其服务 B 端市场的潜力，扩大证券化市场的参与主体。目前，互联网金融资产证券化主要以阿里、京东发行居多，随着互联网金融在证券化市场的逐步渗透，背景薄弱但仍具有强烈融资需求扩大市场规模的小企业也将有更多尝试 ABS 的机会，这些平台受制于资质、信用和风控能力，在交易所市场很难获得认可，通过资产证券化融资面临诸多障碍。对此，阿里、京东目前已经尝试推出服务 B 端的产品，专门提供证券化服务，对接电商平台的优质资产，帮助中小企业避免因直接进入交易所市场资格受限。京东金融目前正在尝试一种打通其他中小电商平台的资产证券化模式，通过京东白条证券化产品的成熟运作机制，结合已经被资本市场认可的相对比较完善的信用评估、发行和衍生机制，将一些中小电商平台的部分优质资产囊括到交易所之中，这样就可以将资产证券化从几个少数平台的特权产品变成整个行业的普适产品。

综上，互联网资产证券化相比传统资产证券化在风险和未来前景上的优势，将更好地发挥其服务实体经济的功能。如今互联网金融发展势头如火如荼，与资产证券化的结合一定程度可以缓解互联网企业的融资瓶颈，带动企业的发展创新，加速其资金周转能力，继而提高其服务实体经济的能力和意愿。

二 发展特点：互联网＋资产证券化的新模式、新玩家、新资产

互联网高速发展促使资产证券化各个环节发生深刻变化。一方面，比之于传统资产证券化，金融科技手段的运用对资产池的筛选和监控更加透明、高效，尤其是区块链和大数据在其中将发挥至关重要的作用，可以在很大程度上降低资产风险；另一方面，互联网金融平台的加入为证券化市场提供了更广泛的投融资主体、基础资产类型和交易结构。二者结合，对资产证券化而言无疑是一条创新之路。

（一）新模式：金融科技助力资产证券化

传统资产证券化包含两大痛点，一是定价，二是风险把控。这也是中小微企业无法进入 ABS 市场、大量消费贷款资产无法证券化的重要原因。金融科技因素的注入在很大程度上成为这些无法证券化的中小微企业和资产的选择，同时，也让资产证券化的外延得以延伸，催生了新的服务业态。

目前，金融科技在资产证券化领域的应用主要体现在大数据和区块链技术的使用上。

1. 区块链技术大量运用

资产证券化一直在朝着更加关注基础资产质量和资产分散性而非主体信用的方向靠近，区块链的运用让这一目标变得更近；同时，区块链透明、高效、共享、去中心化的内在精神与资产证券化的内核不谋而合。二者结合可谓相辅相成，互相成就。

区块链技术的使用可以克服传统 ABS 存在的诸多弊端。其核心优势在于可以让交易过程中产生的数据、资料不被修改和篡改，并且数据库有极高的可靠度。通过区块链技术全程参与线下竞价、风险审核、放款确认、资产信息上传、资产回购等 ABS 生成的关键环节上，可以使交易、数据以及底层资产的真实性得到保障，也可以增加产品的公信力、透明度、提高发行效率，继而让资产的标准化、规范化程度进一步提高。具体来看，主要有以下几方面优势。

一是在底层资产的形成前期介入，筛选优质资产。从传统 ABS 存在的诸多问题来看，对于企业发行的 ABS 而言，底层资产质量在发行期往往相对优秀，考虑到债券和 ABS 的存续期较长，资产质量难免会随着时间推移发生下滑。在这种情况下，传统债券和 ABS 底层资产不透明的问题就会加剧交易各方的信息不对等，推高交易成本。基于区块链技术的 pre-ABS 业务，为解决这一问题提供了新的思路。

二是在基础资产的转让上，资产的每一次转让都完整真实地记录在区块链上，方便追踪资产所有权，这能有效防止"一笔多卖"现象。另一方面，区块链上的交易通过脚本实现，减少人为干预，其中可内置智能合约，提高资产转让的效率和便利性。

三是对基础资产的持续监控管理。存续期对基础资产的监控与上述资产的形成和转让思路相似，均是依托区块链的开放与共享精神，对整个资产池的存续期进行严格的跟踪和监控，方便数据分析和处理。在区块链上记录每笔资产及其逾期早偿情况的行为天然就是信息披露。

四是对各参与主体更加透明、公开。不管是计划管理人、评级机构还是投资者，他们都可以对每一笔资产的进度进行监控，能够更大限度地降低资产风险，可以方便交易各方更加及时准确地做出下一步决策。

与此同时，资产证券化领域可以说是区块链技术天然的应用领域。债权类资产是区块链最适合的 ABS 领域。首先在于信用。消费金融具有小而分散且现金流稳定的特点，天然适合作为资产证券化的底层资产。但是互联网消费金融中的信用问题成为影响其融资的重要障碍，而区块链无须借助第三方就能对交易双方的信用历史进行真实呈现，这能有效解决消费金融中的信用问题。同样地，应收账款 ABS 普遍存在信息不对称导致的信用问题，如票据、信用证、企业应收账款、保理债权等，而区块链技术的引入，则能使供应链上的每笔交易得以录入并开放给所有参与者。其次在于去中心化，ABS 对底层资产风险分散性的偏好与区块链去中心化的特质不谋而合。

2017 年 9 月，京东金融推出基于区块链技术的 Pre-ABS 产品。在实际操作中，京东金融先向建元资本提供资金并锁定发行，建元资本则需把资本再生产过程中涉及的所有信息都分门别类上传至京东金融 pre-ABS 云平台。再通过 pre-ABS 云平台把资产的基本信息、还款情况、资产表现全部都展现给未来投资人、认购方以及第三方评级、监管机构。

在区块链技术的支持下，交易各方透过京东金融 pre-ABS 云平台可以实现 ABS 资产的穿透式管理、底层资产的实时监测以及投后管理检查。从而确保汽车金融资产的安全性和整体资产质量的公开透明，构建信任关系、降低信息不对等造成的交易成本。

此外，百度金融在场内、场外均已尝试过区块链 ABS 产品（见表2）。

表2 区块链资产证券化产品案例

发行时间	项目	发行规模（亿元）	产品详情
2017年5月	百度金融在2017年5月曾与佰仟租赁、华能信托等在内的合作方联合发行场外区块链技术支持的ABS项目	4.24	百度金融作为特定资产服务商的角色，主要提供金融科技支撑。该项目为国内首单基于区块链技术的场外ABS
2017年5月	德邦证券浙商银行池融1-20号资产支持专项计划获深交所200亿储架发行规模	5.82	该系列产品由浙商银行与德邦证券联手打造，是国内交易所首个基础资产涵盖国内信用证类资产、银行付款保函类资产、电子银行承兑汇票类资产、电子商业承兑汇票类资产四种不同贸易融资应收账款的储架式资产证券化项目。该系列ABS目前已成功发行两笔
2017年8月	上交所批准通过"百度-长安新生-天风2017年第一期资产支持专项计划"	4	百度金融作为技术服务商搭建了区块链服务端BaaS，并引入了区块链技术，项目中的各参与机构作为联盟链上的参与节点
2017年8月	京东金融ABS云平台与建元资本合作发行一单全程基于区块链技术的汽车融资租赁pre-ABS业务项目	—	该项目通过京东金融基于大数据和人工智能搭建的"ABS投资决策引擎"，对每笔资产进行链上评分准入，从而实现对整个资产包的现金流精细预测、全程监控和发行方目标化预评级

资料来源：零壹融资租赁研究中心整理。

2. 云平台涌入，抢占ABS市场"基础设施"

资产证券化市场发展逐渐趋于平稳，除了不断涌现新的基础资产、交易结构、参与主体，需要思考的是，能否从延伸市场产业链的角度出发寻求新的突破点？第三方资产证券化服务商的概念即试图在更前沿的阶段介入这个市场，在基础资产的形成阶段介入，运用平台在科技和数据上的优势筛选符合市场认可的基础资产，以此获得先发制人的核心优势。

厦门国金和京东金融两大ABS云平台二者都将自己定位为独立的第三方ABS服务商，即提供资产证券化产品全链条服务，通过搭建"基础设施"整合所有环节。

以京东金融ABS云平台功能为例，切入ABS市场主要通过发挥以下三大引擎的作用：资产证券化服务商的基础设施服务业务、资产云工厂的资本中介业务和夹层基金投资业务。通过这三大板块的服务，实现精确的资产洞察、现金流管理和数据分析；对投资机构而言，也能便利 ABS 投后管理。

资产证券化服务商功能主要针对 ABS 的发行全流程，提供资产生成、资产征信/评级/定价的支持、交易结构的设计，后期帮助投资机构管理投资资产。通过这个引擎功能可以帮助新兴产业金融资产"看得清""管得住""定价准"，更加清晰准确地被市场评估和预判。

资本中介这一引擎功能主要体现在可以将资产状况通过云平台定期披露给有权限的投资人，方便投资人做下一步的决策，中介机构也可以通过这个平台的资产池情况及时把控底层资产的风险。具体到京东金融 ABS 云平台上，其核心在于为客户提供流动性和风险管理服务，降低 ABS 发行门槛和发行成本。在发行门槛上，由过去的 5 亿元降至 2 亿元，整体融资成本也将逐渐下降 1~3 个百分点。

最后，夹层基金投资模式的尝试可以激活 ABS 交易市场多层次投资需求，撬动百亿 ABS 交易市场流动性。京东金融率先尝试投入 20 亿元资金到 ABS 业务中，同时联合外部投资机构合作成立夹层基金，夹层基金将先于优先级投资者承担风险。在 ABS 产品的投后管理上，一旦发生风险事件，京东金融将通过整合自身资源，并借助产业链合作伙伴的力量，对风险资产进行有效的管理和处置。

京东中腾信 ABS 是在京东金融 ABS 平台上发行的首款产品。该款产品的资产包主要为向工薪阶层借款人发放小额消费金融借款形成的债权，京东金融承担了本单产品的结构设计和发行工作。同时，京东金融出资 5 亿元，在交易完成后持有部分夹层级信托受益权，为"京东中腾信 ABS"提供增信。

百度金融 ABS 云平台目前主要为三类资产提供服务：一是自营资产，如百度有钱花贷款资产；二是优质的外部资产，平台可以提供流量、智能获客、黑名单、反欺诈、风控等便利条件；三是针对资产质量本身就很好的，云平台主要为其提供融资服务。百度金融云平台重点布局二、三类，对外输出科技能力和服务。平台底层有两大基础系统，一个是 AaaS 系统，项目整个流程都在这个系统完成；另一个则是搭建区块链服务端（BaaS 系统），并引入区块链技术，项目中的各参与机构成为链上的参与节点。

另外，百度金融 ABS 云平台还在尝试基于区块链的数字资产交易和交易的可数字化。

随着 ABS 市场的日渐成熟发展，消费金融的迅速发展带来更多适合证券化的底层资产，以及金融科技手段会得到更加广泛的运用，ABS 云平台也会越来越多地出现。至于其出现是否真能凭借大数据、区块链等互联网技术突破传统 ABS 在定价、风控上的难题仍待时间考证。

（二）新玩家：互联网金融平台参与发行资产证券化

首先，互联网金融公司开展资产证券化是必然的。互联网金融的迅速发展，一方面迅速打开了市场，另一方面也受制于自有资金的限制，难以进一步开拓业务。资产证券化作为一种相比银行信贷等成本更低的融资渠道，自然受到互联网金融企业的青睐。二是资产证券化融资期限和融资规模更加灵活。对互联网金融企业来说，开展同业拆借和银行信贷面临着诸多的限制，资产证券化相对来说门槛更低，融资更加灵活，可以更好地满足公司对业务发展的资金需求。

其次，互联网金融公司开展证券化具备一定的优势和准入机会。互联网平台与资产证券化的结合扩大了传统资产证券化基础资产和参与主体的范围，创新了操作模式，优化信用增级，可以说互联网平台的加入为其注入了新鲜血液。

互联网平台开展资产证券化业务，从主体来看，主要包含以下四类：电商互联网平台、P2P 网贷平台、互联网金融公司、互联网银行。目前主要是以电商背景的互联网金融平台在开展资产证券化业务，互联网银行涉足资产证券化较少，受监管影响，P2P 平台已经开始停止开展此类业务（见表3）。

表3 主要互联网金融平台发行ABS情况

平台名称	发行数量	发行总额（亿元）	首笔发行时间	资产类型
京东金融	33	390.89	2015年9月	自有资产,基础资产主要是京东白条应收账款债权
蚂蚁金服	148	3208.10	2013年9月	自有资产,基础资产主要是对平台客户的小额贷款形成的债权
分期乐	2	4.00	2016年1月	自有资产,基础资产为分期乐商城的分期消费债券
宜人贷	1	2.50	2016年4月	非自有资产
捷信消费金融	6	127.07	2016年9月	自有资产,基础资产为个人消费贷款
重庆小米小贷	8	43.00	2016年10月	自有资产,基础资产为小额贷款

资料来源：Wind，零壹融资租赁研究中心。

1. 阿里小贷

电商平台开展资产证券化业务以阿里小贷和京东金融为主。阿里毫无疑问列互联网ABS原始权益人榜单中的首位，发行数量和发行规模都远超其他互联网金融平台。截至2018年1月底，蚂蚁小微小贷共发70笔ABS，发行总额为1797亿元，蚂蚁商城小额贷款共发50笔，发行总额达13031.1亿元。

首单互联网小额贷款ABS"东证资管-阿里巴巴1号专项资产管理计划"诞生于2013年，该产品经历了漫长的等待期，9月正式发行成功。产品基础资产主要是阿里小额贷款的债权。

其频繁发行ABS募集资金是为了支撑自身庞大的业务规模。最新数据显示，2017年上半年，蚂蚁小微小贷营业收入为14.9亿元，净利润为10.2亿元；2016年前三季度，蚂蚁商诚小贷净利润44.93亿元，为上年全年净利润的两倍多。显然，如此的业务规模早已超过了注册资本金所能承受的杠杆范围。

阿里作为ABS发行巨头，产品拥有自己独到的优势和创新之处。首先是单笔资产金额小而分散，入池资产多，借款人集中度低，单笔资产标准化程度很高；在风控上，不仅有结构化内部增信，阿里旗下的担保公司也可以提供外部增信；采用循环购买的交易结构，更加契合电商平台小微企业的资金需求，日常管理中采用自动化资产筛选系统和支付宝公司提供的资金归集和支付服务。

2. 京东白条

京东金融作为电商ABS的第二大发行巨头，截至2018年1月底，已发29笔、合计352.89元"京东白条"ABS。京东白条ABS的实质就是用户用白条先购物、后付款，京东再将白条分期债券重新组合后，打包出售给金融机构，从而提高资产流动性。

2015年9月，京东金融发行国内首笔互联网消费金融ABS"京东白条应收账款资产支持专项计划"，发行总额为8亿元，分为优先1级（75%，AAA评级）、优先2级（13% AA－评级）、次级（12%）资产支持证券。其中，优先1级6亿元、优先2级1.04亿元，次级0.96亿元由京东自行认购。预计年化收益为5.1%。

作为国内比较成功的互联网消费金融资产证券化的典型，与传统小贷ABS相比，京东白条资产证券化更加个性化，也更加灵活，其采用了动态基础资产池、资产自动分离技术等方式，实现了原始金融资产从非标准化到标准化的转变，在市场上获得了较高的认可度。

采用动态基础资产池确实可以强化专项计划的规模效应和分散化效应，降低成本和风险，但也面临着基础资产池不固定带来的系列难题。京东白条的做法是针对每一笔入池资产设置多维度的入池标准，对入池资产的账龄分布、逾期情况、循环购买的现金流时间等都做了详细界定。针对后期入池资产带来的不确定性和混同性风险，京东白条主要是利用IT技术设置一定的规则进行拆分，公布回款明细，以此来减少人力核对成本和接受市场的监督。

3. 分期乐

作为为数不多的成功发行ABS的互联网小贷平台，截至2018年1月底，分期乐已发2笔ABS，发行总额4亿元。基础资产主要是分期乐商城的消费债权。未来将结合桔子理财向平台发展，即只作为发行方而非原始权益人。

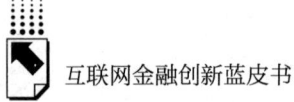

尽管不像阿里、京东那样背景雄厚，但其ABS产品仍具有独到的优势。首先，分期乐的债券由独立品牌桔子理财独家打理，资产端不仅真实透明，而且小而分散，符合国家对网贷平台的定位和监管方向。

桔子理财与广发银行签署了理财资金直接存管合作协议，使桔子理财平台上的用户资金与平台运营资金实现有效隔离，在合规经营的道路上领跑行业。此外，凭借分期乐在互联网消费金融细分市场上的优势，桔子理财能够给予投资者更高的收益。

总的来看，"京东白条ABS"与阿里ABS产品结构大致相似，不同的是阿里ABS的基础资产主要是面向B端的中小商户，"京东白条ABS"基础资产主要涵盖个人端的白条资产。分期乐现阶段是主要是作为原始权益人发行自有资产，未来应该会结合旗下桔子理财（P2P），向平台发展——只是发行方，不是原始权益人，原始权益人变成C端出资人，即向宜人贷的玩法靠近。

（三）新资产：互联网消费金融资产大量涌现

互联网消费金融资产主要来源于电商平台、互联网消费金融平台及消费金融公司。

互联网金融平台的参与，扩大了传统资产证券化的参与主体和基础资产范围，其中也包括互联网消费金融公司和电商平台的加入，由此诞生的互联网消费金融资产在证券化市场备受欢迎。

一方面，小而分散的消费金融资产天然适合作为基础资产，可以大大降低资产池风险。另一方面，互联网消费金融的迅速崛起需要大量的资金支持，巨大的融资需求迫使它们迫切寻求适合自身的融资渠道。互联网金融近几年的迅速崛起，不仅是对传统金融市场的挑战，也催生了诸多新的金融领域，如依托于真实消费场景的互联网消费金融。2017年4月国家金融与发展实验室公布了《中国消费金融创新报告》，当前我国消费金融市场规模（不含房贷）估计接近6万亿元（含房贷规模在25万亿元左右）。其中，互联网消费金融交易规模达到4367.1亿元，同比增长269%。

三 互联网资产证券化的风险、挑战

互联网资产证券化市场面临的挑战主要从两方面来分析。从金融科技力量的注入的角度来看，确可以给资产证券化市场带来诸多利好，不管是利用科技的力量提高效率为参与各方降低成本、降低产品风险方面，还是从出现的越来越多的云平台延伸资产证券化产业链条的角度。但这些并不意味着金融科技的力量可以就此被高估。

首先，人脑是否可以完全被科技取代、可以被多大程度地取代有待考证。区块链和大数据对资产证券化的变革，简单来说，在于通过技术进行全程参与、信息数据的全链条准确掌握和对资产动态的实时监控，但每一个环节是否可以绕过人脑的理解需要时间的检验。依靠算法构建的各类交易模型可以多大限度地补充有人脑参与的过程也并未确认。

其次，风险评估模型尚存诸多漏洞，评估指标完全依靠科技手段量化并不可取。以互联网 ABS 基础资产中占比较高的消费金融贷款类资产为例，目前主要采用信用积分的方法进行违约率评估，对每一笔借贷资产进行评估依据的是借贷人的行为，而事实上，对其行为的评估指标并没有统一的标准，缺乏量化的科学性。另外，信用评分这一概念在中国属于新生事物，发展年限尚短，是否能够作为评判标准仍是未知数。

再次，区块链技术对资产的全程追踪、信息的高度透明相当于将中小微企业挡在门外。目前，互联网 ABS 的发行主体尚集中在阿里、京东、百度等资产质量有公信力的巨头身上，对他们而言，区块链技术的运用只会锦上添花，而那些中小微企业尚不具备完善的风控体系，产品本身风险也较高，使用区块链技术的意愿可能并不强烈。

最后，ABS 云平台是否能如预期那样成为独立的资产证券化服务商和中介，引导更多的企业和资产更加高效、规范地进入这个市场尚未可知。如果仅仅作为发行自有资产的平台出现，并不能从根本上影响和扩大 ABS 产业链，反而会让互联网 ABS 市场变成巨头独大的局面。

另一方面,从互联网 ABS 的参与主体——互联网金融企业来看,其高速发展背后存在诸多风险。

一是互联网金融企业主体盈亏实际情况带来的资金风险,会影响真实的现金流状况。资金池的本质就是现金流,现金流状况直接影响资金池的质量,也就会影响资产证券化产品的安全性和稳定性。导致预期收益不能实现,从而损害投资人的权益。

二是互联网企业的信用风险有待考证。资产证券化的过程仍然离不开信用的保证,如何防止包括债权债务人违约等情形在内的信用风险值得重视。

三是信息披露风险,由于资产证券化是对企业资产的打包重组,交易结构复杂,网贷的信用风险较高,投资人的知情权能否得到及时保障尚存诸多疑问。

四是互联网金融平台在相关法律法规上存在诸多不完善的地方,尤其是监管层面的风险。

四　发展趋势

互联网资产证券化参与主体会更加广泛。互联网 ABS 对中小微企业和以往那些无法证券化资产的吸引力是无法替代的,而区块链和大数据全流程监管的特点导致目前并未有足够多的市场主体参与进来,这就意味着这些亟待发行 ABS 的互联网企业会致力于提升主体的综合实力,包括评级、资产质量、信用等。因此,长远来看,互联网 ABS 市场参与主体会更加广泛,也会有更多高质量的资产包诞生。

市场对互联网 ABS 的认可度会逐步提高。随着互联网金融监管广度和深度的加大,那些不合规的企业和资产在市场上立足会愈发艰难,互联网企业本身存在的系列问题自然会逐步减少,市场对互联网 ABS 的认可度和包容度会更高。目前的情况是,由于互联网企业存在的风险违约等问题,市场上的投资者们对互联网 ABS 持一定的观望态度。

市场会有更多的类似云平台的资产证券化服务商涌现,尤其是在互联网ABS市场拥有丰富经验的电商巨头们会朝这个方向转变，它们的身份不再是单一的发行巨头。随着ABS云平台的逐步完善，资产证券化市场产业链会真正延伸，对各路资源的调动、产业的整合能力也会更高；产业链的延伸意味着有更多的盈利点出现，足以养活提供ABS解决方案的服务商们。

治理创新篇

B.13
2017年互联网金融平台风险自控创新

李二亮[*]

摘　要： 风险自控是互联网金融平台风险防范的第一道防线，2017年以来，互联网金融平台风险自控创新方面取得可喜成就。本报告在回顾互联网金融平台风险自控创新情况的基础上，分析了风险自控创新的特点以及存在的不足，并结合当前互联网金融发展情况，对互联网金融风险自控创新未来的发展趋势进行了解析，最后就互联网金融平台风险自控创新提出若干对策建议。

关键词： 互联网金融平台　风险自控创新　信息披露　信用信息共享

---

[*] 李二亮：经济学博士，河南工程学院管理工程学院讲师，中央财经大学中国互联网经济研究院特聘副研究员。

近几年，随着互联网金融监管的不断加强，我国互联网金融在风险和机遇中高速运行，在这一过程中，信息安全风险、信用风险、经营风险等一直是互联网金融平台面临的主要风险，[①] 平台自控作为一种内生化力量，是互联网金融风险防范的重要基础，[②] 2017年以来，政府、协会、平台等，通过一系列主动和被动的手段促进互联网平台加强自身风险自控建设，为互联网金融在未来取得更进一步的发展起到了良好的助推作用。

一 2017年互联网金融平台风险自控发展情况

在当前互联网飞速发展时代，技术安全和业务安全是新的金融体系安全，主要包括两方面；而如何保障技术上的安全需要互联网平台不断加强自身的信息安全建设，当前互联网金融平台建设的过程中，由于缺乏统一的信息安全指引，各个平台的信息安全防范水平参差不齐，而从以往金融机构如银行、证券以及其他行业信息安全的建设经验来看，互联网金融平台自身加强信息安全建设是防范信息安全风险的第一道屏障；促使互联网金融平台加强自身的信息安全建设需要政府、行业协会、平台自身等多方面的努力。2017年以来，互联网金融平台在风险自控方面取得了可喜的进步。

（一）政府加强监管倒逼互联网平台重视风险自控建设

2017年以来，为加强整个互联网金融行业的监管，促使互联网金融平台注重自身信息平台建设，回归金融业务的本质，政府监管层、行业协会等注意全局层面的行业平台建设。2016年8月，为有效应对我国互联网金融领域的信息安全风险，由国家互联网应急中心主管的互联网金融风险分析技术平台上线试运行，[③] 该平台运用"互联网+"思维，以政府层面力量推动

[①] 孙宝文等：《互联网金融元年：跨界、变革与融合》，经济科学出版社，2014，第176页。
[②] 欧阳日辉等：《互联网金融治理：规范、创新与发展》，经济科学出版社，2017，第89页。
[③] 《国家级互联网金融风险分析技术平台上线》，搜狐网，2016年8月11日。

研究互联网金融安全技术，发挥独特的技术优势维护互联网金融行业的安全，目前平台能涵盖几乎监测全国所有的互联网金融平台，未来可进一步拓展至数字货币监测。2017年12月13日，该平台获得国家发改委的批复正式立项，是迄今国家唯一批复的互联网金融监管支撑技术平台，[①] 截至2017年12月底，该平台互联网金融技术平台共收录互联网金融网站47094个，最近一周互联网金融活跃用户10.6亿人次；发现存在异常的互联网金融网站18946个，系统预警过的高危网站606个；发现互联网金融网站漏洞1320个，互联网网站攻击185.3万次，发现互联网金融仿冒网站4.6万个[②]。该平台的试运行及正式立项，将在很大程度上弥补各类互联网金融平台信息安全建设方面水平参差不齐的局面，通过预警提示倒逼相关互联网金融平台改善信息现状，防范业务开展过程中的非金融风险。

2017年1月13日，中国人民银行发布通知，明确对第三方支付客户备付金实行集中存管，并且规定中国人民银行或商业银行不得向非银行支付机构备付金账户计付利息。[③] 这一举措将在极大程度上促使支付机构将业务加强自身的业务风险控制，回归支付业务的本质，改变过去行业出现的挪用客户备付金求得高收益，不注重业务开展将利息作为主要收入来源的局面。

此外，为进一步加强对支付行业的资金流监控，2017年3月31日，由中国支付清算协会牵头成立的网联平台（即非银行支付机构网络支付清算平台）正式试运行，在未来将近一年时间的过渡期内，2018年6月起，所有支付机构的支付业务将全部通过网联平台转接；[④] 届时，第三方支付行业的直接模式将退出历史舞台。网联平台的建立，将对支付机构的资金流向实现全程化监控，这无疑将在根本上促使支付机构要注重风险自控，

---

① 国家互联网金融安全技术专家委员会：《国家互联网金融风险分析技术平台正式获发改委批复立项》，2017年12月13日。
② 国家互联网金融安全技术专家委员会：《信息披露》，2017年12月13日。
③ 《央行正式集中存管第三方支付备付金》，新浪网，2017年1月13日。
④ 《网联平台启动试运行》，搜狐网，2017年3月31日。

规范支付业务的开展,更有效地防范挪用客户备付金、洗钱、套现等业务风险。

(二)互联网金融平台信息披露的推动有助于推动业务平台的风险自控

互联网金融平台信息披露是规范互联网金融业务的重要措施,集中式或是自我平台式的信息披露都能在一定程度上推动业务平台的自我风险控制。为推动互联网金融平台的风险自控,2017年6月5日,中国互联网金融协会"互联网金融登记披露服务平台"正式上线,① 截至目前共有118家互联网金融企业接入平台,披露事项包括强制性披露32项,鼓励性披露15项共计47项,中国互联网金融协会鼓励互联网金融企业主动接入平台并定期进行信息披露;此外,宜人贷平台在自身网站有详细的信息披露,将平台运营信息、风险管理信息、审计信息等进行定期披露,在相当程度上增强了平台的信用;众安在线也在自身平台开设了详细了信息披露栏目,对企业信息、重大关联交易信息、偿付能力信息、互联网保险信息等进行定期披露。以上这些互联网平台的集中式以及自我平台式信息披露,有助于提升互联网平台的自我风险控制,对业务的开展将起到强有力的约束作用。

(三)科技能力行业共享初现端倪有助于提升全行业风险自控能力

2017年3月6日,以金融科技(FinTech)为主题的LendIt全球金融科技峰会在纽约盛大开幕,来自40多个国家的2400家金融科技企业参加。宜人贷平台,作为中国互联网金融海外上市第一个互联网金融企业,在该峰会上发布了宜人贷科技能力共享平台(Yirendai Enabling Platform,简称YEP共享平台),该平台集行业数据获取分析、风险控制、反欺诈监控、精准获客、流量共享为一体,可以为其他金融科技企业提供更强大的

---

① 《中国互金协会信披平台今日上线》,新浪网,2017年6月5日。

信用评估、风险控制和精准获客的能力,通过该平台的开放,国内外的互联网金融行业企业可以分享宜人贷先进的线上风控能力的"红利"。该平台的发布开放,更好地诠释了互联网分享精神,有助于整个行业形成在自身行业领域形成良性共享互动发展的新格局,形成整个行业规范发展的合力。

专栏1　宜人贷 YEP 共享平台

YEP 共享平台是国内领先网贷机构宜人贷的先进技术平台,其优势主要体现在以下三个方面:数据集成分析、反欺诈以及客户获取。

1. 数据集成分析

YEP 共享平台强大的模型开发能力和数据分析能力主要体现在,其通过技术解析降噪将噪声信息转化为有用,并通过机器学习对不同类型的复杂数据进行集合处理,最终生成信贷决策引擎。该平台可实现数据和模型在不同场景的复用,减少了重复开发造成的资源浪费。此外,YEP 共享平台数据积累有着"多、广、准"的特点,在数据获取方式、数据维度、数据深度都有根本性的不同,"多"是指进件数量多,在百万级的用户申请下,科技能力共享平台沉淀了海量数据;"广"是指数据覆盖全面,涵盖了电信运营商、电商、公积金、网银、信用卡账单、保单、社保、行为习惯等多个维度;"准"是指数据抓取准确,所有数据都精准地服务于风控和反欺诈。

2. 强大的反欺诈识别系统

YEP 共享平台的反欺诈能力基于宜人贷独创的风控系统,能够从海量数据中提取有用的信息,并将分散的信息碎片聚合起来,变成有参考的信息和洞察力的知识,以辅助决策。该系统能识别数据造假,验证"人以群分"的假设,能有效判断组团欺诈风险,还可用于寻找失联用户,挖掘更多隐含信息,将反欺诈从"点"提升到"面",并形成一个统一的全局知识库,从而提供更有价值的决策支持。

3. 用户获取能力

宜人贷 YEP 共享平台是个开放的平台,已向国内多家机构开放,依托于数据优势和业务优势,实现优质客户资源的共享,特别是在授信方面的支撑,形成基于平台的用户获取。

资料来源:宜人贷官网,2017 年 4 月 7 日。

(四)互联网金融行业信用共享建设有了新的进展

对于互联网金融行业来说,行业风险能力、信用数据共享是未来形成行业发展合力的关键。2017 年出现了新的进展,中国互联网金融协会在 2016 年 9 月开通了互联网金融信用信息共享平台的建设,在经过严格数据质量检查、安全等保测评以及查询试点验证后,该平台于 2017 年 11 月全面开放网页查询服务,12 月正式开通接口查询。截至 2018 年 3 月 15 日,累计查询量 1000 多万笔,其中贷前审批累计查询量 340 多万笔,占比 33%;贷后管理累计查询量 640 多万笔,占比 62%。单日最高查询量 93 万笔。[①] 上述平台信息共享共建,对于提升互联网金融风险自控能力,形成行业发展合力将起到至关重要的作用。

(五)专业化的互联网金融服务商正逐步形成

近年来,以数美、金融盾、帝友等为代表的互联网金融服务提供商正逐步成为行业建设重要的支撑者。这些专业化的平台通过运用最新的信息技术,如大数据风险防控、数据聚类风险分析、联动防御以及行为分析等,为互联网金融平台建设提供专业化的解决方案,方案涉及网站平台建设,互联网金融全流程业务支撑,移动信用数据服务等,使得实力较弱的互联网金融平台借助专业化的力量加强自身的风险自控,并能使互联网金融平台进行非核心业务外包化,更好地将精力集中于互联网金融业务本身。

---

① 《互联网金融信用信息共享平台接入机构已增至百余家》,财经网,2018 年 3 月 15 日。

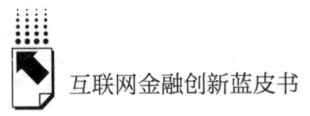
互联网金融创新蓝皮书

二 2017年互联网金融平台风险自控发展特点

(一)政府行业协会层面的全局性建设对互联网金融平台风险自控的倒逼机制正在形成

机构平台加强风险自控无疑是风险防范的第一道屏障,传统金融机构业务的相对单一,监管机构机制的相对完善,使得机构本身有能力、有约束的进行平台自控建设。而当前互联网金融模式众多,而互联网金融监管机构机制相对不健全,互联网金融机构平台囿于自身实力,在风险自控建设方面乏力,有实力的平台会加强信息安全方面的建议,而对于回归金融本质的业务自控方面,由于行业外部竞争压力,易产生道德风险而进行违规业务,极易发生挪用客户备付金、P2P平台自融自筹业务等风险。2017年以来,政府监管机构、行业协会等推出的一系列监管举措,备付金集中统一管理、网联平台上线试运行、信息披露平台上线等,都将对当前互联网金融机构形成倒逼机制,提示其平台存在的信息安全风险,约束其业务开展回归金融业务的本质,大大降低了全行业业务开展的信息安全风险、信用风险、操作风险等。

(二)互联网金融平台信息披露的规范化有助于提升行业的风险自控水平和能力

信息公开、披露有助于提升互联网金融平台的信用水平,在一定程度上化解互联网金融平台的信用风险,尤其是业务数据披露能从根本上促使互联网平台自我约束规范开展业务。当前,无论是互联网金融协会或是互联网金融平台自身,特别是政府协会平台的数据对接,有助于实现互联网机构平台的机构信息、经营信息、风控信息等,将使金融消费者对机构平台有更好的了解,使监管部门更好地实现对平台业务的监控。从目前的接入情况和信息披露情况看,接入平台越来越多,披露状况也越来越规范。

（三）行业能力及信息数据共享逐步形成行业发展合力

征信信用信息作为金融业务活动重要的参考依据，信用信息共享有助于化解金融业务开展过程中运行风险，无论对于传统金融机构还是互联网金融机构平台都具有十分重要的作用。然而，传统金融机构借助于央行征信中心实现了金融信用信息的共享，对业务开展过程中借款人的恶意骗贷、欺诈等风险形成了有效控制。而对于互联网金融行业来说，业务模式众多，各类平台又纷繁复杂，不同的模式之间易形成数据孤岛，因此，信息数据共享特别是征信信息共享对于全行业发展来说至关重要，从目前的状况看，互联网金融领域的信息数据共享正逐步形成，将不断形成助推行业发展的合力。

（四）第三方互联网金融平台建设服务的发展有助于提升互联网金融平台的自我风控能力

无论对于传统金融机构或是互联网金融机构，其自我风控能力的提供取决于两个方面，一是自身通过信息安全建设，业务流程规范，在经营过程中不断积累经验，增加风险自控能力；二是通过借助专业化的平台建设服务来提升自身的风控能力。目前第三方支付互联网金融服务商的出现，有助于弥补当前众多实力弱、规模小的互联网金融平台提升自身风险自控水平和能力。

专栏2　数美金融风控解决方案

数美科技是国际领先的人工智能反欺诈服务提供商，成立于2015年6月，由国内著名VC机构奇虎360、百度资本、清流资本与顺为资本联合投资。以大数据与人工智能为基础，解决多场景欺诈问题，为互联网企业提供专业、可信赖的反欺诈解决方案，截至2017年6月，服务客户突破1000家。

其金融风控解决方案，依托强大的AI技术与海量基础数据为金融机构提供覆盖全业务流程的完整风控解决方案提升金融机构企业的风控能力，减少资金与品牌损失。主要通过信贷风控云，解决互联网金融放贷过程中的风险识别，在贷前识别方面，通过关注名单、多平台借贷、多关联异常、风险手机号等规则，建立精准风控模型来进行贷前风险评估；结合不同场景的评级模型与针对性调优联合建模两种方式，根据用户互联网行为以及信贷数据进行可信度分级；并通过识别新增多平台申请、负债预警、可信度分级变化预警，全周期监控借贷风险来进行贷后风险预警。

资料来源：数美官网。

三 2017年互联网金融平台风险自控存在的问题

（一）目前互联网金融信息安全建设仍然缺乏统一的标准

信息安全风险是传统金融机构和互联网金融机构共同面临的风险，然而相较于传统金融机构，国家早就出台了相关信息安全建设、风险防范等标准，对传统金融机构的信息安全建设起到了重要的指导作用。自2011年国家开始对互联网金融模式之一的第三方支付颁发业务许可证以来，关于互联网金融信息安全建设方面，2016年7月中国人民银行发布的《支付机构互联网支付业务管理办法》中指出，支付机构开展互联网支付业务当符合国家、金融行业标准和相关信息安全管理的要求。然而互联网金融自身模式众多，并且在发展中不断有新模式出现，一般来说，互联网金融平台几乎都没有类似于银行的线下柜台，故其信息安全标准、风险防范等应该具有符合行业发展的统一规范。

（二）互联网金融各领域业务风险频发

2017年以来，政府监管部门、行业协会等对于互联网金融领域的监管不断加强，然而全行业业务风险事件仍然频发。在互联网支付领域，2017年全国首例花呗套现非法经营案宣判，杜某跟他的同伙在电商平台通过虚假交易的方式为他人套现，以收取一定比例手续费的方式牟利。经公安机关侦查,在2015年11月10日至2015年11月13日,杜某等人利用多家网上店铺,在全国范围内串通多名电商用户虚构交易共计2500余笔,从"花呗"套现共计470余万元,从中收取手续费共计40余万元,从中折射出网络虚拟信用卡业务在业务开展过程中自身业务监控的不足;此外,2017年11月18日,平安付公司壹钱包App漏洞案一审判决,犯罪嫌疑人叶某利用平安付钱包的漏洞,先后套现1125万元;在网络信贷领域,2017年,P2P平台跑路事件同样频发,据网贷天眼不完全统计,共有900余家平台出现失联,提现困难,网站无法访问等情况。

(三)互联网金融信用共享平台建设仍然不足

2017年,互联网金融信用共享平台建设取得了可喜的进步,然而应该看到的,信用平台仍然存在不足,突出表现在,目前互联网金融信用共享平台仍然没有纳入国家整个征信数据库,无法实现与中国人民银行征信体系的有效整合,从而使得互联网金融信用平台无法发挥其更大的作用,此外,目前互联网金融信用平台无法提供个人征信的查询入口,这就使得互联网金融的消费者无法了解自身的征信信息,就无法形成对不良互联网金融消费者的有效约束预警提示。此外,在互联网征信领域,存在多头并存的格局,比较知名的有蚂蚁金服的芝麻信用积分、京东的热度等,各个平台各自为政,虽然依托于自身平台,形成了对用户信用的评价积累,但无法形成信用合力,在信用共享方面存在不足。

(四)消费者权益保护机制仍然没有形成对于平台自控的有效约束

金融消费者作为金融市场尤其是互联网金融市场重要的供给者,有效的互联网保护机制将加大互联网金融市场的供给力量,促进互联网金融行业的整体良性互动发展,并有效提高互联网金融市场的资源分配效率;从反面来看,如果缺乏有效的金融消费者保护机制,近几年频发的互联网金融平台跑路事件,让互联网金融经营者会有一种有恃无恐的从业心态,下意识地放松平台经营的自我约束、自我风险控制。当前我国的互联网金融消费者保护机制，无论是在理念上还是制度上，均存在明显不足，具体表现为：一是相关互联网金融消费者保护法律尚不健全，相关立法层次低，缺乏可操作性和针对性。二是互联网金融（中介）机构机会主义行为泛滥。突出表现为，未正确评估客户；风险揭示不充分；夸大宣传收益率。三是监管标准不统一，以前在"一行三会"监管模式下，监管要求不尽相同，导致在当前互联网金融泛滥，即使在未来"一行两会"的格局下，仍然需要不断完善。四是现行制度难解互联网金融消费者维权难。

四　2017年互联网金融平台风险自控发展趋势

（一）统一的互联网金融信息监控平台将日臻完善，形成与传统金融机构的融合发展

2017年，无论是全行业性的平台互联网金融风险分析技术平台，还是网联平台的上线运行，在当前遏制互联网金融风险，加强互联网金融行业自控建设方面，起到了基石性的作用，在未来的发展过程中，统一化的信息监控平台将在现有基础上提供更加全方位的功能，除了信息安全风险提示，行业信息披露，更应该整合传统金融行业、互联网金融专业服务提供商、业内领先企业提供全方位的技术方面的支撑，真正使互联网金融信息平台成为行业快速发展助推器。各类从业机构，不论是传统金融机构还是各类互联网金融机构，应注重找准市场定位，发挥各自优势，建设兼具包容性和竞争性的互联网金融生态圈和产业链。一方面，传统金融机构在长期的经营过程中，积累了大量交易信贷数据，形成了良好的风控体系和定价模式，并拥有较好的金融专业队伍，能为互联网企业提供专业化支持，弥补风控、定价等方面的不足；另一方面，互联网企业占据网络入口优势，掌握小微企业和个人消费者的海量行为数据，要注重开放客户资源、技术能力、金融云服务等，为合作伙伴创新金融服务提供技术支撑。故通过现有的行业统一化平台，未来能形成传统金融机构与互联网金融从业者的良性互动发展。

（二）互联网金融信息披露机制将更加完善

信息披露是当前加强互联网金融监管的重要举措，是促进互联网金融平台业务在阳光下运行的根本保障，也是形成对互联网金融平台自我约束机制的重要一环。2017年8月，中国银监会发布了《网络借贷信息中介机构业务活动信息披露指引》，其中对网络贷款平台的信息披露做出了明确规定；随后，2017年10月17日，为更好规范互联网金融平台的信息披露，中国互联网金融协会正式发布《互联网金融信息披露个体网络借贷》（团体标准），及《互联网金融信息披露互联网消费金融》（T/NIFA 2—2017）等，其中，修订后的《个体网络借贷信息披露团体标准》信息披露项为126项，较原标准增加了30项，其中，强制性披露项由原来的65项增加至109项，鼓励性披露项由原来的31项减少至17项。因此，随着我国互联网金融的快速发展，未来信息披露制度将是常态化、规范化。

（三）互联网信用信息未来实现统一化融合

未来基于互联网平台的信用信息将实现统一化融合，这是因为，统一化的互联网信用共享将对授信人、受信人以及包括互联网金融在内的整个国家金融体系带来巨大价值。一是基于互联网的信用共享，信用评分分享覆盖人群广泛，数据实时鲜活，可作为征信体系有效补充。二是互联网信用评分是云平台运力推算而得，大数据征信企业可科学客观公正地评价个人的信用水平，通过输出各种标准化和定制化的身份识别、反欺诈、信用风险识别与跟踪产品与服务，以商业化的方法净化互联网环境，推进互联网征信业务的健康发展。三是互联网信用评分开启诚信便民生活，建立全民信用文化。

五 互联网金融平台风险自控对策建议

结合我国2017年互联网金融平台风险自控的发展情况、存在的不足以及未来的发展趋势，未来互联网金融平台风险自控方面，应当从以下几个方面入手。

（一）尽快完善法规标准，构建全国一体化的信息监测平台

当前，互联网金融平台信息安全建设相关技术标准的缺失一直是平台自控建设的短板，针对这一短板，政府监管部门应当结合我国互联网金融发展的实践、特点，尽快出台信息安全建设方面的安全标准，使其成为加强互联网金融平台建设，防范互联网金融平台第一道风险的屏障。可喜的是，2017年9月，中国互联网金融协会互联网金融网络与信息安全专业委员会召开会议，来自工商银行、蚂蚁金服、陆金所、百度金融、兴业银行和阿里云等的从业者，就《互联网金融信息安全能力水平标准（指标）体系》、《互联网金融生物特征识别身份认证研究》《基于大数据的智能交易风控及联防联控机制研究》等方面开展了专项研究，①研究聚集于互联网金融信息保护、身份认证、交易风控等领域，旨在为互联网金融行业的实践发展提供对策建议。政府监管层面也应适时依托行业协会、从业者推出信息安全建设方面的相关标准，以便为不同模式的从业者提供信息安全建设指引，提升全行业的信息安全防范水平。

此外，在前期互联网金融风险分析技术平台建设的基础上，应当建立起全国行业协会统一平台与地方互联网金融监管平台的互动信息沟通机制，推出一定的措施，强制互联网金融从业者接入平台并按规定报送数据；此外，数据平台应当加强与网联平台、银联平台的交易数据的对接，形成覆盖互联网金融众多模式，涵盖资金流监控，业务数据监管统计全方面信息监测平台。

（二）加快建设全国一体化的征信信息平台

征信信息是金融行业发展的核心，政府监管层面应当在整合互联网金融自身信用信息资源的基础上，尽快实现与传统人民银行征信系统的对接，从而形成全国统一化的征信平台。2018年1月5日，在前期市场调研和充分

---

① 中国互联网金融协会：《互联网金融网络与信息安全专业委员会召开研究课题开题会议》，2017年9月18日。

论证的基础上，百行征信有限公司（筹）的个人征信申请已在中国人民银行官网发布，未来我国征信市场各自分割为政的局面将彻底改变，据资料显示，百行征信主要股东来自中国互联网金融协会、芝麻信用管理有限公司，腾讯征信有限公司，深圳前海征信中心股份有限公司等业内领先企业，未来百行征信主要在银、证、保等传统金融机构以外的网络借贷等领域开展个人征信活动，与中国人民银行征信中心运维的国家金融信用信息基础数据库形成错位发展、功能互补的市场格局。此外，随着互联网金融的快速发展，互联网金融信用信息体系与人民银行征信中心实现信息的共享对接未来也将是不可逆转的趋势，只有这样，才能形成有利于金融行业全面发展，遏制金融系统性风险的发生。

（三）鼓励互联网金融从业者共享数据及其他资源，努力打造支撑行业发展的专业服务队伍

当前我国互联网金融快速发展的背景下，政府监管层面制定法律法规，提供统一化的监测平台是助推整个行业发展的重要力量；在行业实践的发展过程中，如何发挥行业内力量，充分调动行业内优势企业的积极性，形成多主体参与的互联网金融风险自控的共治局面，是未来保障我国互联网金融健康重要方面。就当前我国互联网金融模式来看，互联网支付是发展相对成熟的，整个市场格局呈现典型的寡头垄断，在其他领域，如P2P网络贷款，众筹等，由于市场资源的必然聚集，未来也必将形成多寡头并存的局面，因此，应当鼓励优势企业通过技术能力、数据资源分享加速优势资源的集中。同时，应当鼓励支撑行业建设的服务型企业的发展，使其通过专业化的服务带动整个行业风险自控能力的提升。

（四）完善互联网金融消费者保护机制

加强金融消费者保护机制是一项复杂的系统工程，也是在未来对互联网金融平台自我风险控制形成强有力约束的重要保障，完善互联网金融消费者保护机制，一是完善法规政策，构建明晰的互联网金融消费保护法律框架，

尽可能地压缩互联网金融机构的机会主义行为；二是深度监管，建立以权利保护为导向的监管体系，结合互联网金融各模式发展的不同特点，建立针对性的监管机制，切实保护互联网金融消费者的权益；三是降低成本，构建公正透明的纠纷处理机制，结合不同的互联网金融模式，设计合理的互联网金融消费者投诉程序，构建全国及地方互动，线上线下统一的纠纷仲裁机构，尽可能地降低纠纷解决成本；四是便利诉讼，保障互联网金融消费者维权。立法者可以着眼于当前互联网金融消费者的诉讼弱势地位，建立区别于普通消费者保护机制，针对互联网金融消费者保护问题的特别诉讼制度；五是关注风险，抓住关键合理分摊成本。保护互联网金融消费者权益也包含培养成熟互联网金融消费者的要义。与成本较高的互联网金融消费者个体自我学习相比，由互联网金融机构进行相关互联网金融商品的风险揭示，成本将大幅度降低。对于标准化具有证券性质的互联网金融产品，应该根据其性质强制发布详细的产品说明书，并在整个产品存续期进行持续性的信息披露，互联网金融机构违反信息披露业务则应承担严苛的法律责任。

参考文献

孙宝文等：《互联网金融元年：跨界、变革与融合》，经济科学出版社，2014。
欧阳日辉等：《互联网金融治理：规范、创新与发展》，经济科学出版社，2017。
《国家级互联网金融风险分析技术平台上线》，搜狐网，2016年8月11日。
国家互联网金融安全技术专家委员会：《国家互联网金融风险分析技术平台正式获发改委批复立项》，2017年12月13日。
国家互联网金融安全技术专家委员会：《信息披露》，2017年12月13日。
《央行正式集中存管第三方支付备付金》，新浪网，2017年1月13日。
《网联平台启动试运行》，搜狐网，2017年3月31日。
《中国互金协会信披平台今日上线》，新浪网，2017年6月5日。
《互联网金融信用信息共享平台接入机构已增至百余家》，财经网，2018年3月15日。
中国互联网金融协会：《互联网金融网络与信息安全专业委员会召开研究课题开题会议》，2017年9月18日。

B.14
2017年互联网金融行业协会的自律创新

何 毅*

摘　要： 2017年互联网金融整改与合规成为行业监管的主旋律，作为国家监管部门的有益补充和有力支撑，互联网金融行业协会如何充分发挥其自律作用，不断创新互联网金融行业风险防控体系，引导互联网金融行业合规发展至关重要。因此，本报告深入分析了互联网金融行业协会的自律定位和自律现状，发现行业协会存在指导单位不明确、会员准入标准不统一、组织结构不清晰等五个方面问题，并提出自律对策。在此基础上，从完善行业协会自律管理机制、提高行业协会内部管理水平、创新行业协会风险防控体系三个维度展望行业协会的自律趋势，为互联网金融行业协会的自律创新提供理论指导。

关键词： 互联网金融　行业自律　风控体系

一　互联网金融行业协会的自律定位

2015年7月18日，经党中央、国务院同意，中国人民银行等十部委联合印发了《关于促进互联网金融健康发展的指导意见》（银发〔2015〕221

---

* 何毅，经济学博士、管理学博士后，中央财经大学中国互联网经济研究院助理研究员，研究方向为互联网金融。

号,简称《指导意见》),《指导意见》要求,"人民银行会同有关部门,组建中国互联网金融协会"。① 指导意见发布之后,中国人民银行牵头,中国银监会、中国保监会、中国证监会等金融监管部门参与,共同组建了中国互联网金融行业协会的筹建工作领导小组。同时在民政部的指导下,加快推进行业协会的筹建工作。

(一)行业协会成立的初衷

中国互联网金融行业协会是全国性的互联网金融行业自律组织,该协会将认真贯彻党中央、国务院对促进我国互联网金融规范发展的决策部署,在中国人民银行的指导下,根据国家金融监管的相关法律条例,切实履行互联网金融行业的自律职责,在规范互联网金融从业机构市场行为、保护互联网金融行业的合法权益等方面,积极地发挥了行业协会自律组织的重要作用。

依照《指导意见》精神,成立中国互联网金融行业协会的目的,主要是其一,为不同业务类型的互联网金融产品制定行业标准和经营管理规则,促进互联网金融机构之间的信息对称与业务交流;其二,明确互联网金融机构的自律惩戒机制,规范行业发展,提高行业标准的约束力;其三,强化互联网金融机构的守法、诚信和自律意识,发挥互联网金融的普惠性,树立良好的社会发展正面形象,推动互联网金融规范健康发展。

(二)行业协会的功能与架构

中国互联网金融行业协会是在中国人民银行的指导下,配合支撑中国银监会、中国保监会、中国证监会等监管部门开展工作,形成政府监管和行业自律的相互支持,从而减少互联网金融监管和市场运行的成本,提高监管效率,推进互联网金融市场创新,提升整个互联网金融市场运行的安全性。

行业协会根据国内外金融行业自律机构的成熟经验,结合我国互联网金

---

① 《央行等十部委发布〈关于促进互联网金融健康发展的指导意见〉》,新华网,2015年07月18日。

融行业的本质特征，为发挥行业自律组织的支撑作用，针对国内互联网金融的不同业务类型，搭建互联网金融各领域的专业委员会，努力打造符合互联网金融多元化业务特点的专业部门，助推互联网金融规范发展。

（三）行业协会的发展情况

中国互联网金融行业协会成立以来，逐渐完成了协会会员在线管理系统、动态共享协会会员数据源等相关工作。其中，在建设协会会员在线管理系统方面，协会根据行业代表性、广泛性原则，吸纳了来自银行、证券、基金、期货、保险、信托机构、消费金融公司、资产管理公司等相关金融机构，以及征信服务机构、融资担保机构、互联网金融研究机构、金融综合服务机构等其他互联网金融从业机构，通过筛选申请入会机构的资质审查，最终确定了几百家会员单位。

针对动态共享协会会员数据源方面，为了配合中国人民银行具体承担了互联网金融风险监测预警系统的开发与运行，同时逐步对接协会成员单位，实现数据采集与信息共享的机制，目前风险监测预警系统基本完成，定期将形成一些不同业务类型的互联网金融产品风险监测预警情况报告。当然，对于风险监测值较高的会员单位，协会将采取自律手段进行处理，一些不遵守章程和自律公约的会员单位，协会将依据相关制度规定进行处罚措施。

二 互联网金融行业协会的自律现状

2017年中国互联网金融协会扎实推进了互联网金融行业的各项自律工作，针对去年互联网金融风险专项整治活动、互联网金融标准化建设、互联网金融行业风险提示等方面，取得了一定成效。

（一）互联网金融风险专项整治活动

2016年4月14日，国务院组织14部委召开会议，在全国范围内启动为期一年的互联网金融专项整治，并出台《互联网金融风险专项整治工作实施方案》，对第三方支付、P2P 网络借贷、股权众筹等分类专项整治。同年 8 月 24 日，有网贷新政之称的《网络借贷信息中介机构业务活动管理暂行办法》正式发布，被业内认为杀伤力最大的是借款余额设置上限。①

2017 年，中国人民银行、中国银监会等部门针对 P2P 网贷交易平台、代币发行融资、小额现金贷款等多种互联网金融业态的监管规定，对违规操作、违法行为的平台将进行清理整顿，逐渐发挥互联网金融的普惠性，切实服务于实体经济的发展。

为了配合《互联网金融风险专项整治工作实施方案》的实施，互联网金融协会持续推进协会的自律管理机制，加快整个行业的基础设施建设。基于几种互联网金融模式，协会相继成立互联网借贷、互联网金融信用建设、互联网金融网络与信息安全、移动支付金融、互联网股权融资、互联网保险等专业委员会，有针对性地开展行业自律的互联网金融风险专项整治活动。在互联网金融信用建设方面，2017 年互联网金融协会加快了行业信用体系建设，牵头筹备建设市场化的个人信用机构，并取得了突破进展；搭建了全国互联网金融信息披露服务平台和登记子系统；从信息监测层面，国家互联网金融监测中心、互联网金融大数据中心、互联网金融标准监测认证中心三大中心的运行对发挥互联网金融统计监测功能，丰富互联网金融监测产品种类，具有积极作用。

中国互联网金融行业协会从 2016 年以来，已出台《互联网金融统计制度》（费金融企业部分）和开发互联网金融统计监测系统（第一期），并向会员单位采购数据。2017 年 4 月互联网金融统计监测系统（第一期）正式上线后，系统直报机构超过 200 家，报数机构的交易规模占所在行业比重超过 80%。与此同时，能够按日采集明细数据的互联网金融统计监测系统（第二期）即将上线更新。互联网金融统计监测系统的运行，重点采集从业机构基本信息、股东信息、资产负债利润信息、业务经营信息、产品异常信息以及每笔投融资信息等六类数据，通过技术安全信息、利率期限、资产、

---

① 《政府工作报告互联网金融五年措辞变迁：监管不断健全》，中国网，2018 年 3 月 5 日。

平台运营、诚信、杠杆等七个维度，系统内设定了23个项规则与风险阈值来判定互联网金融平台的异常问题，异常平台被遴选到异常平台名录里，以便后续行业协会进行自律管理。中国互联网金融行业协会逐渐把广告、舆情、投诉等非结构化的数据引入，建立常态化的互联网金融大数据监测分析体系，该体系将不断扩大报数机构范围，提高数据的完整性与真实性，为配合国家监管部门综合统计提供数据支撑。①

总之，互联网金融风险专项整治转向常态化监管的关键一年。互联网金融协会将持续发挥自律管理作用，以引导行业规范发展和防范化解风险为目标，强化互联网金融风险防范标准、技术支持、数据分析，着力发挥行业协会的自律管理作用，配合支撑国家监管部门对互联网金融行业的监管作用，有效引导互联网金融企业为实体经济服务，同时防范互联网金融风险。

（二）互联网金融标准化建设

互联网金融协会在互联网金融标准化建设方面取得了较多的成绩。一方面深入开展互联网金融的理论研究，结合互联网金融的发展情况，持续推动互联网金融标准及研究成果的转化应用。另一方面，成立了互联网金融标准研究院，发布实施互联网消费金融信息披露、个体网络借贷信息披露、个体网络借贷资金存管业务规范和系统规范、个体网络借贷合同要素等多项团体标准。互联网金融标准研究院的建立，明确统一了互联网金融信息披露、统计监测、信息共享等方面的标准，降低了整个行业发生风险的概率，为互联网金融监管部门和行业协会厘清风险发生的临界点提供数据服务。此外，标准研究院还注重于互联网金融消费者的权益保护，有助于我国互联网金融行业规范发展。

中国互联网金融行业协会运用大数据、云计算、区块链等新型技术，在充分吸收监管的相关理念和技术的基础上，大力推进集中式登记披露平台建设，行业协会已于2017年5月下旬启动了联调与测试工作的试运行。登记

---

① 陆书春：《发挥行业自律作用　助力金融科技穿透式监管》，《金融电子化》2017年第5期。

披露平台建成以后，将为国家监管部门提供统一的社会监测和公众查询入口，实时监测与分析互联网金融产品的生命周期型规律。为了提高监测方式、细化数据维度，行业协会将尝试采用全球法人机构识别编码（LEI）规则进行机构编码，探索利用云计算、区块链技术实现互联网金融产品消费者的身份识别与证据留存功能。

此外，中国互联网金融行业协会在全国金融标准化技术委员会的指导下，牵头成立了互联网金融标准工作组，该工作组承担了互联网金融标准化的工作职责，定期发布团体标准管理办法，同时启动互联网金融标准体系的研究工作，推进我国首批标准化服务业试点，不断发布实施网贷信息披露标准，起草制定互联网消费金融信息披露标准，为我国互联网金融的标准化建设打下坚实基础。后续中国互联网金融行业协会将组织会员单位开展标准需求调研，从实践的角度，构建分层次、分阶段的标准需求，与会员单位一道共同创建互联网金融标准体系，逐步推出信息披露、合同文本、数据统计等行业标准和团体标准，有效加强互联网金融行业互联互通、共享共建的标准体系建设。

总之，互联网金融协会将持续推进互联网金融的标准化建设，依托互联网金融标准研究院，不断提高互联网金融行业的标准化水平，从理论研究的角度夯实相关理论基础，继续促进相关理论研究成果的共享与转化应用。

（三）互联网金融行业风险提示

互联网金融协会对于互联网金融突出的问题，面向社会提供政策宣传与风险提示，持续发布互联网小额现金贷款、投资诈骗、代币发行融资行为等方面的风险提示。同时，针对国内互联网金融的发展情况，为借鉴国际互联网金融的监管经验，开拓互联网金融协会对外交往职能，协会成立了互联网金融发展与研究工作组，对于国内互联网金融发展的难点问题，有序推进互联网金融方面的政策性研究工作。例如，互联网金融协会与卢森堡互联网金融之家、德意志交易所集团、英国创新金融协会签署谅解备忘录，向相关国家监管机构、行业自律组织加强风险防范与行业管理的经验交流，为社会提供更多风险提示。

2017年11月，中国互联网金融行业协会官方微信发布了《关于网络小额现金贷款业务的风险提示》。提醒广大金融消费者，目前一些机构通过互联网为个人提供小额现金贷款的服务，这类机构不具备国家明文规定的放贷资质，可能存在暴利催收、宣传虚假信息吸引客户、变相收取高额借款利息等问题，引发局部地区的金融风险，扰乱社会秩序。因此，互联网金融行业协会提醒消费注意学习一些金融知识，购买金融产品和服务时要认真阅读合同条款，合理评估偿债能力，增强风险识别能力，维护自身权益，避免造成经济损失。同时严守法律底线，针对没有房贷资质的机构或个人，停止产品交易。即使具备资质的机构或平台，也要根据国家相关法律法规要求理性判断金融产品的定价，确保借款利息符合法律规定。[①]

总之，互联网金融行业协会将扩大互联网金融的政策宣传力度，坚持"走出去"和"请进来"相结合的方式，强化推进互联网金融国际交流合作，不断完善互联网金融协会的行业管理机制，持续向社会发布互联网金融风险防范提示，积极发挥互联网金融协会的自律管理作用。

三 互联网金融行业协会的自律问题

2017年是中国互联网金融行业继2016年国务院组织14部委出台《互联网金融风险专项整治工作实施方案》之后，实施互联网金融风险专项整治要求，促进互联网金融规范发展最为关键的一年，同时也是互联网金融行业协会不断发挥行业自律作用，深化管理规范的一年。

中国互联网金融具有丰富的业态、跨地域性较强等特点，从全国到地方多层面的自律约束管理才能提升工作效能。所以中国互联网金融协会将充分发挥其专业性和综合性的特征，一方面全方位覆盖互联网金融自律机制；另一方面与其他省市一级的行业协会加强交流合作，突出各省市互联网金融行

---

① 《互联网金融协会发布网络小额现金贷款业务风险提示》，中国新闻网，2017年11月24日。

业自律协会的特征，提高互联网金融行业协会自律的约束力，共同维护互联网金融秩序稳定发展。

然而，全国和各省市一级的互联网金融协会在发展过程中仍然遇到几个重要问题。为了便于分析互联网金融行业协会的这些问题，本书以互联网借贷行业协会为典型范例，选取国内运行较为规范的10多家网络借贷行业协会，从行业协会的指导单位不明确、行业协会会员准入标准不统一、行业协会的组织结构不清晰、行业协会的会员管理不规范、行业协会的自治权限不完善等问题展开深入探讨，为互联网金融行业协会的自律创新奠定理论基础。[①]

（一）行业协会的指导单位不明确

我国互联网行业协会与指导单位存在多头指导的现象。依照文件要求，中国人民银行、中国银监会、中国保监会等中央金融监管部门可对中国互联网金融协会进行指导。各省市一级的金融监管局、金融办等金融监管部门则对当地金融行业协会开展工作指导，部分地方金融行业协会甚至受到中央金融监管部门的协同指导。此外，个别市一级金融行业协会没有经过当地民政部门登记，属于纯民间行业组织，指导机构复杂，可能存在合法性问题。通过梳理10多家网络借贷行业协会的相关资料，再次验证行业协会的指导单位不明确问题（见表1）。

我国多数省市一级的金融行业协会都依托政府主导成立，在开展自律行为时不同程度地注重政府影响，这种行业协会其实就是协助监管部门进行行业监督，在工作方式上难免存在行政化。金融行业协会成为官方监管机构的执行者，在发挥其自律作用方面存在偏管理和服从，轻服务于制约。因此，当前互联网金融行业协会存在指导单位不明确的问题，导致政府金融监管部门较为关注传统金融领域，对互联网金融行业的指导作用有限。再则多头指导的模式容易造成行业协会变成指导机构的下设行政单位，只是单一做了指

[①] 邓建鹏、王佳婧：《中国P2P网络借贷行业自律的潜在问题与完善对策研究》，《金融监管研究》2017年第12期。

导单位行政监管权的传达,没有充分发挥行业协会的自律管理作用。多头指导模式将使行业协会抓大放小实施自律行为,阻碍了行业协会对互联网金融企业的自律效果。

表1 互联网金融行业协会以及对应的指导单位一览

协会名称	指导单位
中国互联网金融协会	中国人民银行会同银监会、证监会、保监会等
北京市网络借贷行业协会	北京市金融工作局
上海市互联网金融行业协会	上海市政府金融服务办公室;中国人民银行上海总部
广东互联网金融协会	广东省金融办
广州互联网金融协会	广州市金融工作局
深圳互联网金融协会	深圳市金融发展服务办公室;深圳市一行三会监管部门
浙江互联网金融联盟	浙江省政府、省金融工作办公室
浙江省金融科技协会	不明确
江苏省互联网金融协会	江苏省金融工作办公室
江西省互联网金融协会	江西省金融工作办公室
福建省互联网金融协会	福建省金融工作办公室
中国小额信贷联盟	商务部

资料来源:基于邓建鹏、王佳婧撰写《中国P2P网络借贷行业自律的潜在问题与完善对策研究》文献资料的整理。

(二)行业协会会员准入标准不统一

从会员规模来看,省市一级行业协会会员规模差距较大,例如北京市网络借贷行业协会包括18家会员单位和53家观察会员,会员结构多样化,行业协会会员规模多达上百家单位,会员基本来自互联网金融企业、互联网金融机构、研究机构等单位。根据中国学者邓建鹏等人(2017)对广州互联网金融协会进行调研,发现协会内各类会员都享受同等的表决权,会员单位是否能做出对行业发展的决策权,将需要调研组持续关注。

从行业协会准入条件和程序而言,除个别地方互联网金融协会对不同业务类型的互联网金融企业制定了不同的入会条件外,多数省市一级的互联网金融协会对不同业务类型的互联网金融企业没有设置特别标准,只是泛泛提出拥护行业协会章程、行业内有一定影响力等方面的笼统条件。在入会程序上也不很严谨，大部分地方互联网金融协会虽规定了协会理事会、专家委员会等会议将决定会员入会情况，但行业协会只是形式过会，粗略判断和审查新会员单位的入会申请。一些行业协会还设置了观察员模式，以便让未通过审核的会员单位，二次入会并通过会员审核。

各地方互联网金融行业协会对新会员的入会资格、条件和程序都存在差异，目前行业协会没有一个统一的会员准入标准（见表2）。

表2　各级互联网金融行业协会会员准入条件与程序情况

协会名称	入会条件	入会程序
中国互联网金融协会	业内有一定影响力	申请→理事会或授权机构讨论→秘书处颁证公告
北京市网络借贷行业协会	自愿加入；维护团体；业内有一定影响	申请→专业委员会评估→理事会讨论通过为预备会员→公示无异议后批准加入；未通过的为观察会员→限期重评，两次未通过一年内不再受理
上海市互联网金融行业协会	自愿加入；遵守公约；业内有一定影响力	申请→签署自律公约→理事会决定
广东互联网金融协会	自愿加入；良好声誉；工商登记	申请→理事会决定→秘书处发证
广州互联网金融协会	自愿加入；良好声誉；工商登记	申请→秘书处初审→会长会议决定；未通过的成为观察员→半年观察期后考核→通过入会
深圳互联网金融协会	自愿加入；业内有一定影响；工商登记；不同类型企业入会条件有差异	申请→理事会决定
浙江互联网金融联盟	自愿加入；声誉良好	申请→经审核同意办理注册
浙江省金融科技协会	自愿加入；省内从事相关产业；履行义务，参与活动	申请→理事会决定→颁牌；未通过可为观察会员→符合条件申请转正
江苏省互联网金融协会	自愿加入；具有一定影响力；积极参加活动、履行义务	申请→秘书处初审→实地考察→专家委员会评议→理事会决定→报指导单位
江西省互联网金融协会	自愿加入；积极履行义务；工商登记；业内有一定影响	申请→会长办公会决定→认缴会费→秘书处发证
福建省互联网金融协会	不同类型企业入会条件有差异	未公布
中国小额信贷联盟	依法成立；业务范围符合规定；存在一年以上	申请→理事会审批→缴纳注册费和会费→颁证

资料来源：基于邓建鹏、王佳婧撰写《中国P2P网络借贷行业自律的潜在问题与完善对策研究》文献资料的整理。

（三）行业协会的组织结构不清晰

我国各级互联网金融行业协会均由会员代表大会、理事会、监事会和秘书处组成。其中，会员代表大会是行业协会的最高权力机构；行业协会的理事会一般负责执行；监事会则监督行业协会决议的实施星狂；秘书处负责行业协会日常行政事务。此外，一些互联网金融行业协会还增设常务理事会、专门委员会等机构，常务理事会负责理事会闭会期间协会日常事务工作；而专门委员会主要是应对互联网金融风险防控措施，提高行业协会多元化的自律管理手段。总之，各级行业协会的机构多数分为五级左右，这些内部机构承担的事务虽然明确，但实施过程机构之间交叉管理的情况较多，将降低行业协会的自律效果。各级行业协会组织结构设置不清晰，管理层背景差异较大，行业协会较难提高自律管理能力（见表3）。

表3 各级互联网金融行业协会的组织结构与管理层背景

协会名称	组织机构	管理层背景
中国互联网金融协会	会员代表大会；理事会、常务理事会、监事、秘书处、分支机构	会长、名誉会长、执行会长、监事长、副会长、理事均来自会员单位
北京市网络借贷行业协会	会员大会；理事会、监事会、秘书处；专业委员会、研究中心	会长、常务副会长、副会长、监事长、副秘书长，由会员单位出任，但秘书长来自独立天使投资人
上海市互联网金融行业协会	会员大会；理事会、常务理事会、日常办事机构秘书处、监事会	会长、副会长、理事、秘书长，由会员单位担任；监事由上海市金融服务办公室、中国人民银行上海总部等监管部门人员组成
广东互联网金融协会	会员大会；理事会、会长会议、监事会、秘书处；各分支机构	会长、秘书长、常务副会长、副会长、监事、理事，均来自会员单位
广州互联网金融协会	会员大会；理事会会议、秘书处；外联部、外宣部、会员部、综合部	会长、副会长、理事会等管理层由会员单位担任；秘书长为非会员单位人员
深圳互联网金融协会	会员大会；理事会、常务理事会、监事会、秘书处及下属机构	会长来自会员单位，但秘书长为非会员单位人员
浙江互联网金融联盟	理事大会；常务理事会、主席会议、监事、第三方财务审计机构、秘书处；专业委员会、职能部门	会长、副会长、理事均来自会员单位

续表

协会名称	组织机构	管理层背景
浙江省金融科技协会	理事长、副理事长、理事、会员、观察会员;专委会;分会	管理层来自不同行业背景
江苏省互联网金融协会	会员大会;理事会;各会负责人、监事	会长、秘书长、副会长、理事、副秘书长均来自会员单位
江西省互联网金融协会	会员代表大会;理事会、监事会、会长办公会、秘书处	名誉会长、会长、监事长、副会长、秘书长均来自会员单位
福建省互联网金融协会	会员大会;理事会;监事会;秘书处	会长、副会长、理事、监事均来自会员单位
中国小额信贷联盟	会员代表大会;理事会;常务委员会和专业委员会;业务部;综合部	常务委员会、理事会均来自会员单位,其余管理层来自不同行业背景

资料来源:基于邓建鹏、王佳婧撰写《中国P2P网络借贷行业自律的潜在问题与完善对策研究》文献资料的整理。

(四)行业协会的会员管理不规范

互联网金融行业协会自律的核心就是防控会员单位出现经营风险,近年来国内一些网络借贷平台问题频发,经常出现平台跑路、难兑现等风险,虽然部分第三方互联网金融风险评估机构每月或每季度发布网络借贷平台评估报告,让投资人能短时间内预测到网络借贷平台即将可能出现的风险事件,但与其相比,行业协会开始逐步统计监测会员的信息资源,构建互联网金融风险监控预警系统。

由于该系统构建初期,处于逐渐完善会员统计数据的阶段,对省市一级的行业协会还没有进行信息共享,所以,现阶段省市一级的行业协会对会员风险评估和预警方面,通常采取人工评级、组织签订自律公约、会员定期审查制等方式开展,甚至多数行业协会没有相关明文规定,要求评估会员单位的风险状况。行业协会发挥自律作用的关键点是约束会员单位可能出现的违法违规及违背章程的行为,弥补国家宏观监管措施的落地缺陷。

各级互联网金融行业协会本应根据每个区域互联网金融发展的实际情况,根据国家监管部门的相关文件精神,从实践层面制定自律措施,有效防控会员单位产生的行业风险，对会员单位进行自律管理。目前中国互联网金融协会依照中国人民银行、中国银监会、中国保监会等国家监管部门的规定，发布了《互联网金融信息披露个体网络借贷标准》等一些文件，省市一级的行业协会没有依据此文件的内容要求，结合自身发展情况，细化自律规则。大部分行业协会只是照搬政策法规管理会员单位，导致会员单位缺乏风险防控的警觉性。

另外，各级互联网金融行业协会应代表各级协会会员的总体意愿，但现实中一些占据优势地位的会员利用自身优势资源，引导行业协会制定相关行业规则，从而侵犯了全体会员的权益。针对违规的会员单位，多数行业协会只是警告、暂停、取消会籍的方式，没有从惩戒的角度进行处理，间接损害了金融消费者的合法权益。部分行业协会对违法违规的会员单位不公开处理信息，降低了行业自律的效果（见表4）。

表4 各级互联网金融行业协会的会员管理情况

协会名称	会员自律管理	制定政策文件	违规处理方式
中国互联网金融协会	会员自律管理办法、自律公约、行业发展倡议书	《互联网金融信息披露个体网络借贷标准》《互联网金融协会信息披露自律管理规范》《中国互联网金融协会团体标准管理办法》	由理事会表决除名
北京市网络借贷行业协会	对所有会员、观察会员评级并公示	依照相关政策法规实施	监事会可取消违规会员会籍并保留追究权利
上海市互联网金融行业协会	签署自律公约；每月公示平台信息披露情况	《互联网金融从业机构区块链技术应用自律规则》	配合监管部门调查；违反公约由执行机构视情况处罚
广东互联网金融协会	每月发布部分会员运营报告	依照相关政策法规实施	严重违反章程由会员大会表决除名
广州互联网金融协会	签订服务规范；信用评级；发布违约客户名单并联合制裁	依照相关政策法规实施	按规定处罚并报监管机关
深圳互联网金融协会	行业研究报告	依照相关政策法规实施	违反章程，给予警告、批评、暂停或取消会籍等处分；受处分会员可复议或申请会员大会终裁

续表

协会名称	会员自律管理	制定政策文件	违规处理方式
浙江互联网金融联盟	签订自律宣言；公示会员信息披露状况	依照相关政策法规实施	严重违法由主席会议审议除名；违反章程由（常务）理事会处分
浙江省金融科技协会	没有明确管理方式	依照相关政策法规实施	严重违法由理事会表决除名
江苏省互联网金融协会	签署自律公约；会员动态考核、年审	《会费管理办法》；依照相关政策法规实施	监事向主管单位反映会员重大问题，理事会表决停籍或除名
江西省互联网金融协会	建立会员信息库；签署自律公约；公示信息披露状况	依照相关政策法规实施	不缴纳会费或不参加活动的会员视为退会；违反章程由理事会决定除名
福建省互联网金融协会	签署自律公约	《福建省互联网金融协会入会标准和运营守则》	自律委员会调查，提出意见，视情节处理，可交司法机关并报相关部门
中国小额信贷联盟	签订自律公约；披露会员业绩	《中国小额信贷联盟客户保护公约》	会员违规、不履行义务，由理事会批评教育或除名

资料来源：基于邓建鹏、王佳婧撰写《中国P2P网络借贷行业自律的潜在问题与完善对策研究》文献资料的整理。

（五）行业协会的自治权限不完善

互联网金融行业协会自治权包含行业管理权、惩罚权、规则制定权、事故争端解决权等。纵观各级互联网金融行业协会的章程，发现一些行业协会章程对自治权限内容不完善，没有说清楚行业协会章程制定的正规流程，更没有谈及章程颁布前的合法性审查，给金融投资者或消费者造成行业协会章程基本由协会会长单位独立制定并下发的感观，同时一些行业协会的章程对自治权中行业管理权与惩罚权没有明确指出，将影响行业协会发挥自律作用的效果。

四 互联网金融行业协会的自律对策

互联网金融领域的创新频发，导致互联网金融行业协会的自律也许不断创新，以弥补国家监管的滞后性与宏观性。相比国内互联网金融行业的风险出现次数，英美互联网金融发展比较稳定，最为重要的一条就是英美社会征信系统较为完善，信息共享较为对称，信息披露较为全面，规章制度较为成熟，例如美国网络借贷产品是由美国证券委员会监管，英国则是通过金融行为监管局监管。同时英美互联网金融监管部门与行业协会的"双层"管理，使互联网金融市场稳步发展。因此，本报告根据英美互联网金融"双层"管理的思路，结合互联网金融行业协会的自律问题，为进一步提高我国互联网金融行业协会的自律效果，激发行业协会的自律创新行为，建议采取以下四种自律对策。

（一）明确行业协会的上级指导单位

2015年7月出台的《关于促进互联网金融健康发展的指导意见》中，明确要求，"人民银行会同有关部门，组建中国互联网金融协会"。指导意见发布之后，中国人民银行牵头，中国银监会、中国保监会、中国证监会等金融监管部门参与，共同组建了中国互联网金融行业协会的筹建工作领导小组，但地方互联网金融协会没有发布文件明确指出上级指导单位。针对这一现状，可借鉴英美"双层"管理的模式，结合中央相关文件精神，明确由地方一行三会分部等地方政府监管部门指导地方协会。

在明确上级指导单位的情况下，还需划分清楚指导单位的职责范围。2015年中共中央办公厅、国务院办公厅印发了《行业协会商会与行政机关脱钩总体方案》，文件指出我国行业协会商会存在政府与商会职责部分、管办一体、治理结构不健全、监督管理有缺陷、创新发展不足、作用发挥不够等问题。依据《中共中央关于全面深化改革若干重大问题的决定》和《国务院机构改革和职能转变方案》的文件精神，行业协会商会与行政机关脱钩，将对加快转变政府职能、促进行业协会商会规范发展起到重要作用。所以，我国各级互联网金融行业协会需要明确上级单位的指导作用，不能成为上级指导单位的下属机构，划清互联网金融行业协会与政府监管部门的界限，确保最大限度地提升协会的自治权，创建行业协会新型管理与运行机制，为更好地发挥行业协会的自律作用，推动互联网金融行业协会的自律创新。

此外，可创建全国性行业协会与地方行业协会信息共享机制，针对省市一级互联网金融行业协会形式分散的情况，根据银监会的相关文件，中国互联网金融协会作为数据监测与信息交流中心，定期与各级互联网金融协会进行不同业务类型的互联网金融产品分析报告的信息共享，同时各级互联网金融行业协会对中国互联网金融行业协会要形成信息互联、互通，对于预防突发性的互联网金融风险，有效推动行业协会自律管理措施，具有重大的实践意义。

（二）提高行业协会会员的入会标准

针对各级互联网金融行业协会会员准入门槛不统一、会员单位参差不齐的情况，可借鉴英美行业协会会员的准入门槛措施，严控会员准入条件，完善准入程序。其中，在行业协会会员单位的入会条件上，各级互联网金融行业协会需要对会员单位设立硬件标准，例如新会员单位成立时间在一年以上；每月或每季度公司都会进行风险信息披露等条件，没有达到条件的新会员单位一律不能成为会员单位。同时，对于"在业内具有一定影响力、履行义务"等之类模糊不清的条件，应阐述明确标准，在哪些行业具有怎样的影响力；会员单位要履行哪些责任义务，以限制审核人员或程序上较大的自主裁量权。

在加入行业协会的程序上，借鉴英美互联网金融行业协会经验，采取行业协会会长、副会长等管理层初审，全体会员表决通过的形式。由于国内一些行业协会会员单位较多，很难全体表决通过会员准入事宜，所以，各级互联网金融行业协会在处理新会员申请时，先由协会互联网金融不同业务类型的专门机构审核申请会员单位的资质，顺利通过入会标准条件后，再由各级互联网金融行业协会召开会员代表大会，依据各级互联网金融行业协会可把不同业务类型的互联网金融会员单位划分为几组，采取无记名、超过一半支持率的方式表决，通过新会员的入会申请终审。另外，行业协会还将严格控制会员单位的数量，对履行义务或责任不明确的会员单位降为观察会员，观察员表现不好直接清除协会。

（三）清晰划定行业协会的组织结构

英美互联网金融行业协会拥有清晰、科学的组织机构和管理层背景，使得行业协会的自律效果显著，所以我国各级互联网金融行业协会可以借鉴相关经验，清晰划定行业协会的组织结构，科学遴选管理层背景。在划定组织结构方面，根据中央部门精简，提升效率的要求，各级互联网金融行业协会组织结构主要包含决策机构、执行机构和监督机构三块。目前，多数互联网金融行业协会拥有决策机构：会员代表大会；执行机构：理事会和秘书处；监督机构：监事会，机构成员大部分来自会员单位，少数行业协会已聘请外部人员担任。但一些行业协会存在高管决策人数较多的情况，高管之间决策权力存在交叉，导致协会决策事务时费时费力，大大增加了协会的运行和管理成本，行业协会精简组织结构，既控制了高管决策人员数量，让每一位高管一对一地主导不同类型的互联网金融业务机构，公平对待行业协会的会员地位，提升组织机构的工作效能。

在管理层背景方面，多数互联网金融行业协会的管理层背景均来自会员单位或对应行业机构，通过借鉴英美互联网金融行业协会科学遴选管理层背景的经验，建议我国互联网金融行业协会可适当引入具备互联网金融实际操作背景的外部人员。既然国家要求行业协会商会与行政机关脱钩，互联网金融行业协会在筛选管理层人员时，要与上级指导单位脱钩的人，尽量满足具备互联网金融行业管理背景的人，或者引进曾经从事政府监管部门的非会员人员，形成内部会员单位人员与外部行业机构人员之间的决策制衡，便于行业协会后期自律管理工作的顺利开展。

（四）规范行业协会的会员管理制度

我国各级互联网金融行业协会需要明确会员章程的惩罚依据、处理措施等会员管理规则。在规范行业协会的会员管理制度方面，根据中央相关文件精神，各级互联网金融行业协会可参照中国互联网金融行业协会的公示要求，其中包括会员单位业务情况、财务情况等标准，结合各个地区不同的会员单位特征，逐步规范自律作用。同时，互联网金融行业协会会员需要记录规范制定过程，各会员单位将完成行业协会会员管理制度的书面注明意见环节，再由秘书处转交给行业协会的管理层，尤其是外部人员的管理层进行监督和签字确认，从而确保行业协会中每位成员单位对会员管理制度的认可。除了一致通过会员管理制度外，各级行业协会在会员入会时签订的自律公约中，加入入会会员的动态考核制度和履行义务，行业协会不定期地考核入会会员单位的日常经营情况并予以公示，从管理层面时刻对行业协会的会员单位金融风险进行测评。

针对行业协会会员单位违法违规方面，目前各级互联网金融行业协会对会员单位违规处理模式仍存在较大差异，所以，行业协会的会员管理制度需要明确规定，利用行业协会的理事会职责全面监督和处理违规的会员单位。可借鉴英美互联网金融行业协会的经验，借助国内社交软件，构建行业协会的官方社交平台（如微博、微信、QQ群），并开放专门的投诉区域，同时利用网络传媒技术，不断加强会员单位的管理，接受社会公众对行业协会以及成员单位的公平监督。行业协会一旦受到被投诉的会员单位，可由行业协会的理事会牵头进行调查，发现违规问题立刻要求会员单位采取整改措施，情节严重的通知政府监管部门处理。行业协会的理事会在调研、处理违规会员单位的过程中，尽量用摄像机拍摄取证，保存违规会员单位处理的全过程记录，进而提高行业协会自律管理的公信力。

五 互联网金融行业协会的自律趋势

互联网金融行业协会自律是国家监管部门的有益补充和有力支撑。2018年是中国互联网金融风险专项整治转向常态化监管的关键一年，我国将更加重视互联网金融行业协会的自律创新，构建行政监管与行业自律"双层"管理的长效机制。各级互联网金融行业协会作为互联网金融行业自律组织，积极发挥监督配合与行业自律作用,未来将从完善行业协会自律管理机制、提高行业协会内部管理水平、创新行业协会风险防控体系进行一些探索和尝试。

(一)完善行业协会自律管理机制

随着2017年互联网金融风险专项整治转向常态化之后,互联网金融网络借贷产品出现了"砍头息"的情况,由于国家监管部门严令禁止网络借贷平台收取"砍头息",所以多数互联网金融网络借贷平台将"砍头息"换成了咨询费、快速手续费、加速审核费等平台收费项目,通过扣除这类费用,变相越过法定民间借贷利息的最高限额。例如,宜信借款人通过宜人贷App借款3万元,借款期限为3年,每月还款1次,分36期还清,他所签署的合同里借款本息数额为49000元,其中13041元是利息,而多出的5959元是宜信从中扣去的服务费。① 面对互联网金融网络借贷平台变相提高借款利息的伎俩,借款人虽然可以向国家金融监管部门反映情况,向他们提起行政投诉,也可能通过司法或仲裁途径请求网络借贷平台的借款合同部分条款超越法律规定被判无效。但这些只能一时管理住少数网络借贷平台取消这个收费项目,不能完全遏制网络借贷平台转变思路,开发类似"砍头息"的创新衍生产品。从本质上而言,除了国家监管部门下发文件明令禁止外,各级互联网金融行业协会应根据网络借贷平台的产品功能、业务性质和法律属性制定更加细化的管理措施。同时采取现场调研、平台监控等多种方式收集有效数据,上报国家监管部门,配合其协同监管,防止互联网金融行业出现不正当竞争、利益输送、不正当关联交易等行为,维护互联网金融行业的消费者权益。

(二)提高行业协会内部管理水平

2017年5月,杭州西湖区互联网风险专项整治工作领导小组召开专题会议,对互联网金融网络借贷平台开展现场检查工作,至少8家企业被列入检查名单,其中一家名为妙资金融的单位,是中国互联网金融协会会员单

---

① 《网贷秘而不宣的"砍头息"》,网贷之家,2018年3月7日。

位。同年8月妙资金融官网项目为空,关于平台的介绍等多个网页打不开,平台负责人和联系人均处于失联状态,平台出现了问题。① 针对互联网金融行业协会会员单位产生问题,行业协会应加强会员单位的管理能力,提高自身内部管理水平,完善行业协会内部运行机制。同时,各级互联网金融行业协会应促进诚信自律建设,建立行业协会会员信用体系,例如当每位新会员单位申请时需要填写信用档案,理事会和秘书处开展新会员单位信用评估,通过评估的新会员单位经会员代表大会终审过会后才能成为正式会员。对于正式会员管理方面,行业协会要引导他们主动公开信息,理事会和秘书处不定期对会员单位采取抽样测评、实时监测等方式,监控他们的风险状态,一旦发现有问题的会员单位将发挥行业协会的自律作用进行管理,屡教不改的会员单位降为观察员,情节严重的直接除名,移交国家监管部门和相关司法机构,从而提升互联网金融行业协会会员单位的透明度与公信力,提高互联网金融行业协会自律的执行力和约束力。

(三)创新行业协会风险防控体系

数据显示,截至2017年12月底,2017年全年网络借贷行业成交量达到了28048.49亿元,相比2016年全年网贷成交量(20638.72亿元)增长了35.9%。网络借贷行业正常运营平台数量达到了1931家,相比2016年底减少了517家。退出网络借贷行业的平台数量相比2016年大幅度减少,全年停业及问题平台数量为645家。另外,2017年网络借贷行业投资人数与借款人数分别约为1713万人和2243万人,较2016年分别增长24.58%和156.05%。受限额政策的影响,不少平台向消费金融等小额业务转型,还有部分平台对接了现金贷、校园贷等网络借贷产品业务。② 相比"70后"和"80后"对门户网站的信赖,"90后"更愿意尝试消费各种互联网金融产品。在我国选择互联网金融产品进行消费的人群中30岁左右年龄段成为互

---

① 《中国互联网金融协会会员单位妙资金融暴雷,老板被扣押》,搜狐,2017年8月9日。
② 《2017年中国网络借贷行业年报(完整版)》,网贷之家,2018年1月8日。

联网金融主要消费群体的中坚力量。面对目前互联网金融产品的多元化发展，互联网金融产品风险类型也在发生变化，为了持续促进互联网金融行业的健康发展。互联网金融行业协会在配合监管层对风险专项整治转向常态化监管的背景下，不断进行风险监测技术升级，扩大机构监测范围，提高风险防范标准，创新行业协会风险防控体系，推动互联网金融行业走向合规发展的道路。

B.15
2017年互联网金融监管制度创新

马文洁 邓建鹏*

摘　要： 2017年，中国互联网金融监管制度建设取得巨大成就，这包括行业政策密集出台，监管体系不断健全；监管机构体制改革，适应行业混业监管需求；行业基础设施建设进度加快，统计监测和信息系统不断完善。2017年中国互联网金融监管制度不乏创新元素，体现了从严监管、多元化主体参与治理等特点，但行业同时也面临基础性法律不够健全、监管政策过于严苛、监管行政治理模式极端化以及监管"计划赶不上变化"等问题与挑战。本报告针对中国互联网金融的监管制度的现存问题，结合未来中国互金行业发展趋势，提出相应政策建议。

关键词： 互联网金融　监管制度　监管长效机制　监管创新

"互联网金融"在政府工作报告中连续5年被提及。2017年政府工作报告聚焦互联网金融风险，李克强总理表示"对不良资产……互联网金融等累积风险要高度警惕"；2018年，政府工作报告对互联网金融的用词是"健全监管"。5年来，从"促进发展"，到"异军突起"，到"规范发展"，到"警惕风险"，再到"健全监管"，政府工作报告对互联网金融措辞的变化寓

---

* 马文洁，中央民族大学法学院学生；邓建鹏，法学博士，中央民族大学法学院教授，博士生导师，从事互联网金融与法律研究。

意深刻，其背后能够反映出政府对互联网金融行业的监管力度在继续加大。"控风险"成为2017年互联网金融主要基调，促进互联网金融更好地服务于实体经济。

《21世纪经济报道》指出"2017年是互联网金融的合规规范年"。[①] 这一年也被业内看作是史上最严的金融监管年。中央与地方、各部门之间联动出击，严厉整治互联网金融乱象；互联网金融领域监管频频"亮剑"，各类重要监管文件密集出台；国务院金融稳定发展委员会成立，金融监管体制改革获得实质性进展；"互联网金融统计监测系统"上线、"百行征信"的筹建获得实质性进展，互联网金融基础设施建设不断完善。

在2017年"强监管"的主旋律下，互联网金融领域的行业乱象得到了一定的整治，潜在风险也得到了较为有效的控制。回顾2017年的互联网金融监管制度，我们致力于总结这一年互联网金融监管制度的优势与创新点、存在问题与面临挑战，并预测互联网金融监管制度建设的趋势，最后提出我们的政策建议，不断健全互联网金融监管制度，引领互联网金融行业健康发展。

一 2017年互联网金融监管制度建设情况

（一）行业政策密集出台，监管体系不断健全

互联网金融覆盖面较广，主要包括第三方支付、网络借贷（包括现金贷）、代币发行融资（ICO）、互联网保险、互联网基金销售、互联网消费金融、互联网股权融资等业务。2017年，无论是国家层面的一行三会及其他相关的金融监管机构，还是地方各地的金融办都频繁发布相关监管文件。互联网金融领域行业政策密集出台，监管体系不断健全。本报告仅回顾2017年互金领域的几个热点问题，对其一年的监管政策做一个梳理。

---

① 王晓：《2017年互联网金融报告》，《21世纪经济报道》2017年12月7日。

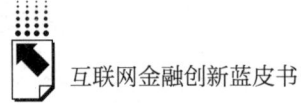

1. 网贷行业:"1+3+X"监管体系,存量时代来临

网贷行业主要涉及 P2P 网络借贷、现金贷和网络小贷等领域。随着国家层面对网贷行业"一个办法,三个指引"和地方层面相应管理办法和细则相继出台,网贷行业在 2017 年形成了"1+3+X"的监管体系。

针对网贷行业监管,银监会等四部门在 2016 年 8 月发布的《网络借贷信息中介机构业务活动管理暂行办法》(银监会令〔2016〕1 号),被誉为作为网贷行业基本规范。同年 11 月,银监会联合工信部、工商局发布《网络借贷信息中介机构备案管理登记指引》(银监办发〔2016〕160 号),为网贷平台备案登记给予指引。

在 2016 年发布的"一个办法,一个指引"的基础上,银监会在 2017 年紧接着发布关于网贷行业银行存管、信息披露的两个指引,进一步促进网贷行业健康发展。2017 年 2 月 23 日,银监会发布《网络借贷资金存管业务指引》(银监办发〔2017〕21 号),明确了网贷资金存管业务的基本定义和原则、委托人和存管人开展网贷资金存管业务应具备的条件、业务各方的职责义务以及具体操作规则。同年 8 月 25 日,银监会发布了《网络借贷信息中介机构业务活动信息披露指引》(银监办发〔2017〕113 号),明确了网贷机构应当披露的基本信息、运营信息、项目信息、重大风险信息等。至此,网贷行业"1+3"监管制度框架基本搭建完成,初步形成了较为完善的制度政策体系,行业逐渐走向规范发展的道路。

依据国家层面对网贷行业的"一个办法,三个指引",地方层面对于网贷行业的相应管理办法和细则在 2017 年也相继出台,网贷行业逐渐形成"1+3+X"的监管体系。广东省、上海市、深圳市、浙江省和北京市等地方省、市相继出台地方网络借贷信息中介机构业务活动管理暂行办法或其征求意见稿。例如,上海市在 2017 年相继发布《上海市网络借贷信息中介机构业务管理实施办法(征求意见稿)》《上海市网络借贷信息中介机构事实认定与整改工作指引表》等文件,使网络借贷监管政策日趋完善。

"1+3+X"监管体系形成之后,紧接着网贷行业存量时代来临。2017

年11月21日,央行发布的《关于立即暂停批设网络小额贷款公司的通知》(整治办函〔2017〕138号)规定,"自即日起,各级小额贷款公司监管部门一律不得新批设网络(互联网)小额贷款公司,禁止新增批小额贷款公司跨省(区、市)开展小额贷款业务"。同年12月8日,银监会下发《关于印发小额贷款公司网络小额贷款业务风险专项整治实施方案的通知》(网贷整治办函〔2017〕56号),重点排查和整治网络小贷公司,涉及审批管理、经营资质、股权管理、融资端及资产端等11个方面,并要求在2018年1月底前完成摸底排查。

2. 第三方支付

2016年10月央行联合13部委发布《非银行支付机构风险专项整治工作实施方案》(银发〔2016〕112号),对第三方支付行业吹响"严打"的号角,重点开展支付机构客户备付金风险和跨机构清算业务整治和开展无证经营支付业务整治。2017年针对第三方支付行业的整治活动也以此为核心进行展开。

央行于2017年1月13日发布《关于实施支付机构客户备付金集中存管有关事项的通知》(银办发〔2017〕10号),针对客户备付金整治,要求备付金集中存管。2017年8月4日,中国人民银行支付结算司发出《关于将非银行支付机构网络支付业务由直连模式迁移至网联平台处理的通知》,要求自2018年6月30日起,非银行支付机构受理的涉及银行账户的网络支付业务全部通过网联平台处理。2017年11月,央行发布《关于进一步加强无证经营支付业务整治工作的通知》(银办发〔2017〕217号文),要求加强无证机构整治,加大处罚力度,坚决切断无证机构的支付业务渠道;并对整治工作时间节点进行了明确规定,例如持证机构应该在同年12月底前完成自查自纠阶段等。据零壹财经统计,2017年央行共注销19张《支付业务许可证》,且据不完全统计,截至2017年底,共有69家支付机构受央行处罚,累计98次,罚款总额达2667万元。[①]

---

① 零壹财经:《第三方支付整治一年:19张牌照注销、69家遭处罚》,2018年4月8日。

3.金交所

2017年6月,互联网金融风险专项整治工作领导小组办公室下发《关于对互联网平台与各类交易场所合作从事违法违规业务开展清理整顿的通知》(整治办函〔2017〕64号),要求在7月15日前停止互联网平台与各类交易场所合作开展涉嫌突破政策红线的违法违规业务的增量。

4.代币发行(ICO)

2017年9月4日,中国人民银行等七部委发布《关于防范代币发行融资风险的公告》(下文简称《公告》)。《公告》将代币发行融资定性为"本质上是一种未经批准非法公开融资的行为,涉嫌非法发售代币票券、非法发行证券以及非法集资、金融诈骗、传销等违法犯罪活动"。关于代币的地位,《公告》明确表示:"代币发行融资中使用的代币或'虚拟货币'不由货币当局发行,不具有法偿性与强制性等货币属性,不具有与货币等同的法律地位,不能也不应作为货币在市场上流通使用。"公告给出了明确的监管要求和方向,包括立即停止一切ICO融资活动,要求已完成代币发行融资的组织和个人应当做出清退等安排,加强代币融资交易平台的管理,充分发挥行业组织的自律作用等规定。

当年国内三大比特币交易平台比特币中国、火币网以及OKCoin(币行)针对《公告》纷纷发声。9月13日,比特币中国发布公告,宣布在2017年9月30日其数字资产交易平台将停止所有交易业务。9月15日,比特币交易平台火币网、OKCoin(币行)也宣布从2017年9月15日21:30起暂停注册、人民币充值业务,10月31日前依次逐步停止所有数字资产兑人民币的交易业务。

(二)完善统计监测和信息系统,加快行业基础设施建设

2017年互联网金融行业基础设施建设取得了重大进展。这一年,互联网金融统计监测系统、非银行支付机构网络支付清算平台纷纷上线,"信联"的筹建也取得了突破性进展。互金行业的统计监测和信息系统逐渐完善,行业基础设施建设有了实质性发展。

1. 互联网金融统计监测系统上线

中国互联网金融协会大力推进互联网金融行业的统计监测工作，并于2017年4月24日正式推出互联网金融统计监测系统。首批接入互联网金融统计监测系统名单的机构包括腾讯、百度、蚂蚁金服、京东金融、人人贷、陆金所和拍拍贷等，总计209家。据中国互联网金融协会官网报道，截至2017年5月17日17时，首批209家报数机构已全部完成数据入库，报数机构的交易规模占所在行业比重超过80%，为后续的行业统计监测夯实了基础。①

互联网金融统计监测系统（二期）经联调测试后于8月25日正式上线，实现了行业统计数据采集方式由按月收集总量数据向每日采集逐笔交易信息的根本转变。系统（二期）按照监管部门强调的穿透式监管理念，实现了以接口方式按日直接采集机构的"一手数据"，能减少人为干预，提高数据报送效率和质量，有利于实现对行业风险的动态监测。联调测试过程中，人人贷、搜易贷和陆金服等10家单位已先期接入。各报数机构正按计划分期分批接入，最终实现对会员机构及整个行业的统计监测全覆盖，为行业监管与行业自律提供全面的数据支撑。②

2. 非银行支付机构网络支付清算平台上线

为整治支付市场乱象，优化支付清算市场资源配置，2017年3月31日，由中国支付清算协会发起的非银行支付机构网络支付清算平台上线试运营（下文简称"网联"），并于同年6月30日启动切量。网联的成立是监管部门整顿第三方支付机构"直连"银行所带来的各种监管漏洞和备付金风险等问题的一项重要举措。作为国家级金融基础设施，网联主要处理支付机构发起的涉及银行账户的支付业务，提供统一、公共的清算服务。互联网支付四大巨头支付宝、腾讯财付通、百度百付宝、京东网银在线等

---

① 《互金统计系统首批报数机构全部完成数据入库——中国互联网金融协会组织召开行业统计培训班》，2018年4月8日。
② 《互联网金融行业统计将逐步实现全覆盖》，http://www.nifa.org.cn/nifa/2955675/2955761/2967597/index.html，2018年4月8日。

是网联平台第一批接入的第三方支付机构。据中国互金协会官网报道,截至2018年3月31日,网联平台已接入并启动迁移340余家银行以及100余家支付机构,累计资金交易转接清算笔数突破100亿笔,成功交易金额近3万亿元。①

3. "信联"的筹建

征信作为最重要的金融基础设施,我国互联网个人信息建设之路一直广受关注。2013年,国务院公布《征信业管理条例》(国务院令第631号),明确我国个人征信实行牌照制。2013年发布的《征信机构管理办法》(中国人民银行令〔2013〕第1号),放开了对个人征信机构设立的准入。2015年1月,央行下发《关于做好个人征信业务准备工作的通知》,阿里、腾讯等八家机构成为首批个人征信试点机构,然而在之后的2年多时间里,8家试点企业没有一家符合中国人民银行的要求,个人征信牌照迟迟没有下发。中国人民银行征信局局长万存知曾在2017年4月公开表示,8家试点企业没有一家合格。问题主要出在三个方面:其一,8家机构信息共享意愿差,造成征信产品有效性不足、可信度降低;其二,8家机构均依托某一企业发起创建,不具备第三方独立性;其三,8家机构对征信基本理念和基本规则了解不够,存在信息误采、误用问题。

基于以上原因,中国人民银行转变了个人征信产业的发展思路,中国互联网金融协会牵头组建个人征信机构"信联"。直至2017年结束,"信联"终落地,并被命名为"百行征信"。百行征信由中国互联网金融协会(简称中国互金协会)携手上述8家征信公司共同筹建,其个人征信业务申请在2018年2月22日已获央行许可。

(三)监管体制改革,重塑金融监管

2017~2018年,金融监管体制改革获得实质性进展,国家层面的"一委一行两会"加各地"地方金融监管局"构建新时代金融监管新格局,特

---

① 《网联平台已累计完成资金交易转接清算百亿余》,中国证券网,2018年4月8日。

别是适应了互联网金融混业监管的需求和潮流。

2017年，第五次全国金融工作会议提出"推进构建现代金融监管框架"。随后，国务院设立金融稳定发展委员会，统筹协调金融稳定和改革发展重大问题的议事协调，其职责包括强化宏观审慎管理，强化功能监管、综合监管和行为监管，实现金融监管全覆盖。金融稳定发展委员会成立后，各监管机构协调性大幅提高，规章统一性大幅加强，体现出较强的执行力。2017年全国金融工作会议以后，中央要求各地金融监管部门（包括地方金融办、地方金融工作局等）加挂地方金融监督管理局牌子，监管职能将持续加强，与中央形成错位监管和补充，我国由中央主导、地方辅助的双层监管模式进一步完善。

2018年3月17日，全国人大通过《国务院机构改革方案》，银监会、保监会整合组建中国银行保险监督管理委员会，将进一步强化金融监管统一性和混业监管。

二 2017年互联网金融监管制度建设特点

（一）从严监管，防范风险

2017年的互联网金融监管制度体现出"从严监管，防范风险"的特点。"整治"是2017年互联网金融领域的一大关键词。监管部门密集发布监管政策，联手填补"监管真空"；并多次开展专项整治活动，清理互联网金融市场，2017年成为互联网金融"监管执行年"。

互联网金融行业"监管真空"不断被填补，相关监管政策不断完善。监管部门针对网贷行业、第三方支付、"互联网平台+金交所"、代币发行等多个领域存在的问题，及时发布规范文件，严加监管。

同时，互联网金融行业专项整治活动紧密进行，效果显著。"一行三会"联合对各类金融机构的资管业务进行全面统一监管。互联网金融风险专项整治办公室联合多个金融监管机构，年内先后三次下发通知，专项清理整顿"校园贷""现金贷"等互金业务及小额贷款公司等相关金融机构。由于校园贷风险高发，被一律暂停，校园贷平台选择退出校园贷市场或者转型其他业务。小额、短期、高利率的现金贷时代也一去不复返。监管部门要求一律不得新批设网络（互联网）小额贷款公司……许多业务面临"一棒打死"的困境，这些都是互联网金融监管趋严重要信号。

（二）互联网金融监管制度多元化

作为近年来的新生事物，调整互联网金融行业的法律法规分散于《中华人民共和国民法》《中华人民共和国刑法》《中华人民共和国商法》等部门法，以及较多部门规章、其他规范性文件和地方性法规之中。以"现金贷"业务为例，仅这一个业务，就受多个部门、层次的"硬法"调整。部门法层面，现金贷借贷环节中频发的"撸羊毛的骗贷行为"涉及《民法总则》《合同法》中规定的"欺诈"行为，甚至是《中华人民共和国刑法》第二百六十六条规定的诈骗罪。司法解释层面，现金贷的放贷利率受《最高人民法院关于审理民间借贷案件适用法律若干问题的规定》（法释〔2015〕18号）中关于最高利率的限制。除了上述较分散的法律法规，某些处于"风口浪尖"的业务，也会及时受到系统性规范的调整。对于上述的现金贷业务，互联网金融风险专项治理工作领导小组办公室就专门发布过《关于开展"现金贷"业务活动清理整顿工作的通知》（网贷整治办函〔2017〕19号），中国人民银行、银监会也发布了《关于规范整顿"现金贷"业务的通知》（整治办函〔2017〕141号）。

除了上述的"硬法"规范外，2017年的互联网金融领域，通过多元主体的参与互动、合作管制，行业标准之类的"软法"也较以往表现得更积极活跃，发挥出更大的价值。我国的互联网金融软法的制定主体一般是国家与政府之外的社会共同体，① 包括中国互联网金融协会、众筹协会、互联网金融专业委员会、各地网络借贷协会、各地互联网金融协会等非营利性的自

---

① 邓建鹏、黄震：《互联网金融的软法治理》，《金融监管研究》2016年第1期。

律社会团体。以中国互金协会为例,它是由中国人民银行会同银监会、证监会、保监会等国家有关部委组织建立的国家级互联网金融行业自律组织。作为互联网金融行业最高规格的自律组织,中国互金协会具有权威性。在行业自律方面,中国互联网金融协会在2016年发布了《中国互联网金融协会章程》《中国互联网金融协会会员自律公约》《中国互联网金融协会自律惩戒管理办法》等框架性规则,针对具体业务类型,只发布了一部《互联网金融信息披露个体网络借贷》标准(T/NIFA 1—2016)。而在2017年,中国互联网金融协会针对信息披露、资金存管、借贷合同等具体业务类型发布了《互联网金融信息披露个体网络借贷》(T/NIFA 1—2017)团体标准等5部具体标准①,数量较2016年有明显提升。且行业标准的制定过程中,由会员单位、从业机构、学者和专业律师等多方参与讨论,更能体现出社会共同意志的统一。以《互联网金融 个体网络借贷 借贷合同要素》(T/NIFA 5—2017)团体标准的起草为例,中国互网金协会先后组织陆金所、京东金融、玖富、宜信、开鑫金服等10多家会员单位研讨、修订形成草案稿。项目立项后,又组织从业机构成立起草工作组,标准研制过程中邀请了中国政法大学、中国人民大学等院校的学者和业内专业律师参与指导,经过广泛研讨和多轮论证,形成征求意见稿,之后根据相关会员单位反馈意见修订,经审议通过后对外发布。②

(三)开展相关风险提示,注重保护投资者利益

2017年中国互联网金融的监管较往年重视开展相关风险提示和宣传教育活动,特别是监管开始注重辅以软法治理和柔性监管,发挥中国互联网金

---

① 这5部标准分别是《互联网金融信息披露个体网络借贷》(T/NIFA 1—2017)团体标准、《互联网金融信息披露互联网消费金融》(T/NIFA 2—2017)团体标准、《互联网金融个体网络借贷 资金存管业务规范》(T/NIFA 3—2017)团体标准、《互联网金融 个体网络借贷 资金存管系统规范》(T/NIFA 4—2017)团体标准、《互联网金融 个体网络借贷 借贷合同要素》(T/NIFA 5—2017)团体标准。
② 中国互联网金融协会:《〈互联网金融 个体网络借贷 借贷合同要素〉团体标准正式征求意见》,2018年4月8日。

融协会等行业自律组织的功能。具体而言，在投资者教育方面，中国互金协会从2017年8月开始及时发布风险提示，截至2018年1月26日，共发布了《关于防范各类以ICO名义吸收投资相关风险的提示》《关于防范比特币等所谓"虚拟货币"风险的提示》《关于网络小额现金贷款业务的风险提示》等9份风险提示，帮助社会公众正确了解相关业务，认识投资风险，保护自身权益。①

三 互联网金融监管制度建设存在的问题和面临的挑战

（一）相关基础性法律法规亟待完善

互联网金融相关的基础性法律法规亟待完善。这里指的法律法规主要是指《个人信息保护法》这一类看似不直接调整互联网金融相关业务，却与之有着千丝万缕联系的基础性法规。

以《个人信息保护法》为例，网贷行业的信息共享、百行征信的规范发展，少不了涉及对于个人信息的保护问题。个人信息保护将是个人征信监管的核心内容之一，而在互联网时代，个人信用信息有被滥用的风险。例如，由互联网金融企业通过数据挖掘与数据分析，不恰当地过分收集个人信息，在获得个人的信用信息后，可能存在泄露客户个人隐私、客户的信用评级不客观真实等问题。但是就我国的立法状况而言，《个人信息保护法》尚未出台，关于个人信息保护系统的规范散见于《民法》《刑法》《侵权责任法》《征信业管理条例》等多部法律法规之中。针对我国目前有关个人信息保护的法律规定零散混乱的情况，有必要制定一部全面的个人信息保护的法律，对个人信息保护与利用的基本问题加以规范。《个人信息保护法》需要调和个人信息保护与利用中多元利益冲突的利益衡量问题，以"两头强化、

---

① 笔者自行统计，具体信息来源于中国互金协会官网。

三方平衡"理论为其理论基础,指导构建个人信息保护与利用的相关制度。①

(二)产品转型较快,监管"计划赶不上变化"

首先是制定监管政策环节,一波未平,一波又起。因为互联网金融行业更新变化较快,创新产品很多,所以监管层难以及时制定针对互金具体业务的监管法律,金融监管的滞后很容易导致"监管真空"现象。比如ICO,在2017年9月4日《关于防范代币发行融资风险的公告》发布之前,曾出现一段时间的监管真空状态,加上全球区块链商业应用均尚属于起步阶段,ICO投资涉及各种风险②。中国人民银行等七部委发布《公告》后,国内交易所虽被叫停,各地ICO项目逐步完成清退,但一些人士转战境外,部署境外服务器继续面向境内居民开办ICO及"虚拟货币"交易场所服务。并且一种名为"以矿机为核心发行虚拟数字资产"(IMO,本质上是一种融资行为,是变相ICO)逐渐蔓延……"上有政策,下有对策"的复杂态势迫使互金协会于2018年1月12日发布《关于防范变相ICO活动的风险提示》,要求中国互联网金融协会会员应加强自律,不参与任何涉及ICO或炒作"虚拟货币"的行为。

其次实施政策阶段,整治难度不断加大,期限被迫拉长。例如,互联网金融风险专项整治工作自2016年4月展开,原定于2017年3月底前完成。③但各地互金平台数量较多,工作量较大。同时,互联网金融行业的复杂性和多变性,使得在监管整顿阶段不断有新的事物、新的情况出现,需要各地统一协调和重新定性……这些客观原因都使监管研究滞后、整治难度加大、进度减缓。国务院办公厅于是在2016年10月发布《互联网金融风险专项整治

---

① 张新宝:《从隐私到个人信息:利益再衡量的理论与制度安排》,《中国法学》2015年第3期。
② 邓建鹏:《ICO的投资风险与防范》,《证券日报》2017年8月26日。
③ 《互联网金融风险专项整治或延期一年》,http://finance.caixin.com/2017-06-12/101100683.html,2018年4月8日。

工作实施方案的通知》(国办发〔2016〕21号),原定于2017年3月完成的互联网金融风险专项整治工作,将延期1年左右,2018年6月作为最后的期限接受监管验收。

(三)互联网金融监管政策严苛,重视防范风险

按照党中央、国务院工作部署,中国人民银行等十部委在2015年发布的"互联网金融行业基本法"《关于促进互联网金融健康发展的指导意见》(银发〔2015〕221号)明确政府对互联网金融行业的总体要求是"鼓励创新、防范风险、趋利避害、健康发展",监管原则是"依法、适度、分类、协同、创新"。但在2017年中国的互联网金融行业监管中,"防范风险"位于首位,相关政策较以往,以及其他国家均体现出"从严监管"的特点。特别是监管者有时候为了"防范风险",采取"一刀切"的监管模式,直接会打击互联网金融行业创新和普惠的热情。在2017年5月,"校园贷"被银监会叫停。2017年9月,ICO被叫停,国内所有虚拟货币交易机构被要求限时关闭。2017年11月,针对现金贷乱象,央行发文要求一律不得新批设网络(互联网)小额贷款公司。12月,央行、银监会要求针对现金贷要求"综合资金成本应符合最高人民法院关于民间借贷利率的规定"。

但从金融市场的角度看,这些互联网业务都有其存在的合理意义。例如,现金贷有一定普惠金融的特征,能够把包括贫困群体在内的更广泛的人群纳入整个金融服务体系中,向这些往常被传统金融机构所抛弃的人群提供相应服务①。特别是目前我国信贷资源配置不平衡,针对中低收入人群的金融服务还存在短板,所以现金贷有独特的价值。可监管要求没有兼顾现金贷业务"短期、小额"的特点,要求其放贷利率回归到"两线三区"之下,这必然不利于这类短期、小额贷款业务的正常发展。另外,在应对去中心化特色的互联网金融某些细分领域,比如区块链行业时,监管者的治理思路和

---

① 邓建鹏:《现金贷的法律风险与监管思考》,《南昌大学学报》(人文社会科学版)2018年第1期。

监管对策没有跟上新业态发展趋势,并无有效治理模式应对之。[①] 这违背了我国对互联网金融监管的"鼓励创新""适度"的初衷,不利于我国互联网金融行业的健康发展。

(四)互联网金融基础设施建设仍须不断完善

虽然在2017年,我国的互联网金融基础设施取得突破性进展,但仍处于初级阶段。互联网金融统计监测系统、网联和百行征信的业务均客观存在不少问题,还须不断完善。

仅以百行征信的建设为例,按照央行官网披露,百行征信由中国互金协会携手芝麻信用管理有限公司、腾讯征信有限公司、深圳前海征信中心股份有限公司等8家征信公司共同筹建。公司注册资本人民币10亿元,其中中国互金协会持股36%,其他8家征信平台各持股8%。百行征信的成立主要是打破各大互联网金融机构"数据孤岛"的现象,避免多头借贷等问题,降低网贷平台风险和成本。但如何激励互联网金融企业(特别是蚂蚁信用、腾讯征信这样的大股东)分享自己的数据?除中国互金协会以外的8大股东实力有所差别,却统一股份,如何平衡好它们之间的利益问题?百行征信将与现存的央行征信中心能否互通有无,共享数据,更好地服务金融市场?……这些在百行征信发展过程中可能会遇到的问题都亟待去解决。

四 互联网金融监管制度建设的趋势

(一)一定时间内持续从严监管

2017年全年和2018年初,互联网金融行业金融"从严监管"都将是

[①] 邓建鹏:《现金贷的法律风险与监管思考》,《南昌大学学报》(人文社会科学版)2018年第1期。

主要基调。李克强在2017年第五次全国金融工作会上强调"要坚持从我国国情出发推进金融监管体制改革,增强金融监管协调的权威性、有效性,强化金融监管的专业性、统一性、穿透性,所有金融业务都要纳入监管,及时有效识别和化解风险,整治金融乱象"。按照这个思路,监管部门还会延续对互金行业全面、从严的排查和监管。目前互联网金融风险专项整治工作仍在进行中,在2018年6月监管验收、专项整治结束后,监管将转向常态化。

(二)鼓励互联网金融行业服务实体,发展普惠金融业务

制度注重鼓励互联网金融行业服务实体,发展普惠金融业务。2017年第五次全国金融工作会议提出未来5年金融工作的三大任务是"服务实体经济、防范金融风险、深化金融改革"。互联网金融的本质还是金融,监管层希望互联网金融能更好地服务实体,普及金融服务,所以在制度上应该会持续加强差异化政策引领和监管引导,提升服务质效,鼓励互联网金融行业服务实体,大力发展普惠金融业务,助推经济发展方式转型升级。

(三)互联网金融监管与科技应用紧密结合

互联网金融监管与科技应用紧密结合。为加强金融科技工作的研究规划和统筹协调,中国人民银行金融科技(FinTech)委员会于2017年5月成立。它的一项重要的职能就是"强化监管科技(RegTech)应用实践,积极利用大数据、人工智能、云计算等技术丰富金融监管手段,提升跨行业、跨市场交叉性金融风险的甄别、防范和化解能力"[1]。国务院发展研究中心金融研究所原所长张承惠也在2017年7月指出"中国金融监管已经开始关注和研究开发适合中国的RegTech(监管科技),未来在降低金融创新的合规成本及反欺诈、网络安全等方面将发挥积极作用。[2]"未来,政府以及行业

---

[1] 《央行刚刚成立的金融科技委员会,具体是做什么的?》,虎嗅网,2018年4月8日。
[2] 《中国(深圳)第四届"创互联网金融无限未来"?》,http://www.sohu.com/a/161356957_384984,2018年4月8日。

自律组织将更积极探索与研究监管科技等监管新手段、新模式在我国的适用性和可行性。

（四）刚性法制兼具软法治理

刚性法制兼具软法治理。如上文所述，互联网金融监管制度逐渐走向多元化，行业自律作用不断加大。以中国互联网金融协会为代表的，在业界有较大影响力的行业自律组织将会发挥更大的作用。以中国互联网金融协会为例，根据中国互金协会官网的"会员名单"统计，2016年入会的会员有395家，2017年11月15日达到482家。随着中国互联网金融协会的会员数增多，互联网金融协会的影响力将进一步加大。行业自律组织将促进监管者与市场主体间的信息沟通，在政策制定和执行中起缓冲作用，并在有限范围内预先对一些创新领域实施指引规范。①

五 互联网金融监管制度建设的政策建议

（一）健全相关基础性法律，完善互联网金融基础设施建设

监管者应抓紧相关法律法规（例如个人信息保护、个人征信的规范和大数据的采集利用等等）的制定与完善。互联网金融行业更新变化较快，创新产品很多，所以监管层难以及时制定具体业务的监管法律，但与之相关的基础性法律法规却可以进行完善。如上文所述，在大数据时代，特别是要注重个人信息的保护，加快建立个人信息保护法律法规体系和管理制度。建议我国制定出台《个人信息保护法》，对个人信息保护与利用的基本问题加以规范，以明确个人信用信息的采集、信用信息使用方式和范围、对滥用个人信息的信息处理者制裁方式、确定监督执法机构等内容。

同时，不断完善互联网金融基础设施建设。通过政策实施、行业自律等

---

① 邓建鹏、黄震：《互联网金融的软法治理》，《金融监管研究》2016年第1期。

方式鼓励更多互金机构接入互联网金融统计监测系统、网联、百行征信等互联网金融基础设施。互联网金融基础设施促进各大互金平台之间，甚至是互金平台与传统金融机构之间的信息共享，并运用大数据、云计算等新技术创新管理方式，助金融监管机构和行业自律组织开展监管合作，强化事中事后监管。

（二）发挥新金融监管体制优势，构建全面协调监管新格局

首先，监管者构建维护金融稳定的顶层设计，互联网金融的发展应助力国家经济结构调整及产业升级。国家层面构建的"一委一行两会"金融监管新格局，解决了此前"一行三会"长期存在的混业监管、微观监管和宏观监管协调上的问题。新设立的金融稳定发展委员会需要有维护金融稳定的顶层设计，统筹金融改革发展与监管，对系统性风险进行监测、评估、应对，强化监管问责。互联网金融也要及时顺应金融稳定发展委员会的顶层设计，贴合金融改革的方向，更好地服务实体经济。

同时，针对具有典型的混业经营模式的互联网金融业务，监管层改变从前"一行三会"的分业监管模式，转向功能监管与行为监管。"国务院金融发展稳定委员会"之下的"一行两会"和地方层面"地方金融监管局"也应明确分工，协调监管金融衍生品交易、影子银行、P2P通道业务、交叉金融等游移在传统金融监管之外的互联网金融的各项业务。

（三）加强国际合作研究，紧跟新业态发展趋势

如前文所述，我国为了防范风险，对待互联网金融的一些新兴业务，监管者的治理思路和监管对策没有跟上新业态发展趋势，采取严苛甚至是"一棒子打死"的监管政策，这实际不利于互金行业的创新与健康发展。特别是涉及区块链相关的细分领域（例如网络虚拟货币交易和ICO等），具有典型的全球化特征，这意味着光靠单一国家的监管，难以收到实效。因此我们建议，监管者应紧跟新业态发展趋势，加强国际合作研究，制定松紧适度的监管政策，鼓励创新和防范风险相互支撑。

我国要紧跟新业态发展趋势，特别要加强区块链技术的研究及应用、监管科技（例如"沙盒监管"）等领域与国际开展合作研究。特别是去中心化的区块链技术给全世界带来了重大变革，区块链可应用于智能合约、证券交易、电子商务、股权众筹、征信等更多领域，提升传输和交易的安全性。作为区块链创业融资工具的 ICO，本质上属于天使投资这一早期阶段，如果适当控制在私募层次，本无可厚非。我国需要叫停的是涉嫌传销或者集资诈骗的"ICO"，而不是全部叫停。对此，我们首先建议监管机构加强国际协作，强化 ICO 的国际监管。①

除了加强国际合作研究外，对于一些在我国新兴的互金业务（这类业务在别国早都存在），还要注意借鉴国际经验。例如，我国针对现金贷业务发布的《关于规范整顿"现金贷"业务的通知》部分条款虽然借鉴了美国发薪日贷款的相关政策，但至关重要的利率上限却没有吸收美国的宝贵经验。我们建议现金贷利率上限可参照得克萨斯州的做法，即对现金贷实施最高利率豁免，根据贷款周期重新设定最高年利率。②

（四）构建互联网金融监管长效机制，多元化主体参与监管

互联网金融行业未来的监管体系应是从政府主导转向多元化主体参与监管，通过多元主体的参与互动、合作管制，形成政府监管、协会自律、社会意志间的良性互动。

第一，政府对互联网金融的监管主要是根据金融改革的方向，进行长远布局和完整的顶层设计体系，建立防范风险的有效控制机制。具体而言，新设立的金融稳定发展委员会统筹金融改革方向，央行进行顶层设计，规划基本监管框架，由两会按职能牵头监管，地方金融办负责落实。

第二，基于国家刚性法制的金融监管存在自身的一些欠缺，我们提倡在互联网金融领域应认真推行软法治理与柔性监管。③ 特别是针对互联网金融

---

① 邓建鹏：《七部委关于 ICO 公告的解读与思考》，《证券日报》2017 年 9 月 9 日。
② 邓建鹏、马文洁：《现金贷域外监管经验及对中国的启示》，《中国农村金融》2018 年第 4 期。
③ 邓建鹏、黄震：《互联网金融的软法治理》，《金融监管研究》2016 年第 1 期。

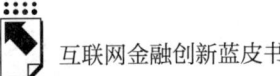

行业一些具体业务，行业性组织引导会员单位、研究人员、学者等多元主体一起参与讨论，制定业务标准和配套自律规则，并在此基础上进行服务平台建设。会员单位切实把依法合规理念和要求转化为自觉行为，推动互联网金融行业的良性发展。

第三，社会共治。互联网金融发展和治理，不仅仅依靠国家出台的"硬法"和行业性组织发布的"软法"，也需要更多社会群众的参与。未来可以通过开展研讨会、下午茶、讲座、沙龙等形式邀请金融监管部门、行业协会、互金机构从业者、法院系统工作人员、媒体、研究人员、学者等群体分享经验，协同合作，共促互联网金融行业规范健康发展。

参考文献

邓建鹏、黄震：《互联网金融的软法治理》，《金融监管研究》2016年第1期。

邓建鹏、马文洁：《现金贷域外监管经验及对中国的启示》，《中国农村金融》2018年第4期。

邓建鹏：《ICO的投资风险与防范》，《证券日报》2017年8月26日。

邓建鹏：《七部委关于ICO公告的解读与思考》，《证券日报》2017年9月9日。

邓建鹏：《现金贷的法律风险与监管思考》，《南昌大学学报》（人文社会科学版）2018年第1期。

王晓：《2017年互联网金融报告》，《21世纪经济报道》2017年12月7日。

张新宝：《从隐私到个人信息：利益再衡量的理论与制度安排》，《中国法学》2015年第3期。

B.16 2017年互联网金融监管技术创新

李全 陈扬 熊文博 马炜*

摘　要： 监管总是随创新应运而生，互联网金融领域的监管亦然。互联网金融近年来蓬勃发展，从电子商务的兴起，到第三方支付家喻户晓，再到缺乏底层技术的互联网集资乱象，互联网金融进入了从技术创新、野蛮生长到规范发展的良性发展轨道。2013年余额宝等创新型产品就开启了互联网金融快速奔跑模式，同时也开启了对互联网金融协调监管的大门。从2014年起，几乎每年的政府工作报告或相关文件均对互联网金融监管有所提及，直至2017年对P2P、ICO、现金贷等模式的强监管，整个金融领域的监管进入了一个全新的阶段，监管过程中已经开始引入大数据、云计算、区块链等新技术来助力日益复杂的监管体系。基于目前的监管技术而言，主要面临立法与相关政策落后于实践、征信体系不够健全、数据共享和标准化处于发展初期、信息技术风险日益凸显等四方面的挑战，未来的监管应充分利用新技术，把互联网金融监管纳入整体金融监管的范畴，形成我国互联网金融发展和监管共同进步的双轮驱动模式。

关键词： 互联网金融　监管技术　金融风险

---

* 李全，经济学博士，南开大学金融学院教授，长期专注于小微金融研究；陈扬、熊文博、马炜，南开大学金融学院2017级研究生。

一 2017年互联网金融监管技术现状

随着社会经济的快速发展,国家、社会、企业、个人对于互联网金融的依赖越来越强。表现在资金融通的频率越来越频繁、资金的需求量较以往有了巨大的增加、需要融通资金的人,尤其是中小微企业、被银行高资质贷款要求拒之门外的人越来越多,但是传统的金融根本满足不了这些需求,由此催生了互联网金融,互联网金融监管也就随之而来。

2013年余额宝的出现开启了互联网金融的大门;2014年"促进互联网金融健康发展,完善金融监管协调机制"。在政府报告中首次提到对互联网的监管,但属于扶持规范性的监管,监管技术不强;2015被称为互联网金融监管的"元年",政府报告提出"促进互联网金融健康发展",为此央行等10部委联合出台了《关于促进互联网金融健康发展的指导意见》,指导意见指出要落实监管责任,分类监管,提到互联网、IT技术在互联网监管领域的作用,完善互联网数据监测体系;2016年政府报告中提到"规范发展互联网金融",着重突出互联网金融发展的合规。出台《互联网金融风险专项整治工作实施方案》中提出业界认为力度最大的"穿透式"监管方法,利用"互联网+"思维来助力监管,搭建互联网金融监管技术平台,尤其是支付系统,开展实时化网上巡查,各大互联网金融网站对接,共享实时数据,同时建立互联网金融产品集中登记制度。

2017年"强监管"是互联网金融领域听到最多的词,两会提出对于"互联网金融累积的风险要警惕",央行等部门也相继颁布了针对P2P、ICO、现金贷等监管法律法规,同时推出网贷存管业务、备案登记管理、互联网信息披露合规政策,形成"1+3"监管体系。在监管技术方面,除了之前建立起来的包括互联网思维实时化监管、支付系统、注册登记系统、征信系统等之外,2017年央行成立了金融科技(FinTech)委员会,强化监管科技(RegTech)在互联网金融中的应用,利用大数据、人工智能、云计算、区块链、生物识别等新兴技术来助力日益复杂的互联网金融监管，使互联网金融监管变得智能化、数据化、实时化、可识别化。

（一）大数据互联网金融监管的应用

随着贵州国家大数据中心的成立，大数据在互联网金融监管得到进一步发展。大数据在互联网金融交易、风控、监管中发挥着重要作用。在2017中国国际大数据产业博览会上，贵州借助大数据、机器学习等科技力量打造"贵州金融大脑"，对包括互联网金融等在内的金融风险进行智能化、持续性监管。具体表现在通过大数据配合区块链以及人工智能等手段，实现互联网金融机构数据信息的汇聚、共享、应用。另外，大数据的"外部化"与"动态化"，"外部化"对于互联网金融平台来说，不仅可以利用互联网金融交易产生的数据，而且还可以交易以外的其他数据，通过"动态化"的数据分析、模型化、算法处理建立征信模型，评估是否达到借贷标准，以及融资后监测资金使用情况、企业营运、现金流等信息，并根据后续数据及时调整，做到事前审核，事中监管，事后反馈调整。对监管部门来说，通过大数据实时监测互联网金融平台的资金账户、财务运营、资金去向、坏账情况等。

（二）人工智能在互联网金融监管的应用

随着互联网的迅速发展，除了每天产生庞大金融交易的数据，还有隐藏在金融交易之外的其他多维数据，这给监管带了巨大的压力，这时就需要人工智能来处理数据，辅助人来监管。人工智能通过收集、处理、组合、分析多维度（互联网金融交易、网页浏览、消费出行、第三方征信等）数据对客户进行细致化的"画像"，建立信用评价，评估风险，对符合资质的交易做到"秒批"的同时对不达到的客户做到"秒拒"。另一方面由于现在互联网金融平台数量很多，有限的监管人员不可能随时到现场监督调查，这时就可以利用人工智能对各家互联网金融平台的资金账户、交易信息等进行网上巡查与预警，防止出现系统性风险。

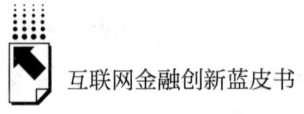

（三）区块链技术在互联网金融监管的应用

随着区块链日新月异的发展，其在互联网金融监管领域发挥着重要作用。区块链具有的模式特点如分布式数据存储、共识机制、加密算法、不可篡改、点对点传输等对于金融监管十分契合。区块链的核心价值是去中心化，再加上透明性、可共同参与、不可篡改及安全性等优点，使其在互联网金融监管的地位愈发重要。由于互联网金融产品类型、业务形式、机构性质、组织和服务差别很大，传统的监管很难做到，可能出现监管真空，或者重复监管，过松的监管和过严的监管对于互联网金融行业来说都是不利的。但是利用区块链技术，可以使得监管单位作为一个节点参与到区块链体系中去，此时的监管机构就像棋局中的"旁观者"，不参与实际的互联网金融交易中去，由于不可篡改和共识机制交易对手的交易行为以及交易后的结果都可被监管机构实时监测。而且监管机构可以利用自动化脚本代码来编写智能合约，将最新的互联网金融的法律法规、政策写入区块链系统中，通过区块链的共识机制，使得所有体系内的参与者都可以看到，形成实时、高效、统一互联网金融监管模式。

（四）生物识别技术助力互联网金融监管

云计算由于其具有海量信息、数据的储存以及计算能力，汇集互联网金融交易产生的数据，并通过人工智能对数据进行模型化和算法分析协同进行监管。生物指纹辅助互联网金融监管，生物指纹是指包括指纹、扫脸、虹膜检测等每个人特有的标记，生物指纹在风控监管、确定交易者的身份起到一定的作用。

二 2017年互联网金融监管技术现状及创新

如果说2015年是"互联网金融监管的元年"，那么2017年则称得上"金融科技元年"，科技的的深度发展带动互联网金融的模式、业务不断丰富,但同时也带来了各种传统监管技术难以监管的风险,如政策技术套利、黑客、洗钱等,互联网金融可以做到账户虚拟化、资金流转实时化、交易线上化、客户识别远程化等,从另一个层面来说,科技促进互联网金融的发展也催生了风险。而且,通过互联网金融可以使得不同业务之间相互关联、渗透,金融风险更加错综复杂,传染性更强,更有可能诱发系统性风险,为此监管技术必须与时俱进。2017年中国在以大数据、区块链、云计算、人工智能为代表的金融科技持续发力,在监管的科技方式上不断创新突破,重视技术的不断将金融科技的理论转化为实际应用,尤其重视应用科技的力量来强化互联网金融的监管,做到新时代下新的互联网金融监管模式。

(一)人工智能的 I.C.E 风控系统提升监管效率与质量

2017年人工智能首次写入政府报告,推动人工智能的创新与应用,智融集团的 I.C.E. 人工智能风控引擎则是一个典型。I.C.E. 风控引擎由"柯南特征工程""Anubis 大数据计算框架""D-AI 机器学习模型"三部分组成,I.C.E. 风控引擎最突出的功能就是已达超过1200个以上维度的有效特征,系统建立超过100个人工智能学习模型。这对于不同业务模式的互联网金融监管做的分类与差别化监管,制定出不同的审核、监管、预警、处置标准。另外,I.C.E. 风控算法模型的迭代可以每周进行40次,处理数据的能力巨大。这对于由于科技金融带来日益复杂的交易数据模型化处理很方便,强大的数据处理能力使监管可以做到"类实时化"。

(二)"穿透式"监管全面实施

互联网金融监管应该"软技术"和"硬技术"同步推进,"穿透式"监管,就是2017年最突出的"软技术"。最早"穿透式"监管是在2014年提出来的,但是当时几乎没有怎么执行。但随着互联网金融的复杂化、多层嵌套融资、缺乏审慎态度以及人工辨别能力的有限,问题频出的P2P网络借贷和股权众筹业务,再加上当时一行三会的分工职责可会出现监管漏洞等原因,在2016年出台的《关于印发互联网金融风险专项整治工作实施方案的通知》（简称《通知》）"穿透式"重新提出并大力度执行。《通知》提出准入原则即未取得相关资质的不得从事业务；划清红线：即平P2P网贷不得设立资金池，不得发放贷款，不得非法集资；建立"防火墙"制度，防止有业务往来的交易平台的风险交叉传染；出台举报和"重奖重罚"制度，通过"信用中国"网站等多渠道举报，形成大众化监管局面，同时拿出部分财政收入奖励举报。《通知》的出台改变了之前的监管理念，监管方式从之前的机构监管转变为行为监管，监管主体从之前单一的行政部门变为政府联合大众化多维监管，促使互联网金融朝更加合规、健康的方向发展。

三 互联网金融监管技术的问题和挑战

随着互联网金融的飞跃式发展，传统的监管手段和技术显得已经远远不足以覆盖互联网金融的监管范围。金融科技的快速发展为我国普惠金融的发展做出了极大的贡献，但随之也暴露了很多的新的风险和问题。因此需要通过互联网监管技术的创新来应对金融科技技术快速更新迭代带来的各类风险。目前，互联网金融监管技术的发展还处于初级的阶段，而在这个阶段对监管技术的创新也将会面临诸多的挑战才能逐渐成熟。

互联网监管技术现阶段的创新可概括如下：以应用程序接口，人工智能和算法为基础的监管工具；以加密手段建立的数字化监管协议；以大数据技术为手段进行风控，提高监管效率的监管科技手段。

目前来看，互联网监管技术的创新主要面临着数据共享和标准化方面、征信体系方面、信息技术风险方面、立法方面等四方面的问题和挑战。

（一）数据共享和标准化问题

目前，大数据的获取方式可概括如下：用户自己填写提交的数据、用技术手段取得的数据、通过合作或交易的形式取得的数据、大数据平台自身的积累等。在互联网时代，各种有效的数据已经成为一种核心资源。而企业间因各种原因不共享数据，一些政府部门也不愿公开数据，诸多的大数据平台实则是数据孤岛。虽然数据的体量很大,但是国内对大数据没有一个指标化的定义。因此各个数据平台的标准不同,维度也不尽相同,从而无法进行高效分析进而转化为指导合规行为的决策和行动的能力,监管科技的市场价值无法实现。与此同时,虽然数据的价值不言而明,但要在打破数据孤岛的同时建立一个有效的保障数据安全的机制,找到数据共享和信息安全之间平衡点更是互联网金融监管科技面临的挑战。数据的问题是监管科技需要解决的首要问题,这需要完善的法律条件来明确权责边界。

(二)国内征信体系不完善

随着国内外金融科技企业的兴起,已经涵盖了保险、资管、众筹、支付结算、网络银行等诸多领域。金融科技企业的扩张和发展需要一个完备的、覆盖率足够高的征信体系。截至2017年11月底,我国央行征信体系覆盖了9.5亿人,其中只有4.8亿人有过信贷历史,我国的个人征信覆盖率仅有50%,而美国的个人征信的覆盖率达到了96%。征信体系的薄弱已经成为互联网金融及互联网金融监管技术发展的掣肘。与此同时,截至2017年12月,我国的网民规模达到7.72亿人,手机网民规模达7.53亿人。移动终端积累了大量的用户数据,这些网络交易和社交平台积累的数据也许能补充信用记录空缺的部分数据。

(三)信息技术风险

现今诸多金融科技快速发展所需要的核心资源就是数据,对数据的采集、挖掘、分析、应用变得越来越重要,而以大数据、区块链、云计算、人工智能为代表的金融科技蓬勃发展的今天,数据安全问题也成为世界各国和各行各业普遍关注的问题。在互联网时代,信息安全问题一直是个跗骨之疽般的问题。这个问题在互联网金融中显得更为突出,就目前来说,防不胜防的计算机病毒、恶意黑客的入侵、企业交易系统的漏洞、客户资料泄露等都是互联网金融企业需要注意和防范的问题。

而监管机构作为各大金融机构数据终点,是各类敏感金融数据最集中的地方，一旦发生系统被恶意入侵，数据泄露等问题将会导致比单个金融机构的问题更严重的后果。因此，互联网金融监管技术的创新也要充分考虑可能存在的信息技术的风险。在信息技术快速发展的前景下，监管机构也应该增加硬件投入，提高监管系统的安全水平，妥善保管监管的信息和资料，保证信息、数据的绝对安全。

（四）立法落后于实践

从社会发展的历史来看，往往在技术创新发展到一定程度后才会法律的界定，也即是说，法律通常是滞后于技术创新的。技术创新从出现到传播需要时间的沉淀，而法律的滞后一方面给了技术创新沉淀的时间，另一方面，也给了技术创新更大的发挥空间。而由于技术创新的产生和扩散也会在一定程度上产生创造性的破坏。因此，在创新的技术发展到一定阶段后，法律制度又会通过调整跟上技术变革的步伐。技术创新和制度变革的循环往复推动了人类社会螺旋式前进。

近几年以来，互联网金融的发展使金融科技对于金融业务的渗透越来越深入，这说明互联网金融正在加速发展。传统的金融法律已经难以应对多维化发展的互联网金融，但无论是英国、美国还是我国依然使用传统的金融法律去约束互联网金融行业。相较于传统金融来说，互联网金融的受众面更广，公开性更强。互联网金融传导风险的速度也更快，传统金融法律的规定已经不利于限制互联网金融的风险，而监管机构也需要更明确的法律确定自己的权职范围。金融科技立法落后于实践的情况已经不利于金融科技的创新，对互联网金融监管技术的创新也是一大掣肘。面对灵活多变的互联网金融市场，应当充分顺应其发展的需要，将技术监管和法律监管相结合起来，使得监管技术的创新有法可依。一个合适的法律体系和充满创造力的互联网金融大环境更利于监管技术的创新。

在金融科技蓬勃发展，屡屡创新的宏观形势下，必然还将不断产生更多更具创新性的监管应用，监管技术的创新不仅仅在防范金融系统风险等方面起到主导作用，更将在支持监管层的决策中发挥巨大的作用。

未来互联网金融监管科技的发展将会和金融科技一样更趋向于细分化和专业化。监管科技应用也将由金融机构的合规和风险的微观层面拓展到对系统性风险的识别与监控的宏观监管层面。

四 互联网金融监管技术创新的趋势

(一)利用金融技术创新强化微观监管

1. 大数据支撑下的人工智能与深度学习

人工智能技术目前还处在发展的初级阶段,经历技术革新后将在未来发挥出人类无可替代的优势,并通过不断地深度学习来完善自我。从一方面看,人为监管的成本是金融机构无法绕过的坎。据美国相关统计报告显示,政策成本和风险管理成本占各大商业银行成本预算的10%～15%,其他金融机构每年的相关成本接近3000亿美元,且预计未来几年这一负担还会继续加重。从另一方面讲,在大数据技术逐渐成熟的明天,机器能比人类更好地利用庞大的数据进行整理归纳。这就给了监管方充足的经济动力去优化监管模式,利用人工智能代替部分人为监管。

人工智能的优势相当明显。首先,人工智能可以避免监管过程中个人主观因素带来的影响。比如人工智能不存在激励和约束问题、不存在权力寻租行为、不存在由于主观偏差造成的过当或不足;其次,人工智能的工作时间和工作薪酬约束极小,且工作效率是人类不能相比的;最后,也是最重要的一点,即人工智能对于数据的计算和全局优化能力,是作为机器的固有优势。在信息高度发达的大数据时代,机器的优势会越来越突出,并且通过深度学习可能产生人类常规思维无法得出的结论,AlphaGo的成功就是最好的例子。

从国际角度看,在大数据的发展方面我国并不落后,庞大的人口基数每天会产生大量的金融数据。前文已提到在征信和风险控制的应用上,大数据的能力与优势已经开始逐步显现。在人工智能、深度学习、大数据融合发展的过程中这些优势会更加明显：一是处理数据的维度更加多元、更加庞大、更加详细准确；二是机器会关注对实时行为的捕捉，而不仅局限于历史数据的分析；三是对金融模型的随时动态修正和调整，使模型更加符合实际情况。可以预想在监管应用方面，未来人类可能利用人工智能对大量的数据进行分析处理。基于大量的交易数据，通过学习违规案例形成对违法违规交易的快速甄别，对金融风险的产生提前预警，更好地应对系统性金融风险。

2. 区块链技术的不断成熟与深度应用

监管部门与被监管机构的博弈常常是信息的博弈，相关交易数据的虚构、瞒报是监管方面的一大难点，而在数据采集、固化保存方面恰恰是区块链技术的优势所在。

首先，以区块链为底层技术，利用其分布式储存、加密计算、交叉验证等技术特点可以对相关标的机构进行持续的监控管理，防止机构篡改数据，保持相关信息的透明，提供实时可靠的交易状态。

其次，利用区块链中的完整数据链条可以发现可能存在的中长期风险，并进行提前预防。通过相关技术可以有效降低监管成本，形成监管的持续性，节约人力资本，提高市场效率。

总之，区块链技术还处在发展的初期，很多应用场景还在不断完善，目前只有极少数的监管技术投入应用。从长远的角度看，区块链技术的应用不仅可以服务互联网金融，对于传统金融行业的监管和发展也会起到相当正面的作用，有利于金融风险的防范和化解。

（二）将互联网金融监管纳入宏观金融监管体系

在2018年《政府工作报告》中，中央再次点名互联网金融，强调"强化金融监管统筹协调，健全对影子银行、互联网金融、金融控股公司等监管，进一步完善金融监管"。结合2017年拟将部分互联网金融企业纳入宏观审慎评估体系（MPA）的举措，未来可以预见央行等监管机构将在宏观框架下对互联网金融行业进行长期监督和调控。

宏观审慎评估体系（Macro Prudential Assessment，MPA）是应用于我国商业银行的监管评估体系，重点关注资本和杠杆情况、资产负债情况、流动性、定价行为、资产质量、外债风险、信贷政策执行等七大方面。将互联网金融纳入其中，意味着监管机构不仅意在化解当前的存量风险，而且更加关注未来一段时间行业内潜伏的中长期风险。历史上数次危机表明，蓬勃的金融创新会衍生潜伏大量的中长期风险，这些中长期风险一旦失控可能形成冲击巨大的系统性金融危机，因此加强对互联网金融的宏观监管、将其纳入宏观监管体系是防范化解系统性金融风险的有力手段。

从MPA的监管主体来看，根据央行发布的报告显示，需要重点将具有系统重要性特征的企业纳入体系内，这类企业具有业务规模巨大、业务复杂程度高的特点。在互联网金融市场中，此类机构产生的风险是可能波及整个行业和体系的。例如阿里旗下的蚂蚁金服，从体量上看目前其"消费贷"规模已达6000亿元，是中国建设银行消费贷款业务规模的3.7倍，完全达到了监管门槛。且其业务常涉及多个领域。一方面，平台成为公民日常支付、投资、贷款的重要渠道；另一方面，这些机构与成百上千家的金融机构存在各种业务联系，成为资金聚集流动的重要中介，因此，对互联网金融的宏观审慎监管，首先要着眼于此类规模巨大、影响巨大、业务复杂的大型企业。

从我国的MPA体系来看，核心指标是资本充足率，其次还有杠杆情况、资产负债情况、流动性、定价行为、资产质量等等。因此可以预见，除第三方支付平台如"支付宝""财付通"两大移动支付巨头可能面临强力监管外，在互联网信贷方面，消费金融产品、P2P平台、供应链金融等具有信贷业务的相关企业可能也会依照规模大小被纳入MPA监管范围，尤其是在美股上市的大型金融平台如"宜人贷""拍拍贷"等。从而对于企业的资本充足率、信贷增速、产品定价等行为进一步规范约束，避免短期内流动性紧缺、资金链断裂等情况，建立风险缓冲带，防范系统性金融风险。

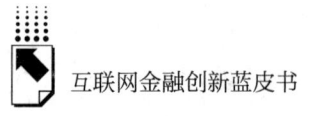
互联网金融创新蓝皮书

五 推动互联网金融监管技术创新的政策建议

（一）持续推进先进科技的发展，加大相关领域基础设施投资

先进科技如前文提到大数据、人工智能等，未来会应用在生活生产的方方面面。根据中央2016年全国金融工作会议的核心精神，要强调、强化金融监管的专业性、统一性、穿透性，所有金融业务都要纳入监管，及时有效识别和化解风险，整治金融乱象。而对于越来越复杂的经济行为和更加全面、广泛的监管需求，科技会帮助人类更方便地完成这些工作。

我们欣慰地看到，这些高新技术已经上升成为国家战略，在可以预见的未来，国家会加大进行相关领域的基础设施建设力度，为相关技术的发展提供强大的硬件支持。

（二）促进金融监管的国际化，争夺全球监管规则和标准的话语权

每一次金融创新对监管来说都是新的挑战，在这个信息发达的时代，出于利益驱动，各国的金融创新总会被快速地模仿学习，而金融监管同样需要国际化。企业全球化的同时，呼吁了国际间更加紧密的监管合作来维持国际业务的健康发展。

跨国监管的合作有利于监管技术的互相学习借鉴，也可以提前掌握差异化信息，消除信息不对称，对金融创新可能产生的风险提前预警准备。另外，在全球金融市场联系日趋紧密的过程中，行业标准和监管规则也在趋同，相比我国金融科技在国际间的地位，我国金融监管的话语权并不与之匹配。因此在未来掌握规则的主导权和监管的话语权是相当重要的战略规划，有利于我国经济、金融的健康快速发展。

（三）尽快完善"监管沙盒"制度

"监管沙盒"类似我国在改革方面的"地方试点"，但在实施监管沙盒

制度的同时要密切注意几个问题。

第一，全面评估"监管沙盒"的利弊。通过"监管沙盒"的试验考核，并不代表金融创新可以普遍的推广。沙盒受限于测试规模、参与人员、地域特点等，可能会与真实经济环境产生偏差。另外，对于率先参与测试的企业，有可能产生新行业的先发优势，造成市场垄断。

第二，金融创新以人民利益为本。参与"沙盒"测试的金融创新不能只是为了规避风险、创造新的金融工具，在风险可控的前提下，更要符合市场需求，符合广大消费者利益，有技术创新性、有存在必要性。

第三，完善相关法律法规。对于"监管沙盒"的准入、运行、通过要有更加明确的规则限制，同时对于通过测试的企业是否可在市场运行过程中提供进一步的政策优惠，值得相关部门研究核定。

综上所述，"沙盒监管"并非金融科技创新的万金油，根据我国国情与市场的实际情况需要进行动态调整、实时监测，从而成为未来促进金融行业健康发展的监管新手段。

参考文献

何剑锋：《论我国互联网金融监管的法律路径》，《暨南学报》（哲学社会科学版）2016年第1期。

胡剑波、丁子格：《互联网金融监管的国际经验及启示》，《经济纵横》2014年第8期。

黄震、蒋松成：《监管沙盒与互联网金融监管》，《中国金融》2017年第2期。

李全：《中国小微金融——贯穿中国中小微企业融资的规划与盈利模式设计》，经济科学出版社，2013。

李有星、陈飞、金幼芳：《互联网金融监管的探析》，《浙江大学学报》（人文社会科学版）2014年第4期。

刘志阳、黄可鸿：《梯若尔金融规制理论和中国互联网金融监管思路》，《经济社会体制比较》2015年第2期。

谢平、邹传伟、刘海二：《互联网金融监管的必要性与核心原则》，《国际金融研究》2014年第8期。

尹海员、王盼盼:《我国互联网金融监管现状及体系构建》,《财经科学》2015年第9期。

杨东:《互联网金融监管体制探析》,《中国金融》2014年第8期。

俞林、康灿华、王龙:《互联网金融监管博弈研究:以P2P网贷模式为例》,《南开经济研究》2015年第5期。

于蔚、钱水土:《互联网金融监管的国际经验》,《中国金融》2015年第1期。

张晓朴:《互联网金融监管的原则:探索新金融监管范式》,《金融监管研究》2014年第2期。

赵渊、罗培新:《论互联网金融监管》,《法学评论》2014年第6期。

案 例 篇

B.17
2017年北京市互联网金融行业协会发展简述

郭大刚　张蠂彦*

摘　要： 北京市互联网金融行业协会的前身是北京市网贷行业协会，是中国第一个非营利性自律型的网贷行业组织。截至2018年3月底，协会共发展60家会员单位、55家观察员单位和6个专业工作委员会。协会在合规工作、平台建设（电子合同与数据验证平台、网络贷款仲裁平台、互联网金融风险舆情监测预警平台等）、存管数据报送及分析系统等方面取得一系列成果。协会秉承为会员提供服务、为行业发展服务的宗旨，确定2018年8项工作计划，以达到推进行业规范发展的目的。

---

* 郭大刚，原北京互联网金融行业协会秘书长；张蠂彦，分布共享（北京）信息技术有限公司总经理。

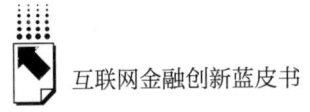
互联网金融创新蓝皮书

关键词： 北京市互联网金融行业协会　组织架构　自律型组织

一　北京市互联网金融行业协会简介

（一）北京市互联网金融行业协会成立

北京市互联网金融行业协会（Beijing P2P Association，BJP2P）成立于2014年12月，前身是北京市网贷行业协会，于2017年9月更名为北京市互联网金融行业协会。北京市网贷行业协会是中国第一个网贷行业协会组织是由网贷机构以及相关行业机构自愿联合发起成立的专业行业协会，是经北京市社会团体登记管理机关核准登记的非营利性自律社会团体，接受社团登记管理机关北京市民政局的业务指导和监督管理。

协会的宗旨是遵守宪法、法律、法规和国家政策，遵守社会道德风尚；团结北京市开展互联网金融业务的机构以及相关行业机构；坚持以金融创新的思维、协作的文化、开放的平台、有效的服务为指导思想，通过开展机构间持续的相互调研交流、开放数据、参与行业自律沟通等活动，为会员提供服务，为行业发展服务，达到推进行业规范发展的目的。

协会将在贯彻落实有关法律、法规和相关规则的前提下，积极推动北京市互联网金融行业发展，主要措施包括：实施金融产品实名登记制度；推进平台信息分级披露；推进资金存管；加强行业内部交流；推动建立网贷行业的统一风控平台体系等。

协会秉承促进互联网金融行业持续稳定健康发展的宗旨，落实阳光透明公开发展的具体措施，进一步贯彻协会章程和公约，秘书处任命中金云金融（北京）大数据科技股份有限公司担任协会技术风控专业工作委员会主任委员，北京汇金科技有限责任公司担任协会技术风控专业工作委员会副主任委员，中诚信国际信用评级有限公司担任协会技术风控专业工作委员会副主任委员，北京市德勤会计师事务所担任合规专业工作委员会主任委员，四川新网银行股份有限公司担任银行技术服务专业工作委员会主任单位，北京懒猫联银科技有限公司担任银行技术服务专业工作委员会副主任委员，坤元资产管理有限公司担任资金运营专业工作委员会主任单位，北京复利财富信息服务有限公司、北京鼎沣基金管理有限公司担任资金运营专业工作委员会副主任委员，零壹投资咨询（北京）有限公司担任投资者教育与保护专业工作委员会主任委员，易宝支付有限公司担任支撑服务专业工作委员会主任单位。

北京市互联网金融行业协会建立并完善政府机构的日常沟通机制，涉及中国人民银行（条法司、支付司、科技司、征信中心、支付清算协会等）、银监会（创新部）、证监会、金融局、法制办和网信办等机构。

（二）协会业务范围与业务发展

1. 协会业务范围

（1）协助政府宣传、贯彻落实国家和北京市关于互联网金融的政策、法律法规和相关规则。

（2）建立行业自律公约，推进行业自律机制，调查了解并及时反映行业及从业人员的诉求和建议。根据协会自律公约要求，实施金融产品实名登记制度，根据有关产品登记协议公开进行产品登记。积极推进互联网金融行业的技术研发与产品创新，研究提出行业规范和技术协议等。推进平台信息分级披露，提升行业透明度，建立信息平台，收集和发布从事网贷行业的企业所需要的各种信息。推进资金银行存管，要求网贷机构的运营资金与出资人、投资者的资金严格分离。

（3）组织会员参与国际经济技术交流与合作。

（4）定期开展从事互联网金融行业的经营管理人才的培训工作，组织理论研讨，举办相关会议，不断提高从事互联网金融行业的企业家的综合素质；为从事互联网金融行业的企业提供创业辅导、管理咨询、投资融资、技术创新、企业信息化、资本运作、产业基金、对外合作、会议展览和培训活动等服务。

（5）推进行业品牌建设，组织推广先进经验，宣传优秀的从事互联网金融行业的企业家。

（6）加强行业自律，促进会员坚守行业发展底线，不得触碰非法集资，不得非法吸收公众存款，不得建立资金池和资金链，加强会员企业风险管理，处理行业投诉，保护金融消费者的权益。

（7）推动建立网贷行业的统一风控平台、云风控体系，研究建立网贷平台的基础协议，进一步强化风险控制能力。

（8）编辑、出版、发行会刊等出版物。

（9）承办会员单位和有关部门委托的各项工作。

2. 协会业务发展

（1）成员单位发展：截至2018年3月底，协会正式会员单位60家，其中网贷机构19家，专委会机构41家，观察员单位55家。

（2）业务区域拓展：建立华东工作组和华南工作组，建立上海、江西、内蒙古、杭州、广州、江西的交流机制。

（3）开展协会内部评级工作：对成员单位持续进行合规性考核，完成协会业务导向的显性化作用，建立面向机构的激励引导机制和评价体系，并发布机构评价报告。

（4）建立并不断完善信息披露、产品登记系统，推动成员单位阳光化、透明化发展。

（5）建立regtech协作团队，融合区块链风控系统、金管通、冒烟指数、全息风控预警系统和机构评级系统，树立样板。

（6）推动并不断完善网络仲裁平台、银行存管系统和信息交换系统的运营工作。

（三）协会主要工作成果

1. 互联网金融行业合规方向调研工作

（1）电子合同与数据验证平台。电子合同与数据验证平台于2016年搭建、2017年正式上线，是互联网金融行业电子数据合规性的基础性平台之一。该平台促进投资人与金融平台对接，外部接入3个机构（司法机构、仲裁机构和调解机构）和两个部门（监管部门和管理部门）。

电子合同与数据验证平台主要是为互联网金融行业提供电子合同及电子数据的验证服务。可以为借款人、投资人、调解机构、仲裁机构、司法机构和行业主管部门等提供权威可信的第三方验证通道，为各会员平台电子数据合规性建设提供保障（见图1）。截至2017年12月31日，平台已经提供1743156次电子合同的服务验证，在数据上已经达到项目预期效果。

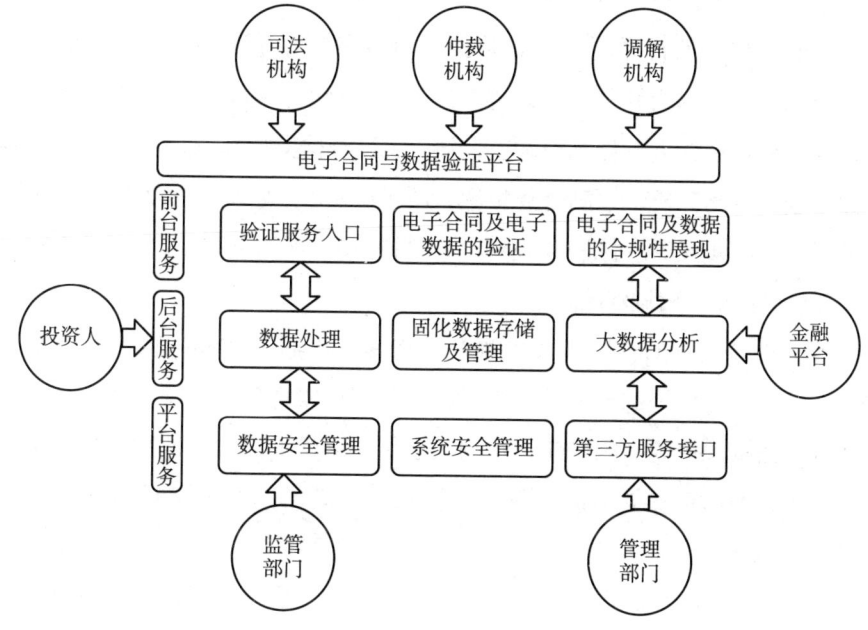

图1 合规体检流程

（2）协会合规专题培训。系列专题会议以合规为主题，以网络贷款平台合规体系建设为基准进行筹备，多次进行合规方面的培训。合规专题培训的目的是更加细致并具体地讲解合规体系建设及合规体系组成等；规范和指导网络贷款平台采取必要措施保护各方权利；加强行业监管、促进行业自律和引导行业健康发展。

截至2016年，协会完成计划的6场系列培训，共计3000多人次参加。

有效地为协会各会员平台在电子合同、电子单证、产品发布、交易记录、风险控制档案等电子数据的生成、分发、归档存储、验证、举证等方面提供通用性指导和规范性要求。

（3）网络贷款平台风险排查。网络贷款平台风险排查主要对象为信息披露不透明、提供增信服务、未向投资者提示风险、资金未存管、存在涉诉信息、构建资金池、存在行政处罚信息、虚假夸大宣传、存在经营异常、涉嫌诈骗、违规经营和逾期兑付。

（4）网络贷款智能测评工具建设。网络贷款智能测评工具建设应用大数据技术、人工智能等科技，以金融法律规章制度为指导，对类金融机构的准入及后续合规性进行静态与动态监测；通过机构上报部分信息与其外部相关数据进行对比分析，评测合规情况；是一款集信息收集、行为监测、风险预警以及整改建议于一体的非现场监管科技产品。

2. 网络贷款平台仲裁建设

（1）仲裁建设的背景。P2P网络借贷具有小额、分散的特点，网络借贷逾期后，通过传统的向法院提起诉讼的方式追索债务时间长、成本高，并且法院司法资源极为有限，难以应对大批量的诉讼案件，因此网络借贷平台亟须引入新的、更加灵活的争议解决方式，以满足P2P网络借贷在债务追索方面的需求。

同时，P2P网络借贷属于借贷类纠纷，法律关系总体而言较为简单，发生纠纷后只需查明借款合同如何约定、借款是否发放、款项是否偿还等几个关键事实，且P2P交易采用线上交易的方式，交易资金由银行存管，交易合同也可引入第三方存管，交易的信息流和资金流均有较为完善的记录。因此，如果将此类交易的主要交易环节标准化后，将有可能实现网络贷款纠纷的网络化、批量化处理。

（2）仲裁建设的意义。仲裁建设具有专业、高效、可执行等优点，非常适合网络借贷行业的纠纷解决。通过与知名仲裁委员会合作，建设专为网络借款行业的网络仲裁系统，可以有效解决网络借贷争议。

为推进网络贷款平台仲裁建设，协会专门成立网络仲裁工作组，工作组进行多次研讨,并赴武汉仲裁、北京仲裁、广州仲裁、深圳仲裁和湛江仲裁进行调研,与相关仲裁机构建立紧密的联系。

3. 互联网金融风险舆情监测预警平台

互联网金融风险舆情监测预警平台是提升互联网金融风险防范化解能力的平台。互联网金融风险舆情监测预警平台对互联网金融风险舆情信息进行实时监测,具有热点洞察、专题分析和风险管理三大功能。平台的五大功能组件帮助工作人员提升效率,分别是动态监测、趋势分析、热词分析、全文检索和数据导出。平台提升协会的风险监测预警能力,辅助协会把控行业整体风险趋势。平台功能实现是基于强大的数据采集技术、数据管理技术和数据处理技术,日采集数据量近万条,平台集成全文检索、文本分析、趋势分析等多项功能,能够满足协会的日常监管工作。该平台得到底层数据较好的支持,数据采集规模量大且采集性能较好。

(1) 底层技术支持的数据采集规模

表 1 底层技术支持 - 数据采集规模

数据类型	采集站点	采集点	每增量日	数据总量
新闻网站、博客	15000 +	13 万 +	130 万 +	11 亿 +
国内论坛、贴吧	3000 +	80 万 +	1800 万 +	30 亿 +
手机 App	90 +	1700 +	10 万 +	7200 万 +
电子报	1000 +	1000 +	5 万 +	4800 万 +
境外新闻	1500 +	7000 +	10 万 +	8400 万 +
境外社交网站			10 万 +	5800 万 +
招投标新闻	700 +	5000 +	10 万 +	3000 万 +
微博		6000 万 +	7000 万 +	204 亿 +
微信公众号文章		200 万 +	200 万 +	6 亿 +
元搜索			10 万 +	1750 万 +

(2) 底层技术支持的数据采集性能

①采集方式:支持分布式采集架构、多套雷达协调采集、均衡分配采集任务;可根据用户需求实现平滑采集。②采集配置:配置操作简单、无需编程基础、软件智能采集。③采集深度:支持页面加载采集、翻页采集、静态

和动态页面采集；支持多语言采集，日、英、法、俄、德、阿拉伯等语言；支持图片、表格、音视频、附件等格式采集；支持登录验证网站采集；支持点评赞等指标性数据采集。④采集效率：7×24小时实时采集，可实现分钟化、秒级化采集；更新频率自定义，媒体数据10分钟内采集，20分钟内入库。⑤采集功能：支持对采集内容自动分类、自动排重、自动生成摘要及关键词。

4. 存管数据报送及分析系统

（1）项目背景

依据各金融监管机构相关规章制度和管理办法要求，北京市互联网金融行业协会和懒猫联银科技公司开发出存管数据报送及分析系统。具体管理要求有《网络借贷暂行管理办法》第三十五条：资金存管机构应当按照网络借贷有关监管规定报送数据信息并依法接受相关监督管理。《资金存管业务指引》第十八条：存管人应按照存管合同的约定，定期向委托人和合同约定的对象提供资金存管报告，披露网络借贷信息中介机构客户交易结算资金的保管及使用情况，报告内容应至少包括以下信息：委托人的交易规模、借贷余额、存管余额、借款人及出借人数量等。《北京网络借贷备案管理办法》第十五条：银行业金融机构应承诺按监管要求向市金融工作局、网络借贷信息中介机构所在区金融办和北京银监局提供相关材料和业务情况，发现可疑资金异动、涉嫌非法集资等特殊情况时，应及时告知。《互联网金融个体网络借贷资金存管业务规范》：存管人应承诺，存管系统预留与监管机构的各类系统对接的数据接口，并开放满足监管要求的数据字段，符合非现场监管标准。

存管数据报送及分析系统是北京市互联网金融行业协会和懒猫联银科技共同完成的项目，归属于北京互联网金融协会。协会作为非营利性的行业自律社会组织，具备很强的公信力，将可以更好地服务于北京金融局、银监局等监管使用方。懒猫联银长期以来服务于网络贷款行业，对网络贷款行业及监管政策有深入理解，与存管银行有良好的合作关系，研发技术成熟先进，有效保障该系统顺利完成。

(2) 报送数据方式分析

目前报送数据的方式分为网络贷款平台自报数据、互联网爬虫技术、传统银行报表和存管银行系统自动报送。网络贷款平台自报数据、互联网爬虫技术和传统银行报表均存在不同程度的缺陷，存管银行系统自动报送具有穿透式的数据；及时、真实、完整、自动化实现数据分析、统计和预警的优势特点，是目前较好的一种数据报送的方式（见表2）。

表2 报送数据方式比较分析

报送方式	优势	劣势
网贷平台自报数据	一手数据	无法保障真实性、完整性
互联网爬虫技术	成熟技术	被动、滞后性
传统银行报表	格式变化灵活穿透式数据	工作量大；报送周期长
存管银行系统自动报送	及时、真实、完整、自动化实现数据统计分析和预警	暂无

(3) 产品模式

监管通为监管部门建立网络贷款行业的银行资金存管数据报送及分析系统，实现网贷行业数据上报、数据分析、风险排查功能要求，达到监管目的。

监管通产品模式输入存管系统数据项包括：网络贷款平台基本信息、借款人基本信息、投资人汇总信息、已放款标的明细信息、出借明细信息、还款明细信息、代偿明细信息。输出监管数据项包括以下五点。①平台。单平台多维度数据统计分析，例如交易量趋势；②行业。区域内所有平台多维度数据统计分析，例如借款人热力图；③预警。按不同指标模型对平台进行事前、事后预警，例如额度超限；④穿透式监管网络贷款平台：透过存管银行看平台数据、透过静态数据看变化趋势、透过变化趋势看交易风险和透过交易风险看用户画像；⑤聚合行业数据决策普惠市场：透过多银行数据看行业交易量趋势、透过多银行数据看行业利率趋势、透过多银行数据看行业待还趋势和透过多银行数据生成行业数据报告（见图2）。

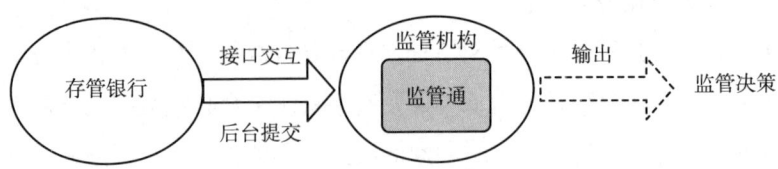

图 2 监管通的产品模式

（4）项目建设目标

依据相关管理办法，利用金融监管科技手段，为地方金融监管部门建立有效、及时和完善的银行存管数据上报系统，促进地方金融监管能力的发展以及各地协同监管的实现，从而更好地促进互联网金融的健康可持续发展。

（四）协会组织结构与职能

1. 组织构架概况

北京市互联网金融行业协会组织架构分为四个层级。第一层为会长；第二层为秘书长和监事长；第三层为副会长、常务副会长、会员、观察员、专业委员会和秘书处。其中，专业委员会分为6个子专业委员会：银行技术服务专业委员会、合规法务专业委员会、技术风控专业委员会、资金运营专业委员会、支撑服务专业委员会和投资者教育与保护专业委员会；协会的工作站、机构合作部和行政部属于秘书处部门（见图3）。

2. 组织结构职权概述

北京市互联网金融行业协会的最高权力机构是会员大会，主要的职责是：①制定和修改章程；②选举和罢免理事、监事；③审议理事会、监事会的工作报告和财务报告；④决定重大变更和终止事宜；⑤制定和修改会费标准；⑥决定其他重大事宜。

北京市互联网金融行业协会组织构架中第一层级是会长，协会会长行使下列职权：①召集和主持理事会；②检查会员大会、理事会决议的落实情况；③任期可连选连任，最长不超过两届；④协会的法定代表人为秘书长担任，经社会团体登记管理机关批准同意后，方可担任。

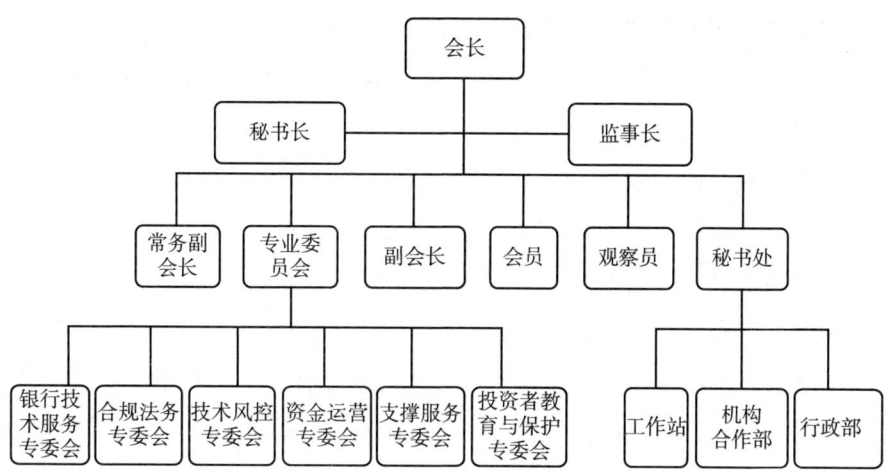

图3 北京市互联网金融行业协会组织构架

组织构架中的第二层级是秘书长和监事长。协会的法定代表人由秘书长担任,经社会团体登记管理机关批准同意后,方可担任。法定代表人不得兼任其他社会团体的法定代表人。秘书长行使下列职权:①主持办事机构开展日常工作,组织实施年度工作计划;②协调各分支机构、代表机构、实体机构开展工作;③提名副秘书长以及各办事机构、分支机构、代表机构和实体机构主要负责人,交理事会决定;④决定办事机构、代表机构、实体机构专职工作人员的聘用;⑤代表本团体签署有关重要文件;⑥处理其他日常事务。协会监事会由会员大会选举产生,向会员大会负责,其主要职责:①选举产生监事长;②出席理事会;③督促本团体及领导成员依照核定的章程、业务范围及内部管理制度开展活动;④对本团体成员违反本团体纪律、损害本团体声誉的行为进行监督;⑤对本团体的财务状况进行监督;⑥对本团体的违法违纪行为提出处理意见,提交理事会并监督其执行。

第三层级中的协会常务副会长行使下列职权:①协助会长工作;②任期可连选连任,最长不能超过两届。

中共北京市互联网金融行业协会党委会在2017年9月正式成立,12月1日首届协会成员单位召开成立党支部干部会议。同年12月协会党支部参

加东花市街道组织的"颂党情,谢党恩"征文活动,荣获一等奖。2016年8月,协会党支部荣获东花市街道先进基层党组织荣誉称号。11月,协会党支部荣获东城区先进基层党组织。2016年12月23日,协会党总支成立,进入新的发展阶段。党员队伍不断扩大,党建学习活动不断丰富,党员素质不断提升,党支部数量不断增加,党建基础工作不断夯实。

协会党委会工作坚持以"服务监管、服务行业、服务社会"为宗旨,把不断提升服务水平和创新能力作为协会党委工作的主要方向,做出更大的成绩;把握互联网金融发展趋势,防范互联网金融行业系统性风险,同时服务好会员,维护好会员的合理权益,为行业发展营造良好的环境。协会党支部的目标是建立协会成员单位之间的党建联系,壮大协会党员群体力量;原则为增加行业凝聚力,促进行业健康有序发展。

自协会党委会成立以来,党建学习活动丰富多彩。2017年10月18日,十九大开幕,党委第一时间组织协会各单位聆听总书记报告并撰写心得体会。2017年10月29日,协会党委会第一次主题党日活动在北京市延庆区"红色大庄科"开放式体验党建教育基地举行。2017年10月30日,北京市委书记蔡奇调研,协会党委认真学习贯彻蔡奇书记在与基层党员干部座谈会的讲话精神,要坚持以习近平新时代中国特色社会主义思想统一思想和行动,坚决打好风险防范攻坚战,防范系统性金融风险,为"贯彻新发展理念,建设现代化经济体系"提供坚实的组织保障。2017年11月3日,北京市银监局共计45人到北京互联网金融安全示范产业园调研,与协会党委会联合开展党建活动,组织广大党员认真学习十九大精神,推进"两学一做"学习教育常态化、制度化。此外,还利用大数据监控金融风险的相关技术,增进党员干部对大数据产业发展趋势的了解和认识,进一步提高广大党员防范金融风险意识。2017年12月1日,协会党委会组织全体党员进行"党的十九大精神"应知应会在线答题,积极学习党的十九大精神。2017年12月4日和12月12日分别参加民政局、市网信办组织的学习宣传贯彻党的十九大精神培训班。通过多次学习,宣传党的十九大精神,协会党建工作切实用党的创新理论武装头脑、指导实践、推动工作。各党支部坚持读原著、学原文、悟原理，有效提升学习贯彻的理论深度、实践力度和情感热度。2018年3月23日，协会党委组织广大党员在东花市街道党群活动中心观看全国"两会"视频并现场学习，第一时间学习两会精神，并呼吁党员积极参加学习活动，在互联网金融行业里党员要有争先创优的模范带头作用。协会党委将继续深入学习习近平新时代中国特色社会主义思想，继续夯实党建基础工作。

（五）协会首届管理单位

1. 会长单位：宜信惠民投资管理（北京）有限公司

宜信惠民投资管理（北京）有限公司（简称宜信公司）创建于2006年，总部位于北京，是一家集财富管理、信用风险评估与管理、信用数据整合服务和小额贷款行业投资于一体的综合性现代服务业企业。

宜信公司率先从国外引进先进的信用管理理念，结合中国的社会信用状况，推出了个人对个人（又称P2P）的信用借款服务平台。宜信公司作为平台管理者为平台两端的客户提供全程的信用管理服务。通过这一平台，具有理财需求的客户可以将手中的富余资金出借给信用良好但缺少资金的工薪阶层、大学生和小微企业主，同时通过利息收入还可以为理财客户带来较高的稳定收益。

宜信公司目前已在全国100多个城市和20多个农村地区建立起强大的全国协同服务网络，为客户提供全方位、个性化的财富增值与信用增值服务。自成立以来，宜信公司一直追求长期稳健发展，并依靠专业化的团队，为客户提供前沿的财富管理和信用管理服务。2014年，宜信公司创始人、CEO当选北京市互联网金融行业协会会长，宜信公司当选为中国支付清算协会互联网金融专业委员会副主任单位。

2. 监事长单位：易宝支付有限公司

易宝支付于2003年8月8日成立，总部位于北京，在其他省份设有30家分公司，是中国行业支付的开创者和引领者。自公司成立以来，易宝支付秉承成就客户、极致服务、实事求是、开放分享的核心价值观，以交易服务改变生活为使命，致力成为世界一流的交易服务平台，领跑电子支付、移动互联和互联网金融。

易宝支付在业界树立了良好的口碑，先后获得中国移动支付最具影响力企业、中国互联网100强、十佳互联网金融营销创新奖、互联网公益创新奖、最具投资价值企业、中国互联网金融新锐企业50强、互联网金融消费者权益保护创新企业奖，以及十大最勤勉反洗钱支付机构、中国互联网金融十大领军品牌，得到政府和社会各界的一致认可。

易宝支付长期坚持"聚焦关键行业"的核心战略，多年来致力于助力传统行业的互联网升级。2014年12月，易宝支付创始人唐彬当选北京市互联网金融行业协会监事长，易宝支付为北京市互联网金融行业协会监事单位和支撑服务专委会主任单位。

3. 常务副会长单位

（1）北京同城翼龙网络科技有限公司

北京同城翼龙网络科技有限公司（简称翼龙贷）成立于2007年，是国内P2P行业中第一批探索者，总部位于北京，是联想控股成员企业。截至2017年3月22日，翼龙贷总交易额突破548亿元，注册用户478万人，业务覆盖超过1200个区县。成立10年来，翼龙贷坚持扶持"三农"，其中95%以上的资金流向了种植业、养殖业，已经为农业、农村、农民输送资金超过250亿元。截至目前，翼龙贷在中国大陆已经覆盖除了青海、西藏、新疆之外的全部省份，运营中心网络延伸到200多个市1200多个县区10000多个乡镇，部分网点已经延伸到村级，农民不用走出村即可享受便捷的借贷服务。

翼龙贷2012年成为国家首个金融改革试点的互联网金融企业，并且也是首个在营业执照经营范围中加入"民间借贷撮合业务服务"字样的网络借贷企业。翼龙贷首创"同城借贷O2O"模式，建立了全方位、多层次的风控管理体系。

翼龙贷是中国互联网金融协会成员单位，是工信部下属国家计算机网络应急技术处理协调中心建设的国家互联网金融风险分析技术平台首批试点接入单位,是中国支付清算协会互联网金融专业委员会成员单位,北京市网贷行业协会常务副会长单位,以及互联网金融千人会发起单位。

(2)北京东方联合投资管理有限公司

北京东方联合投资管理有限公司隶属于网信集团,网信集团是一家综合金融科技服务集团,由先锋集团与多家专业投资机构共同创办。依托先锋集团超过10年为中小企业投融资服务经验的积累与客户积淀,基于持续创新与不断升级的支付引擎、数据引擎与智能引擎三大支撑体系,北京北方联合投资管理有限公司布局资产管理、交易平台、财富管理三大业务系统,旨在打造全面、高效、开放、智能、共享的金融科技生态系统,为用户提供"金融+科技+生活方式"全方位综合金融服务。

网信集团是由中国金融四十人论坛(CF40)发起的上海新金融研究院理事单位、G20/B20议题组成员等。网信集团作为金融科技FinTech行业领军企业代表,为行业健康发展做出了持续贡献,获得行业和资本市场的高度认可,并为近万家中小微企业提供融资服务。同时,2016年3月,网信集团还当选中国互联网金融行业协会常务副会长单位。

4. 副会长单位

(1)北京乐融多源信息技术有限公司

积木盒子是一家高科技互联网金融服务公司,其网站上线于2013年8月,公司总部位于北京。其上线12个月以来先后完成两轮总计5000万美元的融资。平台增长迅速,已累计完成融资交易额超20亿元。积木盒子致力于为中国广大中小企业和个人服务,解决他们最急迫的融资需求,同时互联网技术使更广大的投资者安全、高效、轻松地理财,为投融双方倾力服务。积木盒子构建了顶级的风控体系,保证投资者的利益得到充分保证。

2014年12月,积木盒子成为北京市互联网金融行业协会副会长单位、中国小额信贷联盟P2P执委会会员。

(2)北京弘合柏基金融信息服务有限责任公司

有利网成立于2012年,团队成员在金融和互联网领域均有丰富经验,

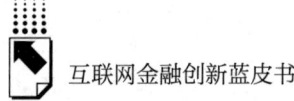

主要来自大型国有商业银行、股份制银行等金融机构以及国内外一流互联网企业。有利网提供了一个安全、诚信、低风险、回报稳定的理财渠道，有成熟、严谨的风险控制评估机制，与互联网的便捷、透明、低成本相联系，建立起了国内首屈一指的理财系统和产品资源。

有利网网站由北京弘合柏基金融信息服务有限责任公司运营。2014年12月，有利网当选北京市网贷行业协会副会长单位。

（3）银客未来科技（北京）有限公司

银客未来科技（北京）有限公司的主营业务包括技术开发、技术转让、技术服务；项目投资；投资管理；投资咨询；承办展览展示活动。2013年初开始启动银客网整体技术研发工作，平台于同年底正式上线。2014年12月，银客未来科技（北京）有限公司当选为北京市互联网金融行业协会副会长单位。

（4）先智创科（北京）科技有限公司

先智创科（北京）科技有限公司（91金融信息服务（北京）有限公司，简称91金融）成立于2011年9月1日，是中关村互联网金融行业协会33家发起机构之一，获得国家高新技术企业资质。经过两年多的发展，91金融已经从单纯的在线金融产品导购和销售平台，逐步升级为中国最大的互联网金融服务提供商，同时也是最大的创新金融服务公司之一。

91旺财是91金融的金融业务服务板块之一。91旺财致力于为金融消费者提供专业、透明、高效、公平的网络借贷信息中介服务，通过互联网撮合合格的出借人和借款人在平台上完成借贷，专注于中小企业周转型借贷，项目期限灵活，于2016年6月23日上线银行资金存管系统。91金融创始人许泽玮当选北京市互联网金融行业协会副会长，91旺财当选北京市互联网金融行业协会副会长单位。

二 协会会员发展

成立初期，协会建立了秘书处，设立研究中心、机构合作部和六个专业委员会（银行技术服务专业委员会、合规法务专业委员会、技术风控专业委员会、资金运营专业委员会、支撑服务专业委员会和投资者教育与保护专业委员会）。

秘书处在协会成立后发挥着重要作用。在团队建设方面：①建立专职正式人员、借调、兼职和实习生团队，增加常设机构专职人员和正式员工数量；②对发展较快的专业工作委员会设立一正两副的岗位配置。在日常活动方面主要组织会议：秘书处周例会、专委会工作会、研究中心研讨会、月度会长例会、季度会员大会和每年培训会议。

北京市互联网金融协会是由互联网金融机构以及相关行业机构自愿联合发起成立的专业行业协会，成立初始确立了会员入会条件以及入会程序。具体而言，入会条件为：①拥护团体的章程；②承诺遵守协会制定的自律公约；③有加入团体的意愿，自愿入会并积极承担和履行会员的各项责任与义务；④在中国境内依法登记注册的网贷企业及相关服务机构；⑤在团体的业务领域内具有一定的影响。入会程序为：①提交入会申请书；②经专业委员会出访调研审核后，出具评估报告，报本会理事会讨论，超过2/3理事会成员讨论通过，成为预备会员，在协会官网上公示3个月，无异议后方可加入，成为正式会员，预备会员期间，履行所有会员义务，但没有各项权利（选举权、被选举权和表决权）；③未通过申请的机构，成为观察会员，限期6个月进行整改，根据观察会员要求可以重新启动程序①和②，两次未通过申请程序的机构一年内不再受理入会申请。

成为协会的会员既享有权利，也有应履行的义务。会员享有下列权利：①团体的选举权、被选举权和表决权；②参加团体的活动；③获得团体服务的优先权；对团体工作的批评建议权和监督权；④在其合法权益受到侵害时，有权寻求协会的保护和支持。会员应该履行下列义务：①遵守本会章程，执行团体的决议；②维护团体的合法权益和声誉；③积极参加协会组织的各项活动，完成协团体交办的工作；④按规定交纳会费；⑤严格根据协会自律公约执行产品登记、信息披露、资金存管。及时向协会反映情况，提供所需的有关信息、统计数据和有关资料。

（一）正式会员

截至 2018 年 3 月底，北京市互联网金融行业协会共有 60 家正式会员单位，与 2016 年底相比较，增加 14 家正式会员单位。协会的正式会员中有 19 家为网贷机构。其中，宜信惠民投资管理（北京）有限公司为会长单位，易宝支付为监事长和支撑服务专委会主任单位，网信普惠和翼龙贷为常务副会长单位。除此之外，协会有 4 家互联网金融公司担任协会的副会长单位，分别为北京弘合柏基金融信息服务有限责任公司、北京乐融多源信息技术有限公司、先智创科（北京）科技有限公司和银客未来科技（北京）有限公司。协会会员中有 12 家网贷公司为协会的理事会员单位（见表3）。

表3 北京市互联网金融协会正式会员名单

序号	职务	单位名称	负责人	简称	公司类别
1	会长	宜信惠民投资管理（北京）有限公司	唐宁	宜信	网贷公司
2	监事长 支撑服务专委会主任单位	易宝支付有限公司	唐彬	易宝支付	第三方支付
3	常务副会长	北京东方联合投资管理有限公司	李焕香	网信普惠	网贷公司
4	常务副会长	北京同城翼龙网络科技有限公司	王思聪	翼龙贷	网贷公司
5	副会长	北京弘合柏基金融信息服务有限责任公司	吴逸然	有利网	网贷公司
6	副会长	北京乐融多源信息技术有限公司	谢群	积木盒子	网贷公司
7	副会长	先智创科（北京）科技有限公司	许泽玮	91旺财	网贷公司
8	副会长	银客未来科技（北京）有限公司	郭新涛	银客集团	金融科技
9	理事会员	信用宝金融信息服务（北京）有限公司	涂志云	信用宝	网贷公司
10	理事会员	北京花果信息技术有限公司	塔拉	花果金融	网贷公司

续表

序号	职务	单位名称	负责人	简称	公司类别
11	理事会员	安润金融信息服务（北京）有限公司	郭建彩	安润金融	网贷公司
12	理事会员	银湖网络科技有限公司	赵伟平	银湖网	网贷公司
13	理事会员	金联储（北京）金融信息服务有限公司	蒲斯伟	金联储	网贷公司
14	理事会员	和信电子商务有限公司	安晓博	和信贷	网贷公司
15	理事会员	硅谷厚朴（北京）金融信息服务有限公司	崔明俊	普惠理财	网贷公司
16	理事会员	大同航（北京）网络科技有限公司	李鑫	大同行	网贷公司
17	理事会员	北京中联创投电子商务有限公司	徐展勤	抱财网	网贷公司
18	理事会员	北京凤凰信用管理有限公司	魏薇	工场微金	网贷公司
19	理事会员	北京爱钱帮财富科技有限公司	王吉涛	爱钱帮	网贷公司
20	理事会员	北京恒昌利通投资管理有限公司	张然	恒昌	网贷公司
21	合规法务专委会主任	德勤会计师事务所（特殊普通合伙）	周英	德勤	会计师事务所
22	合规法务专委会委员	北京市华城律师事务所	张宇锋	华城	律所
23	合规法务专委会委员	北京联合信任技术服务有限公司	张昌利	时间戳	信息安全认证
24	合规法务专委会委员	北京金信网银金融信息服务有限公司	李崇纲	金信网银	风险监测
25	合规法务专委会委员	北京市信凯律师事务所	付应俊	信凯律所	律所
26	合规法务专委会委员	湛江仲裁委委员会	伍岳峰	湛仲	仲裁委
27	技术风控专委会主任	中金云金融（北京）大数据科技股份有限公司	康潭云	中金云	技术系统
28	技术风控专委会副主任	中国诚信信用管理股份有限公司	周浩	中诚信	征信评级
29	技术风控专委会副主任	北京汇金科技有限责任公司	胡伟东	汇金科技	技术系统
30	技术风控专委会委员	中科柏诚科技（北京）股份有限公司	王德敬	中科柏诚	技术系统

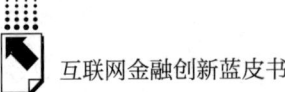

续表

序号	职务	单位名称	负责人	简称	公司类别
31	技术风控专委会委员	杭州同盾科技有限公司	蒋韬	同盾科技	反欺诈
32	技术风控专委会委员	上海凭安网络科技有限公司	杨茂江	凭安科技	技术系统
33	技术风控专委会委员	北京阿尔山金融科技有限公司	王亚亮	阿尔山金融	技术系统
34	技术风控专委会委员	北京数联铭品睿智科技有限公司	曾途	BBD	技术系统
35	技术风控专委会委员	梆梆金服(北京)科技有限公司	杜永庆	梆梆金服	技术系统
36	技术风控专委会委员	北京众信利民信息技术有限公司	惠灵	量化派	大数据
37	技术风控专委会委员	天云融创数据科技(北京)有限公司	雷涛	天云大数据	大数据
38	技术风控专委会委员	青松智慧(北京)科技有限公司	里贵实	青松云安全	技术安全
39	技术风控专委会委员	深圳诺华数据服务有限公司	何佳意	诺华诚信	征信评级
40	投资者教育与保护专委会主任	零壹智库信息科技(北京)有限公司	柏亮	零壹财经	媒体
41	投资者教育与保护专委会委员	北京银讯财富信息技术有限公司	田维赢	网贷天眼	媒体
42	投资者教育与保护专委会委员	嘉兴市南湖互联网金融学院有限公司	邹传伟	南湖互联网金融学院	教育
43	投资者教育与保护专委会委员	分众传媒有限公司	丁晓静	分众传媒	传媒
44	银行技术服务专委会主任	四川新网银行股份有限公司	金晓烨	四川新网银行	银行
45	银行技术服务专委会副主任	北京懒猫联银科技有限公司	许现良	懒猫联银	金融科技
46	银行技术服务专委会委员	厦门银行股份有限公司	李飞	厦门银行	银行
47	银行技术服务专委会委员	徽商银行股份有限公司	李宏鸣	徽商银行	银行
48	银行技术服务专委会委员	海口联合农村商业银行股份有限公司	王光	海口联合农商银行	银行
49	银行技术服务专委会委员	包商银行股份有限公司	王娟	包商银行	银行

续表

序号	职务	单位名称	负责人	简称	公司类别
50	银行技术服务专委会委员	廊坊银行股份有限公司	李晓彪	廊坊银行	银行
51	银行技术服务专委会委员	上海华瑞银行股份有限公司	李壮	华瑞银行	银行
52	银行技术服务专委会委员	武汉众邦银行股份有限公司	张宜	众邦银行	银行
53	资金运营专委会主任	坤元资产管理有限公司	赵辉	坤元资产	基金公司
54	资金运营专委会副主任	北京鼎沣基金管理有限公司	陆晓野	鼎沣基金	基金
55	资金运营专委会副主任	北京复利财富信息服务有限公司	吴雪秀	复利财富	资本运营
56	资金运营专委会委员	北京玄铁科技有限公司	孟庆彪	火球网	在线理财
57	资金运营专委会委员	北京海聚博源科技孵化器有限公司	马小兰	海聚博源	资本运营
58	支撑服务专委会委员	联动优势电子商务有限公司	徐海东	联动优势	第三方支付
59	支撑服务专委会委员	宝付网络科技（上海）有限公司	唐伟	宝付支付	第三方支付
60	支撑服务专委会委员	上海汇付数据服务有限公司	穆海洁	汇付天下	第三方支付

（二）观察员

截至 2018 年 3 月底，协会共有 55 家观察员单位，观察员单位全部为网络贷款公司。具体而言，成为协会观察员需要满足如下要求：①专业 P2P 网贷行业机构，没有地域限制，通过北京市网贷行业协会的网站注册并提交相关资料；②提交一封北京市互联网金融行业协会正式会员的推荐信；③接受协会专业工作委员会和监事会的调研走访；④进行产品登记、平台信息披露、信息交换系统的数据对接，并进行信息披露、接受公众监督；⑤完成资金存管；⑥电子合同和数据信息需要采用 TSA 技术固化；⑦接受协会内部的主观评级排行和白名单；⑧观察期 6 个月，费用 3 万元。

协会观察员有如下权益：①获得推荐机构和协会机构成员导师的专业指

导；②获得协会专业工作委员会的专业服务；③通过产品和平台信息披露，公开透明接受公众监督，履行自律义务；④参与投资者保护和教育活动，履行社会责任；⑤参加协会定向组织的各类活动，与同业共同进步；⑥通过内部评级和公开白名单，促进提升机构的综合能力；⑦与行业相关机构建立日常沟通机制，明确发展预期；⑧符合协会会员发展要求的观察员，优先发展成为协会会员（见表4）。

表4 北京市互联网金融行业协会观察员名单

序号	职务	单位名称	负责人	简称	公司类别
1	观察员	玖富互金控股集团有限责任公司	孙雷	玖富	网贷公司
2	观察员	北京聚融天下信息技术有限公司	刘江	小油菜	网贷公司
3	观察员	北京掌众科技有限公司	张敬华	闪电借款	网贷公司
4	观察员	北京大刚信息科技有限公司	何锦心	元宝365	网贷公司
5	观察员	点滴身边网络技术（北京）有限公司	陆俊毅	点滴身边	网贷公司
6	观察员	北京快快网络技术有限公司	李强	真融宝	网贷公司
7	观察员	北京网融天下金融信息服务有限公司	申磊	理财范	网贷公司
8	观察员	中微（北京）信用管理有限公司	范忠民	微金所	网贷公司
9	观察员	北京领先创融网络科技有限公司	邢金生	中瑞财富	网贷公司
10	观察员	中杰信德（北京）信息科技有限公司	吴征宇	1818平台	网贷公司
11	观察员	北京瑞钱宝资产管理服务有限公司	杜学忍	瑞钱宝	网贷公司
12	观察员	冠群驰骋投资管理（北京）有限公司	刘广东	冠E通	网贷公司
13	观察员	融泰浩元（北京）网络科技有限公司	司书甲	融贝网	网贷公司
14	观察员	京金所(北京)信息技术有限公司	宋显	京金所	网贷公司
15	观察员	中融民信资本管理有限公司	张宇	民信贷	网贷公司
16	观察员	爱搜奇（北京）科技有限公司	马顺	找银子	网贷公司
17	观察员	北京联储在线信息服务有限公司	李悦	千壹理财	网贷公司
18	观察员	安投融（北京）网络科技有限公司	赵春霞	爱投资	网贷公司
19	观察员	金信金融信息服务（北京）有限公司	夏靖	金信网	网贷公司
20	观察员	北京百泉金融信息服务有限公司	安凯	百泉贷	网贷公司
21	观察员	深圳市人人聚财金融信息服务有限公司	许建文	人人聚财	网贷公司
22	观察员	北京证大向上金融信息服务有限公司	袁成龙	向上金服	网贷公司
23	观察员	北京易通贷金融信息服务有限公司	康文	易通贷	网贷公司
24	观察员	胖胖猪信息咨询服务（北京）有限公司	骆良彬	胖胖猪	网贷公司
25	观察员	民加科风信息技术有限公司	刘志军	民贷天下	网贷公司
26	观察员	广信联合（北京）商务顾问有限公司	南一博	广信贷	网贷公司

续表

序号	职务	单位名称	负责人	简称	公司类别
27	观察员	九信投资管理有限公司	王璐	九信金融	网贷公司
28	观察员	内蒙古易捷贷金融信息服务有限公司	王开宏	易捷贷	网贷公司
29	观察员	杭州铜板街网络科技有限公司	何俊	铜板街	网贷公司
30	观察员	北京紫貔财富网络科技有限公司	寇权	邦帮堂	网贷公司
31	观察员	爱钱进(北京)信息科技有限公司	杨帆	爱钱进	网贷公司
32	观察员	人人行科技股份有限公司	王璐	借贷宝	网贷公司
33	观察员	北京美锦互联网金融信息有限公司	魏勇	链链金融	网贷公司
34	观察员	北京亿隆汇诚投资管理有限责任公司	邓超	光合种子	网贷公司
35	观察员	北京紫马财行投资管理有限公司	唐学庆	紫马财行	网贷公司
36	观察员	鱼猫投融(北京)网络科技有限公司	周江华	鱼猫金服	网贷公司
37	观察员	弘安在线(北京)信息科技有限公司	李可	泓安在线	网贷公司
38	观察员	北京竞财投资服务有限公司	刘刚	宏财网	网贷公司
39	观察员	诺远科技发展有限公司	申英筑	小诺理财	网贷公司
40	观察员	鼎盛盈通投资咨询(北京)有限公司	陈列俊	贷你盈	网贷公司
41	观察员	乾途金融信息服务(北京)有限公司	王小龙	网筹金融	网贷公司
42	观察员	相融向上(北京)网络科技有限公司	余世相	相融网	网贷公司
43	观察员	北京中电融金信息科技有限公司	万晓宇	电网金融	网贷公司
44	观察员	北京中舟融客信息技术有限公司	梁巍	融客网	网贷公司
45	观察员	搜易贷(北京)金融信息服务有限公司	汤楠	搜易贷	网贷公司
46	观察员	安信卓越投资管理(北京)有限公司	赵利东	有人贷	网贷公司
47	观察员	北京小马金融信息服务有限公司	代雄杰	小马金融	网贷公司
48	观察员	汇中利通投资管理(北京)有限公司	付楠	汇中网	网贷公司
49	观察员	天峰普惠(北京)科技有限公司	吴西西	峰向标	网贷公司
50	观察员	北京厚金网络技术开发有限公司	章谊	厚金科技	网贷公司
51	观察员	龙环普惠投资管理(北京)有限公司	崔哲	白菜金融	网贷公司
52	观察员	北京秋实弘本信息科技有限公司	刘东磊	实力派	网贷公司
53	观察员	中投摩根信息技术(北京)有限责任公司	吴珊	中投摩根	网贷公司
54	观察员	北京钱得乐科技有限公司	郎丹柯	金蛋理财	网贷公司
55	观察员	富星信息科技(北京)有限公司	郭新涛	财富星球	网贷公司

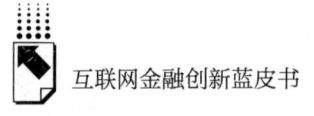
互联网金融创新蓝皮书

三 专业委员会

（一）技术风险专业工作委员会

1. 技术风控专业工作委员会工作职责

技术风控专业工作委员会负责组织、制定、实施行业技术风险领域规划；负责行业技术基础设施、系统和安全领域的研究和创新工作，参与行业相关的国家标准研制；负责协会技术风险相关项目的调研、立项和实施，承担有关项目的建设和运行管理；负责协会技术风险专业的技术交流、理论研讨、培训指导、调查和评价；负责协会与政府部门、专业机构和人员、行业企业及其他社会团体在技术风险方面的沟通协调与合作；归口管理协会技术风险相关成果、奖励、保密、市场信息、统计分析、资料档案等工作。

2. 技术风控专业工作委员会2017年工作总结

（1）非现场监管体系建设研讨。非现场监管体系建设研讨的目的是整合平台资源，实现数据共享，加强非现场监管。2017年技术风控专业工作委员会组织召开了多次专项研讨会，与协会各系统建设方共同研讨和论证项目管理机制和技术方案。

（2）沙箱体系建设研讨。沙箱体系建设研讨内容主要分为两个方面，一方面是管理机制构建，探讨功能定位、归属权和使用权以及激励政策之间的关系；另一方面是探讨和解决技术层面平台搭建问题。

（3）信息科技安全标准建设。①《互联网金融机构网络与信息安全建设协议（征求意见稿）》。此协议历经3个阶段，第一阶段——协议起草、调研、修订、审议，第二阶段——组织会员投票、汇签，第三阶段——进行协议专项发布活动，增强会员安全意识。②完善评级体系。在会员单位评级体系中增加部分网络安全相关的内容，完善评级体系建设，促使会员单位在合规之路上更进一步。③信息安全培训。对于协会组织的多次培训工作，技术风控专业工作委员会给予全力支持和配合。④服务会员、助力监管。为更好地服务会员单位、助力监管机构，技术风控专业工作委员会采取了一系列措施，主要体现为"现金贷"自查、打击"羊毛党"联盟、网络贷款平台内部评级和网贷从业人员信息管理平台。

此外，技术风控专业工作委员会计划在2018年完成以下工作：监管科技体系的构建和应用；协会平台面向互联网金融行业的开放；协会内部系统的数据共享；完善信息化水平建设；成员间关于行业政策、国外先进技术理念的交流和培训；根据不同业务模式和场景组织专题沙龙，促进交流与合作。

（二）合规法务专业工作委员会

1. 合规法务专业工作委员工作职责

合规法务专业工作委员会负责组织、制定、实施协会法务诉讼、仲裁、调解、审计、税筹、咨询等内控领域规划、研究，以及重点项目实施；组织仲裁、调解等制度的推行；组织对内定期机构审计、核查；组织合规专家组，参与现场尽职调查，提供合规等方面专业评定；负责协会与政府、地区和司法机构、学研人员合作的组织实施工作；归口管理协会合规领域工作。

2. 合规法务专业工作委员2017年工作总结

2017年合规法务专业工作委员的工作主要是配合监管部门在互联网金融行业合规方面的调研工作和网络贷款平台仲裁建设工作。

（1）互联网金融行业合规调研。配合监管部门关于互联网金融行业合规方面的调研工作主要包括电子合同与数据验证平台、协会合规专题培训、网络贷款平台风险排查、大数据排查现金贷风险方案（讨论开通互联网金融违法违规行为投诉平台）和网络贷款智能测评工具建设工作。

（2）网络贷款平台仲裁建设。为推进网络贷款平台仲裁建设，协会专门成立了网络仲裁工作组，工作组进行了多次研讨，并赴武汉仲裁、北京仲裁、广州仲裁、深圳仲裁、湛江仲裁进行调研，并与相关仲裁机构建立了紧密的联系。

协会在2018年将继续落实2017年的工作，建设好互联网金融仲裁服务平台和互联网金融风险舆情监测预警平台；组织互联网金融平台电子数据合规专题讲座培训工作；完成合规监管调研项目、合规风险管理体系标准化指导手册和会员电子数据合规体系建设测评工作。

（三）银行技术服务专业工作委员会

1.银行技术服务专业工作委员会工作职责

负责组织各网贷机构实施符合标准要求的资金存管业务及系统，对接通过监管测评的存管银行，协调第三方支付与银行存管系统的接入和管理；调研并探索新兴业态下（例如互联网理财平台、电商平台）商户资金账户、共享经济的用户押金账户的存管可行性，推动保障消费者资金安全，引入合适的银行机构，负责资金存管系统的试点与推广；负责推进存管数据报送系统的立项、应用及实施，安排存管银行有序接入，组织报送系统的培训及推广，促进监管部门使用报送系统实现非现场监管；调研并探索互联网金融机构与银行机构间合规的合作模式，研究互联网金融类资产的风险识别、风险定价、资产流转、资金对接等业务可行性，降低平台资金成本和涉众性，帮助互联网金融行业健康可持续发展；研究并建立网贷行业不良资产的处置方案，协助完善未备案平台的退出通道，协调网络贷款机构退出机构存管资金的转移、注销或回退；归口管理协会银行技术服务工作，积极发展银行类会员机构，促进会员单位之间的存管合作与业务交流。

2.银行技术服务专业工作委员会2018年工作计划

银行技术服务专业工作委员会于2018年1月24日成立，新网银行为委员会主任单位、懒猫联银为副主任单位，委员会委员单位有：厦门银行、徽商银行、海口联合农商行、包商银行、廊坊银行和华瑞银行。

银行技术服务专业工作委员会在2018年成立之初确定了2018年工作开展规划，主要有工作原则和计划目标。银行技术服务专业工作委员会的工作原则为：双轮驱动，连接两侧，重合规谋发展。委员会确定2018年的4项工作目标：①实现北京区域存管业务全覆盖，服务覆盖率过半；②数据报送系统实现上线并应用，提高监管效率；③协调银行配合机构平滑退出，建立完善存管资金处置方案；④形成高效合规资金对接方案，完成10亿元以上规模资产对接；⑤发展专委会新成员5家及以上。

（四）资金运营专业工作委员会

1. 资金运营专业工作委员会工作职责

资金运营专业工作委员会负责组织、调研、实施资金存管，对接第三方支付和银行；负责组织、调研及实施事中预警及监控，如平台异常数据及平台交易数据上报监管部门；负责研究如何为网贷平台配置机构资金，降低平台资金成本和涉众性，协助网贷行业健康可持续发展；负责从资金和政策等层面，扶持和支持网贷行业基础设施服务商等金融科技企业发展；负责研究并建立网贷行业不良资产的处理方案或拟退出网贷平台的退出通道；归口管理协会资金运营等工作。

2. 资金运营专业工作委员会2017年工作总结

（1）资金运营专委会成员建设情况。截至2017年末，资金运营专委会成员共发展到17家。主任单位为懒猫联银科技有限公司，副主任单位为鼎沣基金管理有限公司。

委员单位有厦门银行、徽商银行、海口联合农商行、新网银行、包商银行、廊坊银行、华瑞银行、易宝支付、宝付支付、联动优势、汇付天下、复利财富、海聚博源、玄铁科技和坤元资产。

（2）银行资金存管工作。资金运营专业工作委员会于2017年在北京区域签约银行数量88家，上线银行数量66家，具体情况见表5。截至2017年底，北京地区网络贷款平台一共有376家，已接入银行存管平台有194家，未接入银行存管182家，具体情况见表6。

（3）投资基金工作进展。资金运营专业工作委员会完成20多个项目的尽职调查工作，其中有4个项目继续深入、1个项目在沟通协议中。

（4）资产配置。①行业互助发展基金。资金运营专业工作委员会对协会6家主要成员企业负责人进行访谈，并了解到各方对基金的一些看法，针对相关问题提出建议、汇总方案存在的问题并上报。②机构资金解决方案探索。资金运营专业工作委员会组织对协会会员和观察员单位进行资金运营问题的调研走访,了解网络贷款平台目前的资产与资金情况以及对机构资金的需求情况,形成调研报告。资金运营专业工作委员会与20多家证券公司、基金公司等机构进行磋商,寻求银行、资产管理类公司等机构资金解决方案;探究住房抵押贷款、融资租赁等Pre-ABS及资产证券化业务实现模式。③机构资金对接。机构资金对接是以信托方式完成5亿元的住房抵押资产与资金的对接;完成车贷、供应链等类型资产的撮合交易近亿元;完成教育分期类资产资金对接数千万元。

表5 北京区域银行签约上线数

单位:家

签约银行	签约数量	上线数量
厦门银行	14	12
新网银行	22	14
海口银行	19	19
徽商银行	21	15
包商银行	5	1
廊坊银行	6	4
华瑞银行	1	1

表6 北京区域存管情况

项目 (北京)	存管银行数 (家)	平台数量 (家)	占比 (%)	12月成交额 (亿元)	占比 (%)
存管总数据	29	194	100	568.85	100
有分支机构	10	61	31.44	359.65	63.22
无分支机构	19	133	68.56	209.20	36.78

(5)数据报送系统项目。数据报送系统项目是依据相关管理办法,利用金融监管科技手段,为地方金融监管部门建立一个有效、及时、完善的银行存管数据上报系统,促进地方金融监管能力的提升以及各地协同监管,从而更好地促进互联网金融的健康可持续发展。经过资金运营专委会成员的多次探讨、研究和优化,数据报送系统在第一期的基础产品功能建设及部署已上线;第二期产品持续增加模型和指标。

（五）支撑服务专业工作委员会

1. 支撑服务专业工作委员会工作职责

支撑服务专业工作委员会组织协会年度重点会务计划、培训计划的实施；引导协会会员单位加强相关内控制度建设，完善风险管理制度，保障安全运营；组织协会会员单位进行行业理论研讨、交流、培训指导；组织协会会员单位调研，促进支付业务的持续、健康发展；调查、收集会员单位业内意见和建议，与监管机构或其他业界组织进行沟通与协调；归口管理协会支撑服务领域相关工作。

2. 支撑服务专业工作委员会2018年工作计划

支撑服务专业工作委员会是由原来的资金运营专业工作委员会拆分而来，于2018年1月24日成立，成员单位有易宝支付有限公司、联动优势电子商务有限公司、宝付网络科技（上海）有限公司和上海汇付数据服务有限公司。

支撑服务专委会成立之初确定了2018年工作计划：①确定内部人员结构，明确各岗位职责；②组织至少一次行业相关研讨会和培训会；③针对协会会员单位支付业务开展情况组织一次调研，总结调研结果、上报协会并与相关监管机构沟通；④调查、收集协会会员单位意见和建议；⑤做好协会分配的其他工作。

（六）投资者教育与保护专业工作委员会

1. 投资者教育与保护专业工作委员会职责

投资者教育与保护专业工作委员会负责组织、制定、实施协会网贷投资者保护教育、宣传媒体、市场沟通等领域规划、研究，以及重点项目实施；组织针对投资者保护和宣传教育的年度重点市场计划、会务计划、培训计划的实施；组织行业知识和法律普及的培训工作，提供市场营销和宣传等方面专业评定；负责协会与政府、地区和机构、媒体合作的组织实施工作；归口管理协会宣传、媒体、市场领域工作；对国内外各个宣传媒体和市场组织的沟通对接。

2. 投资者教育与保护专业工作委员会2017年工作总结

（1）宣传教育培训。为贯彻习近平总书记在中央政治局第四十次集体学习上维护金融安全的重要讲话精神，2017年投资者教育与保护专业工作委员会和北京市互联网金融行业协会共同协助北京市金融工作局，在全市开展维护金融安全与打击非法集资的活动，活动将继续对从业人员、党政机关干部、社会群众、在校大学生等广大市民进行有针对性的金融安全知识宣传与防范金融风险的教育。活动范围覆盖北京市16个区县，活动场次达近200场，覆盖人群达数十万人。

（2）行业新闻报道。2017年，投资者教育与保护专业工作委员会专注行业内研究报告，传播最新行业资讯，报道协会最新动态。

（3）研究项目合作。①《北京市网贷行业年度发展报告2017》。2017年底，由零壹智库研著、北京市互联网金融行业协会提供研究指导的《北京市网贷行业年度发展报告2017》正式出版，全书约15万字，是首本描绘北京市网络借贷行业发展全景的专业书籍。报告概述北京市网络借贷行业的缘起、发展脉络、行业现状。数据显示，2013~2016年的四年间，北京地区网络借贷行业交易额占全国比重分别达到10%、16%、34.4%、26.4%。零壹财经最新数据显示，2017年北京市网络借贷行业年度成交额达5252亿元，占行业交易规模的19.3%。报告结论显示，整体来看，北京地区网络贷款行业发展在全国处于领先位置，2016年交易规模以5162亿元居全国首位，其他指标如贷款余额、投资人数等均占首位；另外，北京地区聚集了诸多实力背景较强的大平台，2016年交易额排名前30的平台中，北京地区占据13席。行业风险方面，因监管和行业自律成效较好，问题平台出现较少。2016年，北京地区出现的问题平台数占全国全年问题平台数的10.7%，问题平台占累计上线平台数的比重（46%）低于全国（65.9%）近20个百分点。报告的大部分数据来自零壹财经独立监测。零壹财经依托自主开发的数据获取技术，对上千家P2P借贷平台进行长期监测，获取了数十亿行原始数据。研究团队花费数月时间对数据进行预处理、比较与核实，具有较高的独立性、准确性和客观性。②《中国P2P借贷服务行业年度发展报告2017》。此报告是零壹财经在过去四年发布的《中国P2P借贷服务行业发展报告》基础上,继续开展国内P2P借贷行业的研究,约18万字,从国内外行业概况、行业数据统计与分析、P2P借贷资产类型分析、新技术在网络贷款中的应用、P2P监管与合规运营、美国网贷市场的动荡与反思等角度,全面复盘、分析研究了网贷行业2016~2017年发展历程与逻辑。全书在研究过程中采用了4种研究方法。第一,独立监测与数据分析;本研究的大部分数据来自独立监测,依托零壹研究院数据中心(简称"零壹数据"),运用自主开发的数据获取技术对上千家P2P借贷平台进行长期监测,对其中数百家平台的多维度数据进行重点采集,获取了数十亿行原始数据。第二,独立的调研访谈;除了与部分P2P借贷平台的负责人进行沟通,核实数据的真实性、准确性之外,研究团队还进行了大量独立调研访谈,对象包括行业从业者、政策制定者、法律与学术研究人员、相关服务商(如征信服务机构、第三方支付机构、信息安全服务商等)、投资人和借款人等。第三,独立的实际投资体验测试;延续之前的投资体验和测试工作,研究团队对新出现的机构、业务模式和产品形式进行测试,获取了机构运营、产品设计、操作流程、投资回报、风险保障、用户协议等多方面的第一手资料。第四,资料收集与案例研究工作;针对我国P2P借贷行业的发展情况,特别是其与消费金融、汽车金融和供应链金融的结合,研究团队进行了大量的资料收集和案例研究工作,以期尽可能全面地展现相关细分领域的面貌并寻求解决思路。

四 协会2018年工作计划

(一)互联网金融平台评价项目

项目从平台实力、管理能力、运营能力、风控能力、流动性压力、合规整改进度等六方面考察平台的综合素质并且进行评价,对互联网金融平台形成外部正向激励,促进其进一步向监管要求的合规标准迈进,完善内部管理,提高风险防控能力和持续合规建设能力,同时为监管机构对互联网平台实施监管和政策支持提供重要参考。

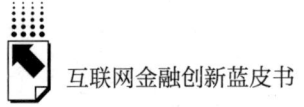

（二）互联网金融风险舆情监测预警平台项目

互联网金融风险舆情监测预警平台对互联网金融风险舆情信息实时监测，实现热点洞察、专题分析、风险管理三大功能，提升协会的风险监测预警能力，辅助协会把控行业整体风险趋势。平台功能的实现基于强大的数据采集技术、数据管理技术、数据处理技术，日采集数据量近万条，平台集全文检索、文本分析、趋势分析等多项功能于一体，能够满足协会的日常监管工作。

（三）网贷行业银行存管数据报送及分析系统项目

依据相关管理办法，利用金融监管科技手段，为地方金融监管部门建立有效、及时、完善的银行存管数据上报系统，提高地方金融监管科技水平，有效提升地方金融监管部门的监管能力，从而更好地促进科技金融的健康可持续发展。项目由资金运营专委会发起。

（四）合规监管调研项目

合规监管调研项目是受监管部门委托或配合监管部门开展各项合规调研工作，或协会自身作为行业自律组织开展与合规有关的各项调研工作。帮助被调研企业梳理整改备案工作中存在的问题，提出解决建议，同时，面向全体会员企业征集整改和验收备案过程中的疑难问题，将疑难问题汇总后向监管机构、协会、会员单位、资深从业人员、专家、律师等广泛征求意见，经过研讨后将各方意见进行梳理后提供给会员单位参考。

（五）组织召开闭门会议

闭门会议的主题结合最新政策、热点现象等内容，邀请相关领域专家、企业代表展开讨论；与协会和其他机构共同见证行业纷繁的变革，推动行业发展。互联网金融行业发展迅速，市场行情瞬息万变，零壹财经以第三方独立的身份多次举办高端内部研讨会，与行业界、投资界、政策界、学术界、媒体界等上下游生态链建立互信且深度的交流机制。促进企业间交流与合作，进行投资、并购、合作等方面的机会发掘并达成交易。

（六）《北京市互联网金融年度发展报告2018》

此报告展示北京市互联网金融整治、合规、发展的成效，系统性阐述北京地区互联网金融行业发展缘起、脉络、模式创新、资产类别、业务编辑、业态细分等要素，对从业者、监管层系统了解、全面掌握北京市互联网金融行业发展脉络具有重要作用。对监管、行业自律的研究与介绍，也将体现协会在行业发展中的积极作用与担当，项目的发起机构为投资者教育与保护专委会——零壹财经。

（七）《中国P2P借贷行业年度发展报告2018》

此报告的发起机构为投资者教育与保护专委会——零壹财经。此书延续零壹财经P2P白皮书系列的专业性与权威性，全方面展现P2P借贷行业2017年的最新发展情况，包括行业热点回顾、监管政策梳理、商业模式创新与行业趋势展望等。基于零壹研究院数据中心持续多年的数据监测结果，研究团队对行业排名靠前的主要平台的业务数据进行深入分析。

（八）《应用安全测评报告》采购项目

项目由技术风控专委会——梆梆金服发起，提供《应用安全测评报告》整合以及中诚信对会员和观察员单位的综合测评报告。

参考文献

零壹财经·零壹智库著、雷群涛主笔：《北京市网贷行业年度发展报告2017》，中国经济出版社，2018。
《互联网金融行业面临的挑战》，2017。

B.18
宜人贷：科技驱动金融创新

谭雅文 *

摘　要： 互联网金融百花齐放，业态丰富多样。宜人贷作为第一家上市网贷P2P平台，有鲜明的P2P特点。在支持实体经济方面，宜人贷开发了蜂巢技术，目前已为数十家小微企业贷款机构提供行业赋能服务。

关键词： 宜人贷　智能评分　中小企业

一　平台简介

曾去孟加拉国学习格莱珉机构小额信贷模式的唐宁，一直想着如何才能有服务国内众多小微企业及城市白领、学生、农民的信用贷款。这些群体的金融需求旺盛，但国有银行很少能够满足。

2012年，唐宁创建宜信宜人贷，试图通过P2P模式，在给个人带来一些收益的同时，解决小微企业的小额贷款问题。他相信，在信用时代，每一个个体的信用都有价值，而金融创新才能激发这些价值。经过3年的实践，2015年12月18日，宜人贷（NYSE：YRD）在美国纽约证券交易所成功上市，成为中国金融科技第一股。唐宁的P2P模式得到验证，得到资本市场的认可。

在这一过程中，P2P更是掀起了中国金融技术创新的高潮。互联网基

---

* 谭雅文：野马财经行业研究员。

金、互联网保险等业务模式兴起；金融的风控、营销乃至终端服务都引入了前沿科技。科技作为金融创新的支柱，尤其是以大数据、云计算、人工智能为代表的技术创新核心目标聚焦于信用、风控、投资等多个领域，为传统金融业带来新的生命力和增长动力，驱动金融变革。

之后，在P2P基础之上，宜人贷又推出了面向大众富裕人群的在线财富管理平台——宜人财富，进入在线财富管理领域。这不仅是技术的提升，也是业务模式的又一创新。在财富科技方面，宜人财富提供在线财富管理和资产配置服务；在平台业务方面，宜人贷通过金融科技能力共享平台YEP向合作伙伴输出数据、风险控制、精准获客等能力，帮助行业伙伴提高风险控制效率，降低成本，实现共赢。

从宜人贷的身上，我们可以看出，近几年金融创新在中国的发展路径——从P2P到财富管理，从金融模式创新到金融技术创新，从个体创新到生态变革等。宜人贷成为中国互联网金融发展进程的一个缩影。

二 平台业务

（一）财富管理——宜人财富

宜人财富的战略定位紧跟中国金融发展趋势，即个人理财需求随着中产阶层的壮大，迎来了快速成长期。

贝恩咨询数据显示，自2006年起，全国个人持有的可投资资产规模约为26万亿元，直到2017年增长到188万亿元。也就是说，在过去10年里，中国财富管理市场复合增长率超过20%，其增长率和体量非常巨大。

具体分析来看，在2017年中国财富管理市场总体规模的188万亿元中，财富管理市场预期类现金及存款和银行理财产品的市场规模达到约100万亿元，占比53.2%。其余还包括投资性的不动产、资本市场、股权、债权、保险（寿险）等。

在这样的背景下，财富管理行业三大趋势凸显：一是从以固定收益和单一产品为主向多产品、综合财富管理模式转变,二是从以产品为中心向以财富顾问为中心转变,三是从物理网点传统沟通向移动互联和智能科技转变。

那么,如何为不同的投资者提供综合财富管理;如何更好地识别投资者风险偏好;如何通过组合管理的方式为投资者的风险偏好和投资的品格这种风险特征相对应;这些问题是中国金融市场亟待拆解的重点。互联网金融的兴起,从某方面看,也是为解决这些痛点而生。分析深耕这一领域的宜人贷,可以找到一系列的答案。

宜人贷搭建智能化分析平台,旗下在线财富管理平台——宜人财富的智能客户洞察大数据引擎,以大数据积累为始,分析金融产品数据、用户交易数据、使用行为数据后,帮助用户实现战略资产配置,最后通过互联网落地。从这里,我们也可以看到,宜人贷最大的优势在于,它从早期的P2P业务中积累了大量的金融数据,并积累了技术创新的经验。

具体来看,宜人财富利用智能客户洞察大数据引擎,智能评分系统和生命周期价值评分标签做出用户详细画像。比如根据用户A曾经投资过什么、投资金额是多少、投资的偏好、理财时长的偏好、风险的偏好、推荐好友投资金额、登录App次数等数据,得出A用户的身份特质、购买力、活跃度、忠诚度和影响力的价值评分。把所有数据进行匹配后标签化,比如特征类的标签——客户的性别、年龄、可投资产,每一个都是不同字段的标签。

动态、实时而又准确的数据能够极大提高财富管理机构对客户准确的认识。依靠KYC(Know Your Customer),对平台用户和产品分别按照风险偏好进行分级并进行"适当性匹配",即将固收类产品、基金产品、保险产品、投资组合、智能投顾等适配金融服务选择性地推荐给匹配用户。最终,在客户移动终端,实现千人千面的内容呈现,精准满足各层人群财富管理要求。

(二)风控创新——YEP共享平台

中国互联网金融发展正进入十字路口,行业需要一个权威平台引导金融科技行业向新台阶迈进。

基于在风控领域的创新实践，宜人贷发布科技能力共享平台（Yirendai Enabling Platform，YEP 共享平台），旨在以强大的金融数据能力、反欺诈智能和线上客户获取服务能力，为金融科技企业提供更强大的信用评估、风险控制和精准获客的金融科技共享平台。

YEP 共享平台是一款集数据抓取、数据解析、风险控制、反欺诈、精准获客、流量共享于一体的开放平台，由负责精确获客的获客系统、负责数据抓取的蜂巢系统以及反欺诈系统三部分组成。

获客系统对用户的标签效果进行评估、实时优化、者关键词投放、策略调整等。比如通过用户对消费行为问题的回答来判断用户是否存在欺诈的可能性，需要很多在算法层面的优化，再与反欺诈系统结合。

数据方面，相比目前大多数线上借贷平台和传统金融企业的信用风险控制，YEP 共享平台无论是数据获取方式、数据维度、数据深度，还是信用评估机制等都有巨大的不同。比如对于单个用户，就需要抓取涵盖电信运营商、电商、公积金、网银、信用卡账单、保单、社保、行为习惯等多个维度的大量非结构化数据；然后在此基础上的关联的需求也很多。

宜人蜂巢是基于用户授权数据，通过创新式抓取解析引擎，结合顶尖的计算机视觉、数据挖掘和机器学习等人工智能技术（逻辑回归/决策树/随机森林），提供数据抓取、数据运用等产品和服务的工具。目前，蜂巢采集的数据维度覆盖社交、电商、金融、信用、社保等五大类十余种数据信息，在用户授权的前提下，具体包含全国 150 余个城市的公积金、社保信息，40 余家银行账单信息，近 20 家保险公司保单信息，以及三大运营商全国全省市通话信息。截至 2017 年 10 月底，蜂巢系统已为近 200 万人带来逾 500 亿元的促成借款额（含宜人贷和其他合作企业），此外，已有逾 3700 万人使用蜂巢系统尝试申请借款。

除了多维信用数据采集外，为了解决行业黑产欺诈链、个人信息伪造、身份冒用等行业痛点，宜人蜂巢根据自身技术与数据优势，率先在行业内推出邮箱信用卡账单反欺诈与知识图谱反欺诈产品，后续又相继构建了风险特征因子、网络资信报告等反欺诈产品和服务。

在反欺诈系统中,对用户行为的数据进行分析,例如通过用户使用宜人贷应用的行为或是使用其他 App 时的行为数据,为用户定义标志用户质量优劣的标签。同时,在此系统中还应用了生成的用户关系的知识图谱。比如,如果从收集的用户通话详单中,发现有两名用户经常互通电话,而其中一名用户被系统标记为欺诈,另一位就很有可能存在欺诈行为,系统就会为这个用户打上标签。以邮箱信用卡账单反欺诈为例,截至 2017 年 10 月,蜂巢已有效拦截 700 万封非一手账单,挽回逾 210 亿元的欺诈损失。

在宜人贷 YEP 共享平台上,不同种类的金融平台可以进驻,共享宜人贷品牌流量。一方面,为客户提供更丰富的选择,另一方面,对于宜人贷未能立即提供服务的客户,也能分流至其他平台,避免客户资源的浪费。通过这种方式,平台将提供更好的客户体验,有助于行业整体降低获客成本、提高服务能力。

三 合规发展

2017 年初,《网络借贷资金存管业务指引》和《网络借贷信息中介机构业务活动信息披露指引》相继发布,加上 2016 年发布的《网络借贷信息中介机构业务活动管理暂行办法》《网络借贷信息中介备案登记管理指引》,网贷行业"1+3"制度框架基本搭建完成。

紧接着,2017 年 12 月 8 日《关于做好 P2P 网络借贷风险专项整治整改验收工作的通知》也相应诞生,政策不但对下一步的整改验收工作做出详细计划,明确了验收标准和具体的整改和备案时间表,而且要求各地在 2018 年 4 月底前(最迟 6 月末之前)全部完成辖内主要网贷机构的备案登记工作。

网贷行业已经进入整改验收的阶段,网贷行业的银行存管、备案、信息披露以及发展路径都已经有法可依。

总结宜人贷的经验,互联网金融的合规举措,要集中在信息披露、网络征信、信息与网络安全等合规重点领域。

（一）信息披露

2017年8月，银监会研究制定了《网络借贷信息中介机构业务活动信息披露指引》（简称《信披指引》）。随后，互金协会针对各会员单位发布《互联网金融 信息披露 个体网络借贷》（T/NIFA 1—2017）团体标准（简称《信披标准》）。

相比银监会下发的《信披指引》，互金协会发布的《信披标准》更完善和详细。《信披标准》要求信息披露项为126项，较原标准增加了30项，其中，强制性披露项由原来的65项增加至109项，鼓励性披露项由原来的31项减少至17项。修订后的标准保持了与银监会"信披指引"的一致性，对从业机构信息披露的要求更加严格，行业信息透明度将进一步提升。

在这方面，宜人贷于2017年9月接入互联网金融登记披露服务平台。该平台由中国互联网金融协会推出，目前共有117家机构接入。接入平台将对外公布平台交易总额、交易总笔数、投资人总数、项目逾期率、金额逾期率等数据以及基本信息、财务会计信息、治理信息、网站或平台信息等多项内容。

宜人贷在该平台披露了客户资金存管银行、客户资金存管说明、注册协议模板、合作第三方、信息安全测评认证信息、财务会计信息、重大事项信息、重要融资信息、组织架构情况、董监高信息、电信业务经营许可信息等近40项内容。

这方面其他的合规举措还包括宜人贷官网披露了工商信息、股东名单及持股比例、平台上线时间、官网及App、公众号、法律法规、审计报告等内容。

（二）网络征信

在网络征信方面，宜人贷2016年先后推出极速模式借款服务，为信用卡用户提供10分钟快速批核的高效体验；随后，平台升级极速模式2.0，扩展数据口径，加入征信报告和银联渠道，覆盖更多人群。在2017年第二季度的财报中，宜人贷提到了信用评分系统"宜人分"。这是宜人贷自主研发的新的风险评级和信用评分模型，为了更加精准地反映借款人的信用资质特征。宜人分能够给申请人提供更准确和准确的信用评估，用于更准确地描述借款人的信用状况，将潜在的借款人划分为不同的信贷部分。

宜人分具有多维性、智能性和标尺性三大特点：宜人分的数据源维度非常广泛，包含用户授权的征信、电商、信用卡、运营商等数据，以及三方数据和宜信超过10年的风险数据；宜人贷以科学的算法对多维数据实现深度洞察，得以建立更加严谨同时更具灵活性的信用模型，能够智能判断数据源质量，自动切换数据调取类别；宜人分聚合了宜人贷过往经过充分金融周期验证的多套信用模型，通过统一的评分制度对不同渠道、不同产品的风险表现做出标准化的判断。

目前，互联网金融公司建立信用体系的包括芝麻信用分、京东金融推出小白信用分等。芝麻信用分依据用户在互联网上的各类消费及行为数据，结合传统金融借贷信息，运用云计算及机器学习等技术，通过逻辑回归、决策树、随机森林等模型算法，对各维度数据进行综合处理和评估，在用户信用历史、行为偏好、履约能力、身份特质、人脉关系五个维度客观呈现个人信用状况的综合分值。分值范围为350至950，分值越高代表信用越好，相应违约率相对较低，较高的芝麻分可以帮助用户获得更高效、更优质的服务。

而宜人分将风险等级划分为五档：Ⅰ（790分以上）、Ⅱ（750~790分）、Ⅲ（720~750分）、Ⅳ（690~720分）、Ⅴ（640~690分）。宜人贷目标客户为宜人分640分以上的优质借款人，2017第二季度宜人分700分以上的用户借款促成金额占比超过七成。

宜人分的意义在于提升风险控制的有效性，进行更合理的风险定价，提升额度精准匹配，实现更加公正的授信，帮助用户提升信用意识。

（三）信息与网络安全

信息与网络安全是一家平台的生存之本，这部分的合规主要在于平台持久的建设投入。

宜人贷的做法是根据各个法律法规的要求，做到合规，并获得相关的资质。比如，在2016年，该平台获得了公安部门核准颁发的"国家信息安全等级保护三级备案"证明，成为《网络信息中介机构业务活动管理办法》正式出台后，首批在网络信息安全方面完成信息系统定级备案的平台之一。

随着《网络信息中介机构业务活动管理办法》的发布，网络安全已经上升为网贷平台合规的必要条件。《办法》明确要求：P2P平台应当按照国家网络安全相关规定和国家信息安全等级保护制度的要求，开展信息系统定级备案和等级测试，具有完善的防火墙、入侵检测、数据加密以及灾难恢复等网络安全设施和管理制度。

监管要求网贷平台定期展开全面安全评估，接受国家或行业主管部门的信息安全检查和审计，并且应当聘请有资质的信息安全测评认证机构定期对信息安全实施测评认证，并由第三方机构对信息系统文件情况进行评估。在完成测评后，平台还需要向属地公安机关进行备案。

另外，宜人贷早在2015年上市过程中根据美国监管部门的要求和国际惯例，对网站的信息安全进行了全面升级；并在2017年6月推出网贷行业首个安全漏洞平台YISRC，更加集中地汇总白帽子的建议和反馈，以更加直接的沟通方式，帮助宜人贷在第一时间感知最新的安全威胁、修复漏洞。

宜人贷的安全等级评测是由公安部直属评测机构公安部第一研究所来执行，保证测评过程及结果的科学、严谨、公正和权威性，测试项目近300个，最终综合得分为90.1。通过国家信息安全三级测评意味着宜人贷在技术安全、系统管理、应急保障等方面达到国家标准，建立了完备的网络信息安全保护体系。

四 模式归纳

互联网技术与金融的深度融合正在重塑传统金融服务模式，宜人贷作为第一家上市网贷P2P平台，通过大数据金融云、物联网和其他金融创新科技，为客户提供全方位、个性化的普惠金融、财富管理和金融科技服务。

宜人贷为出借人和个人借款人提供金融信息中介服务。通过将关键运营流程自动化，宜人贷能够高效地匹配出借人和借款人，并协助其完成借款交易，为中国巨大的投资和个人借款需求提供了有效的解决方案。其采用创新的风险管理体系还有信用审核和反欺诈模块，对借款人进行有效的信用资质评估和风险定价，从而为出借人提供财富升值机会。

作为行业第一家上市的 P2P 公司，宜人贷的 P2P 业务模式具有较高的研究价值。

（一）风险评估流程

互联网金融的风控工作也是所有工作中的重中之重。首先是风险评估工作。宜人贷风险管理部采取统计模型，数据分析等方式对借款人各种风险因素进行分析和排序，根据收集的借款人各项信息，如基本信息、财务收支、工作收入、信用记录、社交信息、网络行为等多项指标对其违约风险进行量化评价。最后根据综合量化的评估结果，确定借款人放贷决策，贷款额度及费率。

（二）风险预警管理情况

宜人贷风险管理部对新增放款及整体资产风险情况进行严密监控，判断是否达到引起关注的水平或超过阈值，并采取相应措施控制风险。宜人贷及时披露风险，且在项目信息列表页面进行风险提示。宜人贷按照监管要求，定期就项目借款人的相关信息进行披露，并在发生足以导致借款人不能按约定期限足额还款的情形时，及时向出借人披露。

（三）催收方式

宜人贷通过专业的贷后资产团队对逾期客户进行管理。还款到期日之前对客户进行适当的提醒。如果用户逾期未按时还款，还将第一时间通过短信、电话、信函等方式提醒用户进行还款。如果该借款人仍未还款，会进一步进行包括上门等一系列的催收工作，直至采取法律手段。

五 案例总结

中国互联网金融蓬勃发展，就P2P与线上的财富管理而言，繁荣的背后，也面临诸多挑战：社会信用意识薄弱、客户对线上借款的认识尚低，缺乏统一全面的官方征信体系和信用评分，有组织的骗贷行为盛行。内外部因素交织，以网贷为代表的金融科技行业"虚火"旺盛：借贷平台鱼龙混杂，无法对客户做出精准画像，对所服务的人群缺乏深刻的理解，风控和获客成本居高不下。与之相对的，则是客户对借贷平台信任度不高，体验感不佳。

如此，借助剖析行业头部企业，可以发现问题并找到解决的办法。从宜人贷的案例中可以看到，中国互联网金融走到发展关键期，合规成为企业的首要任务。互联网金融专项整治后，网贷行业新风貌呼之欲出，实现普惠金融的初心正被擦亮唤醒。

在这个案例中，宜人贷与广发银行达成资金存管合作，成为接入互联网金融协会行业信用信息共享平台的企业；获得公安部门核准颁发的"国家信息安全等级保护三级备案"证明是合规之路上须要做到的三个重要内容。

在平台自身的风控方面，要有一整套完善的风险评估工作流程，同时还要有风险预警机制，并在催收环节做到合规。

在互联网金融发展到今天，平台可以不用在风控方面单打独斗，而是善于借助生态的力量。如在本案例中，宜人财富建立的共享平台，就已包含集数据抓取、数据解析、风险控制、反欺诈、精准获客、流量共享等。加入这些共享平台，互联网金融平台的风控可以更方便与精准。

同时，在互联网财富管理业务中，宜人财富利用智能客户洞察大数据引擎，智能评分系统和生命周期价值评分标签做出用户详细画像。实现千人千面的内容呈现，精准满足各层人群财富管理要求。这是互联网金融试图通过动态、实时而又准确的数据，对客户准确的认识，将传统的KYC（Know Your Customer）提升到一个更高的档次。这样，财富管理平台，才可以实现真正的"适当性匹配"。最终，在客户移动终端，实现千人千面的内容呈现，精准满足各层人群财富管理要求。

另外，从P2P到互联网财富管理，宜人贷将原来的数据积累做出更多业务创新，并在更多金融业务中，尝试使用互联网的方式提升改造。在当前的披露合规要求方面，宜人贷一直朝着促进行业合规自律方面努力。另外，监管高标准要求和发展业务的市场需求使其花费更多的精力探索创新。这让我们看到了中国互联网金融发展的一条路径。

在新时代，在互联网金融创新的大背景下起来的企业，须顺势而为。在合规的同时，可以在原有业务基础之上，创新更为丰富的产品。创新无止境，金融服务才能精益求精。

B.19
融360：用科技解决金融信息的不对称

李万民　贾婧怡*

摘　要： 本报告重点介绍了在美上市公司简普科技旗下公司的融360业务。融360以第三方视角监督审视行业，为用户带来客观公开的信息。同时，其创新主要在于风险控制与投资者教育。

关键词： 融360　撮合交易　金融科技

一　平台简介

融360是中国互联网金融发展过程中，金融与信用服务平台升级的缩影。创立融360的叶大清，早年曾服务于PayPal（贝宝）、AmericanExpress（美国运通）、AOL（美国在线）、Capital One（美国第一资本金融公司），他是国内为数不多的既懂金融又懂互联网的职业经理人。也正是因为自己的经验，以及对风险的谨慎，他最终才选择搭建一个金融产品在线搜索平台，也就是融360。

早期与金融机构打交道，叶大清吃了不少闭门羹。但是他坚信，中国的金融成长，一定需要这样的一个互联网平台。经过一段时间的努力，叶大清和团队最终闯开了股份制银行、城商行、小贷公司与外资银行，甚至信贷业务员的豁口，最后，国有大银行的分行、支行也逐渐参加免费试用，融360这才慢慢打开局面，并开始受资本的青睐。

---

* 李万民、贾婧怡：野马财经行业研究员。

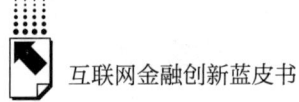

目前，融360业务范围涵盖贷款、信用卡与理财。此外，还免费为用户提供便捷、划算、安全的金融信息。2017年11月16日，融360旗下简普科技（NYSE：JT）在纽约证券交易所成功上市。

作为垂直的金融服务搜索平台，融360主要作用在于提高了用户选择金融产品的效率，并能够解决借贷双方之间的信息不对称问题，为用户推荐符合其自身需求的产品。与传统的P2P平台相比，融360是更加纯粹的信息中介服务机构，不会涉及产品的生产的任何过程。

基于平台自身的特点，融360的定位也更趋向于金融科技的掌握和创新，不断加大在风控方面的重视和科技投入。其于2015年5月推出"天机"大数据风控系统，根据身份认证、还款意愿和还款能力三大维度，给申请贷款的用户进行信用评分，依据分值来决定是否应放款。这使贷款审批速度和贷款获批率都得到了显著提升，能够通过积累的数据和风险技术更好地服务于自有平台的贷款人和合作伙伴。

金融服务业也需要服务。从融360的业务与定位来看，其成长历程代表了这个产业的升级过程。对接传统金融机构与广大用户，互联网金融还可以用来提升服务质量与链接效率。这是互联网金融的又一应用创新。

二 平台业务

金融搜索、推荐以及金融信息服务，是互联网金融中创新性极强的细分领域。这类业务创新，需要既懂金融又懂互联网。通过互联网技术以及人工智能、大数据、云计算等技术，融360可以为用户直观地展示银行以及网贷平台的金融产品，在最大限度上减弱由借贷双方之间的信息不对称所带来的效率低下，实现用户和金融产品之间的良好匹配。

（一）平台业务

2016年以来，我国消费信贷占贷款总额的比重不断提高，消费信贷在金融机构贷款中的地位随之凸显；与此同时，消费信贷对经济发展的支持作用持续加强，占 GDP 比重不断提高，截至 2016 年突破 30%。

与此同时，我国互联网理财的规模也在近年来获得了爆发式增长。国家金融与发展实验室发布的《互联网理财指数报告》（以下简称《报告》）数据显示，2017 年我国互联网理财规模为 3.15 万亿元，同比增幅已达到 52.39%，而 2013 年，我国的互联网理财规模还只有 2152.97 亿元。预计到 2020 年，我国互联网理财规模将达到 15.5 万亿元。

融 360 的业务涵盖贷款、信用卡与理财，同时，融 360 还成立了大数据研究院，定期发布网贷行业报告，对网贷机构进行评级并帮助有需要的金融机构建立风控模型。官网信息显示，融 360 的收益模式是对用户完全免费，而对金融机构收取营销费用，通过为用户免费提供金融信息服务来赢得用户，进而帮助金融机构高效率、低成本地批量开发客户来赚取收入。收费方式包括 CPA、CPS 和广告费。

（二）服务和盈利模式

国内消费信贷消费人群和互联网理财规模不断增长，也为互联网金融企业的进一步发展提供了契机。融 360 的主营业务是为客户提供金融产品搜索功能，完全对用户免费，服务和盈利模式主要有以下四种。一是向金融机构推荐贷款客户来收取推荐费，这一部分盈利来源需要平台的细致匹配来支持。二是撮合交易，在用户申请贷款过程中，融 360 帮助用户完成整个贷款流程。贷款获批后，融 360 收取贷款额的一定比例作为返佣。三是金融机构投往该网站的广告费，需要依托流量产生，但广告收益并不是融 360 收入的重点。四是"一站式的服务费"，融 360 为金融机构提供风险管理，此项服务费是融 360 盈利模式中占比越来越大的部分。

（三）风控创新

2016 年 8 月，《网络借贷信息中介机构业务活动管理暂行办法》落地，网贷行业正式进入监管时代。如何实现对平台有效、快速地监管，如何预防问题网贷平台出现，又如何加强对贷款人的风控，这些话题备受监管层及行业参与机构关注。

融360搭建了网贷风险预警平台,从立项到完成上线经历了多次的迭代更新,功能不断完善。未来监管科技的兴起会助力监管提高管理效能,也会有效降低企业合规成本,融360大数据研究院作为第三方提供监管科技技术支持。

风险预警系统是一套立足于数据手机和数据分析技术的IT系统,可以通过监测网贷平台的动态变化,提前预判可能发生风险的网贷平台并提前发出预警信号。其中,数据收集和分析的能力直接决定了风险预警系统运行的准确性。

在实际应用过程中,风险预警系统通过对三类数据设置权重,进行综合运用。系统设计基于网贷行业专家的经验与研究成果,从历史数据中提炼出风险平台在发生问题前的特征,编写出对应的规则集,或者称之为数据模型,之后再根据不断收集到的新数据来修正模型或添加规则。因此对于风险预警系统来说,模型根据数据不断优化调整的回测功能十分重要。

基于大数据技术和爬虫技术的风险预警系统,可以实现提前发现可能发生问题的网贷平台,保护投资人的权益。融360基于自身积累的行业数据和强大的研发团队支持,研发了一套网贷行业风险预警系统,主要包括三个板块:①全网舆情监测及智能语义识别,可以及时监控网络舆情,进而对网贷平台的运营异动提前察觉;②企业运营数据实时监测分析。通过对企业各种静态信息的抓取分析和动态运营数据接口接入,可以为企业建立运营分析模型,根据关键指标的表现可以为企业的运营状况进行评级打分,提供预警参考;③接入平台的数据信息统计管理,互金平台监控维度多且变化频繁,数据可视化技术可以明显提高数据管理效率,节约人力成本。

融360的风险预警系统曾多次建功,早在e租宝爆雷半年前,融360就已经两度预警:2015年6月6日,融360在网贷评级中将e租宝评为C-级,并发布三大风险提示;2015年6月14日,e租宝资金去向成谜,融360再发风险预警。此后融360继续跟进,通过调研核实,发现e租宝存在诸多疑点,风险极大。此外,融360还成功预警了紫枫信贷、众信在线、开开贷、工商贷、融易融、我企贷、808信贷、88财富、当天金融在线、晋商贷、聚投融、飞速贷、e速贷、四达投资、月月贷、国诚金融、普天贷等多个平台，帮助投资人提早发现风险，减少损失。

三 合规发展

（一）行业规范

2016年8月，银监会等监管部门下发《网络借贷信息中介机构业务活动管理暂行办法》，明确了P2P平台作为信息中介机构的定位。此后，监管部门又陆续出台了一系列的规定，对现金贷、P2P整改验收、资管业务进行详细规范。

监管部门的规定客观上对P2P行业造成了一定的冲击，不合规的平台接连被曝光，爆雷跑路的事情时有发生。在某种程度上，合规程度、风控能力的强弱越来越成为网贷平台发展还是淘汰的关键因素。

融360作为金融搜索平台，负责为用户推荐适合的金融产品，这些产品来自第三方机构，如银行或者网贷平台，自身只是作为纯粹的信息中介，这在很大程度上避免了监管带来的难题。为许多平台所困扰的银行存管等问题，在融360则不存在。

（二）行业自律

融360本身作为第三方，提供金融产品搜索推荐的服务，与互联网企业之间的联系紧密，通过网贷预警系统、网贷评级等方式，以第三方的视角冷静地看待互联网金融企业发展中的风险，在规范平台合规发展、促进行业自律等方面，也起到了重要作用。

融360于2015年1月成立大数据研究院，对小微信贷、房贷、车贷、信用卡、理财等领域进行深入研究和调研，积累了丰富的多维度数据，发布了近80份专业报告，包括互联网理财报告、信用分期产品研发报告、小贷款发展报告、P2P行业分析、网贷评级、普惠报告等。

融360数据研究院拥有海量数据，监测网贷平台1500家，重点监测600余家，接入310家数据接口，拥有金融产品超10万种。

目前，融360共发布网贷评级报告12期，为深圳互联网金融协会、中关村互联网金融协会等专业互金协会承担会员风险排查工作，同时为国内多家银行提供资金存管系统的P2P平台准入尽调服务。

在最新一期的网贷评级报告中，融360通过对平台的背景实力、风险识别、运营能力、信息披露、合规性、用户体验等维度的综合分析，将100家P2P分为A、A-、B+、B、B-、C、C-七个类别。其中，陆金服、宜人贷、拍拍贷、玖富普惠、人人贷、微贷网6家平台被评为A级，爱钱进、点融网、小赢网金、投哪网、麻袋理财、积木盒子、桔子理财、信而富8家平台被评为A-级，你我贷、团贷网、有利网等10家平台被评为B+级，凤凰智信、向上金服、人人聚财等9家平台被评为B级，懒财网、红岭创投、口袋理财等33家平台被评为B-级，爱钱帮、易通贷、玖融网等30家平台被评为C级，爱投资、金票通、钱多多、爱贷网4家平台被评为C-级。

除了行业评级外，融360还附带了大量的行业分析，帮助外界了解网贷行业发展。

（三）投资者教育

公安部公布的数据显示，2014年全国公安机关立案的非法集资案件8700余起、涉案金额逾千亿元，其中以网络借贷、投资理财和农民专业合作社三大领域为金融诈骗重灾区。到2016年，非法集资案件数量与此相比虽然有所下降，但仍然频发，风险的化解尚需时日。

另融360调研，71.5%的受调研网友收到过各种诈骗短信，49%的网友表示曾遭遇理财产品虚假宣传，64%的网友在办理房贷过程中曾遭遇"忽悠"。诈骗方式多种多样：租个豪华门面"卖"理财产品骗百姓；通过网络平台以借贷为名集资诈骗；骗农民的钱放高利贷之后跑路……近年来，这样的金融诈骗不断上演。

金融发展推动了人们理财意识的觉醒，但随之出现的种种金融诈骗，正不断侵蚀着大众的利益，对于行业的健康合规发展造成了阻碍。如何让投资者学会分辨互联网金融领域的诈骗？这需要在投资者教育方面下一番功夫。人们对于金融诈骗中的招数了然于胸，对于风险做出较为准确的判断，无疑在很大程度上将会促使互联网金融企业少打擦边球，合规发展。

融 360 在投资者教育方面做了精致的工作，精选真实案例，制作成《金融防骗手册》以及《百骗大扒秀》视频，另外，还制作了通俗易懂、内容活泼的《防骗红宝书》GIF 动态图、H5 页面，通过多样的形式向人们传递预防金融诈骗的知识，其做法值得借鉴。

其中，防骗手册取材于真实案例，来源于融 360 大数据研究项目报告中的研究成果，每个案例都配有生动简明的漫画，同时在文字说明部分，不仅对骗局进行揭秘，还给出了应对的方法，让投资者真正的收获到防范诈骗的知识。

除此之外，融 360 还制作了防骗视频系列《百骗大扒秀》以及《防骗红宝书》系列动态图，用搞笑幽默的动漫或者鬼畜动态图形式，向大众揭露各种理财骗局，普及财经知识，培养风险意识。

互联网金融行业发展过程中乱象的出现，很大一部分原因在于人们正确理财意识的缺乏以及对风险的忽略，进而导致轻信盲从。现实中网贷平台对于投资者教育方面的投入一直较少，而日益增长的互联网理财人群又急需正确知识的教育和培养，融 360 的在投资者教育方面所做出的努力可以为同行提供一些借鉴。

四　模式归纳

贷款搜索市场在国内发展的时间并不长，从 2012 年前后开始，由信用卡推荐业务逐渐扩张到银行贷款、现金贷借款、P2P 理财等金融超市服务，伴随着现金贷的崛起，贷款超市经历了爆发式的增长，其盈利能力逐渐增强，商业模式得到市场认可。

融360这类金融搜索平台，解决的主要是互联网金融服务中用户与机构之间的信息不对称的问题，通过人工智能、大数据进行算法分析，为用户推荐最合适的金融产品和服务。这类平台的出现对于P2P平台的创新和转型发展也提供了好的思路。其做法对于探讨互联网金融企业的发展模式有一定借鉴意义。

（一）细分客户

融360服务的人群主要分为三类：个人、中小企业、金融机构。个人，就是对消费信贷、房贷、车贷、信用卡以及理财等有需求的个人。中小企业，是指一些急需资金周转或者信用卡借款等用途的中小企业。金融机构，是指一些需要通过媒介来营销信贷、理财产品等的金融机构。

在平台产品方面，融360平台上的金融产品，均来自国有银行、股份制银行、外资银行、城市银行、小额贷款公司等国家认可的金融机构，同时引入大量的银行业务人员，可以让用户和业务人员直接联系对接。通过以上对于客户的细分和产品的分析，可以看出，融360的客户群体之间存在相互依存的关系，而融360更多是作为一个导流和撮合交易的第三方平台，通过吸引借贷双方来完善自身的商业模式。

（二）抓住关键业务

为了确保商业模式的可行，融360把重心放在关键业务上面。在收入来源上，向金融机构推荐贷款客户，每个收费50～100元，这部分收入在总体营收中占据了80%左右的比重；在用户申请贷款过程中，帮助用户完成整个贷款流程，在贷款获批后，收取贷款额的百分比作为返佣，这部分的营收在整体营收中占比在15%左右。这两部分是融360收入的主要来源。

由此，融360保持较低的固定成本支出，通过深化合作来降低可变成本，另外加大平台的延展性，积累个人用户，并扩大企业用户规模（企业贷款数额大、频率高，未来价值空间大）。通过这样的方式，在关键业务上降低成本，扩大营收。

（三）风控创新

融360在风控方面的创新主要在于风险预警系统的建立。在实际应用过程中，风险预警系统通过对三类数据设置权重，进行综合运用。系统设计基于网贷行业专家的经验与研究成果，从历史数据中提炼出风险平台在发生问题前的特征，编写出对应的数据模型，之后再根据不断收集到的新数据来修正模型或添加规则。因此对于风险预警系统来说，模型根据数据不断优化调整的回测功能十分重要。

融360的风险预警系统是一套立足于数据手机和数据分析技术的IT系统，支持全网舆情监测及智能语义识别，可以及时监控网络舆情，进而对网贷平台的运营异动提前察觉。另外，该风险预警系统还可以对企业运营数据实时监测分析。通过对企业各种静态信息的抓取分析和动态运营数据接口接入，为企业建立运营分析模型，根据关键指标的表现可以为企业的运营状况进行评级打分，提供预警参考。最后，该系统可以对接入平台的数据信息进行自动化的统计管理，这在互金平台监控维度多且变化频繁的情况下，可以明显提高数据管理效率，节约人力成本。

五　案例总结

互联网金融潮流兴起，在传统金融部门和互联网金融的推动下，中国的金融效率、交易结构，甚至整体金融架构都在发生着深刻的变革。现阶段，互联网金融已经度过了杂乱无章的草莽时代，朝着健康合规发展的方向快速前进。

融360作为一个移动金融智选平台，起着连接线上的消费者和线下金融机构的桥梁作用，整合海量金融产品，制定评价体系，解决互联网金融中存在的信息不对称问题，让产品和客户进行精确的匹配，高效而便捷。同时，它以海量的金融大数据为支撑，建立风险预警系统，对有风险的平台进行提前预警，在促进平台积极合规、防范投资风险方面起到了正面作用。

融360的定位，如叶大清所说，只做金融核心，避免成为金融机构。因

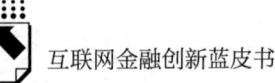

此，融360对于互联网金融行业来说，更大程度上是在以第三方的视角来促进行业自律。

这样的平台于互联网金融的发展，至少在以下几个方面具有长远前景。

一是国有银行、股份制银行、外资银行、城市银行、小额贷款公司等国家认可的金融机构，有市场营销与获取客户的长久需求。再加上中国经济的持续增长与整个金融市场的蓬勃壮大，传统金融机构的这一需求会更加旺盛。

二是个人、中小企业的金融服务需求同样旺盛。对消费信贷、房贷、车贷、信用卡使用以及理财等有需求的个人，一些急需资金周转或者信用卡借款等用途的中小企业的资金需求也希望能通过一家综合性的金融信息平台，得到比价、贷款等服务。

三是长期庞大的数据积累，会给先期平台以更多优势。从历史数据中提炼出风险平台在发生问题前的特征，编写出对应的数据模型。之后不管金融业务如何变化，已有的数据都会成为未来发展的强大武器。

四是在金融上网的趋势上，将会有越来越多的业务以互联网金融的形式呈现，尤其是移动互联网。融360这样的平台，可以基于手机上的地理位置以及时间等，打造数据分析技术的IT系统。这样的系统也可以成为单独的输出业务。

五是金融创新还会层出不穷。拥有广泛C端用户的平台，打造理财、贷款或其他创新业务的教育课程体系，也将会受到金融机构与用户的喜欢。

目前，互联网金融随着金融科技而兴起，通过金融与互联网技术的结合而在短时间内获得爆发式的行业增长，但同时也伴随出现了一系列的乱象，现金贷的高利率和暴力催收、不靠谱网贷平台的爆雷跑路，以及一些以贷为生的老赖借钱不还……都在考验着整个行业的承受力。融360这样的金融搜索平台，不论是在监管政策的要求方面，还是在金融科技创新应用方面，都显示了较大的优势，可以为互联网金融企业接下来的创新发展提供一些思路。

B.20
人人贷：实体经济服务者

陈剑锐*

摘　要： 本报告主要介绍了老牌互联网金融平台人人贷。人人贷走出了稳健和服务实体经济的发展之路。本报告分别从企业模式、业务经营、风险把控、服务社会等多方面，剖析了人人贷的创新之处。

关键词： 人人贷　企业模式　风险把控

2010年，3个"80后"——张适时、李欣贺、杨一夫组建人人贷。三位都是北大、清华的高才生，他们想通过互联网的方式做金融，以区别于银行、基金、保险传统金融机构，让更多的人受益，享受到普惠金融。P2P业务是他们选择的创业模式。

人人贷全称人人贷商务顾问（北京）有限公司，目前是人人友信旗下的网络借贷信息中介服务平台。作为中国最早的网络借贷信息中介服务平台之一，人人贷的主要客群为高成长人群，其中不乏中小微企业、个体商户。

从盈利能力来看，在利率市场化的趋势下，传统银行的利率管制对P2P借贷这种金融脱媒新兴产业来说，存在前所未有的商机。尽管目前监管加强，但对P2P这样的投资理财方式而言，依然具有优势。而人人贷这样的平台优势在于，服务实体经济，所投标的更为稳健。

P2P的社会价值主要在于对于实体经济的支持。相较于传统金融机构

---

* 陈剑锐：野马财经行业研究员。

而言，个人与小微企业往往覆盖不到。人人贷作为老牌 P2P 机构，坚持服务实体经济的创业初心，或许也是他们可以持久走到今天的原因。这对于其他互联网金融平台而言也具有启发意义，那就是不论什么样的媒介载体，以金融服务为主要经营业务的创业项目，最大的价值，就在于服务实体经济。

一　平台简介

"曾经有平台以联合创始人的职位，来挖我们的客服专员。"一位人人贷中层叙述了网贷行业发展早期的一些往事，"那时候，基本所有人人贷员工跳槽都可以拿到三倍的薪水"。这个细节在一定程度上可以体现出人人贷的行业地位。

人人贷为何能在行业亏损的背景下实现盈利？其中很重要的一个原因是，人人贷服务的是中小微商户，"供应链金融和车抵贷、房抵贷等有很大差别，供应链金融一次尽调后，只要后续的还款良好并且完成，可以在未来多次撮合、重复授信，这大大节省了成本"，宜贷网董事长李宁提到。

传统金融为中小微企业提供金融服务的热情不高，国家允许网贷发展的一部分原因就是希望网贷行业可以服务实体经济，人人贷的盈利案例证明：服务实体经济，不但符合国家对网贷行业的期许，而且在盈利性上，也具备相对大的优势。

人人贷的生存之道，在于坚守了服务实体的原则。

二　合规发展

从互联网金融到金融科技再到新金融、科技金融，网贷行业热衷的名词换了很多次，但其业务本身的风险根源却从未发生变化——资金安全。

如果网贷行业发展早期没有那么多非法集资、诈骗的"劣币"；如果网贷行业都可以做到监管明晰前自律；如果网贷行业在监管明晰后不打擦边球，或许就不会有如今严监管和焦虑。然而做到"如果"的平台毕竟是少数。

人人贷与早期网贷行业浮躁的风气不同，在《网络借贷信息中介机构业务活动管理暂行办法》尚未发布时，人人贷就已经多次尝试与银行接触，并于2016年2月29日宣布：与中国民生银行合作的资金存管正式上线，通过银行资金存管实现平台资金和用户资金的有效隔离，并由银行监督用户资金流转的全过程，最终达到保障用户资金安全和符合行业监管要求的目的。

在信息披露方面，在2012年，人人贷在业界率先实施了业绩报告发布制度，以季报和年报的形式对包括平台成交金额、用户规模、人均借款金额、借款标的类型、平台逾期率等关键信息进行详细展示。在"1+3"体系搭建完成后，人人贷有法可依。《网络借贷信息中介机构业务活动管理暂行办法》第四条、第九条、第三十条、第三十一条均对于网络借贷信息中介机构的信息披露义务进行了规定，同时行业自律性文件也先后下发。根据《网络借贷信息中介机构业务活动信息披露指引》、《中国互联网金融协会信息披露自律管理规范》及《中国互联网金融协会标准：互联网金融信息披露——个体网络借贷》（T/NIFA 1-2016）的规定，人人贷平台从从业机构备案信息、组织信息、审核信息、经营信息、重大事项、平台运营信息、项目信息、投资者教育等方面进行信息披露，供用户查看监督。2017年4月，人人贷成为首批接入全国互联网金融登记披露服务平台的机构。

2017年3月，北京监管部门下发《网络信贷信息中介机构事实认定及整改要求》（简称《整改要求》），明确禁止设立风险保证金、准备金、备付金等提供担保；2017年12月，P2P网贷风险专项整治工作领导小组办公室向各地P2P整治联合工作办公室发布《关于做好P2P网络借贷风险专项整治整改验收工作的通知》再次指出，禁止辖内机构继续提取、新增风险备付金，各地应积极引导网贷机构引入第三方担保等保障方式。2017年11月，为符合监管文件要求，人人贷取消了风险备付金机制。

合规整改是整个网贷行业发展的主旋律，但人人贷不同的一点是，将很多自律的事情做在前面，在合规方面不打擦边球。2017年，北京监管部门下发148项整改通知时,北京地区的网贷企业紧张纷纷,而据知情人士称,在核心要求上,人人贷没有大问题,在一些小细节上进行整改,整改压力并不大。

但同时,我们也能看到,很多网贷平台的往期业务与"1+3"监管框架的要求有出入,转型、整改难度很大,这导致"擦边球"事件屡禁不绝。但是任何行业、任何企业都要清楚,想要生存、发展,就必须合法合规,如果可以不顾法律、监管,不如直接从刑法中寻找发财之道。

三 价值创造

e租宝对网贷行业的影响是前无古人的,大量投资人因e租宝暴雷而遭受财产损失,虽然最终e租宝实际控制人丁宁等受到了法律的制裁,但在整个事件中,有一个细节值得关注:大量蒙受损失的e租宝投资人在看到媒体提示风险时,竟反过来维护e租宝,究其原因,很多投资人不具备应有的金融知识,无法辨识风险,对网贷平台的推广偏听偏信。

网贷行业若要长期、健康发展,投资人教育势在必行,监管也对平台提出了要求。

《网络借贷信息中介机构业务活动管理暂行办法》第九条规定网络借贷信息终结机构应当履行下列义务:"持续开展网络借贷知识普及和风险教育活动,加强信息披露工作,引导出借人以小额分散的方式参与网络借贷,确保出借人充分知悉借贷风险。"人人贷平台根据监管规定开立专门的投资者教育专栏,并分为"法律法规"和"风险提示"栏目,供平台用户了解学习。

人人贷升级了官网的投资者教育与信息披露频道,以方便投资人更全面地获取平台的基本信息和运营情况、融资项目信息与风险以及网贷行业相关知识等。此外,人人贷理财App端也已紧随官方步伐上线专门的投资者教育和信息披露板块。

据人人贷介绍,升级改版后的投资者教育频道和信息披露频道,均在人人贷官网首页的显著位置设置了直接的入口，便于用户访问。在内容规划上，投资者教育频道目前提供了包括风险提示、法律法规等对投资人而言需了解的必要信息，投资者教育频道还将增加网贷行业知识的分享，更直接传达给平台投资人用户。

然而，投资人教育难以在短期内对网贷平台的业务发展做出贡献，与其直接利益相关性较低，平台没有足够的积极性去发展投资人教育事业。但如果所有平台都不展开投资者教育，网贷行业的发展速度必将减慢。把用户变成自己平台的投资人不难，但是面对同类产品竞争时，留住这些投资人很难，想要留住投资人绝不是只靠价格战和产品就可以实现的，通过用户教育，让用户变得专业，并且了解、习惯、信任你的平台，他自然不会离开。这个观点有些微观，却是事实。

但同时，人人贷等主流平台正在或多或少地进行这项工作，越来越多的投资者意识到在进行投资决策前，会自觉地对平台的运营情况、投资的风险等因素进行综合的考量，从而更加主动地"做功课"。这是网贷行业理性向好发展的表现。网贷平台开展投资者教育，既是监管的要求，也体现了平台对于投资人的责任。这对于行业发展是件好事，但若想实现全民金融知识的提升，不能单靠一家或几家平台，需要监管、协会和行业的共同努力。

四　案例总结

从人人贷的案例可以看到，坚守原则才能长久生存。敬畏金融这门古老的生意，才能在创新中找到自己的位置。

对于互联网金融而言，没规矩不成方圆，或许短期内你看不到现金贷、自融、金交所的风险，但不代表风险不存在，如果有一天风险爆发，最后平台无法兜底，买单的还是国家。靠合规经营赚钱，多为社会创造贡献，少为国家增加麻烦，这是网贷行业发展需要思考的一个思路。人人贷的案例在以下几个方面，带给业内启发。

一是主动合规的意识，在可能违规的地方多做工作。在监管行动前，人

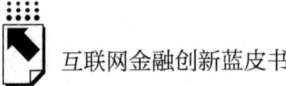

人贷与中国民生银行合作的资金存管正式上线，通过银行资金存管实现平台资金和用户资金的有效隔离，并由银行监督用户资金流转的全过程，最终达到保障用户资金安全和符合行业监管要求的目的。

二是创新工作方法，以保证信息更为公开，业务更为透明。例如，在信息披露方面，在2012年人人贷在业界率先实施了业绩报告发布制度。

三是坚守服务实体经济，而不是为了利润投机。在互联网金融的发展过程中，一些模式本身有问题却在创新的名义下大行其道，最终破坏了金融秩序，也搬起石头砸自己的脚，公司走得并不长远。而且在风险与监管政策面前，反而最终投资失败。

四是保护投资者利益。以人人贷为例，首先坚守原则服务实体，即最大限度保护投资者的利益；其次公开信息也能为投资者更好地理解业务提升帮助；最后如人人贷在网页上刊登风险提示、法律法规等对投资人而言需了解的必要信息，可以帮助更多人了解真实的金融创新。

从2007年拍拍贷成立到2017年网贷行业监管落地，网贷行业完成了从野蛮生长到合规发展的蜕变，其中很多网贷平台因经营不善、自融等问题或退出或被治理，但也有很多网贷平台始终沿着服务实体经济的路线前行，人人贷是少数不依赖融资和上市获利的P2P平台，这意味着它的坚持与价值创造并不是没有回报，也证实了网贷合规发展和服务实体经济的路线是正确的。

B.21 众安保险：抢占服务实体经济新入口

吴华真*

摘　要： 本报告详细介绍了众安保险是如何从"互联网+保险"入手，以车为载体，切入服务实体经济的。目前众安保险集合了互联网保险的创新业务，在一定意义上促进了实体经济与互联网的深度融合。

关键词： 众安保险　实体经济　汽车保险

一　平台简介

说到互联网金融，不能不提互联网保险；说到互联网保险，不能不提众安保险。众安保险全称众安在线财产保险股份有限公司，是国内首家互联网保险公司，主要从事保险科技业务，向客户提供互联网保险服务及保险信息技术服务，2013年10月获保监会批准成立。

众安保险的背景强大，原始股东包括蚂蚁金服、中国平安、腾讯。一直被外界认为是三马光环（马云、马化腾、马明哲）下的众安，在保险科技领域迅速领跑，并于2017年9月赴港上市，成为金融科技第一股。

众安保险从成立以来以保险连接用户以及所需要的相关服务，护航电子商务领域、服务小微企业等，以保险为工具，以技术为手段，打通健康、汽车等产业链，用区块链做扶贫、利用自身业务特性为经济发展做保障，在一

---

* 吴华真：野马财经行业研究员。

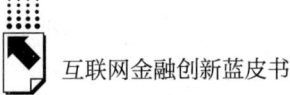

定意义上促进了实体经济与互联网的深度融合。

根据中国保监会披露的资料，2017年全年众安保险在中国财产保险市场的总保费排名行业第十八位。众安财报显示，2017年全年众安保险总保费达到59亿元，同比增长74.7%，已赚保费达46亿元，同比增长43%。

分析众安保险，可以看到中国互联网保险的最前沿模式。当然，想要看清这些模式，需要从一个个保险产品入手。这些产品结合了多家平台与数据，可以说，互联网保险是合作的结晶，是从大数法则到大数据算法的升级。

二 平台业务

（一）承保业务

众安保险现时推广和销售8类保险产品：①意外险，包括航意航延险及火车意外险等产品，主要为航旅生态系统服务；②保证保险，包括众乐宝及参聚险等产品，主要为生活消费及消费金融生态系统服务；③健康险，包括尊享e生及健康团险计划等产品，主要为健康生态系统服务；④责任险，包括手机意外险及物流责任险等产品，主要为生活消费生态系统服务；⑤信用保险，包括马上花等产品，主要为消费金融生态系统服务；⑥货运险，包括天猫家装货运险等产品，主要为生活消费生态系统服务；⑦家庭财产保险，包括碎屏险及账户安全险等产品，主要为生活消费及消费金融生态系统服务；⑧机动车辆保险，包括保骉车险，主要为汽车生态系统服务；⑨其他保险，包括退货运费险及任性退等产品，主要为生活消费生态系统服务。

可以看到，这些保险业务保障的领域很多，主要聚焦互联网的经营者和参与者提供产品和服务，不像传统保险大多只关注财险和人身险两方面，互联网保险善于与多元化的公司合作，实现共赢，在大数据挖掘方面也更有能力。

（二）投资业务

投资业务是众安保险业务的拓展。在传统保险行业，每家保险公司也都有自己的资管业务，主要目的在于资产的保值增值。众安保险的投资活动包括股权投资及委托第三方资产管理公司购买股票、债券及其他资产管理产品。在资产管理业务方面，完成首次公开发售之后众安额外委托两家保险资产管理公司（包括泰康和太平），以分散管理本公司的投资资产及提供具有投资指令的投资及资产管理服务，建立一个全面、综合的资产管理框架，确保资产得到妥善管理。

2016年和2017年，众安保险的投资资产总值分别为78亿元及194亿元，增幅达116亿元。2016年和2017年，投资资产总值分别占众安总资产的84%和92%。截至2017年12月31日，股票、理财产品和信托分别约占众安投资资产总值的6.1%和22.2%。2016年和2017年，总投资收益率分别为1.8%和7.7%。

（三）技术业务

技术是众安保险这类互联网保险的撒手锏。对于技术的研发，它们自然要花重金。众安保险于2016年在中国了成立一家全资子公司众安科技，专注于前沿金融技术的研究与开发。

众安科技现时开发及提供五个系列技术服务：S系列保险科技产品、X系列智能数据产品、T系列区块链产品、F系列金融产品及H系列健康医疗产品。众安科技已于2017年第二季度产生收益，截至2017年12月31日产生的收益为4070万元。

三 合规发展

2017年对于保险业来说，是不寻常的一年，也被称为保险业的最严监管年。4月，保险业监管掌门人项俊波"落马"，保监会主席职位空缺至今，

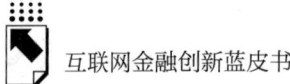

但监管的工作并没有因为掌门的空缺停滞,相反出台了一系列新政策。

2017年保监会发布多份文件,包括《保险公司合规管理办法》《关于规范人身保险公司产品开发设计行为的通知》《关于商业车险费率调整和管理等有关问题的通知》《保险销售行为可回溯管理暂行办法》《关于整治机动车辆保险市场乱象的通知》《信用保证保险业务监管暂行办法》《健康保险管理办法(征求意见稿)》,从行业到细分险种都做出了相应的规定。

保监会2018年2月23日发布一则重磅消息:安邦保险集团股份有限公司(简称安邦集团)原董事长、总经理吴小晖因涉嫌经济犯罪,被依法提起公诉。鉴于安邦集团存在违反法律法规的经营行为,可能严重危及公司偿付能力,中国保监会决定于2018年2月23日起,对安邦集团实施接管,接管期限一年。

安邦保险这个曾叱咤于资本市场的大鳄,自此跌落神坛。根据《上海证券报》报道,安邦以11亿元真实资本撬动2万亿元,虚假注资、高杠杆撬动等套路纷纷现出原形。

2018年3月28日,安邦保险集团接管工作组发布公告称,目前,安邦保险集团在监管部门的接管下,业务运营平稳,现金流充裕,能够履行对所有安邦客户的保单承诺,确保保单持有人的合法权益不受损失。

保险作为金融体系的重要组成部分,它的发展水平与整体社会经济的发展水平相互联系、相互促进,同时也维护着社会稳定和人民生活的安定,从而促进社会经济的协调发展。

众安保险作为首家互联网保险公司,平稳运营近5年,相对来说处在一个比较合规的发展进程中,且众安保险的业绩增长比较快速,对于实体经济的发展也起到不少促进作用。

以下六点是众安保险服务实体经济的案例。

(一)退运货险

2014~2016年,我国电子商务的交易额分别为16.39万亿元、20.8万亿元、26.1万亿元,呈现持续增长的态势。电子商务行业完全依托于线上交易，线上交易的高速增长催生出了巨量的风险管理需求，依托整个互联网生态，也激发了互联网保险从消费保障、经济补偿等不同维度来服务实体经济。

众安保险作为互联网保险的开拓者，电子商务行业也是其互联网保险业务布局的重点，换言之，在服务实体经济方面，众安保险做出了诸多尝试与创新。

仅以退货运险为例，从投保端来看，2016年我国退货运险签单件数达44.89亿单，同比增长39.92%，保守估计支持社会消费品零售总额约达6000亿元规模。从出险和赔付情况来看，2016年全国退货运险累计涉及赔付运单超1.6亿件。

退货运险的发展有效减少了退货运费纠纷，为电子商务的高速发展提供了风险保障。同时，也间接推动了消费、文化、运输、制造等多个领域的发展。

事实上，在创立初期，众安保险在淘宝等场景中推出退货运险，并不断优化产品与用户体验，更好地服务电商生态，尽管退货运险的业务比重近几年不断降低，但退货运险仍是众安探索场景保险的"先发之地"。

（二）网络保证金保险

我国的企业构成呈现典型"金字塔"形态。小微企业占总企业数量90%以上，超过50%的就业和税收来自它们，但由于自身发展规模限制，其获得的金融服务却很少。

互联网保险作为一种工具，具有强大的连接功能，正不断嵌入整个网络消费生态链中，如在电商消费领域的账户安全险、保证金保险等创新产品的问世，满足位于经济结构"塔底"群体的金融需求。

在淘宝、天猫等电商平台，出于保护消费者的考虑，卖家上网开店时要缴纳几万元至几十万元不等的保证金。这笔规模不菲的保证金阻碍了很多店主的创业梦，特别是中小微店主。对此，众安与阿里率先推出首款网络保证金保险——众乐保。有了"众乐宝"后，卖家不必缴纳全额保证金，只需支付相当于保证金1%~3%额度的保费,从业门槛大大降低,大大缓解了中小微店主初创期的压力。

据不完全统计,三年多来,众乐宝、参聚险等保证金保险累计服务小微卖家及中小企业超过300万家,释放保证金超过千亿元。卖家通过缴纳保费的形式,一方面可以缓解积压资金的压力,增强小微主体的创业活力;另一方面释放的千亿元资金同样可用于扩大生产、市场推广等实体经营活动。

(三)碎屏险

互联网生态中,科技创新是第一生产力。科技的应用一方面让保险更加普惠和易得,另一方面,以保险为连接器,打通各个产业链,从服务实体经济,到推动和整合实体经济的效率和能力。

对此,众安保险搭建了一个基于云端的核心业务处理系统,2017年,其最高保单处理能力已达3.2万笔/秒,大大降低了产品的运营成本;其通过大数据、人工智能等技术以人为核心建立用户画像,已实现99%的业务线上自动化、无纸化的运营模式,取代了传统线下重资产的模式,践行了绿色经济。

技术在提升保险内涵和用户体验的一个典型案例,便是众安保险针对近4亿台存量智能机市场推出的碎屏险——"赔你碎",基于人工智能深度学习的碎屏识别和身份识别技术,可以实现线上"验屏投保",不仅节约人工成本,同时通过提高风控能力,用户体验有所提升。

众安保险以"赔你碎"为连接,还整合了线下维修门店和线上手机维修O2O企业资源。用户投保后,可以直接连接后端维修,用户报案后根据用户定位安排人员免费上门维修或提供寄修服务。在手机屏幕维修这一细分领域,众安从前期的保险、定价,到核保、理赔,形成一个完整的链条,提升和整合了实体经济的服务效率。

众安保险通过连接电商平台、滴滴等出行平台、小米、微医等近200个合作伙伴,构建"生活消费、消费金融、健康、车险及航旅"五方面形成的生态圈,累计服务5亿多用户。人是整个实体经济发展的核心,相对于资金,众安保险更看重"人"与传统意义上大家认为的保险等金融机构"圈钱"不同,众安保险通过生态的不断连接,核心在于圈住越来越多的人。资料显示,众安保险60%的用户群体年龄为20~35岁,随着年轻一代经济活动需求的增长,他们将成为社会的中坚力量,从这个角度来看,众安保险已经占据了服务实体经济的新入口。

(四)区块链+保险

党的十八大以来,以习近平同志为核心的党中央把脱贫攻坚摆到治国理政突出位置,颁布《关于打赢脱贫攻坚战的决定》,做出了确保到2020年农村贫困人口全部脱贫的庄严承诺。

目前,新农合与大病保险普遍覆盖了农村人口,但受报销范围所限,实际医疗费用替代率仍然偏低,贫困人口医疗负担沉重。如何更好地帮助贫困户减轻医疗负担,做到扶真贫、真扶贫、真脱贫,提升健康扶贫的效率,关键在于,充分调动扶贫资源,提升扶贫资源供给能力。

众安保险利用互联网及科技的力量做大普惠保险、服务弱势群体,还申请筹建众安人寿,整合现有众安财险及众安科技的力量,推出"脱贫宝"健康扶贫计划,"脱贫宝"将采用"政府+保险+公益"运作模式,最大限度地调动及协调各方资源加入健康扶贫的工作。

"脱贫宝"健康脱贫计划由医疗保险和托管医疗基金两部分组成,所筹集的资金一部分用于为贫困户购买补充医疗保险,另一部分汇集形成托管医疗基金,两个部分按比例配套,进行赔付。

"脱贫宝"计划通过众安科技自主研发的区块链技术"安链云"网络,将扶贫帮助对象信息、投保和理赔支出信息在区块链上进行登记和授权公开查询,让公众和第三方监管机构按需参与相关流程的监督,提升扶贫脱贫项目的公开透明度;此外,"脱贫宝"计划将通过基于区块链技术的"安链云"网络构建高度智能的投保理赔流程,该网络将实现各级政府、保险公司、相关医疗机构、公益扶贫基金和病人之间的数据共享,确保每一个贫困户的大病情况及医疗资金需求能及时反馈给各参与方,让每一份脱贫基金都能被及时送达到最需要它的扶贫对象；另外，"脱贫宝"计划利用安链云即插即用的数据分析层和大数据处理引擎，对全国扶贫地区的理赔情况进行实时跟踪分析，以便及时调整策略，降低人为骗保理赔风险。

区块链技术在保险客户服务领域的应用，让公众和监管机构按需参与流程监督，保障项目公开、安全、可信，为未来在整个金融行业实现"智能合约"奠定了基础。

（五）区块链+养鸡

除了脱贫宝以外，众安科技还首次将区块链应用于养鸡项目。根据第三方统计数据，中国人每年要吃掉近50亿只鸡。近年来，食品安全一直是舆论热议话题。此前网易丁磊投身养猪业，京东推出"跑步鸡"，不约而同地聚焦于绿色生态养殖。

众安科技2017年开始扶持国内区块链创业公司"连陌科技"，连陌科技基于区块链不可篡改等特点，率先在国内将区块链全面应用于养鸡，推出步步鸡项目，保证每只鸡从鸡苗到成鸡、从鸡场到餐桌的过程中，所有产生的数据都被真实记录，真正实现每只鸡的防伪溯源。这也是区块链首次在国内被应用于农业领域。

步步鸡将区块链、物联网和防伪技术相互结合——由众安科技安链云提供区块链技术，杭州沃朴物联提供物联网智能设备和防伪技术，实现实时记录鸡的地理位置和计步信息，追溯鸡的整个成长过程；还能在整个生产链上，实现从鸡苗的供应源、养殖基地，到屠宰加工厂、检疫部门、物流企业等环节打通信息壁垒，所有信息通过区块链进行流转，并通过共识算法保证信息的不可篡改，完全真实可靠。沃朴提供的拥有国际专利的防伪技术，保证了带着防伪标识鸡在送到用户手上之前撕毁就立即无效，防止信息的多次复制。

众安科技安链云商务总监江隆昊介绍，消费者收到步步鸡后可以通过产品溯源App进行防伪溯源信息查询，了解步步鸡的成长情况；消费者还可以通过众筹提前认领一只鸡，每天实时关注鸡的成长情况，半年后即可享受到美食。

众安科技还宣布与江苏靖江市生祠镇政府、靖江市华源禽业专业合作社、火堆公益、杭州沃朴物联科技有限公司联合成立科技扶贫养殖基地，共同在靖江市落地和普及。

根据合作模式，基地将为贫困农户搭建养殖基地提供相应的解决方案和标准指导；提供"物联采集、信息上链、舆情分析、防伪溯源"等新兴技术养殖，同时为生态散养鸡提供真实可信的生态培育记录、饲料疫苗信息、种植基地信息、检测报告及质检证书等，打造生态农业品牌，为农民养鸡创收。

除了区块链技术输出，众安科技还联合公益组织、物流公司、屠宰场、产业链合作伙伴为原生态散养鸡提供产品销售渠道，为农民提供鸡苗采购、养殖、屠宰、销售等过程的一整套解决方案。

目前中国扶贫开发已进入攻坚拔寨的冲刺期，《"十三五"脱贫攻坚规划》强调，到2020年实现让7000多万农村贫困人口摆脱贫困的既定目标。根据规划，步步鸡项目将在3年内覆盖上千个贫困乡、村，养鸡总数将超过2300万只；新建近10万亩生态养殖基地，每年预计为农户增收27亿元。

（六）三农

此外，众安保险还与大疆无人机合作，为农业无人机提供一站式的保障和金融服务方案，用户可以享受不限次数的意外维修服务，如若在操作中操作失误、信号干扰、返航撞机等导致飞行器损坏，可以通过保障来覆盖维修费用，用户同时可申请备用机服务防止耽误农时，以推进"互联网+现代农业"的发展。

购买大疆无人机的用户就可以申请信用分期服务，以缓解购置农机的压力。众安保险与国内首家以农机分期切入农业领域的互联网创新企业"农分期"合作，通过对小额、分散的农业生产贷款类资产进行风险筛选与定价，以"穿透到资产底层"的方式对满足承保要求的贷款提供保险增信，

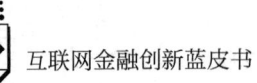

从而提高农户融资效率，降低融资成本，充分发挥众安保险的保障作用，缓解"三农"金融缺口问题，助力"三农"金融健康发展。

四　模式归纳

随着互联网与实体经济的深度融合，一些新型风险逐渐显现识别，特别是互联网金融领域。由于其本质仍属于金融业务，并没有改变金融业的风险属性。同时，"互联网"背后的风险更具隐蔽性和外溢性，并与整个金融体系紧密联系，一旦发生风险，可能会迅速扩散并交叉传导。

与纯粹的金融行业相比，保险具有本质区别：金融是资金的融通，是资源的"跨期配置"；而"保险姓保"，除了金融属性外，风险保障功能更是保险业独有的"立业之本"，是其他行业不可代替的重要功能。

互联网保险基于区别于其他互联网金融业务的风险保障特性，一方面通过自身完备的风险定价能力及大数据分析能力，将自身经营风险降于可控范围；另一方面，通过产品创新及技术提升，为互联网金融领域提供损失补偿和风险保障，降低风险杠杆。

诞生于电商场景的众安保险目前已在电商环境中布局了众多的保险产品，且一直根据电商环境的不断变化，推出全新产品，比如任性退等，这是众安保险一开始独特的模式，但发展至今，众安保险已经转变为"科技 + 保险"的模式。

比如，在小额贷款保证保险中，众安保险公司可基于数据基础，结合用户风险特征做到从人定价，通过保单的方式为用户连接资金，同时又有效控制风险。这可以有效降低金融行为的不确定性，为经济发展提供更可靠的风险保障。

五　案例总结

"金融是实体经济的血脉"，在近一年的高层会议中，监管层已经明确发出信号，金融要把为实体经济服务作为出发点和落脚点。在众多的金融业态中，互联网保险是重要的组成部分，也是服务实体经济的重要入口。

互联网保险在过去五年内增长72倍，规模从2011年的32亿元迅速增长至2016年的2348亿元，渗透率也从2012年的0.72%提升至2016年的7.5%。保险行业数据显示，2016年保险业新增保单95.45亿张，其中互联网保险新增保单达61.65亿张。

众安保险自成立起来，在保险科技领域迅速领跑，承保业务种类多且全面，包含财险、健康险、信用险等重要险种，保费收入也领先业内。

重要的是，众安保险能够结合场景利用已有险种或者新开发险种，如"碎屏险""网络保证金保险"服务于小微企业，促进小微企业发展。同时，众安保险还能利用科技的力量提高风控能力，用区块链技术推进保险业务的发展，创建"脱贫宝"计划，还有步步鸡项目，扶持三农经济，促进实体经济发展。

因为保险本质的区别，众安保险作为第一家互联网保险，在服务实体经济方面，有别于其他互联网金融。作为风险转移的工具，互联网保险核心价值在于能够提供风险保障和管理，可以更好地利用科技手段，优化实体经济经营效率及整体环境，降低交易成本，减少信息不对称，提升社会安全感，推动实体经济健康发展。

但是，值得注意的是，众安保险的发展也存在一定风险。

在自身业务发展方面，众安保险应该在合规的范围内开展业务，明确职责。2014年众安保险因网络交易平台责任保险和个人航空行李托运丢失保险的费率厘定不符合公平性原则，旗下两款产品被保监会叫停。2017年，众安保险曾因为补贴式营销被保监会罚款20万元。处罚决定书显示，众安保险通过PC官网、手机官网等自有渠道开展商业车险业务过程中，存在向投保人或被保险人返还合同以外其他利益的行为，累计向投保人或被保险人赠送各类礼金、礼券4.57万元，涉及保单133笔。

在市场环境方面，随着互联网巨头BATJ进入保险行业，传统保险企业另成立互联网保险公司，市场上已经形成多种保险的发展模式，众安保险面临一定的竞争压力。2015年，泰康人寿成立互联网保险公司泰康在线，这是第一家由传统保险公司创立的互联网保险公司。再例如，太保与百度合作成立子公司，由前者负责产品开发，后者负责渠道推广。

在监管政策方面，项俊波的落马、安邦的案例，都给了监管一剂强心针。2017年，监管层在互联网金融领域频频出手整治，严厉程度空前。对于保险领域，未来势必会加强监管。对于众安保险这类互联网保险公司来说，竞争环境不容客观，再加上监管的强势，发展只怕会受到一定限制。

附 录

B.22
2017年互联网金融创新与治理大事记

1月

1月3日 中国人民银行首次开展法人金融机构反洗钱分类评级,并下发《关于开展法人金融机构反洗钱分类评级管理工作》的通知。

1月3日 保监会印发《财产保险公司保险产品开发指引》对保险产品进行规范。

1月4日 中国人民银行发布《关于百行征信有限公司(筹)相关情况的公示》,宣布受理了百行征信有限公司(筹)的个人征信业务申请。

1月5日 中国直销银行联盟成立大会在深圳举行,联盟的成立旨在促进银行服务转型升级。

1月5~6日 中国人民银行召开工作会议,部署了2017年十大任务。

1月6日 中国互联网金融协会向会员单位下发《关于开展网贷业务情

况调研工作的通知》。

1月9日 中央国债登记结算公司发布《2016年资产证券化发展报告》。

1月10日 中国邮政储蓄银行联合IBM（中国）有限公司推出基于区块链的资产托管系统。

1月10日 银监会召开2017年全国银行业监督管理工作（电视电话）会议，安排部署2017年重点工作任务。

1月10日 中国银联发布2016移动支付安全调查报告。

1月11日 京东金融、微信支付等50多家单位共同发布了《保障移动支付安全产业自律宣言》，呼吁业界形成产业合力，共筑安全防线。

1月12日 北京市网贷行业协会发布"X-credit"信息共享系统。

1月13日 中国人民银行发布了关于第三对方支付客户备付金的管理规定，明确规定将第三方支付机构客户备付金集中存管。

1月16日 "首届中国金融科技创新大会暨第十届中国互联网金融年会"在北京举行。

1月16日 区块链科技公司Bitfury和国际法律事务所Covington共同宣布，全球区块链理事会（GBBC）成立。

1月17日 工信部下发《大数据产业发展规划（2016~2020）》，具体设置了7项重点任务、8个重点工程以及5个方面的保障措施。

1月17日 国家工商总局企业名称核准公告信息显示，"网联清算有限公司"名称已获（预）核准。

1月17日 工信部正式对外发布《2016~2020年大数据产业发展规划》。

1月20日 《国务院办公厅关于创新管理优化服务培育壮大经济发展新动能　加快新旧动能接续转换的意见》公布。

1月20日 2017年中国互联网金融协会工作会议于北京召开，会议提出了2017年工作的主要任务。

1月21日 中国村级全球商业区块链创新联盟在文昌市龙楼镇好圣村成立。

1月22日 网信办在北京召开发布会，宣布正式成立中国互联网投资基金。

1月24日 工信部发布《关于进一步推进中小企业信息化的指导意见》，并明确八大重点任务。

2月

2月3日 来自《新京报》消息称，由中国人民银行推动的基于区块链的数字票据交易平台已测试成功，由中国人民银行发行的法定数字货币也已在该平台试运行。

2月5日 潘功胜指出，2017年中国互联网金融协会"要把防控金融风险放到更加重要的位置"，抓紧研究建立全国互联网金融风险监测预警平台。

2月6日 国务院正式下发《"十三五"促进就业规划》，明确要引导金融机构开展应收账款融资、动产融资、供应链融资等创新业务，优化小微企业融资环境。

2月8日 中国人民银行首次开展法人金融机构反洗钱分类评级，并下发《关于开展法人金融机构反洗钱分类评级管理工作》的通知。

2月9日 厦门市金融工作办公室发布《网络借贷信息中介机构备案登记管理暂行办法》。

2月13日 广东省人民政府金融工作办公室官网公开《广东省〈网络借贷信息中介机构业务活动管理暂行办法〉实施细则》（征求意见稿）。

2月15日 中国保监会印发《保险业进一步参与社会治安综合治理工作的指导意见》。

2月15日 阿里巴巴正式上线企业诚信查询平台cheng.xin。

2月16日 在《中国互联网金融安全发展报告2016》发布会上，北京市金融工作局党组书记霍学文透露，将对互联网金融进行"监管沙盒"模式的试验。

2月16日 由北京市金融工作局发布了《中国互联网金融安全发展报告2016》。

2月16~17日 中国人民银行召开"人民银行金融市场工作会议",潘功胜提出,要做好互联网金融风险专项整治,开展互联网金融长效机制建设。

2月22日 上海市金融办召集部分P2P平台举办讨论会,主要针对《上海市网络借贷信息中介机构业务活动管理实施办法(讨论稿)》。

2月22日 由上海金融办牵头组织召开了内部会议,商讨并下发了纸质版《上海市网络借贷信息中介机构业务活动管理实施办法(讨论稿)》。

2月23日 中国银监会发布《网络借贷资金存管业务指引》。

2月24日 银监会召开了重要会议。会议上宣布尚福林将从银监会赴全国政协经济委员会就任,郭树清将接任银监会主席。

2月26日 中国区块链应用研究中心(上海)正式揭牌成立。

2月26日 四川省政府与阿里巴巴、蚂蚁金服集团签署三方战略合作协议。

2月28日 支付宝在首屏显要位置正式上线"收钱码"功能,用户可以借此直接发起面对面收款(即转账)功能。

2月28日 国家主席习近平主持召开中央财经领导小组第十五次会议。他强调,防控金融风险,要加快建立监管协调机制,加强宏观审慎监管,强化统筹协调能力,防范和化解系统性风险。

3月

3月3日 腾讯云和微信支付官方共同推出腾讯云微信云支付解决方案,旨在解决微信支付服务商关注的支付可靠和安全等痛点问题。

3月5日 2017年第十二届全国人民代表大会上,李克强表示,当前系统性风险总体可控,但对不良资产、债券违约、影子银行、互联网金融等累积风险要高度警惕。这是互联网金融第四次被写入政府工作报告。

3月8日 央行下发的《关于持续提升收单服务水平规范和促进收单服务市场发展的指导意见》，鼓励收单机构为特约商户通过聚合支付服务。

3月10日 印度继废除旧币、推出国家支付钱包（BHIM），如今又推出国家支付二维码来改变民众的支付方式。

3月13日 中华邮政股份有限公司表示将于2017年第二季度4月起开办跨境支付业务，首家合作机构为支付宝。

3月14日 2017年的第一批上市"小分队"：拍拍贷和趣店已经分别在农历春节前后向纽约证券交易所递交了上市申请。

3月15日 区块链票链全国监控运营管理中心揭牌暨全国首单区块链票链业务上线仪式在赣州银行举行。

3月15日 上海互联网金融评价中心发布平台上线试运行。

3月17日 中国人民银行发布《2016年农村地区支付业务发展总体情况》。

3月19日 中国人民银行下发的《关于持续提升收单服务水平规范和促进收单服务市场发展的指导意见》，鼓励收单机构为特约商户通过聚合支付服务。

3月21日 蚂蚁金服宣布，未来只做tech（技术），帮金融机构做好fin（金融），开放成为蚂蚁金服战略之一。

3月22日 广州互联网金融协会发布《关于加强消费分期类业务规范及风险防控的通知》。

3月23日 在博鳌亚洲论坛2017年年会上，博鳌亚洲论坛发布《互联网金融报告2017》，提出了推动中国互联网金融健康可持续发展的十条高级原则。

3月25日 中国互联网金融协会在北京召开第一届理事会第二次会议。

3月26~27日 北京市网贷行业协会举办了第八次会员大会并对外发布了网贷行业从业人员管理系统。

3月27日 工信部与邮政储蓄银行在京签署《中小企业金融服务战略合作协议》。

3月28日 平安银行"存管家·网络借贷资金存管业务产品"正式上线，平安银行加入网贷存管大军。

3月29日 中国人民银行、工业和信息化部、银监会、证监会、保监会联合印发了《关于金融支持制造强国建设的指导意见》。

3月30日 中国互联网金融协会宣布成立网络借贷专业委员会。

3月30日 中国人民银行科技工作会议在江苏扬州召开。

3月31日 蚂蚁金服正式开放了其VR Pay功能，这是该项技术首次在阿里系之外商用，小米和华为成首批接入平台。

3月31日 北京市金融工作局下发《关于在京注册网络借贷信息中介机构申报事宜的通知》。

4月

4月5日 山西省政府和阿里巴巴集团、蚂蚁金服签署了战略合作协议。

4月5日 香港金融管理局宣布推出基于区块链技术的金融贸易平台，以促进香港贸易数字化进程。

4月7日 经中国互联网金融协会第一届理事会第二次会议审议通过，协会于3月27日正式发布《中国互联网金融协会团体标准管理办法》。

4月7日 中国互联网金融协会向会员单位下发了《互联网金融信息披露标准－消费金融（征求意见稿）》。

4月7日 保监会发布《关于加强相互保险组织信息披露有关事项的通知》，进一步增强相互保险组织经营管理的规范性与透明度，加强对相互保险组织的公众监督。

4月10日 银监会网站正式发布《中国银监会关于银行业风险防控工作的指导意见》。

4月12日 银监会印发《关于切实弥补监管短板提升监管效能的通知》，进一步提升监管有效性，防范化解金融风险，促进银行业安全稳健运行。

4月14日 广东互联网金融协会在官网发布《关于规范校园网络借贷业务的通知》。

4月18日 上海市互联网金融行业协会向其所有会员单位下发《现金贷产品统计表》，以对旗下会员单位涉及现金贷业务的情况进行摸底排查。

4月18日 工商银行已决定在总行成立普惠金融业务部。

4月18日 无现金联盟在杭州成立，联合国环境署、蚂蚁金服为理事。

4月19日 蚂蚁金服将与东南亚电商网站Lazada旗下在线支付平台helloPay合并，后者功能将独立于支付宝。

4月22日 中国金融科技50人论坛（CFT50）在北京举行成立新闻发布会暨揭幕仪式。

4月23日 保监会印发了《中国保监会关于进一步加强保险业风险防控工作的通知》，明确指出了当前保险业风险较为突出的九个重点领域。

4月24日 广州互联网金融协会在其官网发布《关于进一步规范开展消费贷业务的通知》。

4月24日 腾讯FiT（支付基础平台与金融应用线）、腾讯研究院正式发布区块链方案白皮书：可信区块链TrustSQL。

4月24日 中国互联网金融协会在成都举办"全国网贷机构资金存管对接洽谈会"，此次洽谈会旨在搭建网贷机构与银行的沟通桥梁，促进双方合作。

4月25日 由国家金融与发展实验室主办的"消费金融：发展与创新"研讨会暨《消费金融创新报告》发布会在北京举办。

4月26日 中国互联网金融协会首度对互联网金融统计监测系统数据报送情况进行了披露，共计有209家机构纳入了数据报送名单。

4月26日 粤港澳大湾区互联网金融联盟正式成立。

4月27日 北京市政府正式出台《关于建立完善信用联合奖惩制度加快推进诚信建设的实施意见》。

4月28日 2017全球区块链金融（杭州）峰会在杭州国际博览中心召开。

5月

5月2日　由国家互联网应急中心和中国互联网协会主办的国家互联网金融安全技术专家委员会向社会发布"网贷企业综合测评指数（试行）"。

5月2~3日　二十国集团（G20）框架下普惠金融全球合作伙伴（GPFI）2017年论坛在德国柏林召开。

5月5日　工信部在北京举办"2017中小企业信息化服务信息发布会"。

5月7日　保监会发布《中国保监会关于弥补监管短板构建严密有效保险监管体系的通知》，将完善互联网保险监管和风险防范有关机制。

5月9日　最高人民法院、最高人民检察院在北京联合发布《关于办理侵犯公民个人信息刑事案件适用法律若干问题的解释》。

5月9日　中国银联和京东金融联合宣布，双方合作打通区块链技术底层并测试成功。

5月10日　央行向OKcoin币行网、火币网和比特币中国三家比特币交易平台下发行政处罚意见告知书。

5月11日　支付宝上线人脸识别新应用，帮助老人刷脸认证养老金领取资格。

5月15日　中国人民银行成立金融科技（FinTech）委员会，旨在加强金融科技工作的研究规划和统筹协调。

5月15日　银监会发文披露2017年的立法工作计划，立法项目包括农村金融、消费金融、网贷等。

5月16日　"区块链技术和应用峰会"暨"首届中国区块链开发大赛成果发布会"在杭州市国际博览中心会议中心（G20峰会会场）召开。

5月16日　保监会出台《信用保证保险业务监管暂行办法》，将监管范围进一步拓宽至整个信用保证保险业务。

5月16日　百度金融与佰仟租赁、华能信托等在内的合作方联合发行国内首单区块链技术支持的ABS项目。

5月17日 工信部在"2017年世界电信和信息社会日"大会上表示中国将建设全国一体化的国家大数据中心。

5月23日 北京应用于多政府部门协同开展市场监管的企业信用监管和服务平台在石景山区正式上线。

5月23日 支付宝宣布与通卡公司和公交集团三方合推二维码公交卡。

5月25日 中国支付清算协会金融科技专业委员会成员大会在北京召开，宣告了该委员会的正式成立。

5月26日 银监会发布《大中型商业银行设立普惠金融事业部实施方案》。

5月27日 中国银联联合40余家商业银行正式推出银联云闪付二维码产品，京东金融作为银联战略合作伙伴也加入了银联二维码支付体系。

5月27日 天弘基金将个人持有余额宝的最高额度调整为25万元，该调整自当日零点起生效。

6月

6月1日 国务院发布开展第四次大督查的通知，在防范重点领域风险中强调了互联网金融风险整治。

6月1日 上海金融办网站发布《上海市网络借贷信息中介机构业务管理实施办法（征求意见稿）》向社会公开征求意见。

6月5日 中国互联网金融协会在天津举行了互联网金融登记披露服务平台上线仪式，10家互联网金融企业作为首批试点单位正式接入信披系统。

6月7日 阿里巴巴集团正式发布服务于品牌的消费者数据资产管理中心——品牌数据银行（Brand Databank）。

6月7日 腾讯与全球在线支付平台paymentwall达成合作，成功将微信支付接入每一个在线零售商店当中。

6月8日 中国人民银行、银监会、证监会、保监会、国家标准委联合发布《金融业标准化体系建设发展规划（2016~2020年）》。

6月9日 保监会新闻发布会表示，保监会将进一步扩大保险公司自主定价权，下调商业车险费率浮动系数下线。

6月10日 上海市互联网金融行业协会发布《上海市网络借贷电子合同存证业务指引》，这是全国首个针对网络借贷电子合同存证业务的指引性文件。

6月13日 财政部发布《关于延续支持农村金融发展有关税收政策的通知》，对金融机构农户小额贷款利息收入免征增值税。

6月14日 蚂蚁金服旗下"蚂蚁聚宝"宣布升级为"蚂蚁财富"，并正式上线"财富号"，全面向基金公司、银行等各类金融机构开放。

6月14日 深圳市互联网金融协会、THE FINLAB PTE LTD 和香港互联网专业协会共同宣布成立深圳-新加坡-香港金融科技联盟。

6月15日 中国互联网金融协会在完成了《互联网金融信息披露标准 互联网消费金融》团体标准并向会员单位征求意见后，召开了标准审查会。

6月16日 京东金融集团与中国工商银行正式签署金融业务合作框架协议。

6月16日 江苏苏宁银行股份有限公司正式获准开业，全国首家O2O银行落地运营。

6月17日 由清华大学提供学术指导、京东金融研究院组织编写的《2017金融科技报告：行业发展与法律前沿》发布。

6月19日 国家金融与发展实验室与社会科学文献出版社共同发布了《金融监管蓝皮书：中国金融监管报告（2017）》。

6月19日 国内最大的ATM企业广电讯通宣布加入无现金联盟的消息公开，未来将推出无现金社会需要的创新产品。

6月19日 保监会公布了《信用保证保险业务监管暂行办法（意见征求稿）》。

6月20日 百度召开发布会，宣布与中国农业银行达成战略合作。

6月20日 中国银行普惠金融事业部正式揭牌成立，自此中、农、工、建四大行已全部设立普惠金融工作。

6月24日 广州市金融局宣布建立"广东省地方金融风险监测防控平

台"。

6月26日 中央全面深化改革领导小组在会议上审议批准了杭州互联网法院的设立。

6月26日 支付宝宣布将在非洲推出支付宝,以向中国游客提供服务。

6月27日 中国人民银行印发《中国金融业信息技术"十三五"发展规划》。

6月28日 中国银监会、教育部、人力资源和社会保障部联合印发《关于进一步加强校园贷规范管理工作的通知》。

6月28日 福州市和蚂蚁金服联合宣布,要把福州建设成"无现金城市"。

6月29日 中国人民银行联合十七部委共同印发《关于进一步做好互联网金融专项整治清理整顿工作的通知》文件,该专项整治工作将持续到2018年6月底。

6月29日 银监会下发《民营银行互联网贷款管理暂行办法(征求意见稿)》。

7月

7月3日 深圳市金融发展服务办公室公布《深圳市网络借贷信息中介机构备案登记管理办法(意见征求稿)》。

7月4日 中国人民银行发布《中国金融稳定报告(2017)》。

7月5日 深圳互联网金融协会下发《网络借贷信息中介机构常用合同指引(征求意见稿)》。

7月7日 北京市金融局发布《北京市网络借贷信息中介机构备案登记管理办法(试行)(征求意见稿)》。

7月8日 由上海金融研究院(SFI)主办的第四届金融科技外滩峰会召开。

7月11日 中国人民银行发布《消费者金融素养调查分析报告

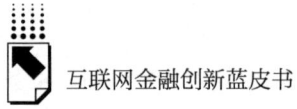

(2017)》。

7月14~15日 在全国金融工作会议上,习近平提出设立国务院金融稳定发展委员会,强化金融监管问责。

7月16日 北京中关村银行正式开业,将服务"三创"(即创客、创投、创新型企业),最大特色是科技金融。

7月18日 中国互联网金融协会在京召开互联网金融标准化工作研讨会暨互联网金融标准研究院揭牌仪式。

7月18日 江苏省互联网金融协会出台了《江苏省网络借贷信息中介机构全面风险管理指引(征求意见稿)》。

7月20日 保监会发布关于印发《信用保证保险业务监管暂行办法》的通知。

7月20日 中国政府网发布国务院通知,公布了《新一代人工智能发展规划》。

7月25日 国家互联网金融安全技术专家委员会发布《2017上半年国内ICO发展情况报告》。

7月27日 国务院印发《强化实施创新驱动发展战略进一步推进大众创业万众创新深入发展的意见》,要求不断完善债券、股权等融资。

8月

8月1日 国家互联网安全技术专家委员会发布《合规区块链指引》。

8月1日 贵阳市失信被执行人联合惩戒云平台上线试运行。

8月2日 国家开发银行与腾讯公司签署《"互联网+"开发性金融战略合作协议》,标志着双方在金融方面达成战略合作。

8月4日 中国人民银行发布《中国区域金融运行报告(2017)》。

8月4日 央行支付结算司正式发布《中国人民银行支付结算司关于将非银行支付机构网络支付业务由直连模式迁移至网联平台处理的通知》。

8月4日 最高人民法院印发《最高人民法院关于进一步加强金融审判

工作的若干意见》中提到，要严打互联网金融领域违法犯罪行为。

8月4日 广东互联网金融协会下发《关于规范我会广东省（不含深圳）网络借贷信息中介机构会员单位出借人之间债权转让业务的通知（意见征求稿）》。

8月6日 腾讯上线"腾讯信用分"，根据履约、安全、财富、消费以及社交这五项成绩判定综合分数，最低300分，最高850分。

8月10日 天弘基金管理有限公司决定自2017年8月14日零点起将余额宝个人交易账户持有额度上限调整至10万元。

8月15日 长租公寓自如成功发行首单租房市场租金分期类ABS产品。

8月17日 银监会与财政部、中国人民银行、保监会和国务院扶贫办联合对外发布了《关于促进扶贫小额信贷健康发展的通知》。

8月19日 西安市和蚂蚁金服签署合作协议，宣布共同推进西安"移动智慧城市"的建设。

8月22日 最高人民检察院印发了《关于认真贯彻落实全国金融工作会议精神加强和改进金融检察工作的通知》。

8月22日 交通银行与苏宁控股集团有限公司、苏宁金融服务（上海）有限公司举办签约仪式，达成战略合作。

8月24日 中国人民银行发布《中国农村金融服务报告（2016）》。

8月24日 银监会发布《网络借贷信息中介机构业务活动信息披露指引》，对网贷平台信息披露进行规范。

8月25日 工商银行发布董事会决议公告《关于组建网络金融部的议案》，决议组建网络金融部。

8月28日 国家发改委、中国人民银行、保监会等31各部门联合签署了《关于对保险领域违法失信相关责任主体实施联合惩戒的合作备忘录》。

8月29日 微信支付正式支持用户在中国大陆的App Store进行选购或订阅Apple Music。

8月31日 京东金融与中国光大银行签署战略合作协议。

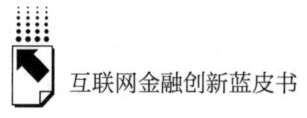

9月

9月8日 南方电网广西公司与中国人民银行征信中心签订了《征信系统共享商务信用信息合作协议》。

9月10日 中共北京市互联网金融行业协会委员会第一次党员暨9月会长工作会在91金融大厦举行。

9月11~12日 T11 2017暨TalkingData智能数据峰会在北京举办。

9月13日 国务院办公厅发布《关于完善反洗钱、反恐怖融资、反逃税监管体制机制的意见》。

9月15日 《中国金融科技运行报告2018》蓝皮书开题仪式暨中国金融科技50人论坛理事单位第一次会议在社科院会议室举行。

9月18日 中国印钞造币总公司（中钞集团）在杭州成立了区块链研究院。

9月26日 蚂蚁金融服务集团宣布与长江和记实业有限公司达成战略合作协议。

9月27日 中国工商银行与中粮、中车、宝武、中电建、国家电网、北京全国棉花交易市场等六家中央企业在北京签订合作框架协议，正式组建央企供应链金融联盟。

9月29日 深圳正式上线网贷从业人员违规违纪信息共享平台，记录从业人员的违规违纪信息，并向接入成员单位共享，违规违纪或将禁止从业。

9月29日 中国移动通信联合会联合北京盘石信用管理有限公司，成立了中国移动互联网安全信用认证中心。

9月29日 阿里巴巴表示将在雄安新区成立3家子公司。

10月

10月9日 福建省人民政府对外发布了《关于福建省推进普惠金融发

展的实施意见》。实施意见主要涉 7 方面 22 条措施。

10 月 10 日 深圳市金融办已向部分平台下发《网络借贷信息中介机构事实认定及整改要求》。

10 月 11 日 在 2017 杭州·云栖大会上，阿里巴巴集团正式宣布成立承载"NASA 计划"的实体组织——"达摩院"，进行基础科学和颠覆式技术创新研究。

10 月 13 日 蚂蚁金服在蚂蚁金服金融科技开放峰会（ATEC）上推出平台 ZOLOZ（蚂蚁佐罗），将生物识别技术能力对外开放，解决"你是谁"的身份识别问题。

10 月 16 日 四川省支付清算协会根据有关规定，同意财付通支付科技有限公司成都分公司加入协会，成为协会正式会员。

10 月 17 日 深圳市印发了《深圳市扶持金融业发展若干措施》。

10 月 17 日 中国人民银行太原中心支行发布《中小金融机构资金清算服务平台管理办法》。

10 月 25 日 "全球金融科技实验室 Global Fintech Lab"年度圆桌会议在深圳举行，会上宣布"全球金融科技实验室 Global Fintech Lab"正式落户深圳。

10 月 30 日 香港出租车全面接入了支付宝。游客用支付宝 App、香港居民用"支付宝 HK"App 扫码就能付车费。

11 月

11 月 1 日 从 11 月起，12306 官网、App、车站窗口及 ATM 自助售票机购票将陆续支持微信支付。

11 月 6 日 中国证监会主席刘士余与澳大利亚证券投资委员会主席格雷格·梅德科拉夫特（Greg Medcraft）签署了《金融科技信息共享协议》。

11 月 6 日 在 JDD 全球数据探索者大会上，京东金融发布提供 FaaS

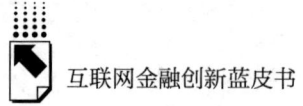

（Fintech as a Service）的企业服务云平台——京东金融云，官方网站同步上线。

11月7日 微信支付宣布自2017年12月1日起，将对每位用户每个自然月累计还款额超出5000元的部分按0.1%进行收费（最低0.1元）。

11月8日 中国人民银行、银监会发布《关于调整汽车贷款有关政策的通知》与修订《汽车贷款管理办法》。

11月8日 最高人民法院和国家税务总局签署了《关于网络执行查控及信息共享合作备忘录》。

11月8日 阿里巴巴集团、蚂蚁金服集团与雄安签署战略合作协议。

11月10日 中国互联网金融协会在其官网发布《关于防范通过网络平台从事非法金融交易活动的风险提示》。

11月16日 厦门市金融工作办公室发布了《关于网贷机构备案公示的通知》。

11月21日 互联网金融风险专项工作领导小组办公室发布《关于立即暂停批设网络小贷公司的通知》。

11月22日 京东金融与北京银行在北京签订战略合作协议。

11月23日 中国人民银行、银监会网络小额贷款清理整顿工作会议在京召开。

11月24日 在中国互联网金融协会第一节常务理事会2017年第四次会议上，审议并通过了互金协会参与发起设立个人征信机构的事项。

11月25日 《第二期亚太地区网络替代金融行业报告》在京发布。

11月28日 中国工商银行与360集团签署全面业务合作协议。双方将在网络安全、金融科技、大数据应用、电子商务、消费金融等业务领域开展合作。

11月28日 国家发改委等28个部门联合发布《关于加强对外经济合作领域信用体系建设的指导意见》。

11月29日 深圳市南山区网络金融监测服务中心挂牌，该区网络金融监测服务系统也正式运行。

11月30日 在"2017年互联网金融支付安全联盟大会"上,中国银联与京东金融联合发布《风险信息共享方案》。

12月

12月5日 平安旗下陆金所计划2018年上半年在香港IPO,融资规模达30亿~50亿美元。

12月6日 中小银行互联网金融(深圳)联盟在深圳召开成立大会。

12月6日 中关村信用智库宣布成立,该智库旨在强化信用体系建设,完善创新创业环境,支撑国家科技金融创新中心建设。

12月7日 中国互联网金融协会下发《互联网金融个体网络借贷资金存管业务规范》和《互联网金融个体网络借贷资金存管系统规范》。

12月7日 清华大学金融科技研究院正式挂牌成立。

12月8日 中国互联网金融协会在天津宣布,全国互联网金融登记披露服务平台登记系统上线。

12月8日 北京市互联网金融行业协会宣布开通互联网金融违法违规投诉平台。

12月11日 中国银联携手商业银行、支付机构等产业各方共同发布银行业统一App"云闪付"。

12月12日 光大银行下发《关于成立中国光大银行普惠金融部的通知》,宣布普惠金融部正式成立,旨在全面推动普惠金融业务发展。

12月17日 网贷之家发布《网络借贷普惠金融实践白皮书(2017)》主题报告。

12月19日 深圳市金融办发布消息称,深圳市金融办开发建设了"深圳市地方金融监管信息系统"以及"深圳市金融风险监测预警平台"。

12月21日 中国人民银行发布了《关于规范支付创新业务的通知》(银发〔2017〕281号)。

12月25日 国家互联网金融安全技术专家委员会发布信息表示,国家互联网应急中心、深圳前海管理局、深圳市通信管理局三方共同签署了《网络与金融安全战略合作框架协议》。

12月27日 中国人民银行发布条码支付规范,规定非银支付机构提供条码付款服务应当取得网络支付业务许可。

社会科学文献出版社　　　**皮书系列**

❖ 皮书起源 ❖

"皮书"起源于十七、十八世纪的英国，主要指官方或社会组织正式发表的重要文件或报告，多以"白皮书"命名。在中国，"皮书"这一概念被社会广泛接受，并被成功运作、发展成为一种全新的出版形态，则源于中国社会科学院社会科学文献出版社。

❖ 皮书定义 ❖

皮书是对中国与世界发展状况和热点问题进行年度监测，以专业的角度、专家的视野和实证研究方法，针对某一领域或区域现状与发展态势展开分析和预测，具备原创性、实证性、专业性、连续性、前沿性、时效性等特点的公开出版物，由一系列权威研究报告组成。

❖ 皮书作者 ❖

皮书系列的作者以中国社会科学院、著名高校、地方社会科学院的研究人员为主，多为国内一流研究机构的权威专家学者，他们的看法和观点代表了学界对中国与世界的现实和未来最高水平的解读与分析。

❖ 皮书荣誉 ❖

皮书系列已成为社会科学文献出版社的著名图书品牌和中国社会科学院的知名学术品牌。2016年，皮书系列正式列入"十三五"国家重点出版规划项目；2013~2018年，重点皮书列入中国社会科学院承担的国家哲学社会科学创新工程项目；2018年，59种院外皮书使用"中国社会科学院创新工程学术出版项目"标识。

中国皮书网

（网址：www.pishu.cn）

发布皮书研创资讯，传播皮书精彩内容
引领皮书出版潮流，打造皮书服务平台

栏目设置

关于皮书：何谓皮书、皮书分类、皮书大事记、皮书荣誉、
皮书出版第一人、皮书编辑部

最新资讯：通知公告、新闻动态、媒体聚焦、网站专题、视频直播、下载专区

皮书研创：皮书规范、皮书选题、皮书出版、皮书研究、研创团队

皮书评奖评价：指标体系、皮书评读、皮书评奖

互动专区：皮书说、社科数托邦、皮书微博、留言板

所获荣誉

2008年、2011年，中国皮书网均在全国新闻出版业网站荣誉评选中获得"最具商业价值网站"称号；

2012年，获得"出版业网站百强"称号。

网库合一

2014年，中国皮书网与皮书数据库端口合一，实现资源共享。

权威报告·一手数据·特色资源

皮书数据库
ANNUAL REPORT(YEARBOOK) DATABASE

当代中国经济与社会发展高端智库平台

所获荣誉

- 2016年，入选"'十三五'国家重点电子出版物出版规划骨干工程"
- 2015年，荣获"搜索中国正能量 点赞2015""创新中国科技创新奖"
- 2013年，荣获"中国出版政府奖·网络出版物奖"提名奖
- 连续多年荣获中国数字出版博览会"数字出版·优秀品牌"奖

成为会员

通过网址www.pishu.com.cn访问皮书数据库网站或下载皮书数据库APP，进行手机号码验证或邮箱验证即可成为皮书数据库会员。

会员福利

- 使用手机号码首次注册的会员，账号自动充值100元体验金，可直接购买和查看数据库内容（仅限PC端）。
- 已注册用户购书后可免费获赠100元皮书数据库充值卡。刮开充值卡涂层获取充值密码，登录并进入"会员中心"—"在线充值"—"充值卡充值"，充值成功后即可购买和查看数据库内容（仅限PC端）。
- 会员福利最终解释权归社会科学文献出版社所有。

数据库服务热线：400-008-6695
数据库服务QQ：2475522410
数据库服务邮箱：database@ssap.cn
图书销售热线：010-59367070/7028
图书服务QQ：1265056568
图书服务邮箱：duzhe@ssap.cn

社会科学文献出版社 皮书系列
SOCIAL SCIENCES ACADEMIC PRESS (CHINA)
卡号：611296782949
密码：

S 基本子库
SUB DATABASE

中国社会发展数据库（下设12个子库）

全面整合国内外中国社会发展研究成果，汇聚独家统计数据、深度分析报告，涉及社会、人口、政治、教育、法律等12个领域，为了解中国社会发展动态、跟踪社会核心热点、分析社会发展趋势提供一站式资源搜索和数据分析与挖掘服务。

中国经济发展数据库（下设12个子库）

基于"皮书系列"中涉及中国经济发展的研究资料构建，内容涵盖宏观经济、农业经济、工业经济、产业经济等12个重点经济领域，为实时掌控经济运行态势、把握经济发展规律、洞察经济形势、进行经济决策提供参考和依据。

中国行业发展数据库（下设17个子库）

以中国国民经济行业分类为依据，覆盖金融业、旅游、医疗卫生、交通运输、能源矿产等100多个行业，跟踪分析国民经济相关行业市场运行状况和政策导向，汇集行业发展前沿资讯，为投资、从业及各种经济决策提供理论基础和实践指导。

中国区域发展数据库（下设6个子库）

对中国特定区域内的经济、社会、文化等领域现状与发展情况进行深度分析和预测，研究层级至县及县以下行政区，涉及地区、区域经济体、城市、农村等不同维度。为地方经济社会宏观态势研究、发展经验研究、案例分析提供数据服务。

中国文化传媒数据库（下设18个子库）

汇聚文化传媒领域专家观点、热点资讯，梳理国内外中国文化发展相关学术研究成果、一手统计数据，涵盖文化产业、新闻传播、电影娱乐、文学艺术、群众文化等18个重点研究领域。为文化传媒研究提供相关数据、研究报告和综合分析服务。

世界经济与国际关系数据库（下设6个子库）

立足"皮书系列"世界经济、国际关系相关学术资源，整合世界经济、国际政治、世界文化与科技、全球性问题、国际组织与国际法、区域研究6大领域研究成果，为世界经济与国际关系研究提供全方位数据分析，为决策和形势研判提供参考。

法律声明

"皮书系列"(含蓝皮书、绿皮书、黄皮书)之品牌由社会科学文献出版社最早使用并持续至今,现已被中国图书市场所熟知。"皮书系列"的相关商标已在中华人民共和国国家工商行政管理总局商标局注册,如LOGO( )、皮书、Pishu、经济蓝皮书、社会蓝皮书等。"皮书系列"图书的注册商标专用权及封面设计、版式设计的著作权均为社会科学文献出版社所有。未经社会科学文献出版社书面授权许可,任何使用与"皮书系列"图书注册商标、封面设计、版式设计相同或者近似的文字、图形或其组合的行为均系侵权行为。

经作者授权,本书的专有出版权及信息网络传播权等为社会科学文献出版社享有。未经社会科学文献出版社书面授权许可,任何就本书内容的复制、发行或以数字形式进行网络传播的行为均系侵权行为。

社会科学文献出版社将通过法律途径追究上述侵权行为的法律责任,维护自身合法权益。

欢迎社会各界人士对侵犯社会科学文献出版社上述权利的侵权行为进行举报。电话:010-59367121,电子邮箱:fawubu@ssap.cn。

社会科学文献出版社